应用型本科大学数学系列教材

微积分

（经管类）（第三版）

主　编　徐　兵

副主编　邱忠文　王　千　郭强辉

中国教育出版传媒集团

高等教育出版社·北京

内容提要

为适应新时代应用型本科并兼顾职教本科创新人才培养，北京航空航天大学、天津大学、南开大学、大连理工大学、天津仁爱学院、吉林建筑科技学院等多所院校的知名教授根据目前应用型本科及职教本科教学现状，对本书进行了修订。

本次修订在保持第二版的特色及内容结构的基础上，对部分内容进行了调整，并针对教学中及实际生活中常出现的一些问题增添了“思考与扩展”模块，旨在帮助读者明确重要概念的要素及性质的内涵、定理条件与结论之间的关系，并学会引申与联想，开拓思维，掌握知识体系。本书强化概念的实例引入、几何或物理解说、解决问题的思想方法，弱化解题技巧、构造性证明，力求知识结构清晰，并有助于学生知识与能力的提高及可持续发展。

本书主要内容有：函数、极限与连续，导数与微分，微分中值定理与导数的应用，不定积分，定积分及其应用，多元函数微积分学，无穷级数，常微分方程和差分方程。书中大部分节配备习题，并附有部分习题答案。

本书配置了丰富的数字资源，包含典型例题讲解、章自测题、典型选择题与分析、期末考试模拟试卷及答案等，读者可扫描相应二维码获得。

本书适用于应用型本科及职教本科院校经济、管理类专业学生，也可供有关人员学习参考。

图书在版编目（CIP）数据

微积分：经管类 / 徐兵主编；邱忠文，王千，郭强辉副主编. --3 版. --北京：高等教育出版社，2023.9

ISBN 978-7-04-060961-5

Ⅰ.①微… Ⅱ.①徐… ②邱… ③王… ④郭… Ⅲ.①微积分-高等学校-教材 Ⅳ.①O172

中国国家版本馆 CIP 数据核字（2023）第 143836 号

Weijifen

策划编辑 贾翠萍　责任编辑 刘 荣　封面设计 李卫青　版式设计 李彩丽
责任绘图 于 博　责任校对 王 雨　责任印制 朱 琦

出版发行 高等教育出版社
社　　址 北京市西城区德外大街 4 号
邮政编码 100120
印　　刷 唐山市润丰印务有限公司
开　　本 787mm×1092mm 1/16
印　　张 22.5
字　　数 510 千字
购书热线 010-58581118
咨询电话 400-810-0598
网　　址 http://www.hep.edu.cn
　　　　 http://www.hep.com.cn
网上订购 http://www.hepmall.com.cn
　　　　 http://www.hepmall.com
　　　　 http://www.hepmall.cn
版　　次 2008 年 6 月第 1 版
　　　　 2023 年 9 月第 3 版
印　　次 2023 年 9 月第 1 次印刷
定　　价 43.70 元

物 料 号 60961-00

前　言

本书自2008年出版以来已历时15年，先后出版了第一、二版，受到了广大读者认可。为满足新时代应用型本科及职教本科教学需求，编者经过认真调研与讨论决定对本书进行再版。

本书属于应用型本科大学数学系列教材之一，系列教材包含理工类专业适用的《高等数学（理工类）》（第四版）《线性代数（理工类）》（第四版）《概率论与数理统计》（理工类）及经管类专业适用的《微积分（经管类）》（第三版）《线性代数（经管类）》（第三版）《概率论与数理统计（经管类）》。本系列教材由北京航空航天大学、南开大学、天津大学、中国人民大学、大连理工大学、吉林建筑科技学院、天津仁爱学院、重庆工程学院等多所院校的老师根据目前应用型本科及职教本科教学现状修订或者新编而成，其中高等数学由北京航空航天大学徐兵教授主编，线性代数由南开大学肖马成教授主编，概率论与数理统计由大连理工大学贺明峰教授主编，编者徐兵、肖马成、贺明峰等曾多次参加全国多类高等教育考试大纲的制定与考试试题的命制，作者队伍具有丰富的教材编写经验。

本系列教材旨在帮助学生打下良好的数学基础，编写时坚持以下原则：

1. 根据培养应用型人才的要求，教材在系统性、严密性方面更有利于学生知识和能力的培养及可持续发展。

2. 注意解决学科系统性与实用性关系，逻辑性与简洁性关系，传统与创新关系，数学语言与通俗表达关系。

3. 强化概念的实例引入及解决问题的思想方法，弱化计算技巧及构造性证明，力求知识结构清晰，有助于学生掌握。

本书为《微积分（经管类）》（第三版），由徐兵担任主编并负责统稿，杨凤翔负责第一章，郭强辉负责第二章，徐兵负责第三章，贺明峰负责第四章，王千负责第五章，杨则燊负责第六章，邱忠文负责第七章前六节，曾绍标负责第七章第七节，杜藏负责第八章。参加本次修订的还有天津仁爱学院的郑庆云。

高等教育出版社理科事业部数学与统计学分社的贾翠萍编辑对本书的出版给予了极大的帮助与支持,在此深表谢意!

本书疏漏不妥之处,敬请指正。

编　者

2023 年 6 月

目　录

第一章 函数、极限与连续

函数是高等数学研究的主要对象.函数关系是对变量之间的确定性关系的一种刻画,极限是研究函数的有效工具,连续性是函数的主要性质之一.本章将在复习中学教材中有关函数内容的基础上,进一步研究函数、极限与连续等概念及一些性质.

第一节 函数及其特性

一、点集与邻域

本书总是在实数集 $\mathbf{R}$ 上讨论问题.实数与数轴上的点可以形成一一对应关系,因此数集又称为点集.

区间是实数集 $\mathbf{R}$ 中常用的一类子集,包括:

闭区间 $[a,b]=\{x \mid a\leqslant x\leqslant b\}$;

开区间 $(a,b)=\{x \mid a<x<b\}$;

半开区间 $(a,b]=\{x \mid a<x\leqslant b\}$,$[a,b)=\{x \mid a\leqslant x<b\}$;

无穷区间 $(a,+\infty)=\{x \mid a<x<+\infty\}$,$[a,+\infty)=\{x \mid a\leqslant x<+\infty\}$;

$(-\infty,a)=\{x \mid -\infty<x<a\}$,$(-\infty,a]=\{x \mid -\infty<x\leqslant a\}$;

$(-\infty,+\infty)=\{x \mid -\infty<x<+\infty\}$(实数集 $\mathbf{R}$).

上述区间中的 a,b 分别称为区间的左端点与右端点.

邻域也是高等数学中的常用概念.以 a 为中心的任何开区间都称为点 a 的邻域.设 δ 为任一正数,则开区间 $(a-\delta,a+\delta)$ 称为点 a 的 δ 邻域,记作 $U(a,\delta)$.点 a 称为邻域的中心,δ 称为邻域的半径.因此

$$U(a,\delta)=\{x \mid |x-a|<\delta\}.$$

而实数集 $\{x \mid 0<|x-a|<\delta\}$ 为从点 a 的 δ 邻域内去掉中心点 a 的实数集,它由两个区间 $(a-\delta,a)$ 与

$(a,a+\delta)$组成，常称为点 a 的去心邻域，记为 $\mathring{U}(a,\delta)$.

如果不需要指明邻域的半径，上述邻域可分别写为 $U(a)$ 与 $\mathring{U}(a)$.

二、函数的概念

在自然现象和科学技术中常常遇到各种各样的量.有的量在某过程中保持一定的数值，称为常量，通常用 $a,b,c,\cdots$ 表示；有的量在该过程中发生变化，称为变量，通常用字母 $x,y,z,\cdots$ 表示.

例如从北京出发到天津的城际列车，在旅客登车的过程中，列车与天津站的距离为常量，列车上乘客的人数为变量.而在列车行驶的过程中，该列车与天津站的距离为变量，列车上乘客的人数为常量.这表明变量与常量是相对于某一过程而言的.

下面先给出关于两个变量关系的例子.

例 1 某城市前些年作了多次人口普查，统计结果如下：

年度	1998	2000	2002	2004	2008
人口数/万	120	122	125	148	150

由统计表可以看出各普查年度与该城市人口数量之间的关系.

例 2 某城市一气象站温度自动记录仪绘出了某天该城市 24 小时的气温（单位:℃）变化图，如图 1.1 所示.图 1.1 显示出该城市当天各时刻与气温之间的关系.

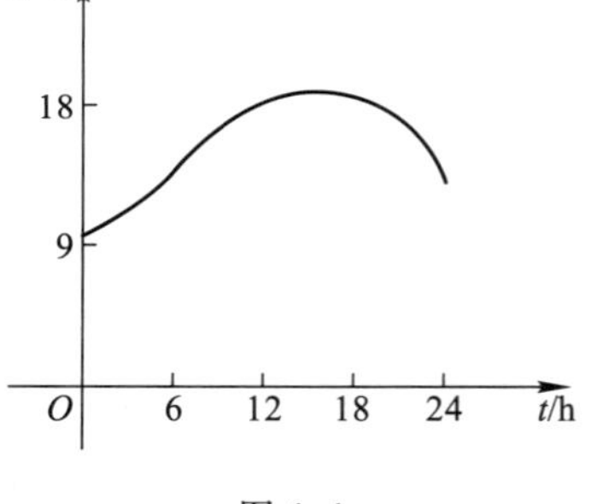

图 1.1

例 3 正方形的面积 S 与边长 x 有如下关系：

$$S=x^2.$$

上述三个例子表达的是不同情形下两个变量间的对应关系，常称之为函数关系.抽去上述各例的实际意义，我们给出下述定义：

定义 1 设 x 和 y 是两个变量，非空数集 $D\subset\mathbf{R}$.若对于任何 $x\in D$，按照一定的对应规则 f，变量 y 有确定的值与 x 对应，则称 y 是 x 的**函数**，记作 $y=f(x)$.称数集 D 为这个函数的**定义域**，常记为 $D_f=D$；称 x 为**自变量**，又称 y 为**因变量**.

若 $x_0\in D_f$，相对应的 y 的值记为 $y|_{x=x_0}$或 $f(x_0)$.当 x 取遍 D 内所有值，相应的函数值 y 的全体称为该函数的**值域**，记为

$$V_f=\{y\,|\,y=f(x),x\in D_f\}.$$

对应规则与定义域是函数定义的两个要素.对应规则与定义域相同的任意两个函数都是同一个函数.

由函数的定义可知，例 1 表示了某城市人口数是年度的函数；例 2 表示了城市某天的天气温度是时间的函数；例 3 表示了正方形面积是正方形边长的函数.三个例子的对应规则不同，这三个函数的表示法依次称为表格法、图示法、解析法.

若在定义域的不同范围中，对应规则用不同的解析式表示，则称这类函数为**分段函数**.

例 4　函数

$$y=\operatorname{sgn} x=\begin{cases}-1, & x<0,\\ 0, & x=0,\\ 1, & x>0\end{cases}$$

称为符号函数.

例 5　函数 $y=[x]$，符号 $[x]$ 表示不大于 x 的最大整数，称之为取整函数，其图形如图 1.2 所示.也可以表示为

$$[x]=k,\quad k\leqslant x<k+1,$$

其中 k 为任意整数.

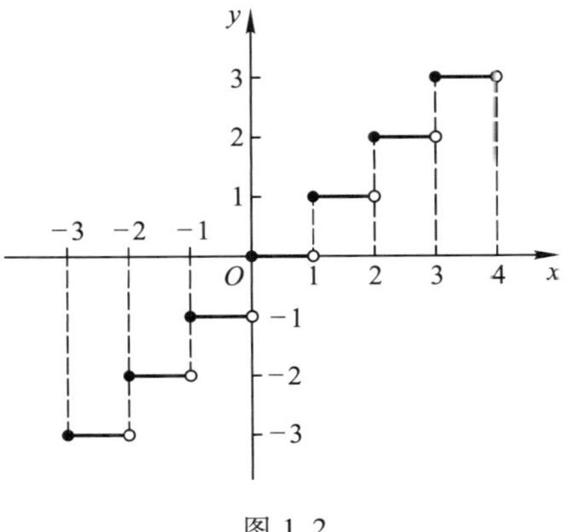

图 1.2

在实际问题中，函数的定义域由实际意义确定.在不考虑实际意义的情形下，函数的定义域是使函数表达式有意义的自变量的全体取值组成的点集.

例 6　设 $f(x)=\dfrac{\sqrt{2+x-x^2}}{x}$，求函数 $f(x)$ 的定义域.

解　为使 $f(x)$ 有意义，其分母 $x\neq 0$，开偶次方根的 $2+x-x^2\geqslant 0$，可解得 $-1\leqslant x<0,0<x\leqslant 2$，即 $f(x)$ 的定义域为 $[-1,0)\cup(0,2]$.

三、函数的几种特性

1. 函数的单调性

设函数 $y=f(x)$ 在区间 I 上有定义，对于任意的 $x_1,x_2\in I$，且 $x_1<x_2$，若都有 $f(x_1)<f(x_2)$（或 $f(x_1)>f(x_2)$），则称 $y=f(x)$ 在区间 I 上是**单调增加（或减少）的函数**.单调增加和单调减少的函数统称为**单调函数**.

若函数 $y=f(x)$ 在区间 I 上单调增加，则该函数的图形在区间 I 上沿 x 轴正向是上升的，如图 1.3 所示.如果函数 $y=f(x)$ 在区间 I 上单调减少，则该函数的图形在区间 I 上沿 x 轴正向是下降的，如图 1.4 所示.

例如函数 $y=x^2$ 在 $(-\infty,0)$ 内单调减少，在 $(0,+\infty)$ 内单调增加.

2. 函数的有界性

设函数 $y=f(x)$ 在点集 I 上有定义，若存在正常数 M，对于任意的 $x\in I$，都有 $|f(x)|\leqslant M$，则称 $y=f(x)$ 在 I 上**有界**.

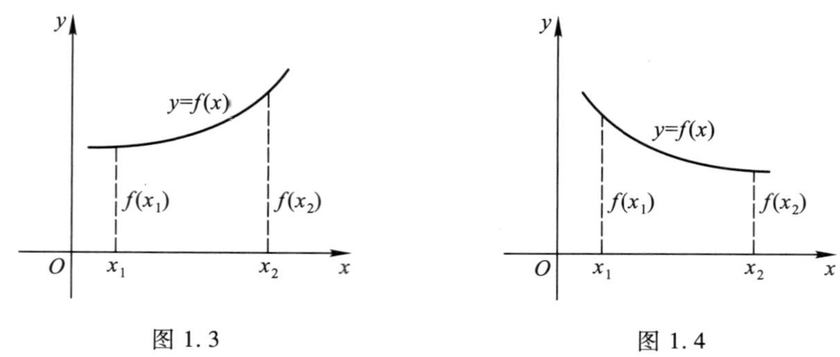

图 1.3　　　　图 1.4

例如,函数 $y=\sin x$ 在$(-\infty,-\infty)$内有界,这是因为总有$|\sin x|\leqslant 1$,但是$y=x^2$ 在$(-\infty,+\infty)$内无界.

3. 函数的周期性

设函数 $y=f(x)$的定义域为 D_f.若存在正常数 T,对于任意的 $x\in D_f$,都有$(x+T)\in D_f$,且$f(x+T)=f(x)$,则称 $y=f(x)$为**周期函数**,称 T 为**周期**.

通常所说的周期是指**最小正周期**.例如,$y=\sin x$ 是以 2π 为周期的函数,$y=\tan x$ 是以 π 为周期的函数.$y=C$(C 为常量)也是周期函数,它没有最小正周期.

4. 函数的奇偶性

设函数 $y=f(x)$的定义域 D_f 关于原点对称,即对任意的 $x\in D_f$,都有$-x\in D_f$.若对于任意的$x\in D_f$,都有

$$f(-x)=f(x),$$

则称 $y=f(x)$为**偶函数**.若对于任意的 $x\in D_f$,都有

$$f(-x)=-f(x),$$

则称 $y=f(x)$为**奇函数**.

偶函数的图形关于 y 轴对称,奇函数的图形关于原点对称.

例如,$y=x^2$ 为偶函数,$y=x^3$ 为奇函数,$y=C$(C 为常量)为偶函数,$y=0$ 是唯一既为偶函数也为奇函数的函数.

四、反函数

设函数 $y=f(x)$的定义域为 D_f,值域为 V_f.若任取 $y\in V_f$,存在唯一的$x\in D_f$与之对应,且满足$f(x)=y$,则得到一个以 y 为自变量、x 为因变量的函数 $x=\varphi(y)$,称之为 $y=f(x)$的**反函数**.

此时,常称 $y=f(x)$为**直接函数**.

习惯上将自变量用 x 表示,将因变量用 y 表示,因此上述 $y=f(x)$的反函数写为 $y=\varphi(x)$.

直接函数与反函数满足

$$f[\varphi(x)]=y,\quad y\in V_f;\quad \varphi[f(x)]=x,\quad x\in D_f.$$

在同一个平面直角坐标系中,直接函数 $y=f(x)$与反函数 $y=\varphi(x)$的图形关于直线 $y=x$ 对称.

例 7　设 $y=1+\ln(x-2)$，求其反函数.

解　由 $y=1+\ln(x-2)$ 可解得 $x=e^{y-1}+2$，因此

$$y=e^{x-1}+2$$

为所求反函数.

习题 1-1

(A)

一、求下列函数的定义域：

1. $f(x)=\sqrt{2-x^2}+\sqrt{x^2-1}$.

2. $g(x)=\dfrac{\ln(1-x)+\sqrt{x+2}}{x}$.

二、讨论下列函数的有界性、周期性及奇偶性：

1. $f(x)=\sin 3x$.

2. $g(x)=|\sin x|$.

3. $h(x)=\tan x$.

4. $y(x)=\ln(2+\cos x)$.

三、求下列函数的反函数：

1. $y=\dfrac{1-x}{1+x}$.

2. $y=\dfrac{e^x-e^{-x}}{2}$.

3. $f(x)=\begin{cases}x, & x<-1,\\ -x^2, & -1\leqslant x\leqslant 0,\\ \ln(1+x), & 0<x\leqslant e.\end{cases}$

(B)

一、1. 设 $f(x)=\begin{cases}1, & |x|\leqslant 1,\\ 0, & |x|>1,\end{cases}$ 则 $f\{f[f(x)]\}=($　　$)$.

A. 0　　B. 1　　C. $\begin{cases}1, & |x|\leqslant 1,\\ 0, & |x|>1\end{cases}$　　D. $\begin{cases}0, & |x|\leqslant 1,\\ 1, & |x|>1\end{cases}$

二、1. 设 $f(x)=\begin{cases}1, & |x|\leqslant 1,\\ 0, & |x|>1,\end{cases}$ 则 $f[f(x)]=$________.

三、1. 设 $f(x)$ 在 $(-\infty,+\infty)$ 内有定义，在区间 $[0,2]$ 上 $f(x)=x(x^2-4)$. 若对任意的 x 都满足 $f(x)=kf(x+2)$，其中 k 为常数，写出 $f(x)$ 在 $[-2,0]$ 上的表达式.

第二节　初等函数

一、基本初等函数

中学里学过的幂函数、指数函数、对数函数、三角函数及这里补充的反三角函数统称为基本初等函数.

1. 幂函数　$y=x^a$，a 为常数

常见幂函数及其图形如图 1.5 所示.

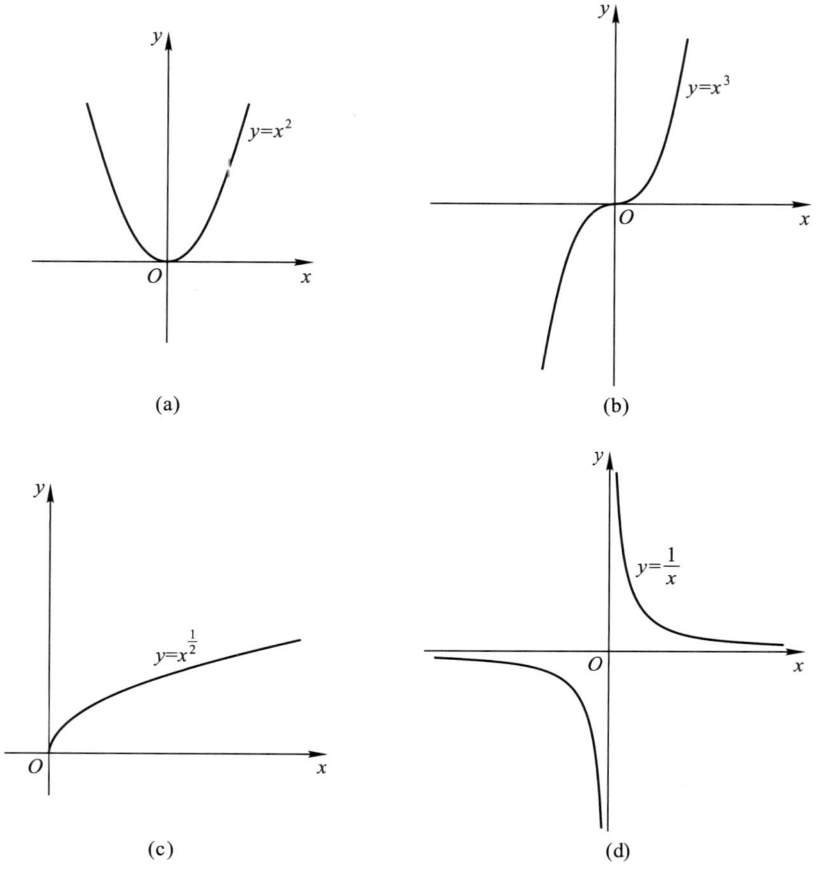

图 1.5

2. 指数函数　$y=a^x(a>0,a\neq 1)$

其图形如图 1.6 所示.定义域为$(-\infty,+\infty)$，图形过定点$(0,1)$，$y>0$.

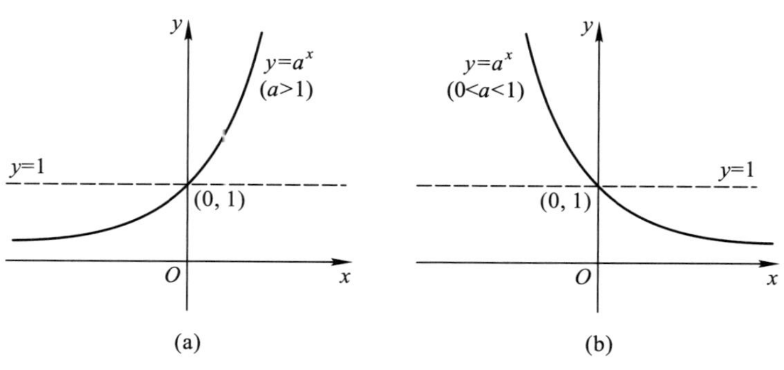

图 1.6

当 $0<a<1$ 时，$y=a^x$ 在$(-\infty,+\infty)$内单调减少.

当 $a>1$ 时，$y=a^x$ 在$(-\infty,+\infty)$内单调增加.

3. 对数函数　$y=\log_a x(a>0,a\neq 1)$

其图形如图 1.7 所示.定义域为$(0,+\infty)$，图形过定点$(1,0)$.

当 $0<a<1$ 时，$y=\log_a x$ 在$(0,+\infty)$内单调减少.

当 $a>1$ 时，$y=\log_a x$ 在$(0,+\infty)$内单调增加.

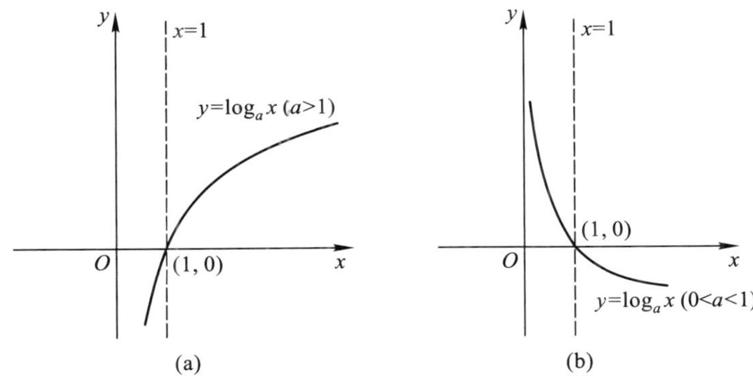

图 1.7

4. 三角函数

正弦函数　$y=\sin x$ 的定义域是$(-\infty,+\infty)$，周期是 2π，奇函数，图形如图 1.8(a)所示.

余弦函数　$y=\cos x$，定义域是$(-\infty,+\infty)$，周期是 2π，偶函数，图形如图 1.8(b)所示.

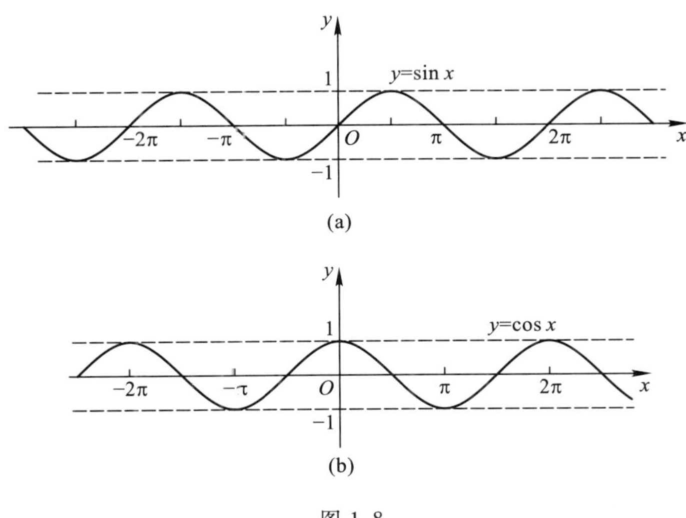

图 1.8

正切函数　$y=\tan x$，定义域是

$$\left\{x \mid k\pi-\frac{\pi}{2}<x<k\pi+\frac{\pi}{2}, k=0,\pm 1,\pm 2,\cdots\right\},$$

周期是 π,奇函数,图形如图 1.9(a)所示.

余切函数 $y=\cot x$,定义域是

$$\{x \mid k\pi<x<(k+1)\pi, k=0,\pm1,\pm2,\cdots\},$$

周期是 π,奇函数,图形如图 1.9(b)所示.

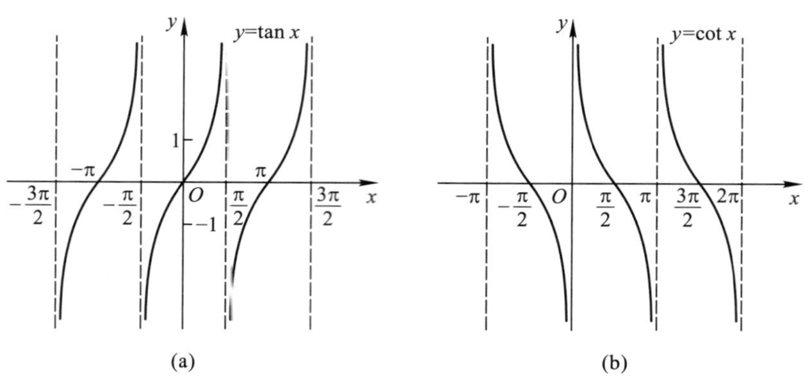

图 1.9

正割函数 $y=\sec x=\dfrac{1}{\cos x}$,定义域是

$$\left\{x \mid x\neq k\pi+\frac{\pi}{2}, k=0,\pm1,\pm2,\cdots\right\},$$

周期是 2π.

余割函数 $y=\csc x=\dfrac{1}{\sin x}$,定义域是

$$\{x \mid x\neq k\pi, k=0,\pm1,\pm2,\cdots\},$$

周期是 2π.

5. 反三角函数

反正弦函数 $y=\arcsin x$,定义域是$[-1,1]$,值域是$\left[-\dfrac{\pi}{2},\dfrac{\pi}{2}\right]$,奇函数,单调增加函数.

反余弦函数 $y=\arccos x$,定义域是$[-1,1]$,值域是$[0,\pi]$,单调减少函数.

反正切函数 $y=\arctan x$,定义域是$(-\infty,+\infty)$,值域是$\left(-\dfrac{\pi}{2},\dfrac{\pi}{2}\right)$,奇函数,单调增加函数.

反余切函数 $y=\operatorname{arccot} x$,定义域是$(-\infty,+\infty)$,值域是$(0,\pi)$,单调减少函数.

反三角函数图形如图 1.10 所示.

二、复合函数

设 $y=\ln u$,若 $u=x^2+1$,则可以得 $y=\ln(x^2+1)$.通常称 $y=\ln(x^2+1)$是由函数 $y=\ln u$ 及 $u=x^2+1$ 复合而成的复合函数.

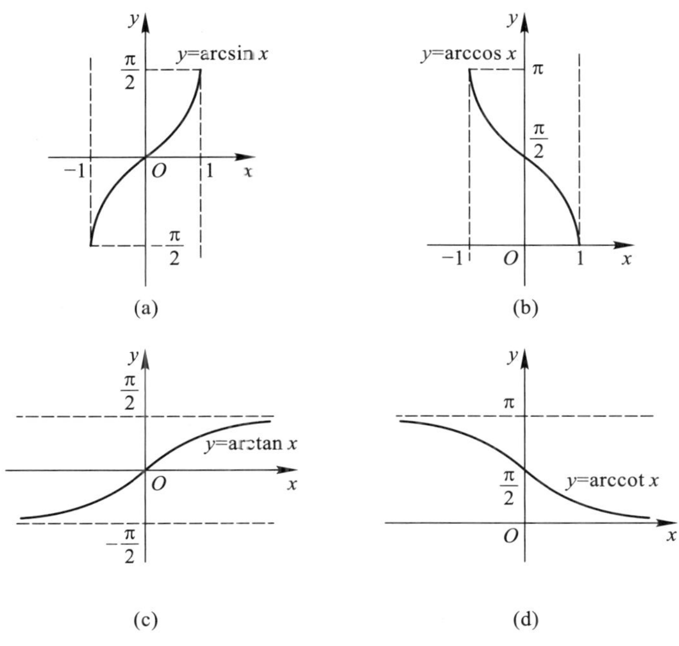

图 1.10

定义 1 设有函数 $y=f(u)$ 及 $u=\varphi(x)$,若 $V_{\varphi}\cap D_f\neq\varnothing$(空集),则 y 可以通过 u 构成 x 的函数,称此函数是由 $y=f(u)$ 与 $u=\varphi(x)$ 复合而成的**复合函数**,记作

$$y=f[\varphi(x)].$$

称 x 为自变量,u 为中间变量.

例 1 将下列函数分解为基本初等函数或它们的四则运算的复合,并求其定义域:

(1) $y=\sin^2 x$; (2) $y=\arcsin\dfrac{x-1}{2}$; (3) $y=\sqrt{\ln(x+1)}$.

解 (1) 设 $u=\sin x$,则 $y=\sin^2 x$ 可以分解为

$$y=u^2,\quad u=\sin x.$$

u 的定义域为$(-\infty,+\infty)$,$y=\sin^2 x$ 的定义域也为$(-\infty,+\infty)$.

(2) 设 $u=\dfrac{x-1}{2}$,则 $y=\arcsin\dfrac{x-1}{2}$可以分解为

$$y=\arcsin u,\quad u=\frac{x-1}{2}.$$

u 的定义域为$(-\infty,+\infty)$,而 $y=\arcsin u$ 要求 $|u|\leqslant 1$,即 $\left|\dfrac{x-1}{2}\right|\leqslant 1$,可解得$-1\leqslant x\leqslant 3$.因此 $y=\arcsin\dfrac{x-1}{2}$的定义域为$[-1,3]$,是 u 的定义域的子集.

(3) 设 $u=\ln v$,$v=x+1$,则 $y=\sqrt{\ln(x+1)}$可以分解为下面三个函数的复合:

$$y=\sqrt{u}, \quad u=\ln v, \quad v=x+1.$$

由于应有 $u\geqslant 0, v\geqslant 1$，可知 $x\geqslant 0$. 因此 $y=\sqrt{\ln(x+1)}$ 的定义域为 $[0,+\infty)$.

例 2 已知 $f(2x-1)=1+x$，求 $f(x)$.

解 设 $u=2x-1$，可解得 $x=\dfrac{1}{2}(u+1)$，从而

$$f(u)=1+\frac{1}{2}(u+1)=\frac{1}{2}u+\frac{3}{2},$$

$$f(x)=\frac{1}{2}x+\frac{3}{2}.$$

三、初等函数

定义 2 由基本初等函数及常数经过有限次四则运算或(和)有限次复合所构成的、用一个式子表示的函数，称为**初等函数**.

习题 1-2

(A)

一、将下列函数分解为基本初等函数或它们的四则运算的复合：

1. $y=\tan(x^2+1)$.

2. $y=e^{\sin\frac{1}{x}}$.

3. $y=\ln(1+\sqrt{x+1})$.

4. $y=\dfrac{\arctan(1-2x^2)}{\ln 2}$.

二、1. 已知 $f(x)=\ln(1+x)$，$\varphi(x)=e^x-1$，求 $f[\varphi(x)]$，$\varphi[f(x)]$ 及 $f[f(x)]$.

2. 已知 $f(x)=\ln(1+x)$，$f[\varphi(x)]=x$，求 $\varphi(x)$.

3. 设 $f(x)=\begin{cases}\dfrac{1}{1+x}, & x\geqslant 0,\\ e^x, & x<0,\end{cases}$ 求 $f(x-1)$.

4. 设 $f\left(\sin\dfrac{x}{2}\right)=1+\cos x$，求 $f(x)$.

5. 设 $f\left(\dfrac{1}{x}\right)=x+\sqrt{1+x^2}\ (x>0)$，求 $f(x)$.

三、1. 设 $f(x)$ 为二次多项式，且满足 $f(x+1)-f(x)=8x+3$，求 $f(x)$.

2. 设函数 $f(x)$ 满足

$$f^2(\ln x)-2xf(\ln x)+x^2\ln x=0, \quad 0<x<e,$$

且 $f(0)=0$，求 $f(x)$.

(B)

一、1. 若 $f(x)=e^{x^2}$，$f(\varphi(x))=1-x$，且 $\varphi(x)\geqslant 0$，求 $\varphi(x)$，并求出它的定义域.

第三节　数列的极限

极限是微积分最基本的概念之一.我们将其分为数列极限与函数极限分别加以介绍.

一、数列的概念

"一尺之棰，日取其半，万世不竭".每日取的长度(单位：尺)为

$$\frac{1}{2},\frac{1}{2^2},\cdots,\frac{1}{2^n},\cdots.$$

全体正整数为

$$1,2,\cdots,n,\cdots.$$

将上面两个例子一般化，通常称按照一定顺序排列的一列数

$$x_1,x_2,\cdots,x_n,\cdots$$

为数列.简记为 $\{x_n\}$，称其中的 x_n 为该数列的通项或一般项.

如

$$1,-\frac{1}{2},\frac{1}{3},\cdots,(-1)^{n-1}\frac{1}{n},\cdots;$$

$$1,0,1,0,\cdots,\frac{1+(-1)^{n-1}}{2},\cdots$$

都是数列.

x_n 可以看作以下标 n 为自变量的函数：$x_n=f(n)$，$n\in\mathbf{N}_+$，称之为整标函数.

对于数列 $\{x_n\}$，若

$$x_1\leqslant x_2\leqslant\cdots\leqslant x_n\leqslant\cdots,$$

则称其为**单调增加数列**；若

$$x_1\geqslant x_2\geqslant\cdots\geqslant x_n\geqslant\cdots,$$

则称其为**单调减少数列**.

二、数列的极限

观察上述四个数列，当 n 无限增大(称之为 $n\to\infty$)时，根据 x_n 的变化趋势，可以分为两类：其一是与某个常数 A 越来越接近，且从某项起，$|x_n-A|$将小于事先给定的任意正数，以后称之为

x_n 趋于 A.如对于$\frac{1}{2},\frac{1}{2^2},\cdots,\frac{1}{2^n},\cdots$,当 $n\to\infty$ 时,$x_n=\frac{1}{2^n}$趋于 0.再如$\{x_n\}=\left\{(-1)^{n-1}\frac{1}{n}\right\}$,当 $n\to\infty$ 时,$x_n=(-1)^{n-1}\frac{1}{n}$趋于 0.另一类是当 $n\to\infty$ 时,x_n 不趋于任何常数.

定义 1 设有数列$\{x_n\}$及常数 A.若当 $n\to\infty$ 时,x_n 趋于 A,则称数列$\{x_n\}$以 A 为**极限**,或称**数列$\{x_n\}$收敛于 A**,记为

$$\lim_{n\to\infty} x_n=A \quad \text{或} \quad x_n\to A(n\to\infty).$$

若这样的常数 A 不存在,则称$\{x_n\}$没有极限或称$\{x_n\}$**发散**.

如前面所举数列有

$$\lim_{n\to\infty}\frac{1}{2^n}=0,\quad \lim_{n\to\infty}(-1)^{n-1}\frac{1}{n}=0.$$

前面给出的数列极限定义通常称为描述性定义.在数学上 $n\to\infty$ 常可以用"n 大于任意给定的正数"来刻画,$|x_n-A|$小于任意正数可以用"任给$\varepsilon>0$,总有$|x_n-A|<\varepsilon$"来刻画.下面用数学语言来描述数列极限:

定义 2 设有数列$\{x_n\}$及常数 A,若对于任意给定的正数 ε,都存在正整数 N,当 $n>N$ 时,恒有

$$|x_n-A|<\varepsilon,$$

则称数列$\{x_n\}$以 A 为**极限**.

在几何上,数列$\{x_n\}$可以看作数轴上的点列.$\lim\limits_{n\to\infty} x_n=A$ 意味着,不论正数 ε 多么小,在 $U(A,\varepsilon)$即开区间$(A-\varepsilon,A+\varepsilon)$之外至多只有 N 个点 $x_1,x_2,\cdots,x_N$,如图 1.11 所示.

注意,数列极限的定义给出了概念,但没有给出极限的求法.为了明了定义的含义,下面给出简单的例子.

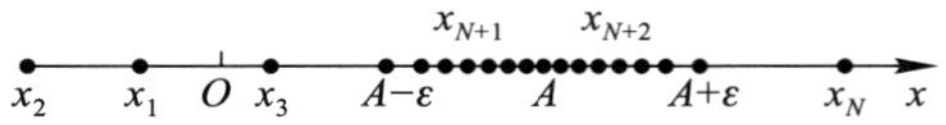

x_{N+1} x_{N+2}
x_2 x_1 O x_3 $A-\varepsilon$ A $A+\varepsilon$ x_N x

图 1.11

例 1 设数列$\{x_n\}=\left\{\frac{1}{n}\right\}$,证明$\lim\limits_{n\to\infty} x_n=0$.

证 任给 $\varepsilon>0$,要使$|x_n-0|<\varepsilon$,即

$$\left|\frac{1}{n}-0\right|=\frac{1}{n}<\varepsilon,$$

只需 $n>\frac{1}{\varepsilon}$.取 $N=\left[\frac{1}{\varepsilon}\right]+1$,则当 $n>N$ 时,恒有

$$\left|\frac{1}{n}-0\right|=\frac{1}{n}<\varepsilon,$$

因此 $\lim\limits_{n\to\infty}\frac{1}{n}=0$.

由数列极限的几何意义,可以得到收敛数列的性质:

性质 1（极限的唯一性）　若数列 $\{x_n\}$ 存在极限，则极限唯一.

性质 2（收敛数列的有界性）　若数列 $\{x_n\}$ 存在极限，则数列 $\{x_n\}$ 必定有界.

若从数列 $\{x_n\}$ 中任意抽取无穷多项，并保持这些项在原数列 $\{x_n\}$ 中的先后次序，则得到一个新的数列，称之为原数列的**子数列**.如

$$x_1, x_3, \cdots, x_{2n-1}, \cdots;$$

$$x_2, x_4, \cdots, x_{2n}, \cdots$$

都为 $\{x_n\}$ 的子数列.

数列 $\{x_n\}$ 与其子数列有如下关系：

性质 3　设数列 $\{x_n\}$ 收敛于 A，则它的任一子数列也必定收敛于 A.

性质 4　设 $\{x_{2n-1}\}$ 与 $\{x_{2n}\}$ 都收敛于 A，则数列 $\{x_n\}$ 也必定收敛于 A.

由性质 3 可以得知，若数列 $\{x_n\}$ 有一个不收敛的子数列，或者 $\{x_n\}$ 有两个子数列收敛于不同的极限值，则数列 $\{x_n\}$ 必定发散.通常可以将此结论作为判定数列发散的充分条件.如

$$1,0,1,0,\cdots,\frac{1+(-1)^{n-1}}{2},\cdots$$

的一个子数列 $1,1,\cdots,1,\cdots$ 收敛于 1.而另一个子数列 $0,0,\cdots,0,\cdots$ 收敛于 0，可知数列 $\left\{\frac{1+(-1)^{n-1}}{2}\right\}$ 发散.

上述性质也可以利用数列极限的定义 2 加以证明.

习题 1-3

(A)

一、写出下列数列的通项：

1. $2,\frac{3}{2},\frac{4}{3},\frac{5}{4},\cdots$.

2. $\frac{1}{2},\frac{1}{4},\frac{1}{8},\frac{1}{16},\cdots$.

3. $1,4,9,16,\cdots$.

4. $-\frac{1}{2},\frac{1}{4},-\frac{1}{8},\frac{1}{16},\cdots$.

5. $k,k,\cdots,k,\cdots$.

6. $\frac{1}{3},\frac{3}{5},\frac{5}{7},\frac{7}{9},\cdots$.

二、判断下列数列的敛散性，如果收敛，极限值为多少？（不作证明.）

1. $\left\{\frac{1}{n^2}\right\}$.　　2. $\left\{\frac{(-1)^n}{n}\right\}$.　　3. $\{1-(-1)^n\}$.　　4. $\{2\}$.

(B)

一、利用数列极限定义 2 证明下列极限：

1. $\lim\limits_{n\to\infty} k=k$.

2. $\lim\limits_{n\to\infty}\frac{n-1}{n}=1$.

3. $\lim\limits_{n\to\infty}\frac{1}{n^2}=0$.

4. $\lim\limits_{n\to\infty}\frac{3n+1}{2n+1}=\frac{3}{2}$.

第四节 函数的极限

上一节介绍了数列$\{x_n\}$的极限,$x_n=f(n)$可以看成整标函数,因此可以认为数列$\{x_n\}$的极限也是函数$f(n)$当自变量$n\to\infty$时,$f(n)$的变化性态.本节研究对于一般的$f(x)$,当自变量x变化时,$f(x)$的变化性态.主要研究两种情形:

(1) 自变量x的绝对值$|x|\to+\infty$时,$f(x)$的变化性态;

(2) 自变量$x\to x_0$时,$f(x)$的变化性态.

一、$x\to\infty$时$f(x)$的极限

$x\to\infty$表示$|x|\to+\infty$,既包含$x\to+\infty$,也包含$x\to-\infty$.

仿照数列极限情形,若$x\to\infty$时,$f(x)$趋于常数A,则称当$x\to\infty$时,$f(x)$以A为极限,记为$\lim\limits_{x\to\infty}f(x)=A$.

仿照数列极限定义2,可以给出用数学语言描述的函数极限定义:

定义1 设函数$f(x)$在$|x|>b$(某正数)时有定义,A为常数.若对于任意给定的正数ε,都存在正数X,当$|x|>X$时,恒有

$$|f(x)-A|<\varepsilon,$$

则称当$x\to\infty$时,函数$f(x)$以A为极限.记为$\lim\limits_{x\to\infty}f(x)=A$或$f(x)\to A(x\to\infty)$.

若这样的常数不存在,则表示$\lim\limits_{x\to\infty}f(x)$不存在.

$\lim\limits_{x\to\infty}f(x)=A$的几何解释可仿$\lim\limits_{n\to\infty}x_n=a$,如图1.12所示,对于无论多么小的正数$\varepsilon$,只要$x>X$或$x<-X$,曲线$y=f(x)$总介于直线$y=A-\varepsilon$与$y=A+\varepsilon$之间.

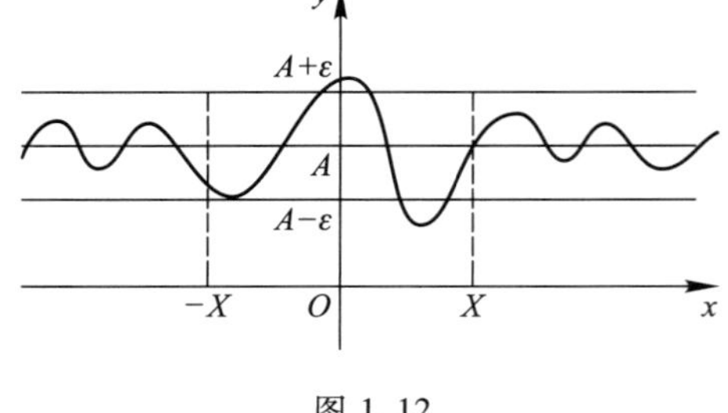

图1.12

若$x>0$且$x\to\infty$,则称x趋于正无穷大,记为$x\to+\infty$.

若$x<0$且$x\to\infty$,则称x趋于负无穷大,记为$x\to-\infty$.

若$x\to+\infty$时,$f(x)$以A为极限,则记为$\lim\limits_{x\to+\infty}f(x)=A$;若$x\to-\infty$时,$f(x)$以$A$为极限,则记为$\lim\limits_{x\to-\infty}f(x)=A$.读者可仿定义1给出两者的相应描述,并给出几何解释.

利用极限的定义1可以证明:

性质1 $\lim\limits_{x\to\infty}f(x)=A$的充要条件是

$$\lim_{x\to+\infty} f(x)=\lim_{x\to-\infty} f(x)=A.$$

例 1　利用极限定义证明 $\lim\limits_{x\to\infty}\dfrac{1}{x}=0$.

证　任给 $\varepsilon>0$,欲找到 $M>0$,使得当 $|x|>M$ 时,有

$$\left|\frac{1}{x}-0\right|=\left|\frac{1}{x}\right|<\varepsilon,$$

只需 $M>\dfrac{1}{\varepsilon}$,则当 $|x|>M$ 时,有

$$\left|\frac{1}{x}-0\right|=\left|\frac{1}{x}\right|<\frac{1}{M}<\varepsilon,$$

故 $\lim\limits_{x\to\infty}\dfrac{1}{x}=0$.

二、$x\to x_0$ 时函数 $f(x)$ 的极限

首先考察

$$f_1(x)=x+1,\quad f_2(x)=\frac{x^2-1}{x-1}$$

当 $x\to1$ 时的变化趋势.

函数 $y=f_1(x)$,$y=f_2(x)$ 的图形如图 1.13 所示.

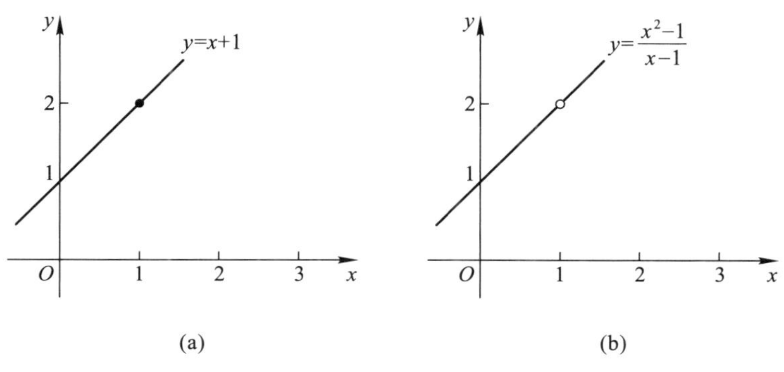

图 1.13

$f_1(x)=x+1$ 在点 $x_0=1$ 处有定义;$f_2(x)=\dfrac{x^2-1}{x-1}$在点 $x_0=1$ 处无定义,但是当 $x\to1$ 时,$f_1(x)$ 与 $f_2(x)$都趋于 2.可以说当 $x\to1$ 时,$f_1(x)$ 与 $f_2(x)$都以 2 为极限.这表明:$\lim\limits_{x\to x_0}f(x)$是否存在与 $f(x)$ 在点 x_0 处有无定义无关.

对此有

定义 2　设函数 $y=f(x)$ 在点 x_0 的某去心邻域内有定义,A 是常数.若对于任给定的正数

ε，都存在 $\delta>0$，当 $0<|x-x_0|<\delta$ 时，恒有

$$|f(x)-A|<\varepsilon,$$

则称当 $x\to x_0$ 时，$f(x)$ 以 A 为极限. 记为

$$\lim_{x\to x_0} f(x)=A,\quad 或\quad f(x)\to A\ (x\to x_0).$$

$\lim\limits_{x\to x_0} f(x)=A$ 的几何解释：对于任意给定的正数 ε，必定存在 x_0 的一个去心邻域 $(x_0-\delta, x_0+\delta)$，使得函数 $y=f(x)$ 在这个去心邻域内的图形位于直线 $y=A-\varepsilon$ 与 $y=A+\varepsilon$ 之间，如图 1.14 所示.

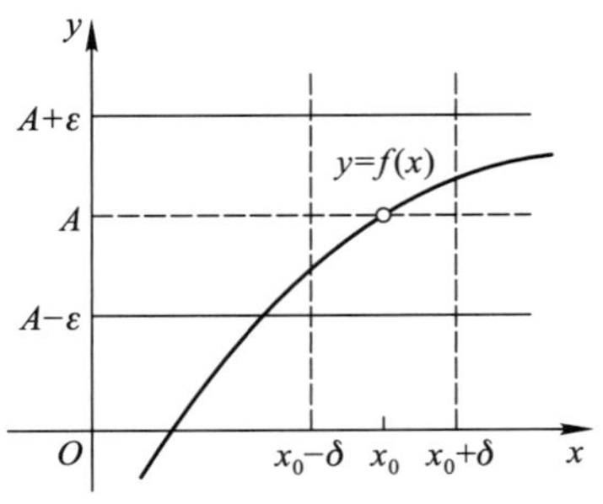

图 1.14

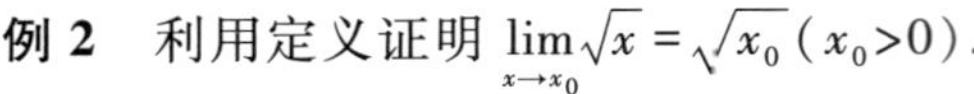

例 2　利用定义证明 $\lim\limits_{x\to x_0}\sqrt{x}=\sqrt{x_0}\ (x_0>0)$.

证　任意给定 $\varepsilon>0$，由于

$$\left|\sqrt{x}-\sqrt{x_0}\right|=\frac{|x-x_0|}{\sqrt{x}+\sqrt{x_0}}\leqslant\frac{|x-x_0|}{\sqrt{x_0}},$$

只要 $|x-x_0|<\varepsilon\sqrt{x_0}$，取 $\delta=\varepsilon\sqrt{x_0}$，则当 $0<|x-x_0|<\delta$ 时，恒有 $\left|\sqrt{x}-\sqrt{x_0}\right|<\varepsilon$，即 $\lim\limits_{x\to x_0}\sqrt{x}=\sqrt{x_0}$.

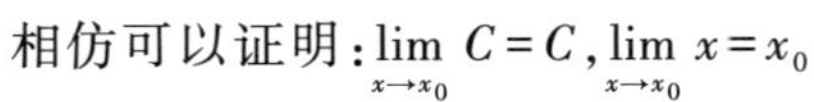

相仿可以证明：$\lim\limits_{x\to x_0} C=C$，$\lim\limits_{x\to x_0} x=x_0$.

上述三个结论可以当作公式使用.

可以证明，基本初等函数在其定义域内的每一点都存在极限.

$x>x_0$ 且 $x\to x_0$，表示点 x 从 x_0 的右侧趋于 x_0，常记为 $x\to x_0^+$.

$x<x_0$ 且 $x\to x_0$，表示点 x 从 x_0 的左侧趋于 x_0，常记为 $x\to x_0^-$.

若 $x\to x_0^+$ 时，$f(x)\to A$，则称当 $x\to x_0$ 时，$f(x)$ 的**右极限**为 A，记为

$$\lim_{x\to x_0^+} f(x)=A\quad 或\quad f(x_0^+)=A.$$

若 $x\to x_0^-$ 时，$f(x)\to A$，则称当 $x\to x_0$ 时，$f(x)$ 的**左极限**为 A，记为

$$\lim_{x\to x_0^-} f(x)=A\quad 或\quad f(x_0^-)=A.$$

左极限与右极限又称为**单侧极限**，它与极限有如下关系：

性质 2　$\lim\limits_{x\to x_0} f(x)=A$ 的充要条件是

$$\lim_{x\to x_0^-} f(x)=\lim_{x\to x_0^+} f(x)=A.$$

考察 $f(x)$ 在区间端点处的极限及分段函数在分段点处的极限时，常用单侧极限.

例 3　设

$$f(x)=\begin{cases}1, & x<0,\\ x, & x\geqslant 0,\end{cases}$$

求 $\lim\limits_{x\to 0^-} f(x)$，$\lim\limits_{x\to 0^+} f(x)$ 与 $\lim\limits_{x\to 0} f(x)$.

解　当 $x<0$ 时，$f(x)=1$，可知 $\lim\limits_{x\to 0^-} f(x)=\lim\limits_{x\to 0^-} 1=1$.

当 $x>0$ 时，$f(x)=x$，可知 $\lim\limits_{x\to 0^+} f(x)=\lim\limits_{x\to 0^+} x=0$.

由于 $\lim\limits_{x\to 0^-}f(x)\neq\lim\limits_{x\to 0^+}f(x)$，可知 $\lim\limits_{x\to 0}f(x)$ 不存在.

思考与扩展 1

数学中极限概念的本质是什么？报刊中常见“突破人类的极限”词语，其中“极限”与数学中极限的概念相同吗？

三、极限的基本性质

可以证明，极限具有下列性质：

性质 3（唯一性）　若 $\lim\limits_{x\to x_0}f(x)$（或 $\lim\limits_{x\to\infty}f(x)$）存在，则此极限值唯一.

性质 4（局部有界性）　若 $\lim\limits_{x\to x_0}f(x)$ 存在，则 $f(x)$ 在点 x_0 的某去心邻域内有界.

性质 5（局部保号性）　若 $\lim\limits_{x\to x_0}f(x)=A$，且 $A>0$（或 <0），则在点 x_0 的某去心邻域内，总有 $f(x)>0$（或 <0）.

需指出，如果在 x_0 的某去心邻域内 $f(x)>0$，且 $\lim\limits_{x\to x_0}f(x)=A$，只能得出 $A\geqslant 0$ 的结论.

仿此，可以得到当 $x\to\infty$ 时，函数极限的上述性质.

四、无穷小量与无穷大量

定义 3　若 $\lim\limits_{x\to x_0}f(x)=0$（或 $\lim\limits_{x\to\infty}f(x)=0$），则称函数 $f(x)$ 当 $x\to x_0$（或 $x\to\infty$）时为**无穷小量**（或称**无穷小**）.

仿定义 2 可以给出如下定义：

定义 4　设函数 $f(x)$ 在点 x_0 的某去心邻域内有定义，若对于任意给定的正数 ε，都存在 $\delta>0$，当 $0<|x-x_0|<\delta$ 时，恒有 $|f(x)|<\varepsilon$，则称当 $x\to x_0$ 时，$f(x)$ 为无穷小量.

由于 $\lim\limits_{x\to 0}x=0$，$\lim\limits_{x\to 2}x=2$，$\lim\limits_{x\to 3}x=3$，可知当 $x\to 0$ 时，x 本身为无穷小量；当 $x\to 2$ 时或 $x\to 3$ 时，x 都不为无穷小量，这表明不能脱离变化过程而说某个函数是否为无穷小量.又由于 $\lim\limits_{x\to x_0}0=0$，可知常数 0 是无穷小量.

有极限的量与无穷小量有下面的关系：

定理 1　$\lim\limits_{x\to x_0}f(x)=A$ 的充要条件是

$$f(x)=A+\alpha(x),$$

其中 $\alpha(x)$ 当 $x\to x_0$ 时为无穷小量，即 $\lim\limits_{x\to x_0}\alpha(x)=0$.

证　必要性.设 $\lim\limits_{x\to x_0}f(x)=A$，则对于给定的正数 ε，必定存在 $\delta>0$，当 $0<|x-x_0|<\delta$ 时，有

$$|f(x)-A|<\varepsilon.$$

令 $\alpha(x)=f(x)-A$,依定义 4 可知,当 $x\to x_0$ 时,$\alpha(x)$ 为无穷小量,且 $f(x)=A+\alpha(x)$.

充分性.设 $f(x)=A+\alpha(x)$,其中 A 为常量,$\alpha(x)$ 当 $x\to x_0$ 时为无穷小量,则 $\alpha(x)=f(x)-A$.依定义 4 可知对任意给定的正数 ε,存在 $\delta>0$,当 $0<|x-x_0|<\delta$ 时,恒有 $|\alpha(x)|=|f(x)-A|<\varepsilon$,依定义 2 可知

$$\lim_{x\to x_0} f(x)=A.$$

定理 1 常称为极限基本定理.

定义 5 对于任意给定的正数 M,从某个时刻起,总有 $|f(x)|>M$,则称在这个给定过程中,$f(x)$ 为**无穷大量**.

如果采用数学语言,则可以描述为:

定义 6 设函数 $f(x)$ 在点 x_0 的某去心邻域内(或当 $|x|$ 大于某正数时)有定义,若对于任意给定的正数 M,都存在 $\delta>0$(或正数 X),当 $0<|x-x_0|<\delta$(或 $|x|>X$)时,恒有

$$|f(x)|>M,$$

则称函数 $f(x)$ 当 $x\to x_0$(或 $x\to\infty$)时为无穷大量,记作 $\lim\limits_{x\to x_0} f(x)=\infty$(或 $\lim\limits_{x\to\infty} f(x)=\infty$).

若将上述定义中的 $|f(x)|>M$ 改为 $f(x)>M$(或 $f(x)<-M$),则称函数 $f(x)$ 为正无穷大量(或负无穷大量).

有必要指出,当 $x\to x_0$ 时 $f(x)$ 为无穷大量,表示极限不存在.但为了便于叙述函数的变化性态仍沿用极限符号.

无穷大量不是数.无穷大量与无界变量是两个不同的概念.如函数 $f(x)=x\sin x$,当 $x\to\infty$ 时,它为无界变量,但它不是无穷大量.

无穷大量与无穷小量有如下关系:

性质 6 在自变量的同一变化过程中,若函数 $f(x)$ 为无穷大量,则 $\dfrac{1}{f(x)}$ 为无穷小量.反之,若函数 $f(x)$ 为无穷小量,且 $f(x)\neq 0$,则 $\dfrac{1}{f(x)}$ 为无穷大量.

例如,当 $x\to 1$ 时,$x-1$ 为无穷小量,由性质 6 可知当 $x\to 1$ 时,$\dfrac{1}{x-1}$ 为无穷大量.

上述无穷小量与无穷大量的概念对于数列也适用.如,$\lim\limits_{n\to\infty}\dfrac{1}{n}=0$,可知当 $n\to\infty$ 时,$\dfrac{1}{n}$ 为无穷小量;当 $n\to\infty$ 时,n 本身为无穷大量.

思考与扩展 2

“无穷大量就是在给定的过程中绝对值无限增大的量”,可以作为无穷大量的定义吗?

可以笼统地说‘无穷小量的倒数就是无穷大量”吗？

习题 1-4

(A)

一、作出下列函数图形，并分别讨论 x 在何种变化趋势中函数为无穷小量或无穷大量：

1. $y=x^2$.　　2. $y=x^3$.

3. $y=\sqrt{x}$.　　4. $y=|x|$.

5. $y=\mathrm{e}^x$.　　6. $y=\ln x$.

二、1. 设 $\lim\limits_{x\to x_0}f(x)=A,\lim\limits_{x\to x_0}g(x)=B$，且 $A<B$.证明：在点 x_0 的某去心邻域内

$$f(x)<g(x).$$

2. 证明：极限 $\lim\limits_{x\to\infty}\cos x$ 不存在.

(B)

一、仿照本节定义 1 和定义 2 给出下列极限的 $\varepsilon-X$ 或 $\varepsilon-\delta$ 定义：

1. $\lim\limits_{x\to+\infty}f(x)=A$.　　2. $\lim\limits_{x\to-\infty}f(x)=A$.

3. $\lim\limits_{x\to x_0^+}f(x)=A$.　　4. $\lim\limits_{x\to x_0^-}f(x)=A$.

二、利用极限定义证明：

1. $\lim\limits_{x\to x_0}C=C$.　　2. $\lim\limits_{x\to x_0}x=x$.

3. $\lim\limits_{x\to 1}(2x+1)=3$.　　4. $\lim\limits_{x\to\infty}\dfrac{x+1}{2x}=\dfrac{1}{2}$.

第五节　极限的运算法则

本节将介绍极限的运算法则，利用这些运算法则可以求某些函数与数列的极限.

一、无穷小量的运算性质

性质 1　两个无穷小量之和仍为无穷小量.

证　设 $\lim\limits_{x\to x_0}\alpha(x)=0,\lim\limits_{x\to x_0}\beta(x)=0$，则对于任意给定的正数 ε，都存在 $\delta_1>0$，当 $0<|x-x_0|<\delta_1$

时，恒有

$$|\alpha(x)|<\frac{\varepsilon}{2}. \tag{1}$$

又对于上述 ε，存在 $\delta_2>0$，当 $0<|x-x_0|<\delta_2$ 时，恒有

$$|\beta(x)|<\frac{\varepsilon}{2}. \tag{2}$$

设 $\delta=\min\{\delta_1,\delta_2\}$，则当 $0<|x-x_0|<\delta$ 时，上两式(1)、(2)都成立，因此

$$|\alpha(x)+\beta(x)|\leqslant|\alpha(x)|+|\beta(x)|<\frac{\varepsilon}{2}+\frac{\varepsilon}{2}=\varepsilon.$$

这就证明了当 $x\to x_0$ 时，$\alpha(x)+\beta(x)$ 为无穷小量.

利用数学归纳法可以证明：

有限个无穷小量之和仍为无穷小量.

利用无穷小量的定义还可以证明无穷小量的性质：

性质 2 有界函数与无穷小量之积仍为无穷小量.

推论 1 常量与无穷小量之积为无穷小量.

推论 2 有限个无穷小量之积仍为无穷小量.

因为 $\lim\limits_{x\to0}x=0$，即当 $x\to0$ 时，x 为无穷小量，可知当 $x\to0$ 时，cx(c 为常数)，$x\sin x$ 与 x^2 都为无穷小量.

有必要指出，无穷大量不具备类似于无穷小量的运算法则.

思考与扩展 4

性质 1 可以改为“任意个无穷小量的代数和仍为无穷小量”吗？

二、极限的运算法则

定理 1 设 $\lim\limits_{x\to x_0}f(x)=A$，$\lim\limits_{x\to x_0}g(x)=B$，则

(1) $\lim\limits_{x\to x_0}[f(x)+g(x)]=\lim\limits_{x\to x_0}f(x)+\lim\limits_{x\to x_0}g(x)=A+B$；

(2) $\lim\limits_{x\to x_0}[f(x)\cdot g(x)]=\lim\limits_{x\to x_0}f(x)\cdot\lim\limits_{x\to x_0}g(x)=AB$；

(3) 当 $B\neq0$ 时，$\lim\limits_{x\to x_0}\dfrac{f(x)}{g(x)}=\dfrac{\lim\limits_{x\to x_0}f(x)}{\lim\limits_{x\to x_0}g(x)}=\dfrac{A}{B}$.

定理 1 对于 $x\to\infty$ 及单侧极限情形也适用.

利用极限基本定理与无穷小量的运算性质可以证明定理 1，这里只给出(1)的证明，其余

相仿.

证　由于 $\lim\limits_{x\to x_0}f(x)=A,\lim\limits_{x\to x_0}g(x)=B$,可知有

$$f(x)=A+\alpha(x),\quad g(x)=B+\beta(x),$$

其中 $\alpha(x),\beta(x)$ 当 $x\to x_0$ 时为无穷小量.因此

$$f(x)+g(x)=(A+B)+(\alpha(x)+\beta(x)),$$

且 $\alpha(x)+\beta(x)$ 也为无穷小量,由极限基本定理可知

$$\lim_{x\to x_0}[f(x)+g(x)]=A+B.$$

上述运算法则可以推广到有限个函数的情形.

推论 1　设 $\lim\limits_{x\to x_0}f(x)=A$,$c$ 为任意常数,则

$$\lim_{x\to x_0}cf(x)=c\lim_{x\to x_0}f(x)=cA.$$

推论 2　设 $\lim\limits_{x\to x_0}f(x)=A$,对于任意正整数 k,有

$$\lim_{x\to x_0}[f(x)]^k=[\lim_{x\to x_0}f(x)]^k.$$

定理 2　设 $\lim\limits_{x\to x_0}\varphi(x)=u_0$,且在点 x_0 的某去心邻域内 $\varphi(x)\neq u_0$,$\lim\limits_{u\to u_0}f(u)=A$,则复合函数 $y=f[\varphi(x)]$ 当 $x\to x_0$ 时的极限存在,并且

$$\lim_{x\to x_0}f[\varphi(x)]=A.$$

利用 $\lim\limits_{x\to x_0}c=c,\lim\limits_{x\to x_0}x=x_0,\lim\limits_{x\to x_0}\sqrt{x}=\sqrt{x_0}$(可用函数极限定义证明),以及极限的四则运算法则、复合函数极限及无穷小量性质等,可以解决相当广泛的求解极限问题.

例 1　求 $\lim\limits_{x\to 2}(x^2-3x+4)$.

解　$\lim\limits_{x\to 2}(x^2-3x+4)=\lim\limits_{x\to 2}x^2-\lim\limits_{x\to 2}3x-\lim\limits_{x\to 2}4$

$=(\lim\limits_{x\to 2}x)^2-3\lim\limits_{x\to 2}x+4=2^2-3\cdot 2+4=2.$

例 2　求 $\lim\limits_{x\to 1}\dfrac{x+1}{2x^3-x+2}$.

解　$\lim\limits_{x\to 1}\dfrac{x+1}{2x^3-x+2}=\dfrac{\lim\limits_{x\to 1}(x+1)}{\lim\limits_{x\to 1}(2x^3-x+2)}=\dfrac{2}{3}.$

一般地,设 $P(x)=a_0x^n+a_1x^{n-1}+\cdots+a_{n-1}x+a_n$,则有

$$\begin{aligned}\lim_{x\to x_0}P(x)&=\lim_{x\to x_0}(a_0x^n+a_1x^{n-1}+\cdots+a_{n-1}x+a_n)\\&=a_0\lim_{x\to x_0}x^n+a_1\lim_{x\to x_0}x^{n-1}+\cdots+a_{n-1}\lim_{x\to x_0}x+\lim_{x\to x_0}a_n\\&=a_0x_0^n+a_1x_0^{n-1}+\cdots+a_{n-1}x_0+a_n=P(x_0);\end{aligned}$$

又设 $Q(x)=b_0x^m+b_1x^{m-1}+\cdots+b_{m-1}x+b_m$,当 $Q(x_0)\neq 0$ 时,有

$$\lim_{x\to x_0}\frac{P(x)}{Q(x)}=\frac{\lim\limits_{x\to x_0}P(x)}{\lim\limits_{x\to x_0}Q(x)}=\frac{P(x_0)}{Q(x_0)}.$$

上两式给出求多项式极限与有理式极限的结论可当作公式使用.

例 3 求 $\lim\limits_{x\to 1}\frac{x^2+x-2}{x^2-3x+2}$.

解 当 $x\to 1$ 时,分母的极限为 0.所以所给表达式不能利用商的极限运算法则.由于

$$x^2+x-2=(x-1)(x+2),$$

$$x^2-3x+2=(x-1)(x-2).$$

可知

$$\lim_{x\to 1}\frac{x^2+x-2}{x^2-3x+2}=\lim_{x\to 1}\frac{(x-1)(x+2)}{(x-1)(x-2)}=\lim_{x\to 1}\frac{x+2}{x-2}=-3.$$

在极限运算中如果将极限四则运算法则与无穷小量的性质等综合使用,常常可以求解更广泛的问题.

例 4 求 $\lim\limits_{x\to 0}\frac{x-1}{x^2+x}$.

解 因为 $x\to 0$ 时,分母极限为 0,可知不能利用商的极限运算法则.又由于分子的极限不等于 0,可知

$$\lim_{x\to 0}\frac{x^2+x}{x-1}=0,$$

因此

$$\lim_{x\to 0}\frac{x-1}{x^2+x}=\infty .$$

例 5 求 $\lim\limits_{x\to\infty}\frac{x^2-x+1}{2x^2+x+2}$.

解 当 $x\to\infty$ 时,分子与分母都为无穷大量,不能利用商的极限运算法则.先用分子、分母中 x 的最高次幂 x^2 同除分子与分母,再求极限,可得

$$\lim_{x\to\infty}\frac{x^2-x+1}{2x^2+x+2}=\lim_{x\to\infty}\frac{1-\frac{1}{x}+\frac{1}{x^2}}{2+\frac{1}{x}+\frac{2}{x^2}}=\frac{1}{2}.$$

例 6 求 $\lim\limits_{x\to\infty}\frac{x+3}{x^2-3x+1}$.

解 当 $x\to\infty$ 时,分子与分母都为无穷大量.用分子、分母中 x 的最高次幂 x^2 同除分子与分母,再求极限,可得

$$\lim_{x\to\infty}\frac{x+3}{x^2-3x+1}=\lim_{x\to\infty}\frac{\frac{1}{x}+\frac{3}{x^2}}{1-\frac{3}{x}+\frac{1}{x^2}}=0.$$

例 7 求 $\lim\limits_{x\to\infty}\frac{x^3-x+2}{x^2+1}$.

解 当 $x\to\infty$ 时，分子与分母都为无穷大量.若分子、分母同除以 x^3，则转化例 4 的类型.由

$$\lim_{x\to\infty}\frac{x^2+1}{x^3-x+2}=\lim_{x\to\infty}\frac{\frac{1}{x}+\frac{1}{x^3}}{1-\frac{1}{x^2}+\frac{2}{x^3}}=0,$$

可得

$$\lim_{x\to\infty}\frac{x^3-x+2}{x^2+1}=\infty.$$

仿上述例 5—例 7，可知当 $a_0\neq 0$ 和 $b_0\neq 0$ 时，

$$\lim_{x\to\infty}\frac{a_0x^m+a_1x^{m-1}+\cdots+a_{m-1}x+a_m}{b_0x^n+b_1x^{n-1}+\cdots+b_{n-1}x+b_n}=\begin{cases}\frac{a_0}{b_0}, & m=n,\\ 0, & m<n,\\ \infty, & m>n.\end{cases}$$

上述结论可当作公式使用.

例 8 求 $\lim\limits_{x\to 2}\left(\frac{x^2}{x^2-4}-\frac{1}{x-2}\right)$.

解 当 $x\to 2$ 时，$\frac{x^2}{x^2-4}-\frac{1}{x-2}$ 为两个无穷大量之差.可以先将其变形，再求极限：

$$\lim_{x\to 2}\left(\frac{x^2}{x^2-4}-\frac{1}{x-2}\right)=\lim_{x\to 2}\frac{x^2-(x+2)}{(x-2)(x+2)}=\lim_{x\to 2}\frac{(x+1)(x-2)}{(x-2)(x+2)}$$

$$=\lim_{x\to 2}\frac{x+1}{x+2}=\frac{3}{4}.$$

例 9 求 $\lim\limits_{x\to 0}\frac{\sqrt{1+x^2}-1}{x^2}$.

解 当 $x\to 0$ 时，分母极限为 0，因此不能直接利用商的极限运算法则.先变形再求极限：

$$\lim_{x\to 0}\frac{\sqrt{1+x^2}-1}{x^2}=\lim_{x\to 0}\frac{(\sqrt{1+x^2}-1)(\sqrt{1+x^2}+1)}{x^2(\sqrt{1+x^2}+1)}$$

$$=\lim_{x\to 0}\frac{x^2}{x^2(\sqrt{1+x^2}+1)}=\lim_{x\to 0}\frac{1}{\sqrt{1+x^2}+1}=\frac{1}{2}.$$

思考与扩展 5

两个无穷大量之和必定为无穷大量吗？两个无穷大量之差必定为无穷小量吗？无穷大量之间有什么运算方法？

思考与扩展 6

如果在给定的过程中，$f(x)$为无界变量，那么，在这个过程中$f(x)$必定为无穷大量吗？

思考与扩展 7

若$f(x)$，$g(x)$是区间(a,b)内的两个无界函数，则$f(x)$与$g(x)$之积$f(x)\cdot g(x)$在区间(a,b)内必定为无界函数吗？

习题 1-5

(A)

一、判断下列函数在什么过程中为无穷小量，在什么过程中为无穷大量：

1. e^{-x}.　2. $e^{\frac{1}{x}}$.　3. $e^{-\frac{1}{x}}$.

二、求下列极限：

1. $\lim\limits_{x\to 2}\dfrac{x^2-1}{x^3-3x+1}$.

2. $\lim\limits_{x\to -1}\dfrac{x^2+5x+6}{x^2-3x-4}$.

3. $\lim\limits_{x\to 1}\dfrac{x^2-1}{2x^2-x-1}$.

4. $\lim\limits_{x\to 1}\left(\dfrac{1}{x-1}-\dfrac{2}{x^2-1}\right)$.

5. $\lim\limits_{x\to\infty}\dfrac{x^2-2x-\cos x}{2x^2+6}$.

6. $\lim\limits_{x\to\infty}\dfrac{x+2\sin x}{x^3-x-5}$.

7. $\lim\limits_{x\to\infty}\dfrac{x^2+x-2}{x-\cos x}$.

8. $\lim\limits_{x\to\infty}\left(\dfrac{x^2}{x+1}-\dfrac{x^2}{x-1}\right)$.

9. $\lim\limits_{x\to 1}\dfrac{\sqrt[3]{x}-1}{\sqrt{x}-1}$.

10. $\lim\limits_{n\to\infty}\left(\sqrt{n^2+2n}-\sqrt{n^2-1}\right)$.

三、求下列极限：

1. $\lim\limits_{n\to\infty}\left(\dfrac{1}{n^2}+\dfrac{2}{n^2}+\cdots+\dfrac{n-1}{n^2}\right)$.

2. $\lim\limits_{n\to\infty}\left(1+\dfrac{1}{2}+\dfrac{1}{4}+\cdots+\dfrac{1}{2^{n-1}}\right)$.

3. $\lim\limits_{n\to\infty}\left(\dfrac{1}{1\cdot 2}+\dfrac{1}{2\cdot 3}+\cdots+\dfrac{1}{n(n+1)}\right)$.

四、1. 设

$$f(x)=\begin{cases}2x^2-x, & -2\leqslant x\leqslant 0,\\ x^3, & 0<x\leqslant 1,\\ 3x+2, & 1<x\leqslant 3,\end{cases}$$

求 $\lim\limits_{x\to 0}f(x)$，$\lim\limits_{x\to 1}f(x)$.

2. 已知 $\lim\limits_{x\to\infty}\left(\dfrac{x^2+1}{x+1}-ax-b\right)=0$，求常数 a 和 b.

3. 求 $\lim\limits_{n\to\infty}\dfrac{a^n}{1+a^n}$，其中 $a>0$ 为常数.

4. 利用定义证明当 $n\to\infty$ 时，$\sqrt{n}$ 为无穷大量.

(B)

一、1. 当 $x\to 1$ 时，$\dfrac{x^2-1}{x+1}e^{\frac{1}{x-1}}$ 的极限(　　).

A. 等于 2　　B. 等于 0　　C. 为 ∞　　D. 不存在但不为 ∞

二、1. $\lim\limits_{n\to\infty}(\sqrt{n+3\sqrt{n}}-\sqrt{n-\sqrt{n}})=$________.

2. 设函数 $f(x)=a^x(a>0,a\neq 1)$，则 $\lim\limits_{n\to\infty}\dfrac{1}{n^2}\ln[f(1)f(2)\cdots f(n)]=$________.

3. $\lim\limits_{n\to\infty}\left(\dfrac{n+1}{n}\right)^{(-1)^n}=$________.

三、1. 求 $\lim\limits_{x\to-\infty}\dfrac{\sqrt{4x^2+x-1}+x+1}{\sqrt{x^2+\sin x}}$.

第六节　极限存在准则，两个重要极限

本节介绍极限存在性的两个判别准则及两个重要极限.

一、极限存在准则

准则 1(夹逼准则)　设函数 $f(x)$，$g(x)$ 及 $h(x)$ 在点 x_0 的某去心邻域内(或当 $|x|$ 大于某正数时)有定义，且满足

(1) $g(x)\leqslant f(x)\leqslant h(x)$；

(2) $\lim\limits_{\substack{x\to x_0\\(x\to\infty)}}g(x)=\lim\limits_{\substack{x\to x_0\\(x\to\infty)}}h(x)=A$，

则 $\lim\limits_{\substack{x\to x_0\\(x\to\infty)}}f(x)=A$.

上述准则对于数列$\{x_n\}$,$\{y_n\}$,$\{z_n\}$也适用:若

(1) $y_n \leqslant x_n \leqslant z_n (n=k,k+1,\cdots)$;

(2) $\lim\limits_{n\to\infty} y_n = \lim\limits_{n\to\infty} z_n = A$,

则 $\lim\limits_{n\to\infty} x_n = A$.

该准则可以用极限定义证明,证明从略.

例 1 证明:$\lim\limits_{n\to\infty}\left(\dfrac{1}{n+\dfrac{1}{n}}+\dfrac{1}{n+\dfrac{2}{n}}+\cdots+\dfrac{1}{n+\dfrac{n}{n}}\right)=1$.

证 由于

$$\frac{n}{n+\dfrac{n}{n}} \leqslant \sum_{i=1}^{n}\frac{1}{n+\dfrac{i}{n}} \leqslant \frac{n}{n+\dfrac{1}{n}}, \quad i=1,2,\cdots,n,$$

而

$$\lim_{n\to\infty}\frac{n}{n+\dfrac{n}{n}}=\lim_{n\to\infty}\frac{1}{1+\dfrac{1}{n}}=1, \quad \lim_{n\to\infty}\frac{n}{n+\dfrac{1}{n}}=\lim_{n\to\infty}\frac{1}{1+\dfrac{1}{n^2}}=1,$$

故

$$\lim_{n\to\infty}\left(\frac{1}{n+\dfrac{1}{n}}+\frac{1}{n+\dfrac{2}{n}}+\cdots+\frac{1}{n+\dfrac{n}{n}}\right)=1.$$

准则 2(单调有界准则) 单调有界数列必有极限.

对于函数极限有类似于准则 2 的单侧极限存在性的单调有界准则.

二、两个重要极限

重要极限 I $$\lim_{x\to 0}\frac{\sin x}{x}=1.$$

如图 1.15 所示,作单位圆,设圆心角$\angle AOB = x$(单位:弧度),过点 A 作圆的切线与 OB 的延长线交于点 C,又作 $BD\perp OA$,则

$$\sin x = BD, \quad \tan x = AC.$$

因为 $S_{\triangle OAB}<S_{扇形OAB}<S_{\triangle OAC}$,可知当$0<x<\dfrac{\pi}{2}$时,有

$$\frac{1}{2}\sin x<\frac{1}{2}x<\frac{1}{2}\tan x,$$

即

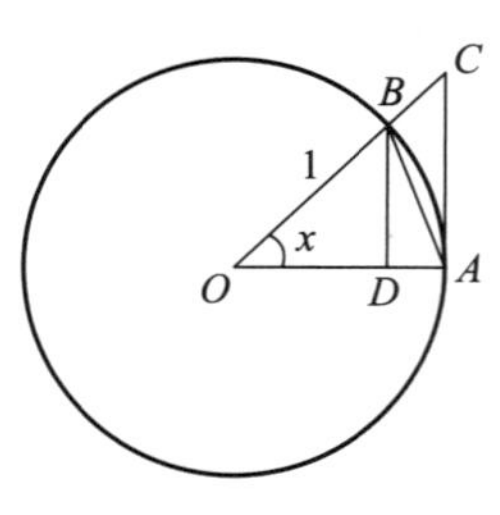

图 1.15

$$\sin x<x<\tan x. \tag{1}$$

例 2　证明：$\lim\limits_{x\to 0}\cos x=1$.

证　当 $0<x<\dfrac{\pi}{2}$ 时，由(1)式可知

$$0\leqslant 1-\cos x=2\sin^2\left(\frac{x}{2}\right)\leqslant\frac{x^2}{2}.$$

又

$$\lim_{x\to 0}0=0,\quad \lim_{x\to 0}\frac{x^2}{2}=0,$$

由夹逼准则可知 $\lim\limits_{x\to 0}\cos x=1$.

下面来证明重要极限Ⅰ.由于 $\dfrac{\sin x}{x}$ 为偶函数，只需考虑 $0<x<\dfrac{\pi}{2}$ 的情形.由(1)式可知当 $0<x<\dfrac{\pi}{2}$ 时，有 $1\leqslant\dfrac{x}{\sin x}\leqslant\dfrac{1}{\cos x}$，即

$$\cos x\leqslant\frac{\sin x}{x}\leqslant 1,$$

由于 $\lim\limits_{x\to 0^+}\cos x=1$，$\lim\limits_{x\to 0^+}1=1$，由夹逼准则可知

$$\lim_{x\to 0^+}\frac{\sin x}{x}=1.$$

由于 $\dfrac{\sin x}{x}$ 为偶函数，可知 $\lim\limits_{x\to 0^-}\dfrac{\sin x}{x}=1$，故

$$\lim_{x\to 0}\frac{\sin x}{x}=1.$$

例 3　求 $\lim\limits_{x\to 0}\dfrac{\tan x}{x}$.

解　$\lim\limits_{x\to 0}\dfrac{\tan x}{x}=\lim\limits_{x\to 0}\dfrac{\sin x}{x}\cdot\dfrac{1}{\cos x}=1$.

例 4　求 $\lim\limits_{x\to 0}\dfrac{1-\cos x}{x^2}$.

解　$\lim\limits_{x\to 0}\dfrac{1-\cos x}{x^2}=\lim\limits_{x\to 0}\dfrac{2-2\cos^2\frac{x}{2}}{x^2}=\dfrac{1}{2}\lim\limits_{x\to 0}\dfrac{\sin^2\frac{x}{2}}{\left(\frac{x}{2}\right)^2}=\dfrac{1}{2}\lim\limits_{x\to 0}\left(\dfrac{\sin\frac{x}{2}}{\frac{x}{2}}\right)^2=\dfrac{1}{2}$.

重要极限Ⅱ　$\lim\limits_{x\to\infty}\left(1+\dfrac{1}{x}\right)^x=\mathrm{e}$，e 为自然对数的底.

先考察数列极限 $\lim\limits_{n\to\infty}\left(1+\dfrac{1}{n}\right)^n$.设 $x_n=\left(1+\dfrac{1}{n}\right)^n$，利用二项式展开式，可得

$$
\begin{aligned}
x_n &= \left(1+\frac{1}{n}\right)^n \\
&= 1+\frac{n}{1!}\cdot\frac{1}{n}+\frac{n(n-1)}{2!}\cdot\frac{1}{n^2}+ \\
&\quad \frac{n(n-1)(n-2)}{3!}\cdot\frac{1}{n^3}+\cdots+\frac{n(n-1)\cdots(n-n+1)}{n!}\cdot\frac{1}{n^n} \\
&= 1+1+\frac{1}{2!}\left(1-\frac{1}{n}\right)+\frac{1}{3!}\left(1-\frac{1}{n}\right)\left(1-\frac{2}{n}\right)+\cdots+ \\
&\quad \frac{1}{n!}\left(1-\frac{1}{n}\right)\left(1-\frac{2}{n}\right)\cdots\left(1-\frac{n-1}{n}\right) \qquad (*) \\
&\leqslant 1+1+\frac{1}{2!}+\frac{1}{3!}+\cdots+\frac{1}{n!}+\cdots \\
&\leqslant 1+1+\frac{1}{2}+\frac{1}{4}+\cdots+\frac{1}{2^{n-1}}+\cdots\leqslant 3.
\end{aligned}
$$

又由(*)式可知

$$
\begin{aligned}
x_{n+1} &= 1+1+\frac{1}{2!}\left(1-\frac{1}{n+1}\right)+\frac{1}{3!}\left(1-\frac{1}{n+1}\right)\left(1-\frac{2}{n+1}\right)+\cdots+ \\
&\quad \frac{1}{n!}\left(1-\frac{1}{n+1}\right)\left(1-\frac{2}{n+1}\right)\cdots\left(1-\frac{n-1}{n+1}\right)+ \\
&\quad \frac{1}{(n+1)!}\left(1-\frac{1}{n+1}\right)\left(1-\frac{2}{n+1}\right)\cdots\left(1-\frac{n}{n+1}\right) \\
&\geqslant x_n.
\end{aligned}
$$

因此数列$\{x_n\}$为单调增加且有界的数列.由极限存在准则Ⅱ可知$\{x_n\}$存在极限,记为 e,即

$$\lim_{n\to\infty}\left(1+\frac{1}{n}\right)^n=\mathrm{e}.$$

其中 e 是无理数 2. 718 281 828 4⋯.

利用极限存在的夹逼准则也可以证明：

$$\lim_{x\to\infty}\left(1+\frac{1}{x}\right)^x=\mathrm{e}.$$

若设 $z=\frac{1}{x}$,又可得到

$$\lim_{z\to 0}(1+z)^{\frac{1}{z}}=\mathrm{e}.$$

例 5 求 $\lim\limits_{x\to\infty}\left(1-\frac{2}{x}\right)^x$.

解 设 $x=-2u$,则

$$\lim_{x\to\infty}\left(1-\frac{2}{x}\right)^x=\lim_{u\to\infty}\left(1+\frac{1}{u}\right)^{-2u}=\lim_{u\to\infty}\frac{1}{\left[\left(1+\frac{1}{u}\right)^u\right]^2}=\frac{1}{\mathrm{e}^2}.$$

例 6　求 $\lim\limits_{x\to 0}\left(1+\dfrac{x}{3}\right)^{\frac{1}{2x}}$.

解　设 $u=\dfrac{x}{3}$，则

$$\lim_{x\to 0}\left(1+\frac{x}{3}\right)^{\frac{1}{2x}}=\lim_{u\to 0}(1+u)^{\frac{1}{u}\cdot\frac{1}{6}}=\left(\lim_{u\to 0}(1+u)^{\frac{1}{u}}\right)^{\frac{1}{6}}=\mathrm{e}^{\frac{1}{6}}.$$

例 7　求 $\lim\limits_{x\to\infty}\left(\dfrac{x+2}{x-3}\right)^{x}$.

解　$\lim\limits_{x\to\infty}\left(\dfrac{x+2}{x-3}\right)^{x}=\lim\limits_{x\to\infty}\dfrac{\left(1+\dfrac{2}{x}\right)^{x}}{\left(1-\dfrac{3}{x}\right)^{x}}=\dfrac{\lim\limits_{x\to\infty}\left(1+\dfrac{2}{x}\right)^{x}}{\lim\limits_{x\to\infty}\left(1-\dfrac{3}{x}\right)^{x}}=\dfrac{\mathrm{e}^{2}}{\mathrm{e}^{-3}}=\mathrm{e}^{5}.$

思考与扩展 8

无理数 e 的由来.

习题 1-6

(A)

一、求下列极限：

1. $\lim\limits_{x\to 0}\dfrac{\sin 3x}{\tan 2x}$.

2. $\lim\limits_{x\to a}\dfrac{\arctan(x-a)}{x-a}$.

3. $\lim\limits_{x\to 1}\dfrac{\sin(x^{2}-1)}{x-1}$.

4. $\lim\limits_{n\to\infty}n\sin\dfrac{1}{2n}$.

5. $\lim\limits_{x\to\infty}\left(1-\dfrac{2}{x}\right)^{3x}$.

6. $\lim\limits_{x\to 0}(1-x)^{\frac{2}{x}}$.

7. $\lim\limits_{n\to\infty}\left(\dfrac{n-2}{n+1}\right)^{n}$.

8. $\lim\limits_{x\to 0}\left(\dfrac{2+x}{2-3x}\right)^{\frac{1}{x}}$.

9. $\lim\limits_{x\to 0}\dfrac{\sin x}{\sqrt{x+1}-1}$.

10. $\lim\limits_{x\to 0}\dfrac{x-\sin 2x}{x+\tan 3x}$.

(B)

一、1. 设 $0<a<b$，则 $\lim\limits_{n\to\infty}(a^{-n}+b^{-n})^{\frac{1}{n}}=$(　　).

A. a　　B. a^{-1}　　C. b　　D. b^{-1}

二、1. 极限 $\lim\limits_{x\to\infty}x\sin\dfrac{2x}{x^{2}+1}=$________.

2. $\lim\limits_{x\to1}\dfrac{\sqrt{3-x}-\sqrt{1+x}}{x^2+x-2}=$________.

3. 设 $\lim\limits_{x\to\infty}\left(\dfrac{x+2a}{x-a}\right)^x=8$,则 $a=$________.

三、1. 求 $\lim\limits_{x\to0}\left(\dfrac{2+e^{\frac{1}{x}}}{1+e^{\frac{4}{x}}}+\dfrac{\sin x}{|x|}\right)$.

2. 设 $x_1=10,x_{n+1}=\sqrt{6+x_n}\ (n=1,2,\cdots)$.证明数列$\{x_n\}$存在极限,并求 $\lim\limits_{n\to\infty}x_n$.

3. 设 $0<x_1<3,x_{n+1}=\sqrt{x_n(3-x_n)}\ (n=1,2,\cdots)$.证明数列$\{x_n\}$存在极限,并求 $\lim\limits_{n\to\infty}x_n$.

第七节 无穷小量的比较

首先注意:当 $x\to0$ 时,$3x,\sin x,x^2,\sqrt{x},x\sin\dfrac{1}{x}$都为无穷小量,而

$$\lim_{x\to0}\frac{3x}{x}=3;\quad \lim_{x\to0}\frac{\sin x}{x}=1;\quad \lim_{x\to0}\frac{x^2}{x}=0;\quad \lim_{x\to0}\frac{\sqrt{x}}{x}=\infty;$$

$\lim\limits_{x\to0}\dfrac{x\sin\frac{1}{x}}{x}$ 不存在,也不为无穷大量.

上述两个无穷小量之比的极限反映了不同无穷小量趋于0的趋势不同.为此引入无穷小量“阶”的概念.

定义 1 设 $\alpha=\alpha(x),\beta=\beta(x)$,且 $\lim\limits_{\substack{x\to x_0\\(x\to\infty)}}\alpha=0,\ \lim\limits_{\substack{x\to x_0\\(x\to\infty)}}\beta=0$.

(1) 若 $\lim\limits_{\substack{x\to x_0\\(x\to\infty)}}\dfrac{\beta}{\alpha}=0$,则称当 $x\to x_0$(或 $x\to\infty$)时,β 是 α 的**高阶无穷小量**,记为 $\beta=o(\alpha)$,也称 α 是 β 的**低阶无穷小量**.

(2) 若 $\lim\limits_{\substack{x\to x_0\\(x\to\infty)}}\dfrac{\beta}{\alpha}=1$,则称当 $x\to x_0$(或 $x\to\infty$)时,β 与 α 为**等价无穷小量**,记为 $\beta\sim\alpha$.

(3) 若 $\lim\limits_{\substack{x\to x_0\\(x\to\infty)}}\dfrac{\beta}{\alpha}=c$($c\neq0$ 为常量),则称当 $x\to x_0$(或 $x\to\infty$)时,β 与 α 为**同阶无穷小量**.

因此可知,当 $x\to0$ 时,$\sin x$ 与 x 为等价无穷小量;$3x$ 与 x 为同阶无穷小量;x^2 为 x 的高阶无穷小量;$\sqrt{x}$为 x 的低阶无穷小量;而 $x\sin\dfrac{1}{x}$与 x 不能进行阶的比较.

相仿,由上节例 6 可知当 $x\to0$ 时,$\tan x\sim x$;由上节例 7 可知当 $x\to0$ 时,$1-\cos x\sim\dfrac{x^2}{2}$.

对于等价无穷小量有如下定理:

定理 1 设当 $x\to x_0$（或 $x\to\infty$）时，$\alpha,\beta,\alpha',\beta'$ 都为无穷小量，且 $\alpha'\sim\alpha,\beta'\sim\beta$. 若 $\lim\limits_{\substack{x\to x_0\\(x\to\infty)}}\dfrac{\beta'}{\alpha'}$ 存在（或为无穷大量），则

$$\lim_{\substack{x\to x_0\\(x\to\infty)}}\frac{\beta}{\alpha}=\lim_{\substack{x\to x_0\\(x\to\infty)}}\frac{\beta'}{\alpha'}.$$

证 设 $\lim\limits_{\substack{x\to x_0\\(x\to\infty)}}\dfrac{\beta'}{\alpha'}$ 存在，则

$$\begin{aligned}\lim_{\substack{x\to x_0\\(x\to\infty)}}\frac{\beta}{\alpha}&=\lim_{\substack{x\to x_0\\(x\to\infty)}}\frac{\beta}{\beta'}\cdot\frac{\beta'}{\alpha'}\cdot\frac{\alpha'}{\alpha}\\&=\lim_{\substack{x\to x_0\\(x\to\infty)}}\frac{\beta}{\beta'}\cdot\lim_{\substack{x\to x_0\\(x\to\infty)}}\frac{\beta'}{\alpha'}\cdot\lim_{\substack{x\to x_0\\(x\to\infty)}}\frac{\alpha'}{\alpha}\\&=\lim_{\substack{x\to x_0\\(x\to\infty)}}\frac{\beta'}{\alpha'}.\end{aligned}$$

若 $\lim\limits_{\substack{x\to x_0\\(x\to\infty)}}\dfrac{\beta'}{\alpha'}=\infty$，则 $\lim\limits_{\substack{x\to x_0\\(x\to\infty)}}\dfrac{\alpha'}{\beta'}=0$. 由上面证明可得 $\lim\limits_{\substack{x\to x_0\\(x\to\infty)}}\dfrac{\beta}{\alpha}=\infty$.

该定理称为等价无穷小量代换定理. 利用等价无穷小量代换求极限时，往往能使计算更为简便.

常见的等价无穷小量有（有些以后可以证明）：当 $x\to 0$ 时，

$$\sin x\sim x;\quad \tan x\sim x;\quad \arcsin x\sim x;$$

$$\arctan x\sim x;\quad \ln(1+x)\sim x;\quad \mathrm{e}^x-1\sim x;$$

$$1-\cos x\sim\frac{1}{2}x^2;\quad \sqrt[n]{1+x}-1\sim\frac{1}{n}x.$$

例 1 求 $\lim\limits_{x\to 0}\dfrac{\sin 3x}{\tan 2x}$.

解 当 $x\to 0$ 时，$\sin 3x\sim 3x$，$\tan x\sim 2x$，因此

$$\lim_{x\to 0}\frac{\sin 3x}{\tan 2x}=\lim_{x\to 0}\frac{3x}{2x}=\lim_{x\to 0}\frac{3}{2}=\frac{3}{2}.$$

例 2 求 $\lim\limits_{x\to 0}\dfrac{\sqrt{1+x^2}-1}{x\sin\dfrac{x}{2}}$.

解 当 $x\to 0$ 时，

$$\sqrt{1+x^2}-1\sim\frac{1}{2}x^2,\quad \sin\frac{x}{2}\sim\frac{x}{2},$$

因此

$$\lim_{x\to 0}\frac{\sqrt{1+x^2}-1}{x\sin\dfrac{x}{2}}=\lim_{x\to 0}\frac{\dfrac{1}{2}x^2}{x\cdot\dfrac{x}{2}}=1.$$

习题 1-7

(A)

一、求下列极限：

1. $\lim\limits_{x\to 0}\dfrac{\sin x^m}{\sin x^n}(m,n\neq 0)$.

2. $\lim\limits_{x\to 0}\dfrac{\tan(x^2+2x)}{x}$.

3. $\lim\limits_{x\to 0}\dfrac{\tan^2 2x}{1-\cos x}$.

4. $\lim\limits_{x\to 0}\dfrac{x\sin x}{\sqrt{1+x^2}-1}$.

5. $\lim\limits_{x\to 0}\dfrac{\sin(\tan x)}{\tan(\sin x)}$.

6. $\lim\limits_{x\to 0}\dfrac{\sqrt{1+x\sin x}-1}{e^{x^2}-1}$.

7. $\lim\limits_{x\to 0}\dfrac{\cos ax-1}{\cos bx-1}(a,b\neq 0)$.

8. $\lim\limits_{x\to 0}\dfrac{\ln(1-3x)}{\arcsin 2x}$.

(B)

一、1. 当 $x\to 0^+$ 时，与$\sqrt{x}$等价的无穷小量是(　　).

A. $1-e^{\sqrt{x}}$　　B. $\ln(1+\sqrt{x})$　　C. $\sqrt{1+\sqrt{x}}-1$　　D. $1-\cos\sqrt{x}$

2. 设当 $x\to 0$ 时，$(1-\cos x)\cdot\ln(1+x^2)$是比 $x\sin x^n$ 高阶的无穷小量，而 $x\sin x^n$ 是比 $e^{x^2}-1$ 高阶的无穷小量，则正整数 $n=$(　　).

A. 1　　B. 2　　C. 3　　D. 4

二、1. $\lim\limits_{x\to 0}\dfrac{x\ln(1+x)}{1-\cos x}=$________.

2. $\lim\limits_{x\to 0}\dfrac{1-\cos(\sin x)}{e^{x^2}-1}=$________.

3. $\lim\limits_{x\to 0}\dfrac{3\sin x+x^2\cos\dfrac{1}{x}}{(1+\cos x)\ln(1+x)}=$________.

4. 若 $\lim\limits_{x\to 0}\dfrac{\sin x}{e^x-a}(\cos x-b)=5$，则 $a=$________，$b=$________.

第八节　函数的连续性

自然界中有两种常见的现象：一种是当自变量有微小变化时，函数只有微小变化；另一种是当自变量有微小变化时，函数将有突变.请观察图 1.16 与图 1.17.

下面在数学上引出函数的连续性概念.

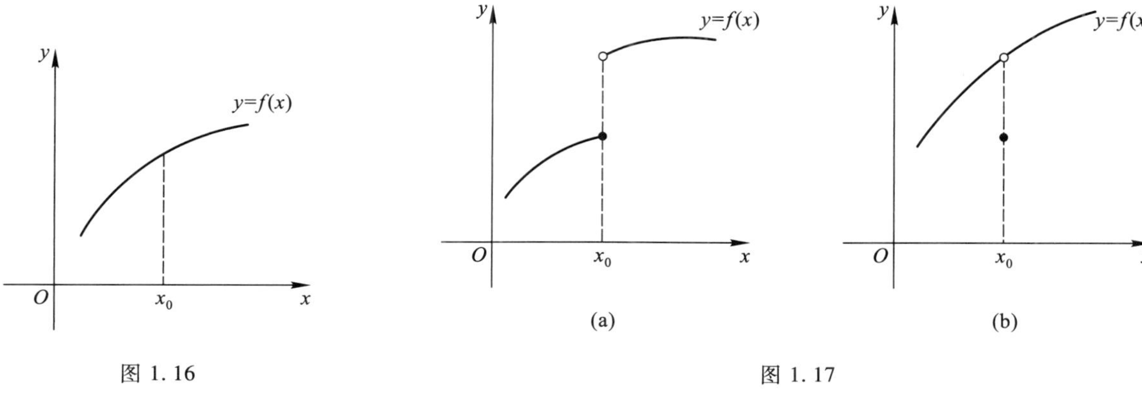

图 1.16　　图 1.17

一、函数的连续性

我们通过自变量的微小变化来研究函数的变化.

若变量 u 从值 u_1 变到 u_2,称其差值 u_2-u_1 为变量 u 的增量,记为$\Delta u=u_2-u_1$.增量 Δu 可以为正值,也可以为负值.

设函数 $y=f(x)$ 在点 x_0 的某邻域 $U(x_0)$ 内有定义.当自变量 x 由 x_0 变到 $x_0+\Delta x$($x_0+\Delta x\in U(x_0)$)时,y 相应地由 $f(x_0)$ 变到 $f(x_0+\Delta x)$.记

$$\Delta y=f(x_0+\Delta x)-f(x_0).\tag{1}$$

称 Δx 为自变量的增量,Δy 为函数的增量.

定义 1　设函数 $y=f(x)$ 在点 x_0 的某邻域 $U(x_0)$ 内有定义,$x_0+\Delta x\in U(x_0)$,若

$$\lim_{\Delta x\to 0}\Delta y=0,\tag{2}$$

则称函数 $f(x)$ 在点 x_0 处**连续**,称 x_0 为 $f(x)$ 的**连续点**.

称定义 1 为连续性的无穷小量形式的定义.

由于 $\Delta x=x-x_0$,因此

$$\Delta y=f(x_0+\Delta x)-f(x_0)=f(x)-f(x_0),$$

可知 $\lim\limits_{\Delta x\to 0}\Delta y=0$ 等价于

$$\lim_{x\to x_0}[f(x)-f(x_0)]=0,\quad 即\quad \lim_{x\to x_0}f(x)=f(x_0).$$

为此也可以给出连续性的极限形式的定义:

定义 2　设函数 $y=f(x)$ 在点 x_0 的某邻域 $U(x_0)$ 内有定义,若

$$\lim_{x\to x_0}f(x)=f(x_0),$$

则称函数 $f(x)$ 在点 x_0 处连续.

由连续函数的定义可知函数 $f(x)$ 在点 x_0 处连续,有三个要素:

(1) 函数 $f(x)$ 在点 x_0 处有定义;

(2) 极限 $\lim\limits_{x\to x_0}f(x)$存在;

(3) 极限值等于函数在点 x_0 处的函数值,即

$$\lim_{x\to x_0}f(x)=f(x_0).$$

仿极限的定义,也可以给出连续性的 ε-δ 形式的定义:

定义 3 设函数 $y=f(x)$在点 x_0 的某邻域 $U(x_0)$内有定义,对于任意给定的正数 ε,都存在 $\delta>0$,当 $|x-x_0|<\delta$ 时,恒有

$$|f(x)-f(x_0)|<\varepsilon,$$

则称函数 $f(x)$在点 x_0 处连续.

若 $f(x)$在点 x_0 的左侧邻域内有定义,且 $\lim\limits_{x\to x_0^-}f(x)=f(x_0)$,则称$f(x)$在点 x_0 处**左连续**.

若 $f(x)$在点 x_0 的右侧邻域内有定义,且 $\lim\limits_{x\to x_0^+}f(x)=f(x_0)$,则称 $f(x)$在点 x_0 处**右连续**.

性质 1 函数 $f(x)$在点 x_0 处连续的充要条件是 $f(x)$在点 x_0 处既左连续,也右连续.

定义 4 若函数 $y=f(x)$在区间(a,b)内每点处都连续,则称 $f(x)$是(a,b)内的连续函数,并记为 $f\in C(a,b)$.若 $f(x)$在区间(a,b)内连续,且在区间的左端点 a 处右连续,在区间右端点 b 处左连续,则称 $f(x)$在闭区间$[a,b]$上连续,记为$f\in C[a,b]$.

可以证明:基本初等函数在其定义域内每一点处都连续.

二、函数的间断点及其分类

定义 5 设函数 $y=f(x)$在点 x_0 的某去心邻域 $\mathring{U}(x_0)$内有定义,若有下列情形之一:

(1) $f(x)$在点 x_0 处没有定义;

(2) $\lim\limits_{x\to x_0}f(x)$不存在;

(3) $\lim\limits_{x\to x_0}f(x)\neq f(x_0)$,

则称点 x_0 为 $f(x)$的**间断点**,也称 x_0 为 $f(x)$的**不连续点**.

例 1 $y=\dfrac{x^2-1}{x-1}$仅在点 $x=1$ 处没有定义,因此点 $x=1$ 为所给函数的间断点.

例 2 设

$$f(x)=\begin{cases}\dfrac{x^2-1}{x-1}, & x\neq 1,\\ 0, & x=1,\end{cases}$$

判定 $f(x)$在点 $x=1$ 处的连续性.

解 函数 $f(x)$在点 $x=1$ 处有定义,$f(1)=0$.

$$\lim_{x\to 1}f(x)=\lim_{x\to 1}\frac{x^2-1}{x-1}=\lim_{x\to 1}(x+1)=2\neq 0=f(1),$$

可知点 $x=1$ 为 $f(x)$ 的间断点.

例 3　设

$$f(x)=\begin{cases}x^2-1, & x\leqslant 0,\\ x, & x>0,\end{cases}$$

试判定 $f(x)$ 在点 $x=0$ 处的连续性.

解　函数 $f(x)$ 在点 $x=0$ 处有定义,$f(0)=-1$.

由于 $x=0$ 为 $f(x)$ 的分段点,在 $x=0$ 的两侧函数表达式不同.由

$$\lim_{x\to 0^-}f(x)=\lim_{x\to 0^-}(x^2-1)=-1,$$

$$\lim_{x\to 0^+}f(x)=\lim_{x\to 0^+}x=0,$$

可知 $\lim\limits_{x\to 0^-}f(x)\neq\lim\limits_{x\to 0^+}f(x)$,因此 $\lim\limits_{x\to 0}f(x)$ 不存在,故点 $x=0$ 为 $f(x)$ 的间断点.

例 4　$y=\tan x$ 在点 $x=\dfrac{\pi}{2}$ 处没有定义,因此 $x=\dfrac{\pi}{2}$ 为其间断点.事实上

$$\lim_{x\to\frac{\pi}{2}}\tan x=\infty .$$

例 5　$y=\sin\dfrac{1}{x}$ 在点 $x=0$ 处没有定义,因此点 $x=0$ 为其间断点.当 $x\to 0$ 时,函数将在点 $x=0$ 的两侧在 -1 与 1 之间无限次振荡.

间断点通常可分为两类:

1. 依代数方法划分

设点 x_0 为函数 $f(x)$ 的间断点.若 $\lim\limits_{x\to x_0^-}f(x)$ 与 $\lim\limits_{x\to x_0^+}f(x)$ 都存在,则称点 x_0 为 $f(x)$ 的**第一类间断点**.不是第一类的间断点称为**第二类间断点**.

如例 1—例 3 中所给出的间断点都为第一类间断点,例 4、例 5 中所给出的间断点都为第二类间断点.

2. 依几何性态划分

(1) 跳跃间断点,指 $\lim\limits_{x\to x_0^-}f(x)$ 与 $\lim\limits_{x\to x_0^+}f(x)$ 都存在,但 $\lim\limits_{x\to x_0^-}f(x)\neq\lim\limits_{x\to x_0^+}f(x)$ 的情形;如例 3 中点 $x=0$ 为函数的跳跃间断点;

(2) 无穷间断点,指 $\lim\limits_{x\to x_0}f(x)=\infty$ 或 $\lim\limits_{x\to x_0^-}f(x)=\infty$ 或 $\lim\limits_{x\to x_0^+}f(x)=\infty$;如例 4 中点 $x=\dfrac{\pi}{2}$ 为 $\tan x$ 的无穷间断点;

(3) 振荡间断点,指函数在间断点两侧无限振荡的情形;如例 5 中点 $x=0$ 为 $y=\sin\dfrac{1}{x}$ 的振荡间断点.

在第一类间断点中,如对于

$$y=\frac{x^2-1}{x-1},\quad f(x)=\begin{cases}\frac{x^2-1}{x-1}, & x\neq 1,\\ 0, & x=1,\end{cases}$$

点 $x=1$ 为两个函数的第一类间断点，且 $\lim\limits_{x\to 1} y$ 与 $\lim\limits_{x\to 1} f(x)$ 都存在.常称这类间断点为可去间断点，这是因为可以补充定义 $f(x_0)$ 或修改 $f(x_0)$ 的值，构成一个新函数

$$F(x)=\begin{cases}f(x), & x\neq x_0,\\ \lim\limits_{x\to x_0} f(x), & x=x_0,\end{cases}$$

则 $F(x)$ 在点 x_0 处连续.

三、连续函数的运算性质

可以证明连续函数具有下列性质（证明略）：

性质 2 若 $f(x)$ 和 $g(x)$ 都在点 x_0 处连续，则 $f(x)\pm g(x)$，$f(x)\cdot g(x)$，$cf(x)$，$\frac{f(x)}{g(x)}$（当 $g(x_0)\neq 0$ 时）在点 x_0 处也连续.

性质 3 若函数 $u=\varphi(x)$ 在点 x_0 处连续，函数 $y=f(u)$ 在点 $u_0=\varphi(x_0)$ 处连续，则复合函数 $f(\varphi(x))$ 在点 x_0 处连续.

还可以证明以下结论：

基本初等函数在其定义域内为连续函数；

初等函数在其定义区间上为连续函数.

由此可知，若 $y=f(x)$ 为初等函数，x_0 为其定义区间内任意一点，则

$$\lim_{x\to x_0} f(x)=f(x_0).$$

例 6 求 $\lim\limits_{x\to 0}\frac{e^x\cdot\ln(1+x^2)}{\cos x\cdot\sqrt{1+x^2}}$.

解 所给函数为初等函数，点 $x=0$ 在所给函数定义区间 $\left(-\frac{\pi}{2},\frac{\pi}{2}\right)$ 内，因此

$$\lim_{x\to 0}\frac{e^x\cdot\ln(1+x^2)}{\cos x\cdot\sqrt{1+x^2}}=\frac{e^0\cdot\ln(1+0)}{\cos 0\cdot\sqrt{1+0}}=0.$$

例 7 求 $\lim\limits_{x\to 0}\frac{1}{x}\ln(1+x)$.

解 由复合函数极限性质知

$$\lim_{x\to 0}\frac{1}{x}\ln(1+x)=\lim_{x\to 0}\ln(1+x)^{\frac{1}{x}}=\ln\lim_{x\to 0}(1+x)^{\frac{1}{x}}=\ln e=1.$$

四、闭区间上连续函数的性质

设函数 $y=f(x)$ 在闭区间 $[a,b]$ 上连续，则 $f(x)$ 有如下性质（不予证明并以定理形式给出）：

定理 1（最大值和最小值定理）　在闭区间上的连续函数在该区间上必定能取得最大值和最小值.

有必要指出，若函数 $y=f(x)$ 在区间 $[a,b]$ 上有间断点或 $y=f(x)$ 仅在区间 (a,b) 内连续，则上述定理可能不成立.如 $y=x$ 在区间 $(0,1)$ 内连续，但在该区间内不能取得最大值与最小值.又如

$$y=\begin{cases}x+1, & -1\leqslant x<0,\\ 0, & x=0,\\ x-1, & 0<x\leqslant 1\end{cases}$$

在点 $x=0$ 处不连续，y 在 $[-1,1]$ 上不能取得最大值与最小值.

推论 1　在闭区间上连续的函数在该区间上必定有界.

定理 2（介值定理）　设函数 $y=f(x)$ 在闭区间 $[a,b]$ 上连续，$f(a)\neq f(b)$，则对于位于 $f(a)$ 与 $f(b)$ 之间的任何数 c，至少存在一点 $\xi\in(a,b)$，使 $f(\xi)=c$.

推论 2　在闭区间上连续的函数，必能取得介于其最大值与最小值之间的任何值.

定理 3（零点定理）　设函数 $y=f(x)$ 在闭区间 $[a,b]$ 上连续，且 $f(a)\cdot f(b)<0$，则至少存在一点 $\xi\in(a,b)$，使 $f(\xi)=0$.

使 $f(\xi)=0$ 的点 ξ 称为 $f(x)$ 的**零点**，也称为方程 $f(x)=0$ 的根.

零点定理的几何意义为：若连续曲线 $y=f(x)$ 在区间 $[a,b]$ 上的两个端点 $(a,f(a))$，$(b,f(b))$ 分别位于 x 轴上、下两侧，则这条曲线必在区间 (a,b) 内穿过 x 轴.

零点定理常可证明方程 $f(x)=0$ 根的存在性.

例 8　证明：方程 $x\ln x=2$ 在区间 $(1,\mathrm{e})$ 内存在实根.

证　设 $f(x)=x\ln x-2$，则 $f(x)$ 在区间 $[1,\mathrm{e}]$ 上连续，且

$$f(1)=-2,\quad f(\mathrm{e})=\mathrm{e}-2>0.$$

由闭区间上连续函数的零点定理可知存在 $\xi\in(1,\mathrm{e})$，使 $f(\xi)=0$，即 $\xi\in(1,\mathrm{e})$ 为方程 $f(x)=0$ 的根.

例 9　设函数 $f(x)$ 是区间 $[0,1]$ 上的连续函数，且 $0<f(x)<1$，$g(x)=f(x)-x$.证明：$g(x)=0$ 在区间 $(0,1)$ 内至少有一个实根.

证　由于 $f(x)$ 在区间 $[0,1]$ 上连续，可知 $g(x)$ 在区间 $[0,1]$ 上连续，又由 $0<f(x)<1$ 可知

$$g(0)=f(0)-0>0,\quad g(1)=f(1)-1<0.$$

由闭区间上连续函数的零点定理可知存在 $\xi\in(0,1)$，使 $g(\xi)=0$，即 ξ 为 $g(x)=0$ 在区间 $(0,1)$ 内的根.

解释零点定理成立.并利用二分法求零点.

中国古代极限思想的应用.

习题 1-8

(A)

一、求下列极限:

1. $\lim\limits_{x\to+\infty} x[\ln(x+1)-\ln x]$.

2. $\lim\limits_{x\to 0}\ln\dfrac{x}{\sin x}$.

3. $\lim\limits_{x\to 0} e^{\frac{\tan x}{x}}$.

4. $\lim\limits_{x\to 0} e^{\frac{1}{x}}$.

二、1. 设

$$f(x)=\begin{cases} x\sin\dfrac{1}{x}, & x<0, \\ \sqrt{1-x^2}, & 0\leqslant x<1, \\ \left(1-\dfrac{1}{x+1}\right)^{x+1}, & 1\leqslant x, \end{cases}$$

讨论 $f(x)$ 的连续性,并求 $\lim\limits_{x\to-\infty} f(x)$, $\lim\limits_{x\to+\infty} f(x)$.

2. 设 $f(x)=\dfrac{1}{1-\dfrac{1}{\ln x}}$,求 $f(x)$ 的间断点,并判断其类型.

3. 设 $f(x)=\dfrac{x^2-1}{x^2-3x+2}$,求 $f(x)$ 的间断点,并判断其类型.如果是可去间断点,试构造一个函数 $g(x)$,使其在该可去间断点处连续,在其他点处等于 $f(x)$.

4. 设 $f(x)$ 为区间 $(-\infty,+\infty)$ 内的连续函数,$x=a$ 与 $x=b(a<b)$ 为 $f(x)$ 的两个相邻零点.若存在 $\xi\in(a,b)$,满足 $f(\xi)>0$,证明:$f(x)$ 在 (a,b) 内恒正.

(B)

一、1. 设函数 $f(x)$ 在区间 $(-\infty,+\infty)$ 内有定义,且 $\lim\limits_{x\to\infty} f(x)=a$,

$$g(x)=\begin{cases} f\left(\dfrac{1}{x}\right), & x\neq 0, \\ 0, & x=0, \end{cases}$$

则(　　).

A. 点 $x=0$ 必是 $g(x)$ 的第一类间断点

B. 点 $x=0$ 必是 $g(x)$ 的第二类间断点

C. 点 $x=0$ 必是 $g(x)$ 的连续点

D. $g(x)$ 在点 $x=0$ 处的连续性与 a 有关

2. 设函数 $f(x)=\dfrac{\sin(x-1)}{x^2-1}$,则(　　).

A. 点 $x=-1$ 为可去间断点,点 $x=1$ 为无穷间断点

B. 点 $x=-1$ 为无穷间断点,点 $x=1$ 为可去间断点

C. 点 $x=-1$ 和 $x=1$ 均为可去间断点

D. 点 $x=-1$ 和 $x=1$ 均为无穷间断点

3. 设函数 $f(x)=\lim\limits_{n\to\infty}\dfrac{1+x}{1+x^{2n}}$,讨论 $f(x)$ 的间断点,其结论为(　　).

A. 不存在间断点　　B. 存在间断点 $x=1$

C. 存在间断点 $x=0$　　D. 存在间断点 $x=-1$

4. 函数 $f(x)=\dfrac{(e^{\frac{1}{x}}+e)\tan x}{x(e^{\frac{1}{x}}-e)}$ 在区间 $[-\pi,\pi]$ 上的第一类间断点是 $x=$(　　).

A. 0　　B. 1　　C. $-\dfrac{\pi}{2}$　　D. $\dfrac{\pi}{2}$

5. 设 $f(x)=\dfrac{x}{a+e^{bx}}$ 在区间 $(-\infty,+\infty)$ 内连续,且 $\lim\limits_{x\to-\infty}f(x)=0$,则常数 a,b 满足(　　).

A. $a<0,b<0$　　B. $a>0,b>0$　　C. $a\leqslant 0,b>0$　　D. $a\geqslant 0,b<0$

二、1. 设函数

$$f(x)=\begin{cases} x^2+1, & |x|\leqslant c, \\ \dfrac{2}{|x|}, & |x|>c \end{cases}$$

在区间 $(-\infty,+\infty)$ 内连续,则 $c=$________.

2. 设常数 $a\neq\dfrac{1}{2}$,则 $\lim\limits_{n\to\infty}\ln\left[\dfrac{n-2na+1}{n(1-2a)}\right]^n=$________.

3. 设函数

$$f(x)=\begin{cases} \dfrac{1-e^{\tan x}}{\arcsin\dfrac{x}{2}}, & x>0, \\ ae^{2x}, & x\leqslant 0 \end{cases}$$

在点 $x=0$ 处连续,则 $a=$________.

4. 设 $f(x)=\lim\limits_{n\to\infty}\dfrac{(n-1)x}{nx^2+1}$，则 $f(x)$ 的间断点为 $x=$________.

三、1. 求函数 $f(x)=(1+x)^{\frac{x}{\tan(x-\pi/4)}}$ 在区间 $(0,2\pi)$ 内的间断点，并判断其类型.

选择题的主要类型与常见解法范例

第一章典型选择题及分析

第一章典型例题讲解 1

第一章典型例题讲解 2

第一章典型例题讲解 3

第一章自测题

第二章 导数与微分

微积分包含微分学与积分学两部分，导数与微分是微分学的两个重要概念.本章讲述导数的概念、运算法则和基本公式，侧重导数和微分的计算，并介绍它们的简单应用，为进一步学习微积分的理论打下基础.

第一节 导数的概念

一、导数的定义

在处理某些实际问题的时候，除了要考察有关变量之间的函数关系、变化趋势外，还要考察变化快慢的程度，即变化率问题.

引例 1 瞬时速度问题.

设某物体做变速直线运动，其运动规律是

$$S=f(t),$$

其中 t 是时刻，S 是位移.下面讨论物体在时刻 t_0 的瞬时速度.

当时刻由 t_0 变到 $t_0+\Delta t$ 时，物体的位移由 $f(t_0)$ 变到 $f(t_0+\Delta t)$.这段时间物体走过的路程为 $\Delta S=f(t_0+\Delta t)-f(t_0)$，其平均速度为

$$\bar{v}=\frac{\Delta S}{\Delta t}=\frac{f(t_0+\Delta t)-f(t_0)}{\Delta t}.$$

当时间间隔 Δt 很小时，$\bar{v}$ 可以看成物体在时刻 t_0 的速度的近似值.Δt 越小，近似程度越高.如果当 $\Delta t\to 0$ 时，$\bar{v}$ 存在极限，就定义此极限为物体在时刻 t_0 的瞬时速度，即

$$v(t_0)=\lim_{\Delta t\to 0}\frac{f(t_0+\Delta t)-f(t_0)}{\Delta t}.$$

引例 2 切线斜率问题.

如图 2.1 所示，曲线 L 的方程为 $y=f(x)$，$P(x_0,y_0)$ 为其上一点，而 $Q(x_0+\Delta x,y_0+\Delta y)$ 为曲线

L 上的动点,作割线 PQ.当点 Q 沿曲线 L 趋于点 P 时,割线 PQ 绕点 P 转动.若 PQ 趋于一个极限位置 PT,则称直线 PT 为曲线 L 在点 P 处的切线.

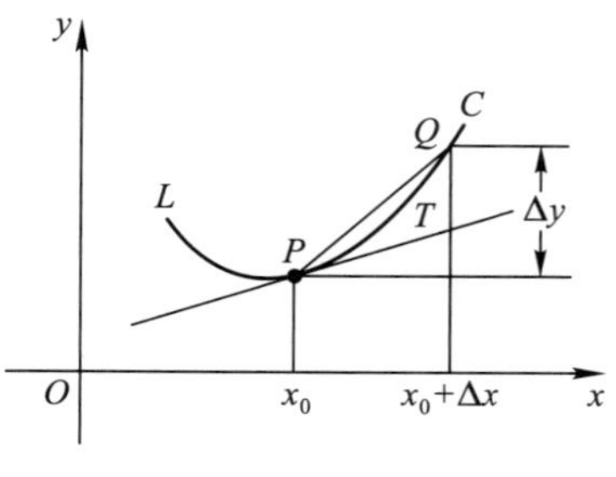

图 2.1

割线 PQ 的斜率为

$$\frac{\Delta y}{\Delta x}=\frac{f(x_0+\Delta x)-f(x_0)}{\Delta x}.$$

当 $\Delta x\to 0$ 时,点 Q 将沿曲线 L 趋于点 P.若极限 $\lim\limits_{\Delta x\to 0}\frac{\Delta y}{\Delta x}$存在,则割线 PQ 将趋于它的极限位置——切线 PT,而切线斜率为

$$k=\lim_{\Delta x\to 0}\frac{\Delta y}{\Delta x}=\lim_{\Delta x\to 0}\frac{f(x_0+\Delta x)-f(x_0)}{\Delta x}.$$

以上两例虽然属于不同的学科领域,但其计算公式却具有相同的数学结构,都是函数改变量与自变量改变量之比当后者趋于零时的极限.

定义 1 设函数 $y=f(x)$ 在点 x_0的某个邻域内有定义,在此邻域内,当自变量在 x_0取得增量 Δx 时,函数 $f(x)$ 取得相应的增量 $\Delta y=f(x_0+\Delta x)-f(x_0)$,若极限

$$\lim_{\Delta x\to 0}\frac{\Delta y}{\Delta x}=\lim_{\Delta x\to 0}\frac{f(x_0+\Delta x)-f(x_0)}{\Delta x}$$

存在,则称函数 $f(x)$ 在点 x_0 处**可导**,称该极限值为函数 $f(x)$ 在点 x_0 处的**导数**(或**微商**),记作 $f'(x_0)$ 或 $y'(x_0)$ 或 $y'\Big|_{x=x_0}$,$\frac{\mathrm{d}y}{\mathrm{d}x}\Big|_{x=x_0}$,$\frac{\mathrm{d}f(x)}{\mathrm{d}x}\Big|_{x=x_0}$;若上述极限不存在,则称函数 $f(x)$ 在点 x_0 处**不可导**.

若令 $x=x_0+\Delta x$,上述极限式也可写成

$$\lim_{x\to x_0}\frac{f(x)-f(x_0)}{x-x_0}.$$

若 $x_0=0$,上述极限式也可写成

$$\lim_{x\to 0}\frac{f(x)-f(0)}{x}.$$

例 1 设 $y=x^2$,求 $y'(2)$.

解 $\Delta y=(2+\Delta x)^2-2^2=4\Delta x+(\Delta x)^2$,则

$$\lim_{\Delta x\to 0}\frac{\Delta y}{\Delta x}=\lim_{\Delta x\to 0}\frac{4\Delta x+(\Delta x)^2}{\Delta x}=\lim_{\Delta x\to 0}(4+\Delta x)=4,$$

即

$$y'(2)=4.$$

定义 2 若函数 $y=f(x)$ 在点 x_0的左侧某邻域内有定义,且极限

$$\lim_{\Delta x\to 0^-}\frac{f(x_0+\Delta x)-f(x_0)}{\Delta x}$$

存在，则称其极限值为函数 $f(x)$ 在点 x_0 处的**左导数**，常记为 $f'_-(x_0)$．若 $y=f(x)$ 在点 x_0 的右侧某邻域内有定义，且

$$\lim_{\Delta x\to 0^+}\frac{f(x_0+\Delta x)-f(x_0)}{\Delta x}$$

存在，则称其极限值为函数 $f(x)$ 在点 x_0 处的**右导数**，常记为 $f'_+(x_0)$．

左、右导数统称为单侧导数，常用于求分段函数在其分段点处的导数．

定理 1　函数 $y=f(x)$ 在点 x_0 处可导的充要条件是 $y=f(x)$ 在点 x_0 处的左导数与右导数都存在，且相等．

由极限与左极限、右极限的关系可证明该定理．

定义 3　若函数 $y=f(x)$ 在开区间 (a,b) 内每一点处都可导，则称 $f(x)$ 在 (a,b) 内可导．此时导数是随 x 变化的函数，称为**导函数**，简称导数，记作 $f'(x)$ 或 y'，$\frac{\mathrm{d}y}{\mathrm{d}x}$，$\frac{\mathrm{d}f(x)}{\mathrm{d}x}$，又称为函数的一阶导数．

$f(x)$ 在点 x_0 处的导数就是导函数 $f'(x)$ 在点 x_0 处的值．

定义 4　若函数 $y=f(x)$ 在开区间 (a,b) 内可导，且单侧导数 $f'_+(a)$ 和 $f'_-(b)$ 存在，则称 $f(x)$ 在闭区间 $[a,b]$ 上可导．

例 2　设 $y=x^2$，求 y' 及 $y'(2)$．

解　$\Delta y=(x+\Delta x)^2-x^2=2x\Delta x+(\Delta x)^2$，则

$$\lim_{\Delta x\to 0}\frac{\Delta y}{\Delta x}=\lim_{\Delta x\to 0}\frac{2x\Delta x+(\Delta x)^2}{\Delta x}=\lim_{\Delta x\to 0}(2x+\Delta x)=2x,$$

即

$$y'=2x.$$

在上式中令 $x=2$，即得

$$y'(2)=4.$$

这与本节例 1 中的结果一致．

性质 1　若函数 $y=f(x)$ 在点 x_0 处可导，则它在 x_0 处连续．

事实上，若函数 $y=f(x)$ 在点 x_0 处可导，则

$$\lim_{\Delta x\to 0}\frac{\Delta y}{\Delta x}=f'(x_0).$$

由极限基本定理可知

$$\frac{\Delta y}{\Delta x}=f'(x_0)+\alpha,$$

其中 α 当 $\Delta x\to 0$ 时为无穷小量．因此

$$\Delta y=f'(x_0)\Delta x+\alpha\Delta x,$$

$$\lim_{\Delta x\to 0}\Delta y=\lim_{\Delta x\to 0}(f'(x_0)\Delta x+\alpha\Delta x)=0,$$

可知函数 $y=f(x)$ 在点 x_0 处连续.

上述性质表明,函数在一点处可导是函数在该点处连续的充分条件.需要指出的是:它不是必要条件,即在一点处连续的函数不一定在该点处可导.

例 3 证明:函数

$$f(x)=|x|=\begin{cases}x, & x\geqslant 0,\\ -x, & x<0\end{cases}$$

在点 $x=0$ 处连续,但在该点处不可导.

证 易知 $f(x)$ 在点 $x=0$ 处连续,但由于

$$f'_+(0)=\lim_{\Delta x\to 0^+}\frac{f(0+\Delta x)-f(0)}{\Delta x}=\lim_{\Delta x\to 0^+}\frac{\Delta x-0}{\Delta x}=1,$$

$$f'_-(0)=\lim_{\Delta x\to 0^-}\frac{f(0+\Delta x)-f(0)}{\Delta x}=\lim_{\Delta x\to 0^-}\frac{-\Delta x-0}{\Delta x}=-1,$$

因此

$$f'_+(0)\neq f'_-(0),$$

从而 $f(x)$ 在点 $x=0$ 处不可导.

二、导数的几何意义

由引例 2 可知,若函数 $y=f(x)$ 在点 x_0 处可导,则曲线 $y=f(x)$ 在点 $(x_0,f(x_0))$ 处必定存在切线,且该切线的斜率为 $f'(x_0)$.

若函数 $y=f(x)$ 在点 x_0 处可导,则曲线 $y=f(x)$ 在点 $(x_0,f(x_0))$ 处的切线方程为

$$y-f(x_0)=f'(x_0)(x-x_0).$$

若 $f'(x_0)\neq 0$,则曲线 $y=f(x)$ 在点 $(x_0,f(x_0))$ 处的法线方程为

$$y-f(x_0)=-\frac{1}{f'(x_0)}(x-x_0).$$

特别地,当 $f'(x_0)=0$ 时,该曲线在点 $(x_0,f(x_0))$ 处的切线方程为

$$y=f(x_0),$$

而法线方程为 $x=x_0$.

思考与扩展 11

若曲线 $y=f(x)$ 在点 $(x_0,f(x_0))$ 处存在切线,试问函数 $y=f(x)$ 在点 x_0 处是否必定可导?

请考察 $y=x^{\frac{1}{3}}$ 当 $x=0$ 时的可导性与曲线 $y=x^{\frac{1}{3}}$ 在点(0,0)处是否存在切线,作出解答.

利用导数的定义可以求出一些简单函数的导数.

例 4　求 $f(x)=C$(C 为常数)在点 x 处的导数.

解　$\Delta y=f(x+\Delta x)-f(x)=C-C=0$,则

$$f'(x)=\lim_{\Delta x\to 0}\frac{\Delta y}{\Delta x}=\lim_{\Delta x\to 0}\frac{0}{\Delta x}=0,$$

即

$$(C)'=0\quad(\text{常量的导数为 }0).$$

例 5　求 $f(x)=x^n$(n 为正整数)在点 x 处的导数.

解

$$\begin{aligned}\Delta y&=f(x+\Delta x)-f(x)=(x+\Delta x)^n-x^n\\&=nx^{n-1}\Delta x+\frac{n(n-1)}{2!}x^{n-2}(\Delta x)^2+\cdots+(\Delta x)^n,\end{aligned}$$

$$\begin{aligned}f'(x)&=\lim_{\Delta x\to 0}\frac{\Delta y}{\Delta x}=\lim_{\Delta x\to 0}\left[nx^{n-1}+\frac{n(n-1)}{2!}x^{n-2}\Delta x+\cdots+(\Delta x)^{n-1}\right]\\&=nx^{n-1},\end{aligned}$$

即

$$(x^n)'=nx^{n-1}.$$

以后可以证明,对任意的常数 $\alpha\neq 0$,均有

$$(x^\alpha)'=\alpha x^{\alpha-1}.$$

例 6　求三角函数 $f(x)=\sin x$ 在点 x 处的导数.

解

$$\begin{aligned}\Delta y&=f(x+\Delta x)-f(x)=\sin(x+\Delta x)-\sin x\\&=2\cos\left(x+\frac{\Delta x}{2}\right)\sin\frac{\Delta x}{2},\end{aligned}$$

$$\begin{aligned}f'(x)&=\lim_{\Delta x\to 0}\frac{\Delta y}{\Delta x}=\lim_{\Delta x\to 0}\frac{2\cos\left(x+\frac{\Delta x}{2}\right)\sin\frac{\Delta x}{2}}{\Delta x}\\&=\lim_{\Delta x\to 0}\cos\left(x+\frac{\Delta x}{2}\right)\lim_{\Delta x\to 0}\frac{\sin\frac{\Delta x}{2}}{\frac{\Delta x}{2}}\\&=\cos x,\end{aligned}$$

即

$$(\sin x)'=\cos x.$$

用同样的方法,可得

$$(\cos x)'=-\sin x.$$

例 7 求 $f(x)=\log_a x\ (a>0,a\neq 1)$ 在点 x 处的导数.

解

$$f'(x)=\lim_{\Delta x\to 0}\frac{\Delta y}{\Delta x}=\lim_{\Delta x\to 0}\frac{\log_a(x+\Delta x)-\log_a x}{\Delta x}$$

$$=\lim_{\Delta x\to 0}\frac{\log_a\left(1+\frac{\Delta x}{x}\right)}{\Delta x}=\lim_{\Delta x\to 0}\frac{\ln\left(1+\frac{\Delta x}{x}\right)}{\Delta x\ln a}$$

$$=\lim_{\Delta x\to 0}\frac{\frac{\Delta x}{x}}{\Delta x\ln a}=\frac{1}{x\ln a},$$

即

$$(\log_a x)'=\frac{1}{x\ln a}.$$

特别地,

$$(\ln x)'=\frac{1}{x}.$$

例 8 设

$$f(x)=\begin{cases}x^2, & x\leqslant 1,\\ x, & x>1,\end{cases}$$

判定 $f(x)$ 在点 $x=1$ 处的可导性.

解 由于 $f(x)$ 为分段函数,$x=1$ 为分段点,在点 $x=1$ 的两侧 $f(x)$ 的表达式不同,应利用左导数与右导数的定义判定.注意 $f(1)=1$,可得

$$\lim_{\Delta x\to 0^+}\frac{f(1+\Delta x)-f(1)}{\Delta x}=\lim_{\Delta x\to 0^+}\frac{(1+\Delta x)-1}{\Delta x}=1=f'_+(1),$$

$$\lim_{\Delta x\to 0^-}\frac{f(1+\Delta x)-f(1)}{\Delta x}=\lim_{\Delta x\to 0^-}\frac{(1+\Delta x)^2-1}{\Delta x}=\lim_{\Delta x\to 0^-}(2+\Delta x)=2=f'_-(1).$$

由于 $f'_-(1)\neq f'_+(1)$,可知 $f(x)$ 在点 $x=1$ 处不可导.

例 9 求曲线 $y=\ln x$ 在点 $(1,0)$ 处的切线方程和法线方程.

解 易知点 $(1,0)$ 在曲线 $y=\ln x$ 上.由于

$$(\ln x)'=\frac{1}{x},\quad (\ln x)'\big|_{x=1}=1,$$

因此曲线 $y=\ln x$ 在点 $(1,0)$ 处的切线斜率 $k=1$,切线方程为

$$y=x-1,$$

法线方程为

$$y=-(x-1),\quad 即\quad y=-x+1.$$

习题 2-1

(A)

一、1. 已知$\lim\limits_{\Delta x\to 0}\dfrac{f(1-\Delta x)-f(1)}{\Delta x}=2$,求$f'(1)$.

2. 已知$\lim\limits_{h\to 0}\dfrac{h}{f(2)-f(2-h)}=3$,求$f'(2)$.

3. 已知$f'(1)=2$,求$\lim\limits_{x\to 0}\dfrac{f(1-2x)-f(1)}{x}$.

4. 已知$f'(2)=3$,求$\lim\limits_{x\to 0}\dfrac{f(2+x)-f(2-x)}{x}$.

二、1. 若函数$y=f(x)$在点x_0处可导,则(　　).

A. $f(x)$在点x_0处可能没有定义

B. $\lim\limits_{x\to x_0}f(x)$不存在

C. $\lim\limits_{x\to x_0}f(x)$存在,但$f(x)$在点$x_0$处不连续

D. $f(x)$在点x_0处连续

2. $f'(2)$存在的一个充分条件为极限(　　)存在.

A. $\lim\limits_{h\to 0^-}\dfrac{f(2-h)-f(2)}{h}$　　B. $\lim\limits_{h\to 0^+}\dfrac{f(2+h)-f(2)}{h}$

C. $\lim\limits_{h\to 0}\dfrac{f(2)-f(2-h)}{h}$　　D. $\lim\limits_{h\to 0}\dfrac{f(2+h)-f(2-h)}{h}$

三、判定下列结论是否正确:

1. 若曲线$y=f(x)$在点x_0处可导,则曲线$y=f(x)$在点$(x_0,f(x_0))$处必定存在切线.

2. 若曲线$y=f(x)$在点$(x_0,f(x_0))$处存在切线,则函数$y=f(x)$在点x_0处必定可导.

3. 若$y=f(x)$在点$x=2$处可导,则$\lim\limits_{h\to 0}\dfrac{f(2+h)-f(2-h)}{h}$必定存在.

4. 若$\lim\limits_{x\to 0}\dfrac{f(x)-f(-x)}{x}$存在,则$y=f(x)$在点$x=0$处必定可导.

四、1. 若曲线$y=f(x)$在点$(x_0,f(x_0))$处有平行于x轴的切线,求$f'(x_0)$.

五、求下列函数的导数:

1. $y=2$.　　2. $y=x^{\frac{1}{3}}$.

3. $y=x^3$.　　4. $y=\log_3 x$.

5. $y=\ln x$.　　6. $y=\ln 3$.

7. $y=\sqrt{x\sqrt{x}}$.

六、求下列函数在给定点x_0处的导数:

1. $y=3,x_0=2$.　　2. $y=x^4,x_0=1$.

3. $y=\sqrt{x}, x_0=3$.

七、1. 求曲线 $y=x^2$ 在点(1,1)处的切线方程与法线方程.

2. 求曲线 $y=e^x-1$ 在点(1,0)处的切线方程与法线方程.

3. 若 $f'(2)=3$,求曲线 $y=f(x)$ 在点 $(2,f(2))$ 处的切线方程与法线方程.

(B)

一、1. 设 $f(x)$ 在点 $x=a$ 的某邻域内有定义,则 $f(x)$ 在 $x=a$ 处可导的一个充分条件是( ).

A. $\lim\limits_{h\to+\infty} h\left[f\left(a+\dfrac{1}{h}\right)-f(a)\right]$ 存在

B. $\lim\limits_{h\to0}\dfrac{f(a+2h)-f(a+h)}{h}$ 存在

C. $\lim\limits_{h\to0}\dfrac{f(a+h)-f(a-h)}{2h}$ 存在

D. $\lim\limits_{h\to0}\dfrac{f(a)-f(a-h)}{h}$ 存在

2. 设函数 $f(x)$ 在点 $x=0$ 处连续,下列命题**错误**的是( ).

A. 若 $\lim\limits_{x\to0}\dfrac{f(x)}{x}$ 存在,则 $f(0)=0$

B. 若 $\lim\limits_{x\to0}\dfrac{f(x)+f(-x)}{x}$ 存在,则 $f(0)=0$

C. 若 $\lim\limits_{x\to0}\dfrac{f(x)}{x}$ 存在,则 $f'(0)$ 存在

D. 若 $\lim\limits_{x\to0}\dfrac{f(x)-f(-x)}{x}$ 存在,则 $f'(0)$ 存在

3. 设函数 $f(x)$ 在点 $x=0$ 处连续,且 $\lim\limits_{h\to0}\dfrac{f(h^2)}{h^2}=1$,则( ).

A. $f(0)=0$,且 $f'_-(0)$ 存在

B. $f(0)=1$,且 $f'_-(0)$ 存在

C. $f(0)=0$,且 $f'_+(0)$ 存在

D. $f(0)=1$,且 $f'_+(0)$ 存在

4. 设 $f(x)=\begin{cases}\dfrac{2}{3}x^3, & x\leqslant1,\\ x^2, & x>1,\end{cases}$ 则 $f(x)$ 在点 $x=1$ 处( ).

A. 左、右导数都存在

B. 左导数存在,但右导数不存在

C. 左导数不存在,但右导数存在

D. 左、右导数都不存在

5. 设 $f(x)=\begin{cases}\dfrac{|x^2-1|}{x-1}, & x\neq1,\\ 2, & x=1,\end{cases}$ 则在点 $x=1$ 处函数 $f(x)$( ).

A. 不连续

B. 连续不可导

C. 可导但导数不连续

D. 可导且导数连续

6. 设 $f(x)=\begin{cases}\dfrac{1-\cos x}{\sqrt{x}}, & x>0\\ x^2g(x), & x\leqslant0\end{cases}$,其中 $g(x)$ 为有界函数,则 $f(x)$ 在点 $x=0$ 处( ).

A. 极限不存在

B. 极限存在,但不连续

C. 连续,但不可导

D. 可导

7. 设函数 $f(x)=|x^3-1|\varphi(x)$,其中 $\varphi(x)$ 在点 $x=1$ 处连续,则 $\varphi(1)=0$ 是函数 $f(x)$ 在点 $x=1$ 处可导的( ).

A. 充要条件

B. 必要但非充分条件

C. 充分但非必要条件　　D. 既非充分也非必要条件

8. 设函数 $f(x)$ 在点 $x=a$ 处可导,则 $|f(x)|$ 在 $x=a$ 处不可导的充分条件是(　　).

A. $f(a)=0$ 且 $f'(a)=0$　　B. $f(a)=0$ 且 $f'(a)\neq 0$

C. $f(a)>0$ 且 $f'(a)>0$　　D. $f(a)<0$ 且 $f'(a)<0$

9. 设 $f(x)$ 为可导函数,且满足条件

$$\lim_{x\to 0}\frac{f(1)-f(1-x)}{2x}=-1,$$

则曲线 $y=f(x)$ 在点 $(1,f(1))$ 处的切线的斜率为(　　).

A. 2　　B. -1　　C. $\frac{1}{2}$　　D. -2

二、1. 已知 $f'(x_0)=-1$,求 $\lim\limits_{x\to 0}\dfrac{x}{f(x_0-2x)-f(x_0-x)}$.

第二节　求导法则和基本公式

对于较复杂的函数,直接用定义求导是很烦琐的.本节将介绍几个求导法则和常用的求导公式,使以后的求导运算更方便.

一、导数的四则运算法则

设 $u=u(x)$, $v=v(x)$ 可导,C 为常数,并设当 x 有增量 Δx 时,u,v,y 分别有增量 $\Delta u,\Delta v,\Delta y$.

1. 函数代数和的导数

$$(u+v)'=u'+v'.$$

事实上,设 $y=u+v$,则

$$y+\Delta y=(u+\Delta u)+(v+\Delta v),$$

$$\Delta y=\Delta u+\Delta v,$$

故

$$\frac{\Delta y}{\Delta x}=\frac{\Delta u}{\Delta x}+\frac{\Delta v}{\Delta x},$$

$$\lim_{\Delta x\to 0}\frac{\Delta y}{\Delta x}=\lim_{\Delta x\to 0}\left(\frac{\Delta u}{\Delta x}+\frac{\Delta v}{\Delta x}\right)=\lim_{\Delta x\to 0}\frac{\Delta u}{\Delta x}+\lim_{\Delta x\to 0}\frac{\Delta v}{\Delta x},$$

即

$$(u+v)'=u'+v'.$$

同理可得

$$(u-v)'=u'-v'.$$

上述加减法法则可以推广到任意有限多个可导函数，即 n 个可导函数代数和的导数等于它们导数的代数和.例如，若 u_1,u_2,u_3 可导，则

$$(u_1+u_2+u_3)'=u_1'+u_2'+u_3'.$$

2. 函数积的导数

$$(uv)'=u'v+uv'.$$

特别地，在 $v=C$ 时，有

$$(C\,u)'=C\,u',$$

即常数因子可从求导运算中提出来.

上述乘法公式，也可以推广到任意有限多个可导函数，设 $u_1,u_2,\cdots,u_n$ 可导，则

$$(u_1u_2\cdots u_n)'=u_1'u_2\cdots u_n+u_1u_2'u_3\cdots u_n+\cdots+u_1u_2\cdots u_{n-1}u_n'.$$

3. 函数商的导数

$$\left(\frac{u}{v}\right)'=\frac{u'v-uv'}{v^2}.$$

事实上，设 $y=\dfrac{u}{v},v\neq 0$，则

$$y+\Delta y=\frac{u+\Delta u}{v+\Delta v}\quad(v\neq 0),$$

$$\Delta y=\frac{u+\Delta u}{v+\Delta v}-\frac{u}{v}=\frac{v\Delta u-u\Delta v}{(v+\Delta v)v},$$

于是

$$\lim_{\Delta x\to 0}\frac{\Delta y}{\Delta x}=\lim_{\Delta x\to 0}\frac{v\dfrac{\Delta u}{\Delta x}-u\dfrac{\Delta v}{\Delta x}}{v^2+v\Delta v}.$$

由于 $\lim\limits_{\Delta x\to 0}\dfrac{\Delta u}{\Delta x}=u',\lim\limits_{\Delta x\to 0}\dfrac{\Delta v}{\Delta x}=v',\lim\limits_{\Delta x\to 0}\Delta v=0$，可得

$$\lim_{\Delta x\to 0}\frac{\Delta y}{\Delta x}=\frac{u'v-uv'}{v^2},$$

即

$$\left(\frac{u}{v}\right)'=\frac{u'v-uv'}{v^2}.$$

特别地，当 $u=1$ 时，有

$$\left(\frac{1}{v}\right)'=-\frac{v'}{v^2}.$$

例 1 求函数 $y=3x^2+\cos x-2\ln x$ 的导数.

解

$$
\begin{aligned}
y' &= (3x^2+\cos x-2\ln x)' \\
&= 3(x^2)'+(\cos x)'-2(\ln x)' \\
&= 6x-\sin x-\frac{2}{x}.
\end{aligned}
$$

例 2　求函数 $y=x\ln x+\sin x$ 的导数.

解

$$
\begin{aligned}
y' &= (x\ln x)'+(\sin x)' \\
&= (x)'\ln x+x(\ln x)'+\cos x \\
&= \ln x+x\cdot\frac{1}{x}+\cos x \\
&= \ln x+1+\cos x.
\end{aligned}
$$

例 3　求正切函数 $y=\tan x$ 的导数

解

$$
(\tan x)'=\left(\frac{\sin x}{\cos x}\right)'=\frac{(\sin x)'\cos x-\sin x(\cos x)'}{\cos^2 x}
$$

$$
=\frac{\cos^2 x+\sin^2 x}{\cos^2 x}=\frac{1}{\cos^2 x}=\sec^2 x.
$$

用同样方法可求得

$$
(\cot x)'=-\frac{1}{\sin^2 x}=-\csc^2 x.
$$

二、反函数的导数

前面曾指出“初等函数在其定义区间上为连续函数”,因此可知连续函数的反函数在其定义区间上必定为连续函数,那么可导函数的反函数是否也可导？直接函数与反函数的导数之间有何关系？对此有

定理 1　设函数 $y=f(x)$ 在某区间内单调且连续,则该函数必存在反函数 $x=\varphi(y)$,并且也是单调连续函数.又设 $f(x)$ 在点 x_0 处可导,且 $f'(x_0)\neq 0$,则 $\varphi(y)$ 在相应点 y_0 处也可导,且 $\varphi'(y_0)=\dfrac{1}{f'(x_0)}$.

证　若 $y_0=f(x_0)$,则在所给条件下,当 $\Delta x\neq 0$ 且 Δx 足够小时,有 $\Delta y\neq 0$,且当 $\Delta x\to 0$ 时,$\Delta y\to 0$,反之也是如此,于是

$$
\lim_{\Delta y\to 0}\frac{\Delta x}{\Delta y}=\lim_{\Delta y\to 0}\frac{1}{\dfrac{\Delta y}{\Delta x}}=\lim_{\Delta x\to 0}\frac{1}{\dfrac{\Delta y}{\Delta x}}=\frac{1}{f'(x_0)},
$$

即

$$
\varphi'(y_0)=\frac{1}{f'(x_0)}.
$$

这就是反函数的求导公式.

例 4 求指数函数 $y=a^x(a>0,a\neq 1)$ 的导数.

解 $y=a^x$ 的反函数为 $x=\log_a y$，于是

$$(a^x)'=\frac{1}{(\log_a y)'}=\frac{1}{\frac{1}{y\ln a}}=y\ln a=a^x\ln a,$$

即

$$(a^x)'=a^x\ln a.$$

特别地，有

$$(\mathrm{e}^x)'=\mathrm{e}^x.$$

例 5 求反三角函数 $y=\arcsin x$ 和 $y=\arctan x$ 的导函数.

解 （1）$y=\arcsin x$ 的反函数为

$$x=\sin y,\quad -\frac{\pi}{2}\leqslant y\leqslant\frac{\pi}{2},$$

因此

$$\cos y=\sqrt{1-\sin^2 y}=\sqrt{1-x^2},$$

$$(\arcsin x)'=\frac{1}{(\sin y)'}=\frac{1}{\cos y}=\frac{1}{\sqrt{1-x^2}}.$$

（2）$y=\arctan x$ 的反函数为

$$x=\tan y,\quad -\frac{\pi}{2}<y<\frac{\pi}{2},$$

$$(\arctan x)'=\frac{1}{(\tan y)'}=\frac{1}{\sec^2 y}=\frac{1}{1+\tan^2 y}=\frac{1}{1+x^2}.$$

用同样的方法可以得到

$$(\operatorname{arccos} x)'=-\frac{1}{\sqrt{1-x^2}},$$

$$(\operatorname{arccot} x)'=-\frac{1}{1+x^2}.$$

三、复合函数的导数

前面曾考察过复合函数的极限及复合函数的连续性.可导函数的复合函数是否可导？对此，有

定理 2 设函数 $u=\varphi(x)$ 在点 x_0 处可导，且函数 $y=f(u)$ 在点 $u_0=\varphi(x_0)$ 处可导，则复合函数 $y=f[\varphi(x)]$ 在点 x_0 处也可导，且有

$$\left.\frac{\mathrm{d}y}{\mathrm{d}x}\right|_{x=x_0}=f'(u_0)\cdot\varphi'(x_0).$$

证　由于 $y=f(u)$ 在点 u_0 处可导,可知 $\lim\limits_{\Delta u\to 0}\frac{\Delta y}{\Delta u}=f'(u_0)$,由极限基本定理可知

$$\frac{\Delta y}{\Delta u}=f'(u_0)+\alpha,$$

其中 α 当 $\Delta u\to 0$ 时为无穷小量.上式中 $\Delta u\neq 0$,因此可得

$$\Delta y=f'(u_0)\Delta u+\alpha\Delta u. \tag{1}$$

在(1)式中,约定当 $\Delta u=0$ 时,$\alpha=0$,即对(1)式,不论 Δu 是否为零该式都成立.当 $\Delta x\neq 0$ 时,可得知

$$\frac{\Delta y}{\Delta x}=f'(u_0)\frac{\Delta u}{\Delta x}+\alpha\cdot\frac{\Delta u}{\Delta x},$$

于是

$$\lim_{\Delta x\to 0}\frac{\Delta y}{\Delta x}=\lim_{\Delta x\to 0}\left[f'(u_0)\frac{\Delta u}{\Delta x}+\alpha\frac{\Delta u}{\Delta x}\right].$$

由于可导函数必定连续,可知当 $\Delta x\to 0$ 时,必有 $\Delta u\to 0$,且

$$\lim_{\Delta x\to 0}\alpha=\lim_{\Delta u\to 0}\alpha=0.$$

因此

$$\lim_{\Delta x\to 0}\frac{\Delta y}{\Delta x}=f'(u_0)\lim_{\Delta x\to 0}\frac{\Delta u}{\Delta x}=f'(u_0)\varphi'(x_0).$$

设 $y=f(u)=f(\varphi(x))$ 在区间 (a,b) 内可导,则对 (a,b) 内任意点 x,总有 $\frac{\mathrm{d}y}{\mathrm{d}x}=\frac{\mathrm{d}y}{\mathrm{d}u}\cdot\frac{\mathrm{d}u}{\mathrm{d}x}$.

这就是复合函数的求导法则,亦称链式法则.它可以推广到任意有限次复合的情形.例如,设 $y=f(u)$,$u=g(v)$,$v=h(x)$ 都可导,则复合函数 $f(g(h(x)))$ 关于 x 也可导,且

$$\frac{\mathrm{d}y}{\mathrm{d}x}=\frac{\mathrm{d}y}{\mathrm{d}u}\cdot\frac{\mathrm{d}u}{\mathrm{d}v}\cdot\frac{\mathrm{d}v}{\mathrm{d}x}, \tag{2}$$

或写作

$$y'=f'(u)\cdot g'(v)\cdot h'(x).$$

例 6　求函数 $y=\sin^2 x$ 与 $y=\sin x^2$ 的导数.

解　(1) $y=\sin^2 x$ 是由函数 $y=u^2$ 与 $u=\sin x$ 复合而成的,而

$$\frac{\mathrm{d}y}{\mathrm{d}u}=2u,\quad \frac{\mathrm{d}u}{\mathrm{d}x}=\cos x.$$

于是

$$(\sin^2 x)'=\frac{\mathrm{d}y}{\mathrm{d}x}=\frac{\mathrm{d}y}{\mathrm{d}u}\cdot\frac{\mathrm{d}u}{\mathrm{d}x}=2u\cos x=2\sin x\cos x=\sin 2x.$$

(2) $y=\sin x^2$ 是由函数 $y=\sin v$ 与 $v=x^2$ 复合而成的,而

$$\frac{\mathrm{d}y}{\mathrm{d}v}=\cos v,\quad \frac{\mathrm{d}v}{\mathrm{d}x}=2x,$$

故

$$(\sin x^2)'=\frac{\mathrm{d}y}{\mathrm{d}v}\cdot\frac{\mathrm{d}v}{\mathrm{d}x}=\cos v\cdot(2x)=2x\cos x^2.$$

例 7 求幂函数 $y=x^{\alpha}(\alpha\neq 0)$ 的导数.

解 $y=x^{\alpha}=(\mathrm{e}^{\ln x})^{\alpha}=\mathrm{e}^{\alpha\ln x}$.它是由函数 $y=\mathrm{e}^u$ 与 $u=\alpha\ln x$ 复合而成的,而

$$\frac{\mathrm{d}y}{\mathrm{d}u}=\mathrm{e}^u,\quad \frac{\mathrm{d}u}{\mathrm{d}x}=\frac{\alpha}{x}.$$

于是

$$(x^{\alpha})'=\frac{\mathrm{d}y}{\mathrm{d}u}\cdot\frac{\mathrm{d}u}{\mathrm{d}x}=\mathrm{e}^u\cdot\frac{\alpha}{x}=\mathrm{e}^{\alpha\ln x}\cdot\frac{\alpha}{x}=x^{\alpha}\cdot\frac{\alpha}{x}=\alpha x^{\alpha-1}.$$

这就是对第二章第一节例 5 解说的补充证明.

例 8 求函数 $y=\sqrt{3x^3+5}$ 的导数.

解 $y=\sqrt{3x^3+5}$ 是由 $y=\sqrt{u}=u^{\frac{1}{2}}$ 和 $u=3x^3+5$ 复合而成的,而

$$\frac{\mathrm{d}y}{\mathrm{d}u}=\frac{1}{2\sqrt{u}}=\frac{1}{2\sqrt{3x^3+5}},\quad \frac{\mathrm{d}u}{\mathrm{d}x}=(3x^3+5)'=9x^2,$$

故

$$(\sqrt{3x^3+5})'=\frac{1}{2\sqrt{3x^3+5}}\cdot(3x^3+5)'=\frac{9x^2}{2\sqrt{3x^3+5}}.$$

当熟练掌握复合函数求导运算之后,可以不写出中间变量 u,而是像上式那样,第一步计算出 $\frac{\mathrm{d}y}{\mathrm{d}u}$ 并且用 x 表示 $\left(\text{即上式中的}\frac{1}{2\sqrt{3x^3+5}}\right)$,第二步再计算 $\frac{\mathrm{d}u}{\mathrm{d}x}$(即上式中的 $9x^2$).

若遇到多重复合函数,如 $y=f(g(h(x)))$,则先计算最外面一层导数,可以减少运算错误,即将上述链式法则(2)式认定为 $\frac{\mathrm{d}y}{\mathrm{d}x}=\frac{\mathrm{d}y}{\mathrm{d}u}\cdot\frac{\mathrm{d}u}{\mathrm{d}x}=\left(\frac{\mathrm{d}y}{\mathrm{d}u}\cdot\frac{\mathrm{d}u}{\mathrm{d}v}\right)\frac{\mathrm{d}v}{\mathrm{d}x}$,每次算出一个层次的导数.

例 9 求函数 $y=\ln\sin 2x$ 的导数.

解

$$y'=\frac{1}{\sin 2x}(\sin 2x)'=\frac{1}{\sin 2x}\cdot\cos 2x\cdot(2x)'=2\cot 2x.$$

例 10 求函数 $y=2^{\sin^2\frac{1}{x}}$ 的导数.

解

$$\begin{aligned}y'&=2^{\sin^2\frac{1}{x}}\ln 2\cdot\left(\sin^2\frac{1}{x}\right)'=2^{\sin^2\frac{1}{x}}\ln 2\cdot 2\sin\frac{1}{x}\cdot\left(\sin\frac{1}{x}\right)'\\&=2^{\sin^2\frac{1}{x}}\ln 2\cdot 2\sin\frac{1}{x}\cos\frac{1}{x}\cdot\left(\frac{1}{x}\right)'=-\frac{\ln 2}{x^2}\sin\frac{2}{x}\cdot 2^{\sin^2\frac{1}{x}}.\end{aligned}$$

例 11　求 $y=\ln(-x)\ (x<0)$ 的导数.

解　$[\ln(-x)]'=\dfrac{1}{-x}\cdot(-x)'=\dfrac{1}{-x}\cdot(-1)=\dfrac{1}{x}$.

注意到 $x>0$ 时，$(\ln x)'=\dfrac{1}{x}$.于是当 $x\neq 0$ 时，有

$$(\ln|x|)'=\frac{1}{x}.$$

例 12　设函数 $f(x)$ 可导，并有 $y=f(\sin^3 x)$，计算 y'.

解　$y'=f'(\sin^3 x)\cdot 3\sin^2 x\cdot\cos x$.

注　在计算含有抽象函数的导数时，通常像上例一样，对可计算的显式表达式进行计算化简即可.

四、导数基本公式表

前面已经得到了基本初等函数的导数，作为公式，列出如下：

$C'=0$（C 是常数）.　　$(x^\alpha)'=\alpha x^{\alpha-1}$（常数 $\alpha\neq 0$）.

$(\log_a x)'=\dfrac{1}{x\ln a}\ (a>0,a\neq 1)$.　　$(\ln x)'=\dfrac{1}{x}$.

$(a^x)'=a^x\ln a\ (a>0,a\neq 1)$.　　$(\mathrm{e}^x)'=\mathrm{e}^x$.

$(\sin x)'=\cos x$.　　$(\cos x)'=-\sin x$.

$(\tan x)'=\sec^2 x$.　　$(\cot x)'=-\csc^2 x$.

$(\arcsin x)'=\dfrac{1}{\sqrt{1-x^2}}$.　　$(\arccos x)'=-\dfrac{1}{\sqrt{1-x^2}}$.

$(\arctan x)'=\dfrac{1}{1+x^2}$.　　$(\operatorname{arccot} x)'=-\dfrac{1}{1+x^2}$.

习题 2-2

(A)

一、求下列函数的导数：

1. $y=3x^2-2^x+3$.
2. $y=\sqrt{x}+\dfrac{1}{\sqrt{x}}-\ln 3$.
3. $y=2x-3\mathrm{e}^x+\ln x$.
4. $y=3\sin x-2\cos x$.
5. $y=3\tan x-2\arctan x$.

二、求下列函数的导数：

1. $y=x^2\mathrm{e}^x$.
2. $y=x\sin x$.
3. $y=\mathrm{e}^x\cos x$.
4. $y=x^2\ln x$.

5. $y=\frac{1+x}{1+x^2}$.

6. $y=\frac{\sin x}{x}$.

7. $y=\frac{e^x}{1-x}$.

8. $y=(1+x^2)\arctan x$.

9. $y=x\arcsin x$.

10. $y=e^x\arccos x$.

三、求下列函数的导数：

1. $y=(2-3x)^2$.

2. $y=(x^2+3)^3$.

3. $y=\sin(x^2+1)$.

4. $y=\cos(2-x)$.

5. $y=\sin^2(x+1)$.

6. $y=e^{1-3x}$.

7. $y=3^{x^2}$.

8. $y=\ln(1+x^2)$.

9. $y=\arccos 3x$.

10. $y=\arctan x^2$.

(B)

一、1. 设 $g(x)$ 可导，$h(x)=e^{1+g(x)}$，$h'(1)=1$，$g'(1)=2$，则 $g(1)$ 等于(　　).

A. $\ln 3-1$

B. $-\ln 3-1$

C. $-\ln 2-1$

D. $\ln 2-1$

2. 设 $f(x)$ 可导，$y=f(1-e^{-x})$，则 y' 等于(　　).

A. $(1+e^{-x})f'(1-e^{-x})$

B. $(1-e^{-x})f'(1-e^{-x})$

C. $-e^{-x}f'(1-e^{-x})$

D. $e^{-x}f'(1-e^{-x})$

3. 设周期函数 $f(x)$ 在区间 $(-\infty,+\infty)$ 内可导且周期为 T，则 $f'(x)$(　　).

A. 不是周期函数

B. 是周期函数，且周期等于 T

C. 是周期函数且周期大于 T

D. 是周期函数，且周期小于 T

4. 设周期函数 $f(x)$ 在区间 $(-\infty,+\infty)$ 内可导且周期为 4，又

$$\lim_{x\to 0}\frac{f(1)-f(1-x)}{2x}=-1,$$

则曲线 $y=f(x)$ 在点 $(5,f(5))$ 处切线的斜率为(　　).

A. $\frac{1}{2}$　　B. 0　　C. -1　　D. -2

第三节 隐函数与由参数方程确定的函数的求导法则

一、隐函数求导

由方程 $F(x,y)=0$ 所确定的函数 $y=y(x)$ 称为隐函数，例如，由方程 $e^y-xy=0$ 所确定的函数 $y=y(x)$ 就是隐函数.与隐函数相对应，能够明确写出函数表达式 $y=f(x)$ 的函数称为显函数，如 $y=\sqrt{1-x}$.在一般情形，隐函数难以转化为显函数，因此，我们希望有方法能够直接由方程

$F(x,y)=0$ 求出隐函数 $y=y(x)$ 的导数.

在方程 $F(x,y)=0$ 中,把 y 看成 x 的函数 $y=y(x)$,于是方程可看成关于 x 的恒等式

$$F(x,y(x))=0.$$

上式两端对 x 求导,将 $y(x)$ 认作中间变量,运用复合函数的求导法则,即可求得隐函数的导数.

对于由 $F(x,y)=0$ 确定的隐函数存在性与可导性以后将作说明.

例 1　求由方程 $xy^3+2x^2y-x+1=0$ 所确定的隐函数 $y=y(x)$ 的导数.

解　在方程两边对 x 求导,得

$$y^3+3xy^2y'+4xy+2x^2y'-1=0,$$

解得

$$y'=\frac{1-y^3-4xy}{3xy^2+2x^2}.$$

例 2　求由方程 $e^{x+y}=xy$ 所确定的隐函数 $y=y(x)$ 的导数.

解　将方程两边对 x 求导,得

$$e^{x+y}(1+y')=y+xy'.$$

解得

$$y'=\frac{y-e^{x+y}}{e^{x+y}-x}.$$

例 3　求过曲线 $\sqrt{x}+\sqrt{y}=\sqrt{a}\ (0<x<a)$ 上一点 (x_0,y_0) 的切线方程.

解　对隐函数方程两边求导,得

$$\frac{1}{2\sqrt{x}}+\frac{y'}{2\sqrt{y}}=0,$$

解得

$$y'=-\sqrt{\frac{y}{x}}.$$

从而切线斜率

$$k=y'\Big|_{\substack{x=x_0\\y=y_0}}=-\sqrt{\frac{y_0}{x_0}},$$

所求切线方程为

$$y-y_0=-\sqrt{\frac{y_0}{x_0}}(x-x_0).$$

二、对数求导法

在求导运算中,常常遇到一些由多个简单函数连乘除构成的函数的求导;或遇到幂指函数的求导.前者直接利用导数的四则运算法则求导往往比较复杂,而后者则不能直接利用导数四

则运算法则求导.通常可以利用对数性质将连乘除问题转化为连加减问题,以简化运算.如 $y=\dfrac{(1+x^2)\sqrt{(1+x^3)(x^2-2)}}{(x+1)^2(x^3+3)}$为连乘除形式,将其两端取对数,化为

$$\ln y=\ln(1+x^2)+\frac{1}{2}\ln(1+x^3)+\frac{1}{2}(x^2-2)-2\ln(x+1)-\ln(x^3+3),$$

即为连加减问题.而对于幂指函数,如 $y=x^{\sin x}$,可以利用对数的性质,将其两端取对数,$\ln y=\sin x\cdot\ln x$,转化为隐函数形式,再利用复合函数求导法则求导.

例 4 求幂指函数 $y=x^x(x>0)$的导数.

解 将 $y=x^x$两边取对数,得

$$\ln y=x\ln x.$$

上式两边对 x 求导,有

$$\frac{1}{y}y'=\ln x+x\cdot\frac{1}{x}=\ln x+1,$$

于是

$$y'=y(\ln x+1)=x^x(\ln x+1).$$

需要指出的是,用对数求导法求导数,最后要把结果中的 y 用 x 表示出来,这与一般的隐函数求导是不同的.

例 5 求函数 $y=\sqrt{\dfrac{(x-1)(x-2)}{(x-3)(x-4)}}$的导数.

解 将函数两边取对数,得

$$\ln y=\frac{1}{2}[\ln(x-1)+\ln(x-2)-\ln(x-3)-\ln(x-4)].$$

上式两边对 x 求导,有

$$\frac{1}{y}\cdot y'=\frac{1}{2}\left(\frac{1}{x-1}+\frac{1}{x-2}-\frac{1}{x-3}-\frac{1}{x-4}\right).$$

于是

$$y'=\frac{1}{2}\sqrt{\frac{(x-1)(x-2)}{(x-3)(x-4)}}\left(\frac{1}{x-1}+\frac{1}{x-2}-\frac{1}{x-3}-\frac{1}{x-4}\right).$$

三、由参数方程确定的函数的求导

参数方程的一般形式为

$$\begin{cases}x=\varphi(t),\\ y=\psi(t),\end{cases}\quad \alpha\leqslant t\leqslant\beta.$$

若 $x=\varphi(t)$存在反函数 $t=\varphi^{-1}(x)$,$\varphi(t)$,$\psi(t)$都可导且 $\varphi'(t)\neq0$,则 y 是 x 的复合函数

$$y=\psi(t)=\psi(\varphi^{-1}(x)).$$

由复合函数与反函数求导法则,有

$$\frac{\mathrm{d}y}{\mathrm{d}x}=\frac{\mathrm{d}y}{\mathrm{d}t}\cdot\frac{\mathrm{d}t}{\mathrm{d}x}=\psi'(t)[\varphi^{-1}(x)]'=\frac{\psi'(t)}{\varphi'(t)},$$

或写为

$$\frac{\mathrm{d}y}{\mathrm{d}x}=\frac{\frac{\mathrm{d}y}{\mathrm{d}t}}{\frac{\mathrm{d}x}{\mathrm{d}t}}.$$

这就是参数方程的求导公式.

例 6　求椭圆

$$\begin{cases}x=a\cos t,\\ y=b\sin t,\end{cases}\quad 0\leqslant t\leqslant 2\pi$$

在 $t=\frac{\pi}{4}$对应点处的切线方程.

解　由参数方程的求导公式,有

$$\frac{\mathrm{d}y}{\mathrm{d}x}=\frac{\frac{\mathrm{d}y}{\mathrm{d}t}}{\frac{\mathrm{d}x}{\mathrm{d}t}}=\frac{(b\sin t)'}{(a\cos t)'}=\frac{b\cos t}{-a\sin t}.$$

所求切线的斜率

$$k=\left.\frac{\mathrm{d}y}{\mathrm{d}x}\right|_{t=\frac{\pi}{4}}=-\frac{b}{a}.$$

当 $t=\frac{\pi}{4}$时,$x=a\cos\frac{\pi}{4}=\frac{a}{\sqrt{2}}$,$y=b\sin\frac{\pi}{4}=\frac{b}{\sqrt{2}}$,于是切点为$\left(\frac{a}{\sqrt{2}},\frac{b}{\sqrt{2}}\right)$.所求切线方程为

$$y-\frac{b}{\sqrt{2}}=-\frac{b}{a}\left(x-\frac{a}{\sqrt{2}}\right),$$

即

$$y=-\frac{b}{a}x+\sqrt{2}b.$$

习题 2-3

(A)

一、设 $y=y(x)$分别由下列方程所确定,求 y':

1. $y+xe^{y}=1$.

2. $y^2+2xy+x^3=2$.

3. $y^2+\sin x+e^{x-y}=1$.

4. $e^{x+y}-y+x^2=1$.

5. $x^2y+e^{y-x}=2$.

二、设下列参数方程确定 $y=y(x)$，求$\dfrac{dy}{dx}$：

1. $\begin{cases}x=1+t^2,\\y=\cos t.\end{cases}$

2. $\begin{cases}x=t^3+2t,\\y=t^2+2t.\end{cases}$

3. $\begin{cases}x=\sin 3t,\\y=2\ln t-3.\end{cases}$

4. $\begin{cases}x=\sin t^2,\\y=\cos 2t.\end{cases}$

三、利用对数求导法求下列函数的导数：

1. $y=x^{\sin x}$.

2. $y=(x+2)^x$.

3. $y=x^{x^2}$.

4. $y=(1+x^2)^x$.

5. $y=\dfrac{(x+1)^2\sqrt{x+2}}{x-3}$.

6. $y=\dfrac{e^x\sin x}{x^2}$.

7. $y=\sqrt{\dfrac{(x-1)(x+2)^3}{x-3}}$.

(B)

一、1. 设函数 $y=y(x)$ 由方程 $y=1-xe^y$ 确定，则$\left.\dfrac{dy}{dx}\right|_{x=0}=$________.

2. 设 $y=y(x)$ 由 $2^{xy}=x+y$ 确定，则$y'|_{x=0}=$________.

3. 设 $y=y(x)$ 由方程 $\ln(x^2+y)=x^3y+\sin x$ 确定，则$\left.\dfrac{dy}{dx}\right|_{x=0}=$________.

二、1. 设函数 $y=y(x)$ 由$\begin{cases}x=\arctan t,\\2y-ty^2+e^t=5\end{cases}$所确定，求$\dfrac{dy}{dx}$.

第四节 高阶导数

由前面的介绍可知，$(x^3)'=3x^2$，$(\sin x)'=\cos x$ 等，所得到的这些导函数依然为可导函数.通常若函数 $y=f(x)$ 可导，且其导函数 $f'(x)$ 仍可导，则称其导数的导数为 y 的**二阶导数**，记为

$$\frac{d}{dx}\left(\frac{dy}{dx}\right)=\frac{d^2y}{dx^2},\quad 或\ y'',\quad 或\ f''(x)\ 等.$$

类似地，称二阶导数的导数为 y 的**三阶导数**，三阶导数的导数为 y 的**四阶导数**……$(n-1)$阶导数的导数为 y 的 n **阶导数**.通常分别记为

$$\frac{d^3y}{dx^3},\frac{d^4y}{dx^4},\cdots,\frac{d^ny}{dx^n}\quad 或\quad y''',y^{(4)},\cdots,y^{(n)},$$

$$或\ f'''(x),f^{(4)}(x),\cdots,f^{(n)}(x).$$

二阶和二阶以上的导数统称为**高阶导数**.

求高阶导数的关键是考虑将函数 y,y',y''等适当恒等变形,以寻求其中的规律.

例1 设 $y=a_0x^n+a_1x^{n-1}+\cdots+a_{n-1}x+a_n$,求 $y^{(k)}$.

解 逐次求导,

$$y'=na_0x^{n-1}+(n-1)a_1x^{n-2}+\cdots+a_{n-1},$$

$$y''=n(n-1)a_0x^{n-2}+(n-1)(n-2)a_1x^{n-3}+\cdots+2a_{n-2},$$

$$y'''=n(n-1)(n-2)a_0x^{n-3}+(n-1)(n-2)(n-3)a_1x^{n-4}+\cdots+3\cdot 2a_{n-3},$$

$$\cdots,$$

$$y^{(k)}=n(n-1)(n-2)\cdots(n-k+1)a_0x^{n-k}+\cdots+k(k-1)\cdots 2a_{n-k}.$$

$$\cdots,$$

$$y^{(n)}=n(n-1)\cdots 2a_0=n!\,a_0.$$

特别地,当 $k>n$ 时,$y^{(k)}=0$.

例2 设 $y=\dfrac{1}{x(1-x)}$,求 $y^{(50)}$.

解 因为

$$y=\frac{1}{x(1-x)}=\frac{1}{x}+\frac{1}{1-x}=x^{-1}+(1-x)^{-1},$$

所以

$$y'=(-1)x^{-2}+(-1)\cdot(-1)(1-x)^{-2},$$

$$y''=(-1)\cdot(-2)x^{-3}+(-1)^2\cdot(-1)\cdot(-2)\cdot(1-x)^{-3},$$

$$\begin{aligned}y'''&=(-1)\cdot(-2)\cdot(-3)x^{-4}+(-1)^3\cdot(-1)\cdot(-2)\cdot(-3)(1-x)^{-4}\\&=(-1)^3 3!\ x^{-(3+1)}+(-1)^{2\cdot 3}\cdot 3!\ (1-x)^{-(3+1)},\end{aligned}$$

$$\cdots,$$

$$\begin{aligned}y^{(n)}&=(-1)^n n!\ x^{-(n+1)}+(-1)^{2n}\cdot n!\ (1-x)^{-(n+1)}\\&=(-1)^n n!\ x^{-(n+1)}+n!\ (1-x)^{-(n+1)},\end{aligned}$$

$$y^{(50)}=50!\ [x^{-51}+(1-x)^{-51}].$$

例3 设 $y=\sin x$,求 $y^{(n)}$.

解 先计算前面几阶导数有

$$y'=\cos x,\quad y''=-\sin x,\quad y'''=-\cos x,\quad y^{(4)}=\sin x,$$

由此可观察出规律

$$y^{(n)}=\begin{cases}\sin x, & n=4k,\\ \cos x, & n=4k+1,\\ -\sin x, & n=4k+2,\\ -\cos x, & n=4k+3.\end{cases}\quad k \text{ 为自然数}.$$

接下来我们将其写为更简洁的形式.

$$y'=\cos x=\sin\left(x+\frac{\pi}{2}\right),$$

$$y''=\left[\sin\left(x+\frac{\pi}{2}\right)\right]'=\cos\left(x+\frac{\pi}{2}\right)$$

$$=\sin\left(x+\frac{\pi}{2}+\frac{\pi}{2}\right)=\sin\left(x+2\cdot\frac{\pi}{2}\right).$$

现利用数学归纳法证明 $y^{(n)}=\sin\left(x+n\cdot\frac{\pi}{2}\right)$.假设 $y^{(n-1)}=\sin\left[x+(n-1)\cdot\frac{\pi}{2}\right]$ 成立,则有

$$y^{(n)}=[y^{(n-1)}]'=\cos\left[x+(n-1)\cdot\frac{\pi}{2}\right]=\sin\left(x+n\cdot\frac{\pi}{2}\right).$$

类似地,还可得到

$$(\cos x)^{(n)}=\cos\left(x+n\cdot\frac{\pi}{2}\right).$$

例 4 设 $y=x+\ln y$,求 y''.

解 将等式两边对 x 求导,得

$$y'=1+\frac{y'}{y},$$

解得

$$y'=\frac{y}{y-1}=1+\frac{1}{y-1}.$$

于是

$$y''=-\frac{y'}{(y-1)^2}=-\frac{y}{(y-1)^3}.$$

例 5 设 $\begin{cases}x=t^2+1,\\ y=3t^3-t^2+2,\end{cases}$ 求 $\frac{\mathrm{d}^2y}{\mathrm{d}x^2}$.

解 所给题目为求由参数方程确定的函数的二阶导数.由于

$$\frac{\mathrm{d}x}{\mathrm{d}t}=2t,\quad \frac{\mathrm{d}y}{\mathrm{d}t}=9t^2-2t,$$

可知

$$\frac{\mathrm{d}y}{\mathrm{d}x}=\frac{\frac{\mathrm{d}y}{\mathrm{d}t}}{\frac{\mathrm{d}x}{\mathrm{d}t}}=\frac{9t^2-2t}{2t}=\frac{9}{2}t-1.$$

由于 $\frac{\mathrm{d}^2y}{\mathrm{d}x^2}=\frac{\mathrm{d}\left(\frac{\mathrm{d}y}{\mathrm{d}x}\right)}{\mathrm{d}x}$,且 $\frac{\mathrm{d}y}{\mathrm{d}x}$ 依然为由参数方程确定的函数,$\frac{\mathrm{d}}{\mathrm{d}t}\left(\frac{\mathrm{d}y}{\mathrm{d}x}\right)=\frac{9}{2}$,因此

$$\frac{d^2y}{dx^2}=\frac{d\left(\frac{dy}{dx}\right)/dt}{\frac{dx}{dt}}=\frac{\frac{9}{2}}{2t}=\frac{9}{4t}.$$

一般情形下,设参数方程

$$\begin{cases}x=\varphi(t),\\ y=\psi(t),\end{cases}\quad \alpha\leqslant t\leqslant\beta.$$

在 $\varphi(t)$,$\psi(t)$满足参数方程求导条件时,有

$$\frac{dy}{dx}=\frac{\psi'(t)}{\varphi'(t)}.$$

令 $u=\frac{dy}{dx}=\frac{\psi'(t)}{\varphi'(t)}$,得另一参数方程

$$\begin{cases}x=\varphi(t),\\ u=\frac{\psi'(t)}{\varphi'(t)}.\end{cases}$$

若 $\varphi(t)$,$\psi(t)$存在二阶导数,则

$$\frac{d^2y}{dx^2}=\frac{du}{dx}=\frac{\frac{du}{dt}}{\frac{dx}{dt}}=\frac{\psi''(t)\varphi'(t)-\psi'(t)\varphi''(t)}{[\varphi'(t)]^3}.$$

在实际计算时,不必死记公式.要特别注意

$$\frac{d^2y}{dx^2}\neq\frac{\psi''(t)}{\varphi''(t)}.$$

设 $u=u(x)$,$v=v(x)$都有 n 阶导数,为了表达简便,记 $u^{(0)}=u$,$u^{(1)}=u'$,$u^{(2)}=u''$.可依次求得

$$(uv)^{(1)}=u^{(1)}v^{(0)}+u^{(0)}v^{(1)},$$

$$(uv)^{(2)}=u^{(2)}v^{(0)}+2u^{(1)}v^{(1)}+u^{(0)}v^{(1)},$$

$$(uv)^{(3)}=u^{(3)}v^{(0)}+3u^{(2)}v^{(1)}+3u^{(1)}v^{(2)}+u^{(0)}v^{(3)}.$$

由数学归纳法可证

$$(uv)^{(n)}=u^{(n)}v^{(0)}+C_n^1u^{(n-1)}v^{(1)}+C_n^2u^{(n-2)}v^{(2)}+\cdots+C_n^nu^{(0)}v^{(n)},$$

其中组合数 $C_n^k=\frac{n(n-1)\cdots(n-k+1)}{k!}$.上式称为**莱布尼茨公式**.

利用莱布尼茨公式可以求某些两项之积形式函数的高阶导数.

例 6　求 $y=x^2e^{3x}$的 n 阶导数.

解　令 $u=e^{3x}$,$v=x^2$,则

$$v'=2x,\quad v''=2,\quad v'''=v^{(4)}=\cdots=v^{(n)}=0,$$

$$u^{(n)}=3^n e^{3x},\quad u^{(n-1)}=3^{n-1}e^{3x},\quad u^{(n-2)}=3^{n-2}e^{3x}.$$

由莱布尼茨公式,得到

$$\begin{aligned} y^{(n)} &= (e^{3x})^{(n)}x^2+n(e^{3x})^{(n-1)}(x^2)'+\frac{n(n-1)}{2}(e^{3x})^{(n-2)}(x^2)'' \\ &= 3^{n-2}e^{3x}[9x^2+6nx+n(n-1)]. \end{aligned}$$

习题 2-4

(A)

一、1. 设 $y=xe^x$,求 y'',$y^{(n)}$.

2. 设 $y=x\ln x$,求 y'',$y^{(n)}$.

3. 设 $y=\ln(1+x^2)$,求 y''.

4. 设 $y=e^{-x}$,求 $y^{(n)}$.

5. 设 $y=\dfrac{1}{x+3}$,求 $y^{(n)}$.

6. 设 $y=\dfrac{1}{x^2+x-2}$,求 $y^{(n)}$.

7. 设 $y=\ln(x^2-x-2)$,求 $y^{(n)}$.

8. 设 $\begin{cases}x=2\cos t,\\ y=3\sin t,\end{cases}$ 求 $\dfrac{d^2y}{dx^2}$.

9. 设 $\begin{cases}x=a(t-\sin t),\\ y=a(1-\cos t),\end{cases}$ 求 $\dfrac{d^2y}{dx^2}$.

10. 设 $y=y(x)$ 由方程 $y=1+xe^y$ 确定,求 y''.

11. 设 $y=f(\ln x)$,其中 $f(u)$ 为可导函数,求 y''.

(B)

一、1. 已知 $f(x)$ 是有任意阶导数的函数,且 $f'(x)=[f(x)]^2$,则当 n 为大于 2 的正整数时,$f(x)$ 的 n 阶导数 $f^{(n)}(x)$ 是(　　).

A. $n!\,[f(x)]^{n+1}$

B. $n[f(x)]^{n+1}$

C. $[f(x)]^{2n}$

D. $n!\,[f(x)]^{2n}$

二、1. 设 $y=\dfrac{1-x}{1+x}$,则 $y^{(n)}(x)=$_________.

2. 设函数 $y=\dfrac{1}{2x+3}$,则 $y^{(n)}(0)=$_________.

3. 设 $y=\ln(x+\sqrt{1+x^2})$,则 $y'''\big|_{x=\sqrt{3}}=$_________.

4. 设 $y=\ln\sqrt{\dfrac{1-x}{1+x^2}}$,则 $y''\big|_{x=0}=$_________.

5. 设函数 $y=f(x)$ 在点 $x=0$ 的某邻域内可导,且 $f'(x)=e^{f(x)}$,$f(2)=1$,则 $f'''(2)=$_________.

6. 设 $y=y(x)$ 由 $\begin{cases}x=1+t^2,\\ y=\cos t\end{cases}$ 确定,则 $\dfrac{d^2y}{dx^2}=$_________.

7. 设 $y=y(x)$ 由方程 $xy+e^y=x+1$ 确定的隐函数,则 $\left.\dfrac{d^2y}{dx^2}\right|_{x=0}=$_________.

第五节　微　　分

一、微分的定义

我们知道，边长为 x 的正方形的面积 $S=x^2$. 当边长自 x_0 取得增量 Δx 时，面积的增量

$$\Delta S=(x_0+\Delta x)^2-x_0^2=2x_0\Delta x+(\Delta x)^2,$$

可以认定 ΔS 由两部分组成，一部分是 Δx 的线性部分，而另一部分 $(\Delta x)^2$，当 Δx 为无穷小量时，是 Δx 的高阶无穷小量.

而棱长为 x 的正方体的体积 $V=x^3$. 当棱长自 x_0 取得增量 Δx 时，体积的增量

$$\Delta V=(x_0+\Delta x)^3-x_0^3=3x_0^2\Delta x+3x_0(\Delta x)^2+(\Delta x)^3.$$

同样可以认定 ΔV 由 $3x_0^2\Delta x$ 与 $[3x_0(\Delta x)^2+(\Delta x)^3]$ 组成，前者为 Δx 的线性部分，当 Δx 为无穷小量时，后者为 Δx 的高阶无穷小量.

由上述分析可知，当 $|\Delta x|$ 很小时，正方形面积的增量 $\Delta S\approx 2x_0\Delta x$，正方体体积的增量 $\Delta V\approx 3x_0^2\Delta x$. 这为近似计算提供了有力的依据.

一般情况下，对于函数 $y=f(x)$，若自变量自 x_0 取得增量 Δx 时，函数的增量 Δy 是否也具有上述两例的特点？答案为否.

定义 1　设函数 $y=f(x)$ 在点 x_0 的某邻域内有定义，$x_0+\Delta x$ 也属于该邻域. 若

$$\Delta y=f(x_0-\Delta x)-f(x_0)=A\Delta x+o(\Delta x),$$

其中 A 与 Δx 无关，$o(\Delta x)$ 为 Δx 的高阶无穷小量，则称函数 $y=f(x)$ 在点 x_0 处**可微**，称 $A\Delta x$ 为函数 $f(x)$ 在点 x_0 处的**微分**，记为 $\mathrm{d}y\big|_{x=x_0}$ 或 $\mathrm{d}f(x)\big|_{x=x_0}$，即 $\mathrm{d}y\big|_{x=x_0}=A\Delta x$.

当 $\Delta x\to 0$ 且 $A\neq 0$ 时，微分 $A\Delta x$ 与函数改变量 Δy 是等价无穷小量，二者相差一个 Δx 的高阶无穷小量. 此时 $A\Delta x$ 是 Δy 的主要部分，又 $A\Delta x$ 为 Δx 的线性函数，故称微分 $\mathrm{d}y\big|_{x=x_0}=A\Delta x$ 为 Δy 的线性主要部分. 简称线性主部.

若 $f(x)$ 在点 x_0 处可微，则

$$\Delta y=A\Delta x+o(\Delta x),$$

其中 A 与 Δx 无关，于是

$$\lim_{\Delta x\to 0}\frac{\Delta y}{\Delta x}=\lim_{\Delta x\to 0}\left(A+\frac{o(\Delta x)}{\Delta x}\right)=A,$$

即 $f(x)$ 在点 x_0 处可导，且 $A=f'(x_0)$，

反过来，若 $f(x)$ 在点 x_0 处可导，则

$$\lim_{\Delta x\to 0}\frac{\Delta y}{\Delta x}=f'(x_0),$$

由极限基本定理可知

$$\frac{\Delta y}{\Delta x}=f'(x_0)+\alpha,$$

其中 $\lim\limits_{\Delta x\to 0}\alpha=0$.于是

$$\Delta y=f'(x_0)\Delta x+\alpha\Delta x,$$

显然 $\alpha\Delta x$ 是 Δx 的高阶无穷小量.这表明 $f(x)$ 在点 x_0 处可微,且

$$\mathrm{d}y\big|_{x=x_0}=f'(x_0)\Delta x.$$

综上即得

定理 1 函数 $y=f(x)$ 在点 x_0 处可微的充要条件是 $y=f(x)$ 在点 x_0 处可导,且必有

$$\mathrm{d}y\big|_{x=x_0}=f'(x_0)\Delta x.$$

若函数 $y=f(x)$ 在区间 (a,b) 内每点处都可微,则称 $f(x)$ 在 (a,b) 内可微分.对 (a,b) 内任一点 x,此时都有

$$\mathrm{d}y=y'\Delta x.$$

对于函数 $y=x$,则有 $\mathrm{d}y=\mathrm{d}x=\Delta x$.因此微分常写为 $\mathrm{d}y=y'\mathrm{d}x$.而导数也可以写为 $y'=\dfrac{\mathrm{d}y}{\mathrm{d}x}$,并可以解释为导数是函数微分与自变量微分之商.因此导数也称为微商.

通常 $f(x)$ 在区间 (a,b) 内可导,又可称 $f(x)$ 在 (a,b) 内可微.

二、微分的几何意义

设可微函数 $y=f(x)$ 的图形如图 2.2 所示.当自变量 x 自 x_0 取得增量 Δx 时,函数 $y=f(x)$ 的增量为 Δy.

$$\Delta y=f(x_0+\Delta x)-f(x_0)=\overline{RQ}.$$

相应地,曲线 $y=f(x)$ 在点 (x_0,y_0) 处的切线纵坐标的增量为

$$\mathrm{d}y\big|_{x=x_0}=f'(x_0)\Delta x=\overline{RQ'}.$$

而 $\overline{Q'Q}$ 是 Δy 与 $\mathrm{d}y\big|_{x=x_0}$ 的差.当 $\Delta x\to 0$ 时,$\overline{Q'Q}$ 是 Δx 的高阶无穷小量,即函数 $y=f(x)$ 在点 x_0 处的微分在几何上可以解释为曲线 $y=f(x)$ 在点 $P(x_0,f(x_0))$ 处切线纵坐标的增量.

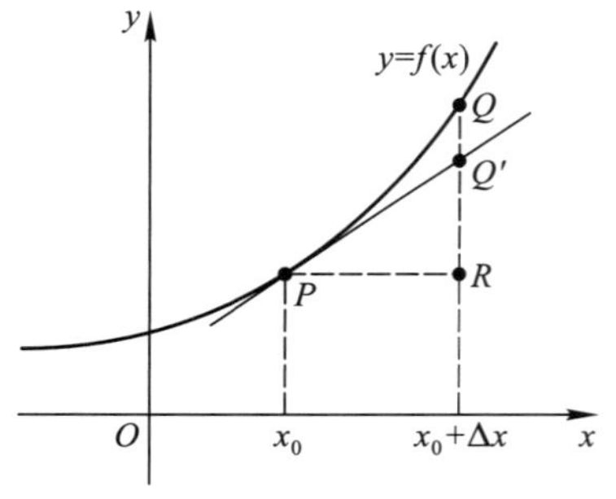

图 2.2

例 1 求函数 $y=x^2$ 在点 $x=1$ 处的微分.

解 函数 $y=x^2$ 在点 $x=1$ 处的微分为

$$\mathrm{d}y=(x^2)'\big|_{x=1}\Delta x=2\Delta x.$$

例 2 求函数 $y=x^2$ 当 $x=2,\Delta x=0.01$ 时的微分.

解 先计算函数在任意点 x 处的微分有

$$dy=(x^2)'\Delta x=2x\Delta x.$$

再求其当 $x=2,\Delta x=0.01$ 时的微分有

$$dy=(2x\Delta x)\Big|_{\substack{x=2,\\ \Delta x=0.01}}=2\cdot 2\cdot 0.01=0.04.$$

三、微分的基本公式与四则运算法则

由微分与导数的关系及导数的基本公式,可以得到微分的基本公式.

$dC=0$(C 是常数).

$d(x^{\alpha})=\alpha x^{\alpha-1}dx$(常数 $\alpha\neq 0$).

$d(\log_a x)=\dfrac{1}{x\ln a}dx\ (a>0,a\neq 1)$.

$d(\ln x)=\dfrac{1}{x}dx$.

$d(a^x)=a^x\ln a\,dx\ (a>0,a\neq 1)$.

$d(e^x)=e^x dx$.

$d(\sin x)=\cos x dx$.

$d(\cos x)=-\sin x dx$.

$d(\tan x)=\sec^2 x dx$.

$d(\cot x)=-\csc^2 x dx$.

$d(\arcsin x)=\dfrac{1}{\sqrt{1-x^2}}dx$.

$d(\arccos x)=-\dfrac{1}{\sqrt{1-x^2}}dx$.

$d(\arctan x)=\dfrac{1}{1+x^2}dx$.

$d(\text{arccot}\, x)=-\dfrac{1}{1+x^2}dx$.

由微分与导数的关系及导数的四则运算法则,可以得微分的四则运算法则.

设 u,v 是 x 的可微函数,则

$$d(u\pm v)=du\pm dv;$$

$$d(uv)=vdu+udv;$$

$$d(Cu)=Cdu\quad (C\text{ 是常数});$$

$$d\left(\frac{u}{v}\right)=\frac{vdu-udv}{v^2}\quad (v\neq 0).$$

四、一阶微分形式的不变性

设 $y=f(u),u=\varphi(x)$ 都可导,则复合函数 $y=f(\varphi(x))$ 也可导,且由复合函数的链式法则可知

$$\frac{dy}{dx}=\frac{dy}{du}\cdot\frac{du}{dx},\quad\text{或记为}\quad y'_x=y'_u\cdot u'_x.$$

由于 $dy=y'_x dx$,且 $du=u'_x dx$,因此

$$dy=y'_x dx=y'_u\cdot(u'_x dx)=y'_u du.$$

这表明对于函数 $f(u)$,若其可微,则不论 u 为中间变量还是自变量,总有 $dy=y'_u du$.称此形式为一

阶微分形式的不变性.利用这个性质,求复合函数的导数时,可以不必将复合函数分解为简单函数,只需由外至里,每次只求一个层次的导数,这样既可以减少运算错误又较简便.

例 3 设 $y=\ln(1+x^2)$,求 dy 与 y'.

解
$$dy=\frac{1}{1+x^2}d(1+x^2)=\frac{2x}{1+x^2}dx,\quad y'=\frac{2x}{1+x^2}.$$

例 4 设 $y=\ln\cos(1+x^2)$,求 dy 与 y'.

解 y 为三重复合而成的函数,由一阶微分形式的不变性可得

$$\begin{aligned}dy&=\frac{1}{\cos(1+x^2)}d\cos(1+x^2)\\&=\frac{1}{\cos(1+x^2)}\cdot[-\sin(1+x^2)]d(1+x^2)\\&=\frac{-\sin(1+x^2)}{\cos(1+x^2)}\cdot 2x\ dx=-2x\tan(1+x^2)dx,\\y'&=-2x\tan(1+x^2).\end{aligned}$$

也可以将一阶微分形式的不变性用于微分的四则运算中.

例 5 设 $y=\frac{e^{2x}}{x}$,求 dy.

解 由微分的商的运算法则可得

$$dy=\frac{xd(e^{2x})-e^{2x}dx}{x^2}=\frac{xe^{2x}d(2x)-e^{2x}dx}{x^2}=\frac{(2x-1)e^{2x}}{x^2}dx.$$

五、微分在近似计算中的应用

设 $y=f(x)$ 在点 x_0 处可微,则当 $\Delta x\to 0$ 时,

$$\Delta y=f'(x_0)\Delta x+o(\Delta x).$$

当 $|\Delta x|$ 很小时,$\Delta y\approx f'(x_0)\Delta x$,即

$$f(x_0+\Delta x)-f(x_0)\approx f'(x_0)\Delta x.$$

记 $x=x_0+\Delta x$,则

$$f(x)\approx f(x_0)+f'(x_0)\Delta x.$$

对于给定的函数 $y=f(x)$,当 $f(x_0)$ 与 $f'(x_0)$ 较容易计算且 $|\Delta x|$ 较小时,可以利用上式计算 $f(x)$ 的近似值.

例 6 求 $\sqrt[4]{1.02}$ 的近似值.

解 设 $x_0=1,\Delta x=0.02,f(x)=\sqrt[4]{x}$，则 $f'(x)=\frac{1}{4}x^{-\frac{3}{4}}$，

$$f'(x_0)=f'(1)=\frac{1}{4}.$$

故

$$f(x_0-\Delta x)\approx f(x_0)+f'(x_0)\Delta x$$
$$=\sqrt[4]{1}+\frac{1}{4}\times0.02=1.005,$$

即

$$\sqrt[4]{1.02}\approx1.005.$$

实际上，$\sqrt[4]{1.02}=1.004\ 96\cdots$.

例 7 在体积 $V=1\ 000\ \text{cm}^3$ 的正方体工件上均匀镀上了一层薄膜，该正方体工件的体积增加了 3 cm^3，试判定这层镀膜的厚度.

解 设镀膜厚度为 Δx，则 $\Delta V=V(x_0+\Delta x)-V(x_0)$.若正方体工件边长为 x，则 $V=x^3$.当 $V=1\ 000\ \text{cm}^3$时，$x_0=10$ cm.因为 $V'=3x^2$，可知

$$1\ 003-1\ 000\approx3\cdot10^2\Delta x,$$

$$\Delta x\approx\frac{1}{100}=0.01(\text{cm}),$$

即镀膜的厚度约为 0.01 cm.

六、导数在经济学中的应用举例

在经济领域导数也有广泛的应用.常见的有边际函数与弹性函数.

1. 边际函数

在经济学中，函数的导数称为边际函数，例如成本函数 $C=C(Q)$（其中 C 是总成本，Q 是产量）的导数 $C'(Q)$ 称为边际成本函数；收益函数 $R=R(Q)$ 的导数$R'(Q)$称为边际收益函数；利润函数 $L=L(Q)$ 的导数 $L'(Q)$ 称为边际利润函数；需求函数 $Q=f(P)$（其中 P 是商品价格，Q 是需求量）的导数 $f'(P)$ 称为边际需求函数.

下面以边际成本为例解释边际量在经济学中的意义.当产量从 Q 变化到$Q+\Delta Q$ 时，若 ΔQ 相对 Q 很小，则成本函数的改变量

$$\Delta C\approx C'(Q)\Delta Q.$$

当大规模生产时，可以认为是连续生产，增加一个产品只是很小的变化，因此取 $\Delta Q=1$，有

$$\Delta C\approx C'(Q).$$

也就是说，可以用 $C'(Q)$ 近似表示当产量达到 Q 时，再增加一个单位产量所增加的成本（在经济学中常略去“近似”）.这就是边际成本的经济学意义.

一般地,边际函数值表示函数在点 $x=x_0$ 处,自变量改变 1 个单位时函数的改变量.

例 8 设某产品的利润函数为

$$L=L(Q)=400Q-Q^2.$$

求当产量分别为 100,200,300 时的边际利润.

解 $L'(Q)=400-2Q$,则

$$L'(100)=200,\quad L'(200)=0,\quad L'(300)=-200,$$

即当产量分别为 100,200,300 时,边际利润分别为 200,0,-200.

2. 弹性函数

$y=f(x)$ 的边际函数 $f'(x)$ 可以近似表示当 Δx 很小时函数的变化率 $\frac{\Delta y}{\Delta x}$.假设一种产品产量达到某特定值后,增加 1 kg 产量,成本会增加 20 元.但如果将产量的单位改成 500 g,则增加 500 g 产量,成本(约)增加 10 元.这说明函数变化率 $\frac{\Delta y}{\Delta x}$ 会随变量的单位而变化.

为了避免变化率的数值受单位影响,我们可以使用相对变化率 $\frac{\Delta y/y_0}{\Delta x/x_0}$.其中 $\Delta y/y_0$ 表示函数值变化的百分数,$\Delta x/x_0$ 表示自变量变化的百分数.而 $\frac{\Delta y/y_0}{\Delta x/x_0}$(近似)表示自变量改变 1%时,函数值改变的百分数,称之为函数 $y=f(x)$ 从 x_0 到 $x_0+\Delta x$ 的相对变化率或两点间的弹性.

例如,一种产品的产量 Q 从 1 000 kg 增加到 1 001 kg 时,成本 $C(Q)$ 从 10 000 元增加到 10 020 元,则

$$\Delta C/C_0=\frac{20}{10\ 000}=0.2\%;$$

$$\Delta Q/Q_0=\frac{1}{1\ 000}=0.1\%.$$

也就是说,产量增加了 0.1%,而成本增加了 0.2%.此时,即使改变单位,也不影响上述百分数.此时,成本函数 $C(Q)$ 的相对变化率为

$$\frac{\Delta C/C_0}{\Delta Q/Q_0}=\frac{0.2\%}{0.1\%}=2.$$

若 $\lim\limits_{\Delta x\to 0}\frac{\Delta y/y_0}{\Delta x/x_0}$ 存在,则称此极限为函数 $y=f(x)$ 在点 $x=x_0$ 处的相对变化率或弹性,记作

$$\left.\frac{\mathrm{E}y}{\mathrm{E}x}\right|_{x=x_0}\quad 或\quad \frac{\mathrm{E}}{\mathrm{E}x}f(x_0).$$

于是

$$\left.\frac{\mathrm{E}y}{\mathrm{E}x}\right|_{x=x_0}=\lim_{\Delta x\to 0}\frac{\Delta y/y_0}{\Delta x/x_0}=\lim_{\Delta x\to 0}\frac{\Delta y}{\Delta x}\cdot\frac{x_0}{y_0}$$

$$=f'(x_0)\frac{x_0}{f(x_0)}.$$

一般地，若 $f(x)$ 可导，则

$$\frac{Ey}{Ex}=f'(x)\frac{x}{f(x)}$$

是自变量 x 的函数，称为函数 $y=f(x)$ 的弹性函数.

函数 $f(x)$ 在点 x 处的弹性 $\frac{E}{Ex}f(x)$ 反映了在 x 发生变化时，函数 $f(x)$ 变化幅度的大小，也就是 $f(x)$ 对自变量 x 变化的敏感程度.在数值上，$\frac{E}{Ex}f(x_0)$ 表示在点 $x=x_0$ 处，当 x 改变 1%时，函数 $f(x)$ 改变的百分数（近似值）.

例 9　某商品的需求函数为

$$Q=f(P)=56-P^2,$$

求 $P=4$ 时的需求弹性，并说明其经济意义.

解　$f'(P)=-2P, f'(4)=-8, f(4)=40,$

$$\left.\frac{EQ}{EP}\right|_{P=4}=f'(4)\cdot\frac{4}{f(4)}=-0.8.$$

它表示当 $P=4$ 时，若价格 P 增加 1%，则商品需求量 Q（近似）减少 0.8%.

习题 2-5

（A）

一、求下列函数的微分：

1. $y=2x-\sin 3x$.
2. $y=3+\cos x^2$.
3. $y=1-e^{2-3x}$.
4. $y=\sqrt{1+x^2}$.
5. $y=x^3-3^x+\ln 3$.
6. $y=\frac{\sin x}{1+x}$.
7. $y=x\sin x$.
8. $y=2^{x^2}$.
9. $y=\arctan 2x$.
10. $y=x^2e^x$.

二、求下列函数在给定点 x_0 处的微分：

1. $y=\frac{e^x}{x}, x_0=2$.
2. $y=x\ln x, x_0=e$.
3. $y=3x-e^x, x_0=0$.
4. $y=xe^x, x=1$.

（B）

一、1. 设函数 $f(u)$ 可导，$y=f(x^2)$ 当自变量 x 在点 $x=-1$ 处取得增量 $\Delta x=-0.1$ 时，相应的函数增量 Δy 的线性主部为 0.1，则 $f'(1)=$（　　）.

A. -1　　　　B. 0.1

C. 1　　　　D. 0.5

二、1. 设 $y=f(\ln x)e^{f(x)}$，其中 $f(x)$ 为可导函数，则 $dy=$________.

2. 设方程 $x=y^y$ 确定 y 是 x 的函数，则 $dy=$________.

3. 设 $y=(1+\sin x)^x$，则 $dy\big|_{x=\pi}=$________.

4. 设 $y=y(x)$ 由方程 $e^{x+y}+\cos(xy)=0$ 确定，则 $dy=$________.

第二章典型选择题及分析

第二章典型例题讲解 1

第二章典型例题讲解 2

第二章典型例题讲解 3

第二章自测题

第三章 微分中值定理与导数的应用

第二章已介绍了导数与微分的概念及计算方法,从而可以解决求瞬时速度、加速度、曲线的切线与法线等问题,并为进一步求解实际问题提供了有力的工具.本章将介绍微分中值定理,并利用这些定理进一步研究导数的应用.

第一节 微分中值定理

微分中值定理在微积分理论中占有重要地位,它提供了导数应用的基本理论依据.微分中值定理包括罗尔定理、拉格朗日中值定理、柯西中值定理及泰勒公式.

一、引理

由导数的定义可知,若 $f(x)$ 在点 x_0 处可导,则有

$$\lim_{\Delta x\to 0}\frac{f(x_0+\Delta x)-f(x_0)}{\Delta x}=f'(x_0).$$

此时必定有 $f'_-(x_0)=f'_+(x_0)=f'(x_0)$,其中

$$f'_-(x_0)=\lim_{\Delta x\to 0^-}\frac{f(x_0+\Delta x)-f(x_0)}{\Delta x},$$

$$f'_+(x_0)=\lim_{\Delta x\to 0^+}\frac{f(x_0+\Delta x)-f(x_0)}{\Delta x}.$$

下面考察一种特殊情形,如果 $f(x)$ 在点 x_0 处可导,且在点 x_0 的某邻域内恒有 $f(x)\leqslant f(x_0)$(或 $f(x)\geqslant f(x_0)$),那么 $f'(x_0)$ 具有什么性态?

不妨设在点 x_0 的某邻域内的任何 x 处,恒有 $f(x)\leqslant f(x_0)$.

当 $\Delta x>0$ 时,必有 $\dfrac{f(x_0+\Delta x)-f(x_0)}{\Delta x}\leqslant 0$;

当 $\Delta x<0$ 时,必有 $\dfrac{f(x_0+\Delta x)-f(x_0)}{\Delta x}\geqslant 0$.

由于 $f(x)$ 在点 x_0 处可导,可知 $f'(x_0)=f'_+(x_0)=f'_-(x_0)$.由极限的局部保号性可知

$$f'_+(x_0)=\lim_{\Delta x\to 0^+}\frac{f(x_0+\Delta x)-f(x_0)}{\Delta x}\leqslant 0,$$

$$f'_-(x_0)=\lim_{\Delta x\to 0^-}\frac{f(x_0+\Delta x)-f(x_0)}{\Delta x}\geqslant 0,$$

从而必有 $f'(x_0)=0$.

通常称使 $f'(x)=0$ 的点 x_0 为 $f(x)$ 的**驻点**.

我们将上述性质归纳为下述引理:

引理 1 设 $f(x)$ 在点 x_0 处可导,且在 x_0 的某邻域内恒有 $f(x)\leqslant f(x_0)$(或 $f(x)\geqslant f(x_0)$),则有 $f'(x_0)=0$.

上述引理又称费马定理.

对费马定理从几何上可以解释如下:若在点 x_0 的某邻域内恒有 $f(x)\leqslant f(x_0)$(或 $f(x)\geqslant f(x_0)$),且曲线 $y=f(x)$ 在点 $(x_0,f(x_0))$ 处有切线,则切线必定平行于 x 轴.

二、罗尔定理

由费马定理还可以引申出罗尔定理:

定理 1 设函数 $f(x)$ 满足

(1) 在闭区间 $[a,b]$ 上连续;

(2) 在开区间 (a,b) 内可导;

(3) $f(a)=f(b)$,

则至少存在一点 $\xi\in(a,b)$,使 $f'(\xi)=0$.

证 若 $f(x)$ 在区间 $[a,b]$ 上恒为常数 c,则对于任意的 $\xi\in(a,b)$,都有

$$f'(\xi)=c'\big|_{x=\xi}=0.$$

如果 $f(x)$ 在区间 $[a,b]$ 上不是常数,由于 $f(x)$ 在 $[a,b]$ 上连续,可知 $f(x)$ 在 $[a,b]$ 上必能取得最大值 M 与最小值 m,且 $M\neq m$.可知 M,m 之中至少有一个值与 $f(a)=f(b)$ 不等.不妨设 $M\neq f(a)=f(b)$,即 $f(x)$ 在区间 (a,b) 内的某点 ξ 处取得最大值.由费马定理可知必有 $f'(\xi)=0$.

罗尔定理从几何上可以解释如下:如果曲线弧在区间 $[a,b]$ 上为连续弧段,在区间 (a,b) 内曲线弧上每点处都有不平行于 y 轴的切线,且曲线弧段在两个端点处的纵坐标相同,那么曲线弧段上至少有一点,该点处的切线必定平行于 Ox 轴,也平行于连接曲线弧段两个端点的弦线,如图 3.1 所示.

有必要指出,罗尔定理的条件有三个,如果缺少其中任何一个条件,定理将不成立.

例如 $f(x)=|x|$ 在区间 $[-1,1]$ 上连续，且 $f(-1)=f(1)=1$，但是 $|x|$ 在点 $x=0$ 处不可导，不存在 $\xi\in(-1,1)$，使 $f'(\xi)=0$.

又如 $f(x)=x$ 在区间 $[0,1]$ 上连续，在 $(0,1)$ 内可导，但是 $f(0)=0,f(1)=1$，不存在 $\xi\in(0,1)$，使 $f'(\xi)=0$.

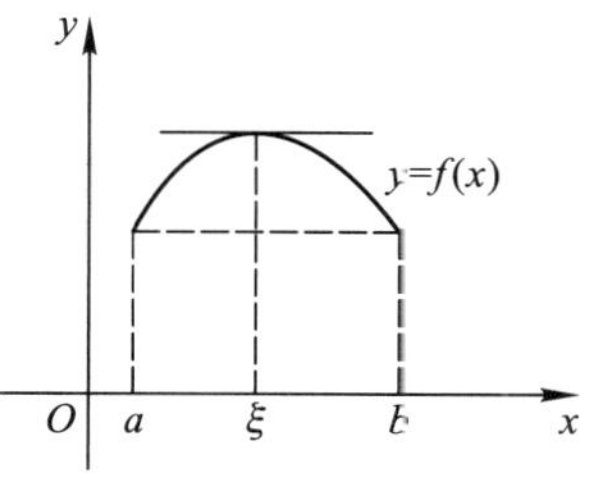

图 3.1

再如 $f(x)=\begin{cases}x^2, & 0\leqslant x<1,\\ 0, & x=1\end{cases}$ 在区间 $(0,1)$ 内可导，$f(0)=0=f(1)$，但是 $f(x)$ 在 $[0,1]$ 上不连续，不存在 $\xi\in(0,1)$，使 $f'(\xi)=0$.

例 1　验证 $f(x)=\sin x$ 在区间 $[0,\pi]$ 上满足罗尔定理，并求出满足 $f'(\xi)=0$ 的 ξ 值.

证　由于 $f(x)=\sin x$ 在区间 $[0,\pi]$ 上连续，在 $(0,\pi)$ 内可导，且 $f(0)=\sin 0=0$，$f(\pi)=\sin\pi=0$，从而知 $f(0)=f(\pi)$，因此 $f(x)=\sin x$ 在 $[0,\pi]$ 上满足罗尔定理.又

$$f'(x)=(\sin x)'=\cos x,$$

当 $\xi=\dfrac{\pi}{2}$ 时，$f'(\xi)=f'\left(\dfrac{\pi}{2}\right)=\cos\dfrac{\pi}{2}=0$，可得知 $f(x)=\sin x$ 在 $[0,\pi]$ 上满足 $f'(\xi)=0$ 的 $\xi=\dfrac{\pi}{2}$.

例 2　题中给出四个选项，其中只有一个选项符合题意，请选出符合题意的选项.

设函数 $y=f(x)$ 在区间 $[a,b]$ 上连续，在 (a,b) 内可导，$f(a)=f(b)$，则曲线 $y=f(x)$ 在 (a,b) 内平行于 x 轴的切线(　　).

A. 仅有一条　　B. 至少有一条

C. 不一定存在　　D. 不存在

分析　由题目中所给条件可知，函数 $y=f(x)$ 在区间 $[a,b]$ 上满足罗尔定理条件，可知至少存在一点 $\xi\in(a,b)$，使得 $f'(\xi)=0$.又由导数的几何意义可知曲线 $y=f(x)$ 在点 $(\xi,f(\xi))$ 处的切线斜率为零，即切线平行于 x 轴.因此应排除 C,D.

由图 3.2 可知，函数 $f(x)$ 在区间 $[a,b]$ 上连续，在 (a,b) 内可导，且 $f(a)=f(b)$.在 (a,b) 内存在两个点 ξ_1,ξ_2 使得

$$f'(\xi_1)=0,\quad f'(\xi_2)=0.$$

这表明应选 B.

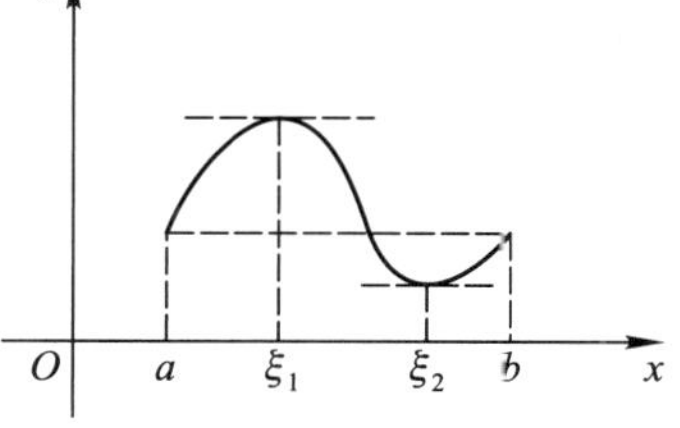

图 3.2

思考题　罗尔定理的结论为什么不用仅存在一点 ξ，而用“至少存在一点 ξ”？

三、拉格朗日中值定理

现在去掉罗尔定理中 $f(a)=f(b)$ 的条件，不妨设 $f(b)>f(a)$.从几何上，可以理解为由图 3.1 变化到图 3.3，此时可能不存在点 $(\xi,f(\xi))$，使曲线 $f(x)$ 在该点处的切线平行于 x 轴.但是如果理解图 3.3 中曲线 $y=f(x)$ 是由图 3.1 中曲线右端点上升而得到的，那么可知曲线 $f(x)$ 上必定存在点

$(\xi,f(\xi))$，过该点的曲线的切线平行于过曲线弧两个端点的弦线.

对此引申出拉格朗日中值定理：

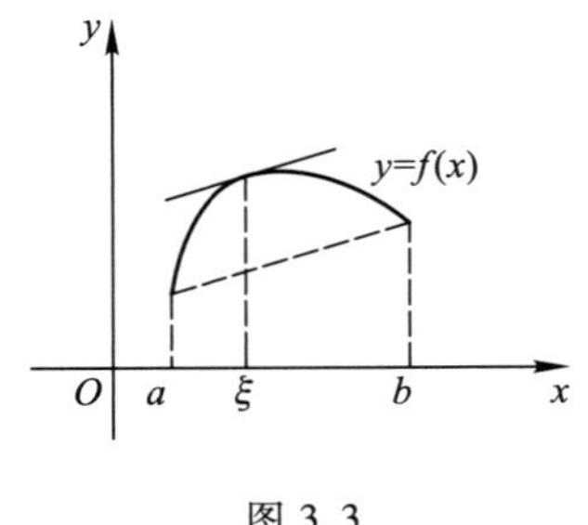

图 3.3

定理 2 设函数 $f(x)$ 满足

(1) 在闭区间 $[a,b]$ 上连续；

(2) 在开区间 (a,b) 内可导，

则至少存在一点 $\xi\in(a,b)$，使 $f'(\xi)=\dfrac{f(b)-f(a)}{b-a}$.

为了能从几何上解说这个表达式，先看一下拉格朗日中值定理的几何意义，首先注意 $\dfrac{f(b)-f(a)}{b-a}$ 表示过 $(a,f(a))$，$(b,f(b))$ 两点的弦线的斜率，定理的几何意义可以描述为：如果在区间 $[a,b]$ 上的连续曲线，除端点外处处有不垂直于 Ox 轴的切线，那么在曲线弧上至少有一点 $(\xi,f(\xi))$，使曲线在该点处的切线平行于过曲线弧两端点的弦线.如图 3.3 所示.

注意曲线 $y=f(x)$ 的过点 $(a,f(a))$，$(b,f(b))$ 的弦线方程为

$$y=f(a)+\frac{f(b)-f(a)}{b-a}(x-a).$$

设

$$\varphi(x)=f(x)-f(a)-\frac{f(b)-f(a)}{b-a}(x-a).$$

$\varphi(x)$ 的几何意义为：曲线的纵坐标与曲线弧两端点连线对应的纵坐标之差.

如果 $f(x)$ 在区间 $[a,b]$ 上满足拉格朗日中值定理，那么 $\varphi(x)$ 在 $[a,b]$ 上满足罗尔定理，因此至少存在一点 $\xi\in(a,b)$，使得 $\varphi'(\xi)=0$.由

$$\varphi'(x)=f'(x)-\frac{f(b)-f(a)}{b-a},$$

可知

$$\varphi'(\xi)=f'(\xi)-\frac{f(b)-f(a)}{b-a}=0,$$

即

$$f'(\xi)=\frac{f(b)-f(a)}{b-a},$$

从而证明了拉格朗日中值定理.

若 $f(x)$ 在区间 (a,b) 内可导，$x_0\in(a,b)$，$x_0+\Delta x\in(a,b)$，则在以 x_0 与 $x_0+\Delta x$ 为端点的区间上 $f(x)$ 也满足拉格朗日中值定理，即

$$f(x_0+\Delta x)-f(x_0)=f'(\xi)\Delta x, \tag{1}$$

其中 ξ 为 x_0 与 $x_0+\Delta x$ 之间的点.(1)式也可以记为

$$f(x_0+\Delta x)-f(x_0)=f'(x_0+\theta\Delta x)\Delta x,\quad 0<\theta<1,$$

或

$$\Delta y=f'(x_0+\theta\Delta x)\Delta x,\quad 0<\theta<1,$$

因此拉格朗日中值定理又称为有限增量定理.

在(1)式中,若 $\Delta x=1$,则可得

$$f(x_0+1)-f(x_0)=f'(\xi),$$

其中 ξ 介于 x_0 与 x_0+1 之间.

在经济学中,当经济变量 x 的变化范围很大时,可以将变量 x 增加一个单位看成微小的变化,因此取

$$f(x_0+1)-f(x_0)\approx f'(x_0),$$

当经济变量 x 增加一个单位时,函数的相应增量称为边际量,并定义其值为 $f'(x)$.第二章第五节中边际成本、边际收益、边际需求等名称及定义即由此而来.

由拉格朗日中值定理可以得出积分学中有用的推论:

推论 1　若 $f'(x)$ 在区间 (a,b) 内恒等于零,则 $f(x)$ 在 (a,b) 内必为某常数.

事实上,对于区间 (a,b) 内的任意两点 x_1,x_2,由拉格朗日中值定理可得

$$f(x_2)-f(x_1)=f'(\xi)(x_2-x_1)=0,$$

ξ 位于 x_1,x_2 之间,故有 $f(x_1)=f(x_2)$.由 x_1,x_2 的任意性可知,$f(x)$ 在 (a,b) 内恒为某常数.

推论 2　若在区间 (a,b) 内恒有 $f'(x)=g'(x)$,则有

$$f(x)=g(x)+C,$$

其中 C 为某常数.

事实上,由已知条件及导数运算性质可得

$$[f(x)-g(x)]'=f'(x)-g'(x)=0.$$

由推论 1 可知 $f(x)-g(x)=C$,即 $f(x)=g(x)+C$.

例 3　函数 $y=\ln(x+1)$ 在区间 $[0,1]$ 上满足拉格朗日中值定理的 $\xi=($　　$)$.

A. $\ln 2$　　　　B. $\ln 2-1$

C. $\dfrac{1}{\ln 2}$　　　　D. $\dfrac{1}{\ln 2}-1$

分析　由于 $f(x)=\ln(x+1)$ 在区间 $[0,1]$ 上连续,在区间 $(0,1)$ 内可导,且 $y'=\dfrac{1}{x+1}$,由拉格朗日中值定理可知必定存在 $\xi\in(0,1)$,使得

$$f(1)-f(0)=\frac{1}{\xi+1}\cdot(1-0),$$

$$\ln 2-\ln 1=\frac{1}{\xi+1},$$

可解得 $\xi=\dfrac{1}{\ln 2}-1$,因此选 D.

由于拉格朗日中值定理描述了函数的增量、自变量的增量及导数在给定区间内某点值之间的关系,因而常可用来证明某些与可导函数增量、自变量增量及它们在区间内某点导数值有关的等式、不等式及相关的命题.

例 4 利用拉格朗日中值定理验证下列不等式:

(1) 当 $x\geqslant 0$ 时, $\sin x\leqslant x$;

(2) 当 $0\leqslant x<\dfrac{\pi}{2}$ 时, $\tan x\geqslant x$.

解 (1) 由于 $\sin 0=0$,当 $t>0$ 时,记 $f(t)=\sin t$,则 $f(t)$ 在区间 $[0,x]$ 上连续,在区间 $(0,x)$ 内可导.由拉格朗日中值定理可知,至少存在一点 $\xi\in(0,x)$,使

$$f(x)-f(0)=f'(\xi)\cdot x,$$

从而

$$\sin x=\cos\xi\cdot x,\quad \xi\in(0,x).$$

由于 $x>0$, $\cos\xi\leqslant 1$,因此对任意的 $x>0$,有

$$\sin x\leqslant x.$$

可知当 $x\geqslant 0$ 时,有 $\sin x\leqslant x$.

(2) 由于 $\tan 0=0$,当 $0\leqslant x<\dfrac{\pi}{2}$ 时, $\tan x$ 为连续函数.记 $f(t)=\tan t$,则 $f(t)$ 在 $[0,x]$ 上连续,在 $(0,x)$ 内可导,由拉格朗日中值定理可知,至少存在一点 $\xi\in(0,x)$,使

$$f(x)-f(0)=f'(\xi)\cdot x,\quad \xi\in(0,x),$$

从而

$$\tan x-\tan 0=\frac{1}{\cos^2\xi}\cdot x,\quad \xi\in(0,x).$$

当 $0<\xi<x<\dfrac{\pi}{2}$ 时, $\cos^2\xi<1$, $\dfrac{1}{\cos^2\xi}>1$.因此,当 $0\leqslant x<\dfrac{\pi}{2}$ 时,总有

$$\tan x\geqslant x.$$

例 5 当 $x>0$ 时,试证不等式 $\dfrac{x}{1+x}<\ln(1+x)<x$.

分析 为了利用拉格朗日中值定理证明不等式,可以先将不等式变形,化为函数增量与自变量增量之间的关系式.

证 由于 $\ln 1=0$,因此 $\ln(1+x)=\ln(1+x)-\ln 1$,而 $x=(1+x)-1$,从而可取 $f(t)=\ln(1+t)$, $a=0$, $b=x$,则 $f(t)=\ln(1+t)$ 在区间 $[0,x]$ 上满足拉格朗日中值定理,因此知必定存在一点 $\xi\in(0,x)$,使得

$$f(x)-f(0)=f'(\xi)x.$$

由于$f(t)=\ln(1+t)$，$f'(t)=\dfrac{1}{1+t}$，$f'(\xi)=\dfrac{1}{1+\xi}$，因此有

$$\ln(1-x)-\ln 1=\frac{1}{1+\xi}[(1+x)-1],$$

$$\ln(1+x)=\frac{x}{1+\xi}.$$

由于$0<\xi<x$，因此

$$\frac{1}{1+x}<\frac{1}{1+\xi}<1,$$

进而知

$$\frac{x}{1+x}<\frac{x}{1+\xi}<x,$$

即

$$\frac{x}{1+x}<\ln(1+x)<x.$$

说明　本例中，若令$f(t)=\ln t$，$a=1$，$b=1+x$，亦可利用拉格朗日中值定理证明所给不等式.这表明在证明不等式时，$f(x)$与$[a,b]$的选取不是唯一的.

例 6　设函数$f(x)$在区间$[a,b]$上连续，在区间(a,b)内可导.证明：在(a,b)内至少存在一点ξ，使

$$\frac{bf(b)-af(a)}{b-a}=f(\xi)+\xi f'(\xi).$$

分析　所给表达式左端可以认作函数$xf(x)$在区间$[a,b]$两个端点处函数增量与自变量增量的比值，而右端是导函数在某点处的值，因此可以考虑利用拉格朗日中值定理证明.

证　设$F(x)=xf(x)$，由已知条件可得知$F(x)$在区间$[a,b]$上连续，在区间(a,b)内可导，即$F(x)$在$[a,b]$上满足拉格朗日中值定理的条件，可知在(a,b)内至少存在一点ξ，使得

$$F(b)-F(a)=F'(\xi)(b-a).$$

由于$F'(x)=f(x)+xf'(x)$，从而

$$bf(b)-af(a)=(f(\xi)+\xi f'(\xi))(b-a),$$

即

$$\frac{bf(b)-af(a)}{b-a}=f(\xi)+\xi f'(\xi).$$

四、柯西中值定理

将拉格朗日中值定理推广，进而可以得到柯西中值定理：

定理 3　设函数$f(x)$与$g(x)$满足：

(1) 在闭区间$[a,b]$上都连续;

(2) 在开区间(a,b)内都可导;

(3) 在开区间(a,b)内,$g'(x)\neq 0$,

则至少存在一点$\xi\in(a,b)$,使$\dfrac{f'(\xi)}{g'(\xi)}=\dfrac{f(b)-f(a)}{g(b)-g(a)}$.

在柯西中值定理中,若取$g(x)=x$,则得到拉格朗日中值定理.因此柯西中值定理可以看成拉格朗日中值定理的推广.

五、泰勒公式

由微分的概念知道,若$y=f(x)$在点x_0处可导,则$\Delta y=\mathrm{d}y+o(\Delta x)$,即

$$f(x)-f(x_0)=f'(x_0)(x-x_0)+o(x-x_0),$$

因此当$|x-x_0|$很小时,有近似公式

$$f(x)\approx f(x_0)+f'(x_0)(x-x_0).$$

从几何上看,上述表达式可以解释为:在点x_0的附近用曲线$y=f(x)$在点$(x_0,f(x_0))$处的切线来代替曲线$y=f(x)$.(简言之,在点x_0附近,用切线近似曲线.)上述近似公式有两点不足:其一是精度往往不能满足实际需要;其二是用它做近似计算时无法估计误差.因此希望有一个能弥补上述两个不足的近似公式.在实际计算中,多项式是比较简单的函数,因此希望能用多项式

$$P_n(x)=a_0+a_1(x-x_0)+a_2(x-x_0)^2+\cdots+a_n(x-x_0)^n$$

来近似表达函数$f(x)$,并使得当$x\to x_0$时,$f(x)-P_n(x)$为比$(x-x_0)^n$高阶的无穷小.还希望能写出$f(x)-P_n(x)$的具体表达式,以便能估计误差.

设$f(x)$在点x_0处有n阶导数.为了使$P_n(x)$与$f(x)$尽可能相近,希望

$P_n(x_0)=f(x_0)$(在点x_0处相等),

$P_n'(x_0)=f'(x_0)$(在点x_0处两条曲线有相同的切线),

$P_n''(x_0)=f''(x_0)$(在点x_0处两条曲线有相同的弯曲方向,见第五节),

$\cdots$,

$P_n^{(n)}(x_0)=f^{(n)}(x_0)$.

由于$P_n(x_0)=a_0,P_n'(x_0)=1\cdot a_1,P_n''(x_0)=2!\ a_2,\cdots,P_n^{(n)}(x_0)=n!a_n$,可得知

$$a_0=f(x_0),\quad a_1=f'(x_0),\quad a_2=\frac{1}{2!}f''(x_0),\quad \cdots,\quad a_n=\frac{1}{n!}f^{(n)}(x_0),$$

从而得到由$f(x)$构造的n次多项式

$$P_n(x)=f(x_0)+f'(x_0)(x-x_0)+\frac{1}{2!}f''(x_0)(x-x_0)^2+\cdots+\frac{1}{n!}f^{(n)}(x_0)(x-x_0)^n.$$

若用 $P_n(x)$ 在点 x_0 附近来逼近 $f(x)$，可以证明（此处略去）下列两个结论：

（1）余项 $r_n(x)=f(x)-P_n(x)$ 是关于 $(x-x_0)^n$ 的高阶无穷小（当 $x\to x_0$ 时），即 $r_n(x)=o((x-x_0)^n)$；

（2）若 $f(x)$ 在区间 $[a,b]$ 上有 n 阶连续导数，在区间 (a,b) 内有 $n+1$ 阶导数，则当 $x_0\in[a,b]$，$x\in[a,b]$ 时，有

$$r_n(x)=\frac{f^{(n+1)}(\xi)}{(n+1)!}(x-x_0)^{n+1},$$

其中 ξ 在 x_0 与 x 之间.

上述结论可以描述为：

定理 4（泰勒公式 Ⅰ）　设函数 $f(x)$ 在点 x_0 处具有直至 n 阶导数，则存在 x_0 的一个邻域 $U(x_0)$，当 $x\in U(x_0)$ 时，有

$$f(x)=f(x_0)+f'(x_0)(x-x_0)+\frac{1}{2!}f''(x_0)(x-x_0)^2+\cdots+\frac{1}{n!}f^{(n)}(x_0)(x-x_0)^n+o((x-x_0)^n).$$

常称 $r_n(x)=o((x-x_0)^n)$ 为泰勒展开式中的佩亚诺型余项.

（泰勒公式 Ⅱ）　设函数 $f(x)$ 在含 x_0 的某区间 $[a,b]$ 上有 n 阶连续导数，在区间 (a,b) 内有 $n+1$ 阶导数，则当 $x\in[a,b]$ 时，有

$$f(x)=f(x_0)+f'(x_0)(x-x_0)+\frac{1}{2!}f''(x_0)(x-x_0)^2+\cdots+\frac{1}{n!}f^{(n)}(x_0)(x-x_0)^n+r_n(x),$$

其中 $r_n(x)=\dfrac{1}{(n+1)!}f^{(n+1)}(\xi)(x-x_0)^{n+1}$，$\xi$ 介于 x_0 与 x 之间. 常称 $r_n(x)$ 为泰勒展开式中的拉格朗日型余项.

通常称

$$P_n(x)=f(x_0)+f'(x_0)(x-x_0)+\frac{1}{2!}f''(x_0)(x-x_0)^2+\cdots+\frac{1}{n!}f^{(n)}(x_0)(x-x_0)^n$$

为 $f(x)$ 在点 x_0 处的 n 次泰勒多项式.

以上展开式也称为 $f(x)$ 的 n 阶泰勒公式.

若在泰勒公式中令 $x_0=0$，则得到麦克劳林公式

$$f(x)=f(0)+f'(0)x+\frac{1}{2!}f''(0)x^2+\cdots+\frac{1}{n!}f^{(n)}(0)x^n+o(x^n),$$

$$f(x)=f(0)+f'(0)x+\frac{1}{2!}f''(0)x^2+\cdots+$$

$$\frac{1}{n!}f^{(n)}(0)x^n+\frac{1}{(n+1)!}f^{(n+1)}(\xi)x^{n+1},$$

其中 ξ 介于 0 与 x 之间.

若 $n=0$,则得到拉格朗日中值定理

$$f(x)-f(0)=f'(\xi)x.$$

思考与扩展 12

由罗尔定理可以得到什么启示?

习题 3-1

(A)

一、1. 函数 $y=\frac{x^3}{3}-x$ 在区间 $[0,\sqrt{3}]$ 上满足罗尔定理的 ξ=( ).

A. -1 B. 0 C. 1 D. $\sqrt{3}$

2. 函数 $y=x^2+2x-3$ 在区间 $[-1,2]$ 上满足拉格朗日中值定理的 ξ=( ).

A. $-\frac{1}{2}$ B. 0 C. $\frac{1}{2}$ D. 1

二、1. 设 $a\neq b$,证明 $|\sin b-\sin a|\leqslant|b-a|$.

2. 设 $x>0$,证明 $e^x>1+x$.

3. 设 $b>a>0$,证明

$$\frac{b-a}{b}<\ln\frac{b}{a}<\frac{b-a}{a}.$$

4. 设 $b\neq a$,证明 $|\arctan b-\arctan a|\leqslant|b-a|$.

三、1. 设函数 $f(x)$ 在闭区间 $[0,1]$ 上连续,在开区间 $(0,1)$ 内可导,且 $f(0)=f(1)=0$.试证在 $(0,1)$ 内至少存在一点 c,使 $f'(c)=-\frac{f(c)}{c}$.

2. 设函数 $f(x)$ 在 $[a,b]$ 上连续,在开区间 (a,b) 内可导.试证在 (a,b) 内至少存在一点 x,满足 $2x[f(b)-f(a)]=(b^2-a^2)f'(x)$.

3. 设 $f(x)$,$g(x)$ 都在闭区间 $[a,b]$ 上连续,在开区间 (a,b) 内可导,且 $g(x)\neq0$,$f(a)g(b)=g(a)f(b)$.试证在 (a,b) 内至少存在一点 ξ,使 $f'(\xi)g(\xi)=f(\xi)g'(\xi)$.

4. 设函数 $f(x)$ 可导,试证 $f(x)$ 的两个零点之间一定有 $f(x)+f'(x)$ 的零点.

(B)

一、1. 若函数 $f(x)$ 在区间 (a,b) 内可导,x_1 和 x_2 是区间 (a,b) 内任意两点,且 $x_1<x_2$,则至少存在一点 ξ,使( ).

A. $f(b)-f(a)=f'(\xi)(b-a)$，其中 $a<\xi<b$

B. $f(b)-f(x_1)=f'(\xi)(b-x_1)$，其中 $x_1<\xi<b$

C. $f(x_2)-f(x_1)=f'(\xi)(x_2-x_1)$，其中 $x_1<\xi<x_2$

D. $f(x_2)-f(a)=f'(\xi)(x_2-a)$，其中 $a<\xi<x_2$

二、1. 设 $b>a>0$，证明

$$\frac{2a}{a^2+b^2}<\frac{\ln b-\ln a}{b-a}.$$

三、1. 设函数 $f(x)$ 在区间 $[a,b]$ 上连续，在区间 (a,b) 内二阶可导，连接点 $(a,f(a))$ 与 $(b,f(b))$ 的直线段交曲线 $y=f(x)$ 于点 $(c,f(c))$，这里 $a<c<b$. 试证在 (a,b) 内至少存在一点 ξ，使 $f''(\xi)=0$.

2. 设函数 $f(x)$ 在区间 $[a,b]$ 上连续，在区间 (a,b) 内可导，且 $f(a)=f(b)=1$. 试证存在 $\xi,\eta\in(a,b)$，使得

$$e^{\eta-\xi}[f(\eta)+f'(\eta)]=1.$$

3. 设函数 $f(x)$ 在区间 $[0,3]$ 上连续，在区间 $(0,3)$ 内可导，且 $f(0)+f(1)+f(2)=3$，$f(3)=1$，试证必存在 $\xi\in(0,3)$，使 $f'(\xi)=0$.

4. 假设函数 $f(x)$ 和 $g(x)$ 在区间 $[a,b]$ 上存在二阶导数，并且 $g''(x)\neq 0$，$f(a)=f(b)=g(a)=g(b)=0$，试证：

(1) 在开区间 (a,b) 内 $g(x)\neq 0$；

(2) 在开区间 (a,b) 内至少存在一点 ξ，使

$$\frac{f(\xi)}{g(\xi)}=\frac{f''(\xi)}{g''(\xi)}.$$

第二节　洛必达法则

如果函数 $\dfrac{f(x)}{g(x)}$ 当 $x\to a$（或 $x\to\infty$）时，其分子、分母都趋于零或都趋于无穷大，那么，极限 $\lim\limits_{\substack{x\to a\\(x\to\infty)}}\dfrac{f(x)}{g(x)}$ 可能存在，也可能不存在. 通常称这种极限为不定式，并分别简记为 $\dfrac{0}{0}$ 型或 $\dfrac{\infty}{\infty}$ 型. 在第二章极限运算中曾见过这类例题，其求解都是经过恒等变形转化为利用极限四则运算法则或基本公式求之. 本节介绍一种可以利用导数运算将不定式转化为可由极限四则运算法则计算的方法——洛必达法则. 作为微分中值定理的应用，可以由柯西中值定理导出洛必达法则.

一、$\dfrac{0}{0}$ 型

定理 1　如果 $f(x)$ 和 $g(x)$ 满足下列条件：

(1) $\lim\limits_{x\to a}f(x)=0$，$\lim\limits_{x\to a}g(x)=0$；

(2) 在点 a 的某去心邻域内，$f'(x)$ 与 $g'(x)$ 存在，且 $g'(x)\neq 0$；

(3) $\lim\limits_{x\to a}\dfrac{f'(x)}{g'(x)}$存在(或无穷大),

那么

$$\lim_{x\to a}\frac{f(x)}{g(x)}=\lim_{x\to a}\frac{f'(x)}{g'(x)}.$$

证 由于 $\lim\limits_{x\to a}f(x)=0,\lim\limits_{x\to a}g(x)=0$,可知 $x=a$ 或者是 $f(x),g(x)$ 的连续点,或者是 $f(x),g(x)$ 的可去间断点.

若 $x=a$ 为 $f(x),g(x)$ 的连续点,则可知必有 $f(a)=0,g(a)=0$.从而

$$\frac{f(x)}{g(x)}=\frac{f(x)-f(a)}{g(x)-g(a)}.$$

由定理的条件可知,在点 a 的某邻域内以 a 及 x 为端点的区间上,$f(x),g(x)$ 满足柯西中值定理条件.因此

$$\frac{f(x)}{g(x)}=\frac{f(x)-f(a)}{g(x)-g(a)}=\frac{f'(\xi)}{g'(\xi)},\quad \xi \text{ 在 } a \text{ 与 } x \text{ 之间}.$$

当 $x\to a$ 时,必有 $\xi\to a$,因此

$$\lim_{x\to a}\frac{f(x)}{g(x)}=\lim_{x\to a}\frac{f'(\xi)}{g'(\xi)}=\lim_{\xi\to a}\frac{f'(\xi)}{g'(\xi)}=\lim_{x\to a}\frac{f'(x)}{g'(x)}.$$

如果 $x=a$ 为 $f(x)$ 和 $g(x)$ 的可去间断点,可以构造新函数

$$F(x)=\begin{cases}f(x), & x\neq a,\\ 0, & x=a,\end{cases}$$

$$G(x)=\begin{cases}g(x), & x\neq a,\\ 0, & x=a.\end{cases}$$

仿上述推证可得

$$\lim_{x\to a}\frac{f(x)}{g(x)}=\lim_{x\to a}\frac{F(x)}{G(x)}=\lim_{x\to a}\frac{F'(x)}{G'(x)}=\lim_{x\to a}\frac{f'(x)}{g'(x)}.$$

对于 $x\to\infty$ 时的$\dfrac{0}{0}$型,有

定理 2 如果 $f(x)$ 和 $g(x)$ 满足下列条件:

(1) $\lim\limits_{x\to\infty}f(x)=0,\lim\limits_{x\to\infty}g(x)=0$;

(2) 当 $|x|$ 足够大时,$f'(x)$ 和 $g'(x)$ 存在,且 $g'(x)\neq 0$;

(3) $\lim\limits_{x\to\infty}\dfrac{f'(x)}{g'(x)}$存在(或为无穷大),

那么

$$\lim_{x\to\infty}\frac{f(x)}{g(x)}=\lim_{x\to\infty}\frac{f'(x)}{g'(x)}.$$

我们略去这个定理的证明$\left(\text{证明时，只要令 } x=\frac{1}{t}\text{ 就可利用定理 1 的结论得出定理 2}\right)$.

例 1　求 $\lim\limits_{x\to a}\dfrac{\sin x-\sin a}{x-a}$.

解　所给极限为$\dfrac{0}{0}$型，由洛必达法则有

$$\lim_{x\to a}\frac{\sin x-\sin a}{x-a}=\lim_{x\to a}\frac{(\sin x-\sin a)'}{(x-a)'}=\lim_{x\to a}\frac{\cos x}{1}=\cos a.$$

例 2　求 $\lim\limits_{x\to 2}\dfrac{x^2+x-6}{x^2-4}$.

解　所给极限为$\dfrac{0}{0}$型，由洛必达法则可得

$$\lim_{x\to 2}\frac{x^2+x-6}{x^2-4}=\lim_{x\to 2}\frac{(x^2+x-6)'}{(x^2-4)'}=\lim_{x\to 2}\frac{2x+1}{2x}=\frac{5}{4}.$$

例 3　求 $\lim\limits_{x\to+\infty}\dfrac{\frac{1}{x}}{\operatorname{arccot} x}$.

解　所给极限为$\dfrac{0}{0}$型，由洛必达法则有

$$\lim_{x\to+\infty}\frac{\frac{1}{x}}{\operatorname{arccot} x}=\lim_{x\to+\infty}\frac{\left(\frac{1}{x}\right)'}{(\operatorname{arccot} x)'}=\lim_{x\to+\infty}\frac{-\frac{1}{x^2}}{\frac{-1}{1+x^2}}=1.$$

如果利用洛必达法则之后所得到的导数之比的极限仍是$\dfrac{0}{0}$型，且符合洛必达法则的条件，那么可以重复应用洛必达法则.

例 4　求 $\lim\limits_{x\to 0}\dfrac{e^x+e^{-x}-2}{x^2}$.

解　所给极限为$\dfrac{0}{0}$型，由洛必达法则可得

$$\lim_{x\to 0}\frac{e^x+e^{-x}-2}{x^2}=\lim_{x\to 0}\frac{e^x-e^{-x}}{2x}=\lim_{x\to 0}\frac{e^x+e^{-x}}{2}=1.$$

例 5　求 $\lim\limits_{x\to 0}\dfrac{x-\sin x}{x^3}$.

解　所给极限为$\dfrac{0}{0}$型，由洛必达法则可得

$$\lim_{x\to 0}\frac{x-\sin x}{x^3}=\lim_{x\to 0}\frac{1-\cos x}{3x^2}=\lim_{x\to 0}\frac{\sin x}{6x}=\frac{1}{6}.$$

二、$\frac{\infty}{\infty}$型

对于$\frac{\infty}{\infty}$型,我们给出下面两个定理,其证明略去.

定理 3 如果函数$f(x)$,$g(x)$满足下列条件:

(1) $\lim\limits_{x\to a}f(x)=\infty$,$\lim\limits_{x\to a}g(x)=\infty$;

(2) 在点 $x=a$ 的某去心邻域内,$f'(x)$与 $g'(x)$存在,且 $g'(x)\neq 0$;

(3) $\lim\limits_{x\to a}\frac{f'(x)}{g'(x)}$存在(或为无穷大),

那么

$$\lim_{x\to a}\frac{f(x)}{g(x)}=\lim_{x\to a}\frac{f'(x)}{g'(x)}.$$

定理 4 如果函数$f(x)$,$g(x)$满足下列条件:

(1) $\lim\limits_{x\to\infty}f(x)=\infty$,$\lim\limits_{x\to\infty}g(x)=\infty$;

(2) 当$|x|$足够大时,$f'(x)$与 $g'(x)$存在,且 $g'(x)\neq 0$;

(3) $\lim\limits_{x\to\infty}\frac{f'(x)}{g'(x)}$存在(或为无穷大),

那么

$$\lim_{x\to\infty}\frac{f(x)}{g(x)}=\lim_{x\to\infty}\frac{f'(x)}{g'(x)}.$$

例 6 求 $\lim\limits_{x\to+\infty}\frac{\ln(1+x)}{\ln(1+x^2)}$.

解 所给极限为$\frac{\infty}{\infty}$型,由洛必达法则可得

$$\lim_{x\to+\infty}\frac{\ln(1+x)}{\ln(1+x^2)}=\lim_{x\to+\infty}\frac{\frac{1}{1+x}\cdot(1+x)'}{\frac{1}{1+x^2}\cdot(1+x^2)'}=\lim_{x\to+\infty}\frac{1+x^2}{2x(1+x)}=\frac{1}{2}.$$

例 7 求 $\lim\limits_{x\to+\infty}\frac{\mathrm{e}^x}{x}$.

解 所给极限为$\frac{\infty}{\infty}$,由洛必达法则可得

$$\lim_{x\to+\infty}\frac{e^x}{x}=\lim_{x\to+\infty}\frac{e^x}{1}=+\infty.$$

三、可化为$\frac{0}{0}$型或$\frac{\infty}{\infty}$型的极限

(1) 若 $\lim\limits_{\substack{x\to a\\(x\to\infty)}} f(x)=0$, $\lim\limits_{\substack{x\to a\\(x\to\infty)}} g(x)=\infty$,则称 $\lim\limits_{\substack{x\to a\\(x\to\infty)}}[f(x)\cdot g(x)]$为 $0\cdot\infty$ 型.

对于 $0\cdot\infty$ 型,常见的求解方法是先将函数变形,化为$\frac{0}{0}$型或$\frac{\infty}{\infty}$型.再由洛必达法则求之.如

$$\lim_{\substack{x\to a\\(x\to\infty)}}[f(x)\cdot g(x)]=\lim_{\substack{x\to a\\(x\to\infty)}}\frac{g(x)}{\frac{1}{f(x)}},$$

或

$$\lim_{\substack{x\to a\\(x\to\infty)}}[f(x)\cdot g(x)]=\lim_{\substack{x\to a\\(x\to\infty)}}\frac{f(x)}{\frac{1}{g(x)}},$$

前者化为$\frac{\infty}{\infty}$型,后者化为$\frac{0}{0}$型.

至于是将 $0\cdot\infty$ 型化为$\frac{\infty}{\infty}$型还是化为$\frac{0}{0}$型,要看哪种形式更便于计算.

(2) 如果 $\lim\limits_{\substack{x\to a\\(x\to\infty)}} f(x)=+\infty$, $\lim\limits_{\substack{x\to a\\(x\to\infty)}} g(x)=+\infty$(或同为 $-\infty$),则称 $\lim\limits_{\substack{x\to a\\(x\to\infty)}}[f(x)-g(x)]$为 $\infty-\infty$ 型.

对于 $\infty-\infty$ 型,常见的求解方法是将函数恒等变形,化为$\frac{0}{0}$型或$\frac{\infty}{\infty}$型,再由洛必达法则求之.

例 8　求 $\lim\limits_{x\to\infty}x\left(\cos\frac{1}{x}-1\right)$.

解　所给极限为 $0\cdot\infty$ 型,不难发现,将其转化为$\frac{0}{0}$型较转化为$\frac{\infty}{\infty}$型计算简便.

$$\lim_{x\to\infty}x\left(\cos\frac{1}{x}-1\right)=\lim_{x\to\infty}\frac{\cos\frac{1}{x}-1}{\frac{1}{x}}.$$

上式右端为$\frac{0}{0}$型极限,可以直接利用洛必达法则求之.如果先令 $t=\frac{1}{x}$,当 $x\to\infty$ 时,$t\to0$,因此

$$\lim_{x\to\infty}x\left(\cos\frac{1}{x}-1\right)=\lim_{t\to 0}\frac{\cos t-1}{t}=\lim_{t\to 0}\frac{-\sin t}{1}=0.$$

例 9 求 $\lim\limits_{x\to 0^+}\sqrt{x}\ln x$.

解 所给极限为 $0\cdot\infty$ 型，不难发现将其化为$\dfrac{\infty}{\infty}$型要比化为$\dfrac{0}{0}$型的计算简便些.

$$\lim_{x\to 0^+}\sqrt{x}\ln x=\lim_{x\to 0^+}\frac{\ln x}{\dfrac{1}{\sqrt{x}}}.$$

上式右端为$\dfrac{\infty}{\infty}$型，可以直接利用洛必达法则求之.如果先令 $\sqrt{x}=t$，当 $x\to 0^+$时，$t\to 0^+$，那么

$$\lim_{x\to 0^+}\sqrt{x}\ln x=\lim_{t\to 0^+}\frac{\ln t^2}{\dfrac{1}{t}}=2\lim_{t\to 0^+}\frac{\ln t}{\dfrac{1}{t}}=2\lim_{t\to 0^+}\frac{\dfrac{1}{t}}{\dfrac{1}{-t^2}}=0.$$

例 10 求 $\lim\limits_{x\to 0}\left(\dfrac{1}{x}-\dfrac{1}{e^x-1}\right)$.

解 所给极限为$\infty-\infty$ 型，可以先化为$\dfrac{0}{0}$型，再利用洛必达法则求之.

$$\lim_{x\to 0}\left(\frac{1}{x}-\frac{1}{e^x-1}\right)=\lim_{x\to 0}\frac{e^x-1-x}{x(e^x-1)}.$$

上式右端为$\dfrac{0}{0}$型极限，可以直接利用洛必达法则求之，如果注意到当 $x\to 0$ 时 $e^x-1\sim x$，先引入等价无穷小量代换将所给表达式变形，可得

$$\begin{aligned}\lim_{x\to 0}\left(\frac{1}{x}-\frac{1}{e^x-1}\right)&=\lim_{x\to 0}\frac{e^x-1-x}{x^2}=\lim_{x\to 0}\frac{e^x-1}{2x}\\&=\lim_{x\to 0}\frac{e^x}{2}=\frac{1}{2}.\end{aligned}$$

由例 9、例 10 可以看出，如果能将等价无穷小量代换、代数恒等变形等配合使用洛必达法则，常可以简化运算.有必要指出等价无穷小量代换可以在乘除法中使用，但不能随意在加减法中使用.

如例 10，

$$\lim_{x\to 0}\left(\frac{1}{x}-\frac{1}{e^x-1}\right)\neq\lim_{x\to 0}\left(\frac{1}{x}-\frac{1}{x}\right),$$

$$\lim_{x\to 0}\frac{e^x-1-x}{x(e^x-1)}\neq\lim_{x\to 0}\frac{x-x}{x\cdot x}.$$

(3) 1^∞ 型，∞^0 型，0^0 型.

若 $\lim\limits_{\substack{x\to a\\(x\to\infty)}}f(x)=1$，$\lim\limits_{\substack{x\to a\\(x\to\infty)}}g(x)=\infty$，则称 $\lim\limits_{\substack{x\to a\\(x\to\infty)}}f(x)^{g(x)}$ 为 1^∞ 型.

若 $\lim\limits_{\substack{x\to a\\(x\to\infty)}} f(x)=\infty$，$\lim\limits_{\substack{x\to a\\(x\to\infty)}} g(x)=0$，则称 $\lim\limits_{\substack{x\to a\\(x\to\infty)}} f(x)^{g(x)}$ 为 ∞^0 型.

若 $\lim\limits_{\substack{x\to a\\(x\to\infty)}} f(x)=0$，$\lim\limits_{\substack{x\to a\\(x\to\infty)}} g(x)=0$，则称 $\lim\limits_{\substack{x\to a\\(x\to\infty)}} f(x)^{g(x)}$ 为 0^0 型.

上述三种类型为幂指函数的极限.其计算方法通常是利用对数性质将函数变形.令 $y=f(x)^{g(x)}$，则

$$\ln y=\ln f(x)^{g(x)}=g(x)\ln f(x),$$

因此

$$\lim_{x\to a}\ln y=\lim_{x\to a}g(x)\ln f(x).$$

上式右端极限为 $0\cdot\infty$ 型，可以化为 $\frac{0}{0}$ 型或 $\frac{\infty}{\infty}$ 型求之.若其结果为 A，且 $-\infty<A<+\infty$，则

$$\lim_{x\to a}f(x)^{g(x)}=\lim_{x\to a}\mathrm{e}^{g(x)\ln f(x)}=\mathrm{e}^{A};$$

若 A 为 $+\infty$，则

$$\lim_{x\to a}f(x)^{g(x)}=+\infty;$$

若 A 为 $-\infty$，则

$$\lim_{x\to a}f(x)^{g(x)}=0.$$

例 11　求 $\lim\limits_{x\to 0^+}x^x$.

解　所给极限为 0^0 型.令 $y=x^x$，有 $\ln y=\ln x^x=x\ln x$，因此

$$\lim_{x\to 0^+}\ln y=\lim_{x\to 0^+}x\ln x=\lim_{x\to 0^+}\frac{\ln x}{\frac{1}{x}}$$

$$=\lim_{x\to 0^+}\frac{\frac{1}{x}}{-\frac{1}{x^2}}=0,$$

故

$$\lim_{x\to 0^+}x^x=\mathrm{e}^{\lim\limits_{x\to 0^+}\ln y}=\mathrm{e}^0=1.$$

例 12　求 $\lim\limits_{x\to\frac{\pi}{2}^-}(\tan x)^{\cos x}$.

解　所给极限为 ∞^0 型.令 $y=(\tan x)^{\cos x}$，于是

$$\ln y=\ln(\tan x)^{\cos x}=\cos x\ln(\tan x),$$

$$\lim_{x\to\frac{\pi}{2}^-}\ln y=\lim_{x\to\frac{\pi}{2}^-}[\cos x\ln(\tan x)]=\lim_{x\to\frac{\pi}{2}^-}\frac{\ln(\tan x)}{\frac{1}{\cos x}}$$

$$=\lim_{x\to\frac{\pi}{2}^-}\frac{\frac{1}{\tan x}\cdot\frac{1}{\cos^2 x}}{\frac{\sin x}{\cos^2 x}}=\lim_{x\to\frac{\pi}{2}^-}\frac{\cos x}{\sin^2 x}=0.$$

故

$$\lim_{x\to\frac{\pi}{2}^-}(\tan x)^{\cos x}=e^0=1.$$

例 13 求 $\lim\limits_{x\to0^+}(1+x)^{\frac{1}{\sin x}}$.

解 所给极限为 1^∞ 型.令 $y=(1+x)^{\frac{1}{\sin x}}$,于是 $\ln y=\frac{1}{\sin x}\ln(1+x)$,

$$\lim_{x\to0^+}\ln y=\lim_{x\to0^+}\frac{\ln(1+x)}{\sin x}\overset{*}{=}\lim_{x\to0^+}\frac{\frac{1}{1+x}}{\cos x}=1,$$

故

$$\lim_{x\to0^+}(1+x)^{\frac{1}{\sin x}}=e^{\lim\limits_{x\to0^+}\ln y}=e.$$

需要指出的是,洛必达法则是求解不定式极限的有效方法,但是对于不定式的极限,有时存在极限却不能用洛必达法则求解.此时用其他方法求解可能较洛必达法则简便.如果遇到不定式极限应该先进行分析,以选择适宜的方法.如例 13 解题过程的 * 处利用等价无穷小量代换可得

$$\lim_{x\to0^+}\ln y=\lim_{x\to0^+}\frac{\ln(1+x)}{\sin x}=\lim_{x\to0^+}\frac{x}{x}=1,$$

故

$$\lim_{x\to0^+}(1+x)^{\frac{1}{\sin x}}=e^1=e.$$

例 14 求 $\lim\limits_{x\to0}\frac{\ln(1+2x)}{\sin 3x}$.

解 所给极限为 $\frac{0}{0}$ 型,可以由洛必达法则求之.

注意到极限过程为 $x\to0$,又 $\ln(1+2x)\sim2x$, $\sin 3x\sim3x$,用等价无穷小代换较洛必达法则更简便:

$$\lim_{x\to0}\frac{\ln(1+2x)}{\sin 3x}=\lim_{x\to0}\frac{2x}{3x}=\frac{2}{3}.$$

例 15 求 $\lim\limits_{x\to0}\frac{x^2\cos x}{e^x-1-x}$.

解 所给极限为 $\frac{0}{0}$ 型.可以由洛必达法则求之.注意到 $\lim\limits_{x\to0}\cos x=1$,先将 $\lim\limits_{x\to0}\cos x$ 分离出来,使因子 $\cos x$ 不参加洛必达法则运算,必能简化运算.

$$\lim_{x\to 0}\frac{x^2\cos x}{e^x-1-x}=\lim_{x\to 0}\cos x\cdot\lim_{x\to 0}\frac{x^2}{e^x-1-x}$$

$$=\lim_{x\to 0}\frac{2x}{e^x-1}=\lim_{x\to 0}\frac{2}{e^x}=2.$$

例 16　求 $\lim\limits_{x\to\infty}\dfrac{x-\cos x}{x+\sin x}$.

解　所给极限为$\dfrac{\infty}{\infty}$型.由于

$$\lim_{x\to\infty}\frac{x-\cos x}{x+\sin x}=\lim_{x\to\infty}\frac{1+\sin x}{1+\cos x},$$

这表明虽然 $\lim\limits_{x\to\infty}\dfrac{f(x)}{g(x)}$为$\dfrac{\infty}{\infty}$型,但是 $\lim\limits_{x\to\infty}\dfrac{f'(x)}{g'(x)}$不存在,因此所给极限不符合洛必达法则条件,即洛必达法则失效.但是所给极限可以通过恒等变形求出:

$$\lim_{x\to\infty}\frac{x-\cos x}{x+\sin x}=\lim_{x\to\infty}\frac{1-\dfrac{1}{x}\cos x}{1+\dfrac{1}{x}\sin x}=1.$$

综合上述例题,我们重申以下几点:

(1) 对于不定式极限要先判定其是否满足洛必达法则条件.

(2) 如果求不定式极限能将洛必达法则与等价无穷小量代换、代数恒等变形等配合使用,常能简化运算.

(3) 如果函数中有极限为非零(且非无穷大)的因子,先将其分离出来,单独求极限,不参与洛必达法则运算,常能简化运算.

(4) 一些不定式的极限可能存在,但并不一定能用洛必达法则求之.这表明洛必达法则并不是万能的.对于给定的题目,应该注意选择适宜的方法.

思考与扩展 13

由洛必达法则能得到什么启示与联想?

习题 3-2

(A)

一、求下列极限:

1. $\lim\limits_{x\to 0}\dfrac{e^x-\cos x}{x^2}$.

2. $\lim\limits_{x\to 0}\dfrac{e^x-e^{-x}}{\sin x}$.

3. $\lim\limits_{x\to-2}\dfrac{x^3+3x^2+2x}{x^2-x-6}$.

4. $\lim\limits_{x\to0}\dfrac{e^x-x-1}{x^2}$.

5. $\lim\limits_{x\to0}\dfrac{\tan x-x}{x-\sin x}$.

6. $\lim\limits_{x\to0}\dfrac{\sin x-x}{x\sin x}$.

7. $\lim\limits_{x\to+\infty}\dfrac{\ln x}{x}$.

8. $\lim\limits_{x\to+\infty}\dfrac{e^x}{x^2}$.

9. $\lim\limits_{x\to+\infty}\dfrac{\ln(1+x^2)}{\ln(1+x^4)}$.

10. $\lim\limits_{x\to0^+}x^2\ln x$.

11. $\lim\limits_{x\to1}\left(\dfrac{x}{x-1}-\dfrac{1}{\ln x}\right)$.

12. $\lim\limits_{x\to0^+}x^{\sin x}$.

13. $\lim\limits_{x\to1}x^{\frac{1}{1-x}}$.

14. $\lim\limits_{x\to+\infty}(\ln x)^{\frac{1}{x}}$.

(B)

一、1. 设当 $x\to0$ 时，$e^{\tan x}-e^x$ 与 x^n 为同阶无穷小量，则 n 为(　　).

A. 1　　B. 2　　C. 3　　D. 4

2. 当 $x\to0$ 时，$f(x)=x-\sin ax$ 与 $g(x)=x^2\ln(1-bx)$ 是等价无穷小量，则(　　).

A. $a=1,b=-\dfrac{1}{6}$

B. $a=1,b=\dfrac{1}{6}$

C. $a=-1,b=-\dfrac{1}{6}$

D. $a=-1,b=\dfrac{1}{6}$

二、1. 设函数 $f(x)$ 有连续导数，$f(0)=0$ 且 $f'(0)=b$.若函数

$$F(x)=\begin{cases}\dfrac{f(x)+a\sin x}{x}, & x\neq0,\\ A, & x=0\end{cases}$$

在点 $x=0$ 处连续，则 $A=$________.

三、求下列极限：

1. $\lim\limits_{x\to0}\dfrac{\arctan x-x}{\ln(1+2x^3)}$.

2. $\lim\limits_{x\to\frac{\pi}{2}^-}\dfrac{\tan x}{\tan 3x}$.

3. $\lim\limits_{x\to0}\left(\dfrac{1}{x}-\dfrac{\ln(x+1)}{x^2}\right)$.

4. $\lim\limits_{x\to0}\left(\dfrac{1}{x^2}-\dfrac{1}{x\tan x}\right)$.

5. $\lim\limits_{x\to1}\dfrac{\ln\cos(x-1)}{1-\sin\dfrac{\pi}{2}x}$.

6. $\lim\limits_{x\to0^+}\dfrac{\ln\left(1+\dfrac{1}{x}\right)}{\operatorname{arccot} x}$.

7. $\lim\limits_{x\to0}\left(\dfrac{1}{\sin^2 x}-\dfrac{\cos^2 x}{x^2}\right)$.

8. $\lim\limits_{x\to0}[1+\ln(1+x)]^{\frac{2}{x}}$.

四、1. 设函数

$$F(x)=\begin{cases}\dfrac{\ln(1+ax^3)}{x-\arcsin x}, & x<0,\\ 6, & x=0,\\ \dfrac{e^{ax}+x^2-ax-1}{x\sin\dfrac{x}{4}}, & x>0,\end{cases}$$

问 a 为何值时，$f(x)$ 在点 $x=0$ 处连续？a 为何值时，$x=0$ 为 $f(x)$ 的可去间断点？

第三节　函数的单调性

单调性是函数的基本性质之一.由定义判定函数的单调性通常是很困难的.本节介绍一种利用导数符号判定函数单调性的判定法.先考察函数的图形.如图 3.4 所示，若函数 $f(x)$ 在某区间上单调增加，则它的图形是随 x 的增大而上升的曲线.若所给曲线上每点处都存在非铅直的切线，则曲线上各点处的切线与 x 轴正向的夹角 α 满足 $0\leqslant\alpha<\dfrac{\pi}{2}$，从而 $\tan\alpha\geqslant 0$，即切线的斜率非负，也即 $f'(x)\geqslant 0$，如图 3.4(a) 所示.若函数 $f(x)$ 在某区间上单调减少，则它的图形是随 x 的增大而下降的曲线.若所给曲线上每点处都存在非铅直的切线，则曲线上各点处的切线与 x 轴正向的夹角 α 满足 $\dfrac{\pi}{2}<\alpha\leqslant\pi$，从而 $\tan\alpha\leqslant 0$，即切线的斜率非正，也即 $f'(x)\leqslant 0$，如图 3.4(b) 所示.

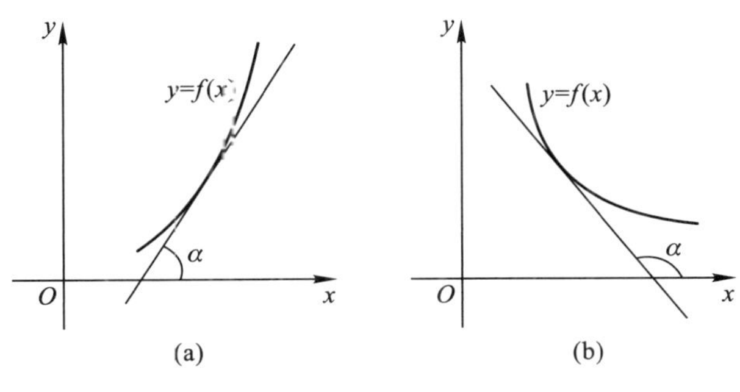

图 3.4

反过来，能否用导数的符号来判定函数的单调性呢？

设 $f(x)$ 在区间 (a,b) 内可导，在 (a,b) 内任取两点 x_1,x_2 且 $x_1<x_2$，则可知 $f(x)$ 在 $[x_1,x_2]$ 上连续，在 (x_1,x_2) 内可导.由拉格朗日中值定理可知，至少存在一点 $\xi\in(x_1,x_2)$，使得

$$f(x_2)-f(x_1)=f'(\xi)(x_2-x_1).$$

注意由于 $x_2>x_1$，必有 $(x_2-x_1)>0$.

如果在区间 (a,b) 内总有 $f'(x)>0$，可知 $f'(\xi)>0$，从而知 $f(x_2)-f(x_1)>0$，即

$$f(x_1)<f(x_2).$$

由于 x_1,x_2 的任意性，可知 $f(x)$ 在 (a,b) 内单调增加.

同理可知，若在区间 (a,b) 内总有 $f'(x)<0$，则 $f(x)$ 在 (a,b) 内单调减少.

将上述结论归纳为：

定理 1 设函数 $f(x)$ 在区间 $[a,b]$ 上连续，在区间 (a,b) 内可导.

(1) 如果在 (a,b) 内 $f'(x)>0$，那么，函数 $f(x)$ 在 $[a,b]$ 上单调增加；

(2) 如果在 (a,b) 内 $f'(x)<0$，那么，函数 $f(x)$ 在 $[a,b]$ 上单调减少.

有必要指出，上述定理中 $[a,b]$ 为闭区间，如果换为开区间、半开区间或换为无穷区间，则仍然有相仿的结论.

这里还要指出导函数的一个性质：

设 $f(x)$ 在区间 $[x_1,x_2]$ 上可导，且 x_1,x_2 为 $f'(x)$ 的两个相邻的零点，则在区间 (x_1,x_2) 内 $f'(x)$ 的符号不变，即恒正或恒负.

在本书中，我们只考虑仅有有限个驻点的函数，因此，当 $f(x)$ 在区间 (a,b) 内可导时，为了判定 $f'(x)$ 的符号，可以先求出满足 $f'(x)=0$ 的点（即驻点），然后考察在 $f(x)$ 的相邻两个驻点间 $f'(x)$ 的符号，再由定理 1 判定函数的单调性.

例 1 判定函数 $y=\ln(1+x^2)$ 的单调性.

解 函数 $y=\ln(1+x^2)$ 的定义域为 $(-\infty,+\infty)$，

$$y'=\frac{2x}{1+x^2}.$$

令 $y'=0$，得 $x=0$. 当 $-\infty<x<0$ 时，$y'<0$；当 $0<x<+\infty$ 时，$y'>0$，因此可知 $y=\ln(1+x^2)$ 的单调减少区间为 $(-\infty,0)$，单调增加区间为 $(0,+\infty)$.

例 2 判定函数 $y=x^3-\dfrac{3}{2}x^2$ 的单调性.

解 函数 $y=x^3-\dfrac{3}{2}x^2$ 的定义域为 $(-\infty,+\infty)$，

$$y'=3x^2-3x=3x(x-1).$$

令 $y'=0$ 得 $x_1=0,x_2=1$. 在区间 $(-\infty,0)$ 内，$y'>0$；在区间 $(0,1)$ 内，$y'<0$；在区间 $(1,+\infty)$ 内，$y'>0$，因此可知，在 $(-\infty,0)$，$(1,+\infty)$ 内所给函数单调增加，在 $(0,1)$ 内所给函数单调减少.

说明 如果将结论改为：所给函数在区间 $(-\infty,0]$，$[1,+\infty)$ 上单调增加；在区间 $[0,1]$ 上单调减少，也是正确的.

例 3　判定函数 $y=x^2-2\ln x$ 的单调性.

解　所给函数 $y=x^2-2\ln x$ 的定义域为 $(0,+\infty)$,

$$y'=2x-\frac{2}{x}=\frac{2(x^2-1)}{x}.$$

令 $y'=0$,得 $x_1=-1,x_2=1$.注意函数的定义域为 $(0,+\infty)$,舍掉 $x_1=-1$.当 $0<x<1$ 时,$y'<0$;当 $1<x<+\infty$ 时,$y'>0$,因此可知在区间 $(0,1)$ 内所给函数单调减少,在区间 $(1,+\infty)$ 内所给函数单调增加.

如果 $f(x)$ 在区间 $[a,b]$ 上连续,在区间 (a,b) 内某点处不可导,依然可以在由 $f(x)$ 的驻点及不可导点分隔的 $[a,b]$ 的几个子区间上利用定理 1 判定函数 $f(x)$ 的单调性.

例 4　判定函数 $y=(x+2)^{\frac{1}{3}}$ 的单调性.

解　所给函数 $y=(x+2)^{\frac{1}{3}}$ 的定义域为 $(-\infty,+\infty)$,

$$y'=\frac{1}{3\sqrt[3]{(x+2)^2}}.$$

当 $x=-2$ 时,y' 不存在.在区间 $(-\infty,-2)$ 内,$y'>0$;在区间 $(-2,+\infty)$ 内,$y'>0$,因此所给函数在 $(-\infty,-2)$ 与 $(-2,+\infty)$ 内都是单调增加的.

由于函数在点 $x=-2$ 处连续,因此 $y=(x+2)^{\frac{1}{3}}$ 在区间 $(-\infty,+\infty)$ 内为单调增加函数.

例 5　讨论函数

$$y=\begin{cases} x^3, & x<0, \\ \dfrac{-2}{x+1}, & x\geqslant 0 \end{cases}$$

的单调性.

解　所给函数为分段函数,其定义域为 $(-\infty,+\infty)$.由于

$$\lim_{x\to 0^-}y=\lim_{x\to 0^-}x^3=0,\quad \lim_{x\to 0^+}y=\lim_{x\to 0^+}\frac{-2}{x+1}=-2,$$

$\lim\limits_{x\to 0^-}y\neq\lim\limits_{x\to 0^+}y$,可知 $\lim\limits_{x\to 0}y$ 不存在,因此 y 在点 $x=0$ 处不连续.

在区间 $(-\infty,0)$ 内,$y'=3x^2>0$,可知 y 单调增加.

在区间 $(0,+\infty)$ 内,$y'=\dfrac{2}{(x+1)^2}>0$,可知 y 单调增加.

说明　由于 y 在点 $x=0$ 处不连续,只能认为此函数在区间 $(-\infty,0)$,$(0,+\infty)$ 内单调增加,不能认为其在 $(-\infty,+\infty)$ 内单调增加.

例 6　讨论 $y=\dfrac{3}{8}x^{\frac{8}{3}}-\dfrac{3}{2}x^{\frac{2}{3}}$ 的单调性.

解　所给函数的定义域为$(-\infty,+\infty)$，

$$y'=x^{\frac{5}{3}}-x^{-\frac{1}{3}}=x^{-\frac{1}{3}}(x^2-1)=\frac{(x+1)(x-1)}{\sqrt[3]{x}}.$$

令 $y'=0$，可得 $x=-1$，$x=1$. 当 $x=0$ 时，y'不存在. 三个点 $x=-1,0,1$ 将 y 的定义域$(-\infty,+\infty)$分为$(-\infty,-1)$，$(-1,0)$，$(0,1)$，$(1,+\infty)$四个子区间. 为了研究函数的单调性，我们只关心 y'在上述四个子区间内的符号，因此可将函数导数的符号及函数的单调性列于表中. 表中第一栏由小至大标出函数定义域被三个特殊点分划的四个区间，第二栏标出 y'在各子区间内的符号，第三栏为函数的增减性. 如本例可列表：

x	$(-\infty,-1)$	-1	$(-1,0)$	0	$(0,1)$	1	$(1,+\infty)$
y'	$-$	0	$+$	不存在	$-$	0	$+$
y	↘		↗		↘		↗

由此可知所给函数单调增加区间为$(-1,0)$与$(1,+\infty)$，单调减少区间为$(-\infty,-1)$与$(0,1)$.

这里再介绍利用导数判定函数单调性的另一种功用：常常可以利用此方法证明不等式. 例如欲证明当 $x>x_0$ 时，有 $f(x)\geqslant g(x)$，可令

$$F(x)=f(x)-g(x),$$

若 $F(x)$满足下面的条件：

(1) $F(x_0)\geqslant 0$，且在点 x_0 处连续；

(2) 当 $x>x_0$ 时，有 $F'(x)>0$，

则由 $F(x)$为单调增加函数可知，当 $x>x_0$ 时，$F(x)\geqslant 0$，即

$$f(x)\geqslant g(x).$$

例 7　证明：当 $x>0$ 时，$\ln(1+x)>x-\frac{1}{2}x^2$.

证　设 $F(x)=\ln(1+x)-\left(x-\frac{1}{2}x^2\right)$，则

$$F(0)=0,$$

且 $F(x)$在区间$[0,+\infty)$上连续，在区间$(0,+\infty)$内可导，

$$F'(x)=\frac{1}{1+x}-(1-x)=\frac{x^2}{1+x}.$$

当 $x>0$ 时，$F'(x)>0$，可知 $F(x)$在$[0,+\infty)$内单调增加. 因此，当 $x>0$ 时，有 $F(x)>F(0)=0$，即

$$\ln(1+x)-\left(x-\frac{1}{2}x^2\right)>0,$$

$$\ln(1+x)>x-\frac{1}{2}x^2.$$

习题 3-3

(A)

一、判定下列函数的单调性：

1. $y=e^x-x$.

2. $y=\frac{\ln x}{x}$.

3. $y=2x^3+3x^2-12x$.

4. $y=\frac{x}{3}-\sqrt[3]{x}$.

5. $y=\sqrt{2x-x^2}$.

6. $y=3x^4-4x^3+2$.

二、证明下列不等式：

1. 当 $0<x<\frac{\pi}{2}$ 时，$x<\tan x$.

2. 当 $x>0$ 时，$e^x\geqslant ex$.

3. 当 $x>0$ 时，$\ln(1+x)>\frac{x}{1+x}$.

(B)

一、1. 设函数 $f(x)$，$g(x)$ 是大于零的可导函数，且

$$f'(x)g(x)-f(x)g'(x)<0,$$

则当 $a<x<b$ 时，有(　　).

A. $f(x)g(b)>f(b)g(x)$　　B. $f(x)g(a)>f(a)g(x)$

C. $f(x)g(x)>f(b)g(b)$　　D. $f(x)g(x)>f(a)g(a)$

2. 设 $f(x)$ 在区间 $[0,1]$ 上满足 $f''(x)>0$，则 $f'(0)$，$f'(1)$，$f(1)-f(0)$ 或 $f(0)-f(1)$ 的大小顺序为(　　).

A. $f'(1)>f'(0)>f(1)-f(0)$　　B. $f'(1)>f(1)-f(0)>f'(0)$

C. $f(1)-f(0)>f'(1)>f'(0)$　　D. $f'(1)>f(0)-f(1)>f'(0)$

二、1. 证明：当 $x\neq 0$ 时，$\frac{\arctan x}{x}<1$.

2. 证明：当 $x>1$ 时，$\frac{x-1}{x+1}<\frac{1}{2}\ln x$.

3. (1) 证明：当 $x>a>e$ 时，$x\ln a>a\ln x$；

(2) 证明：当 $b>a>e$ 时，$a^b>b^a$.

想一想，由(1)⇒(2)能总结出什么解题思路？

4. 证明：(1) 函数 $f(x)=2x-\cos x-4$ 为单调增加函数；

(2) 方程 $2x-\cos x-4=0$ 有唯一实根.

想一想，由(1)，(2)能否归纳出判定方程存在根、方程存在唯一根的方法特点.

5. 假设函数 $f(x)$ 在区间 $[a,+\infty)$ 上连续，$f''(x)$ 在区间 $(a,+\infty)$ 内存在且大于零，记

$$F(x)=\frac{f(x)-f(a)}{x-a}\quad (x>a).$$

证明：$F(x)$ 在 $(a,+\infty)$ 内单调增加.

第四节　函数的极值与最值问题

首先考察图 3.5，可以明显得知 $y=f(x)$ 的单调性. 由图 3.5 还可以发现，

在点 x_1 的充分小邻域内的任何异于 x_1 的 x，总有 $f(x_1)>f(x)$；

对于点 x_2 的充分小邻域内的任何异于 x_2 的 x，总有 $f(x_2)<f(x)$；

对于点 x_3 的充分小邻域内的任何异于 x_3 的 x，总有 $f(x_3)>f(x)$；

对于点 x_4 的充分小邻域内的任何异于 x_4 的 x，总有 $f(x_4)<f(x)$.

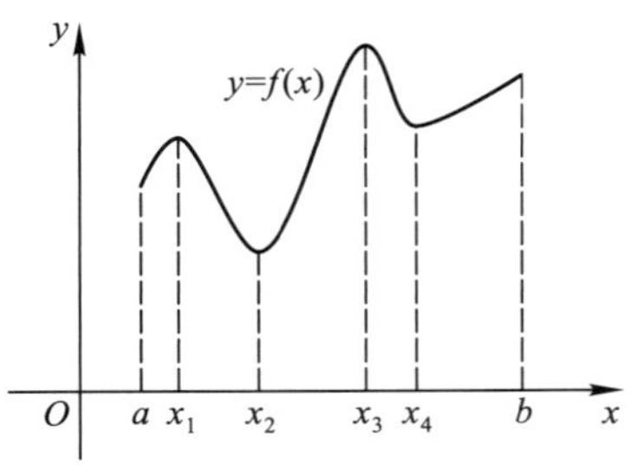

图 3.5

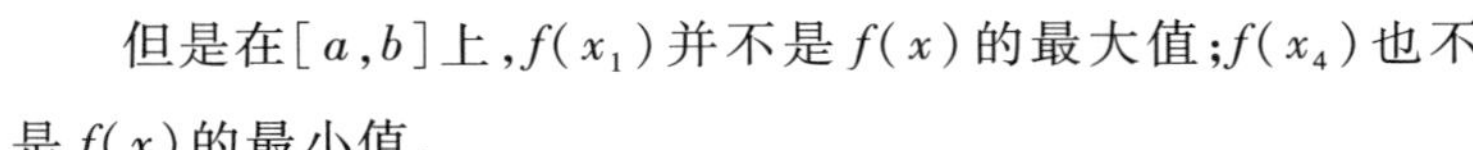

但是在 $[a,b]$ 上，$f(x_1)$ 并不是 $f(x)$ 的最大值；$f(x_4)$ 也不是 $f(x)$ 的最小值.

在实际工作中经常需要解决在一定条件下的最大、最小、最远、最近、最好、最优等问题，这类问题在数学上常可以归结为求函数在给定区间上的最大值或最小值的问题，这里统称为最值问题. 本节将介绍函数的极值问题与最值问题.

一、函数的极值

定义 1　设函数 $f(x)$ 在点 x_0 的某邻域内有定义. 若对于该邻域内任何异于 x_0 的 x，

(1) $f(x)<f(x_0)$ 成立，则称 $f(x_0)$ 为 $f(x)$ 的**极大值**；称点 x_0 为 $f(x)$ 的**极大值点**；

(2) $f(x)>f(x_0)$ 成立，则称 $f(x_0)$ 为 $f(x)$ 的**极小值**；称点 x_0 为 $f(x)$ 的**极小值点**.

极大值、极小值统称为**极值**. 极大值点、极小值点统称为**极值点**.

如图 3.5 所示，x_1，x_3 为所给函数的极大值点；x_2，x_4 为所给函数的极小值点.

有必要指出，函数的极值描述了在某点邻域内的局部性质，函数的极大值不一定大于其极小值. 如图 3.5 中 $f(x_4)>f(x_1)$.

如何寻求函数的极值点？函数的极值点有什么特性？

如图 3.5 所示，如果函数 $f(x)$ 可导，由第一节费马定理可知，必有 $f'(x_1)=0, f'(x_2)=0$.这是极值点的共同特点，对此有

定理 1（极值的必要条件）　设函数 $f(x)$ 在点 x_0 处可导，且点 x_0 为 $f(x)$ 的极值点，则 $f'(x_0)=0$.

从几何上可以解释为：若 x_0 为 $f(x)$ 的极值点，曲线 $y=f(x)$ 在点 $(x_0, f(x_0))$ 处有切线，则该切线平行于 x 轴.

定理 1 表明：可导函数的极值点必定是它的驻点.但是需要注意，函数的驻点并不一定是函数的极值点.例如 $y=x^3$，$x=0$ 为其驻点，但是 $x=0$ 不是 $y=x^3$ 的极值点.因此称定理 1 为极值的必要条件.

考察函数 $y=|x|$，由极值的定义可知，点 $x=0$ 为其极小值点，而由第二章的例题可知在点 $x=0$ 处，$y=|x|$ 不可导.这也表明极值点也可能是函数导数不存在的点.

由上述可知，欲求函数的极值点，先要求出其驻点和导数不存在的点，然后再用下面的充分条件判别它们是否为极值点：

定理 2（判定极值的第一充分条件）　设函数 $y=f(x)$ 在点 x_0 处连续，且在 x_0 的某去心邻域内可导（点 x_0 可除外）.若在该邻域内

（1）当 $x<x_0$ 时，$f'(x)>0$；当 $x>x_0$ 时，$f'(x)<0$，则点 x_0 为 $f(x)$ 的极大值点.

（2）当 $x<x_0$ 时，$f'(x)<0$；当 $x>x_0$ 时，$f'(x)>0$，则点 x_0 为 $f(x)$ 的极小值点.

若 $f'(x)$ 在点 x_0 的两侧保持同符号，则 x_0 不是 $f(x)$ 的极值点.

对于所给定理不难得到如下结论：

对于情形（1），由函数单调性的判别定理可知，当 $x<x_0$ 时，$f(x)$ 单调增加；当 $x>x_0$ 时，$f(x)$ 单调减少，因此可知 x_0 为 $f(x)$ 的极大值点.

对于情形（2）也可以进行类似分析.

由定理 2 可知，利用极值第一充分条件判定函数极值点的一般步骤为：

（1）求出 $f'(x)$；

（2）求出 $f(x)$ 的所有驻点和 $f'(x)$ 不存在的点 $x_1, x_2, \cdots, x_k$；

（3）判定每个驻点和导数不存在的点 $x_i(i=1,2,\cdots,k)$ 两侧（在 x_i 较小的邻域内）$f'(x)$ 的符号，依定理 2 判定 x_i 是否为 $f(x)$ 的极值点.

例 1　求函数 $y=x^3-\dfrac{3}{2}x^2$ 的极值与极值点.

解　所给函数的定义域为 $(-\infty,+\infty)$，

$$y'=3x^2-3x=3x(x-1).$$

令 $y'=0$，可得函数的两个驻点：$x_1=0$，$x_2=1$. y'在区间$(-\infty,+\infty)$内存在，函数的两个驻点 $x_1=0$，$x_2=1$ 将$(-\infty,+\infty)$分成$(-\infty,0)$，$(0,1)$，$(1,+\infty)$三个子区间.在上述每个子区间内，y'的符号都是一定的.而定理 2 中只要求知道导数的符号，并不关心其值为多大.

在$(-\infty,0)$内，y'的符号为$(-)\cdot(-)=(+)$，$y'>0$.在$(0,1)$内，y'的符号为$(+)\cdot(-)=(-)$，$y'<0$.在$(1,+\infty)$内，y'的符号为$(+)\cdot(+)=(+)$，$y'>0$.因此 $x=0$ 为 y 的极大值点，极大值 $f(0)=0$；$x=1$ 为 y 的极小值点，极小值 $f(1)=-\frac{1}{2}$.

上述分析及分析结果可以用表格列出，这样一则可以简化说明，二则可以更清晰.

x	$(-\infty,0)$	0	$(0,1)$	1	$(1,+\infty)$
y'	+	0	−	0	+
y	↗	极大值 0	↘	极小值 $-\frac{1}{2}$	↗

例 2 求 $y=3x^4-8x^3+6x^2$ 的极值与极值点.

解 所给函数的定义域为$(-\infty,+\infty)$，

$$y'=12x^3-24x^2+12x=12x(x-1)^2.$$

令 $y'=0$ 可得驻点 $x_1=0$，$x_2=1$. y'在$(-\infty,+\infty)$内存在.列表分析：

x	$(-\infty,0)$	0	$(0,1)$	1	$(1,+\infty)$
y'	−	0	+	0	+
y	↘	极小值 0	↗	非极值	↗

可知 $x=0$ 为 y 的极小值点，极小值为 0.所给函数没有极大值点.

例 3 求 $y=\frac{3}{5}x^{\frac{5}{3}}-\frac{3}{2}x^{\frac{2}{3}}$ 的极值与极值点.

解 所给函数定义域为$(-\infty,+\infty)$，

$$y'=x^{\frac{2}{3}}-x^{-\frac{1}{3}}=\frac{x-1}{\sqrt[3]{x}}.$$

令 $y'=0$，可得 y 的驻点 $x=1$.当 $x=0$ 时，y'不存在；当 $x\neq 0$ 时，y'存在.列表分析：

x	$(-\infty,0)$	0	$(0,1)$	1	$(1,+\infty)$
y'	+	不存在	−	0	+
y	↗	极大值 0	↘	极小值 −9/10	↗

可知 $x=0$ 为 y 的极大值点，极大值为 0. $x=1$ 为 y 的极小值点，极小值为 $-\frac{9}{10}$.

如果 x_0 为 $f(x)$ 的驻点，且 $f(x)$ 在点 x_0 处存在二阶导数，由佩亚诺型余项的泰勒公式有

$$\begin{aligned}f(x)&=f(x_0)+f'(x_0)(x-x_0)+\frac{1}{2!}f''(x_0)(x-x_0)^2+o((x-x_0)^2)\\&=f(x_0)+\frac{1}{2!}f''(x_0)(x-x_0)^2+o((x-x_0)^2).\end{aligned}$$

当 x 充分接近 x_0 时，易见，上式右端 $\frac{1}{2}f''(x_0)(x-x_0)^2+o((x-x_0)^2)$ 的符号取决于 $f''(x_0)$.

如果 $f''(x_0)>0$，则由上式可知当 x 充分接近 x_0 时，有 $f(x)>f(x_0)$，即 x_0 为 $f(x)$ 的极小值点.

如果 $f''(x_0)<0$，则由上式可知当 x 充分接近 x_0 时，有 $f(x)<f(x_0)$，即 x_0 为 $f(x)$ 的极大值点.

将上述结论归纳为：

定理 3（判定极值的第二充分条件）　设函数 $f(x)$ 在点 x_0 处具有二阶导数，且 $f'(x_0)=0$，$f''(x_0)\neq 0$，则

（1）当 $f''(x_0)<0$ 时，x_0 为 $f(x)$ 的极大值点；

（2）当 $f''(x_0)>0$ 时，x_0 为 $f(x)$ 的极小值点.

当二阶导数易求，且驻点 x_0 处的二阶导数 $f''(x_0)\neq 0$ 时，利用判定极值的第二充分条件判定驻点 x_0 是否为极值点比较方便.

例 4　利用极值的第二充分条件判定函数 $y=x^3-\frac{3}{2}x^2$ 的极值与极值点.

解　所给函数的定义域为 $(-\infty,+\infty)$，

$$y'=3x^2-3x=3x(x-1).$$

令 $y'=0$，可得函数的两个驻点：$x_1=0$，$x_2=1$.

$$y''=6x-3,\quad y''\big|_{x=0}=-3,\quad y''\big|_{x=1}=3.$$

由极值的第二充分条件可知：$x=0$ 为 y 的极大值点，极大值 $y\big|_{x=0}=0$；$x=1$ 为 y 的极小值点，极小值 $y\big|_{x=1}=-\frac{1}{2}$.

上述求函数极值与极值点的方法可总结为：

欲求连续函数 $f(x)$ 的极值点，需

（1）求出 $f(x)$ 的定义域；

（2）求出 $f'(x)$，在 $f(x)$ 的定义域内求出 $f(x)$ 的全部驻点及导数不存在的点；

（3）判定在上述点两侧 $f'(x)$ 的符号，利用判定极值第一充分条件判定其是否为极值点；

（4）如果函数在驻点处的函数的二阶导数易求，可以利用判定极值第二充分条件判定其是否为极值点.

二、函数的最大值与最小值

由图 3.5 可以看出，点 x_1 为 $f(x)$ 的极大值点，但不是 $f(x)$ 在区间 $[a,b]$ 上的最大值点．点 x_2 为 $f(x)$ 的极小值点，同时也是 $f(x)$ 在 $[a,b]$ 上的最小值点．此外前面已经指出该图中的 $f(x_1)<f(x_4)$，即 $f(x)$ 在 $[a,b]$ 上的极大值 $f(x_1)$ 小于 $f(x)$ 在 $[a,b]$ 上的极小值 $f(x_4)$．

由上述分析可以看出，最大值与最小值是函数 $f(x)$ 在区间 $[a,b]$ 上的整体性质．而极大值与极小值是函数 $f(x)$ 在某点邻域内的局部性质．

由闭区间上连续函数的最大值和最小值定理可知，若 $f(x)$ 在区间 $[a,b]$ 上连续，则 $f(x)$ 在 $[a,b]$ 上必定能取得最大值与最小值．如何求出连续函数在闭区间上的最大值、最小值是本段的基本问题．

如果函数 $f(x)$ 在区间 $[a,b]$ 上连续，那么 $f(x)$ 在 $[a,b]$ 上的最大值、最小值可能在区间 (a,b) 内取得，也可能在区间的两个端点处取得．若最大（小）值点在 (a,b) 内，则最大（小）值点必定是极大（小）值点，即驻点或导数不存在的点．

综合之，可以得知连续函数 $f(x)$ 在区间 $[a,b]$ 上的最大值点、最小值点必定是 $f(x)$ 在区间 (a,b) 内的驻点、导数不存在的点，或者是区间的端点．

由此可以得知求区间 $[a,b]$ 上连续函数 $f(x)$ 的最大值、最小值的步骤：

（1）求出 $f(x)$ 的所有位于区间 (a,b) 内的驻点 $x_1,x_2,\cdots,x_k$；

（2）求出 $f(x)$ 在区间 (a,b) 内导数不存在的点 $\bar{x}_1,\bar{x}_2,\cdots,\bar{x}_l$；

（3）比较 $f(x_1),\cdots,f(x_k),f(\bar{x}_1),\cdots,f(\bar{x}_l),f(a),f(b)$ 值的大小．其中最大的值即为 $f(x)$ 在区间 $[a,b]$ 上的最大值，相应的点，即为 $f(x)$ 在 $[a,b]$ 上的最大值点．而其中最小的值，即为 $f(x)$ 在 $[a,b]$ 上的最小值，相应的点，即为 $f(x)$ 在 $[a,b]$ 上的最小值点．

例 5　设 $y=x^3-3x^2-9x+2$，求 y 在下列区间上的最大值、最小值与最大值点及最小值点：

（1）$[-2,4]$；（2）$[-2,3]$；（3）$[-2,2]$；（4）$[0,2]$．

解　$y=x^3-3x^2-9x+2$ 的定义域为 $(-\infty,+\infty)$，且在 $(-\infty,+\infty)$ 内可导，

$$y'=3x^2-6x-9=3(x-3)(x+1).$$

令 $y'=0$ 可得 y 的两个驻点 $x_1=-1,x_2=3$．

（1）由于 $x_1=-1,x_2=3$ 均在区间 $(-2,4)$ 内，且

$$f(-1)=7,\quad f(3)=-25,\quad f(-2)=0,\quad f(4)=-18.$$

比较上述四个值可知 $f(-1)=7$ 为 y 在区间 $[-2,4]$ 上的最大值，最大值点为 $x_1=-1$．$f(3)=-25$ 为 y 在 $[-2,4]$ 上的最小值，最小值点为 $x_2=3$．最小值点与最大值点都在 $(-2,4)$ 内．

（2）由于 $x_1=-1\in(-2,3)$，而 $x_2=3\notin(-2,3)$．

$$f(-1)=7,\quad f(-2)=0,\quad f(3)=-25.$$

比较上述三个值可知 $f(-1)=7$ 为 y 在区间 $[-2,3]$ 上的最大值，最大值点为 $x_1=-1$．$f(3)=-25$

为 y 在 $[-2,3]$ 上的最小值，最小值点为 $x_2=3$.

此题 y 的最小值点在区间 $(-2,3)$ 内，而最大值点在区间 $[-2,3]$ 的端点处.

(3) 由于 $x_1=-1\in(-2,2)$，$x_2=3\notin(-2,2)$.

$$f(-1)=7,\quad f(-2)=0,\quad f(2)=-20.$$

比较上述三个值可知 $f(-1)=7$ 为 y 在区间 $[-2,2]$ 上的最大值，最大值点为 $x_1=-1$.$f(2)=-20$ 为 y 在 $[-2,2]$ 上的最小值，最小值点为 $x=2$.

(4) 由于 $x_1=-1\notin[0,2]$，$x_2=3\notin[0,2]$.这表明 y 在区间 $(0,2)$ 内没有驻点.

$$f(0)=2,\quad f(2)=-20.$$

可知 $f(0)=2$ 为 y 在区间 $[0,2]$ 上的最大值，最大值点为 $x=0$；$f(2)=-20$ 为 y 在 $[0,2]$ 上的最小值，最小值点为 $x=2$.

此题最大值点与最小值点都为区间的端点.

例 6　设 $y=2-\frac{3}{2}(x-1)^{\frac{2}{3}}$，求 y 在区间 $[0,2]$ 上的最大值、最大值点和最小值、最小值点.

解　y 在区间 $[0,2]$ 上连续.由于

$$y'=\frac{-1}{\sqrt[3]{x-1}},$$

y 在区间 $(0,2)$ 内没有驻点，在点 $x=1$ 处不可导.由于

$$f(1)=2,\quad f(0)=\frac{1}{2},\quad f(2)=\frac{1}{2}.$$

可知 $f(1)=2$ 为 y 在区间 $[0,2]$ 上的最大值，最大值点为 $x=1$.（注意：$x=1$ 为 y 的不可导点！）$f(0)=f(2)=\frac{1}{2}$ 为 y 在 $[0,2]$ 上的最小值，最小值点为 $x=0$，$x=2$（两个最小值点！）.

例 7　欲围一个面积为 150 m^2 的矩形场地，所用材料的造价为：正面是 $6p$ 元/m^2，其余三面是 $3p$ 元/m^2.问场地的长、宽各为多少米时，才能使所用材料费最少？

分析　设所围矩形场地正面长 x m，侧面长 y m，则矩形场地面积为 $xy=150$，$y=\frac{150}{x}$.设四面围墙的高相同，都为 h.则四面围墙所使用材料的费用 $f(x)$ 为

$$f(x)=6xhp+3(2yh)p+3xhp=9h\left(x+\frac{100}{x}\right)p,$$

$$f'(x)=9h\left(1-\frac{100}{x^2}\right)p.$$

令 $f'(x)=0$ 可得驻点 $x_1=10$，$x_2=-10$（舍掉）.

$$f''(x)=\frac{1\,800h}{x^3}p,\quad f''(10)=\frac{9}{5}hp>0.$$

由于驻点唯一，由实际意义可知，问题的最小值存在，因此当正面长 10 m，侧面长 15 m 时，所用材

料费最小.

有必要指出,对于在实际问题中求其最大(小)值,首先应该建立函数关系,通常也称之为建立数学模型或目标函数.然后求出目标函数在定义区间内的驻点.如果目标函数可导,其驻点唯一,且实际意义表明函数的最大(小)值存在(且不在定义区间的端点上达到),那么所求驻点就是函数的最大(小)值点.

如果驻点有多个,且函数既存在最大值点也存在最小值点,只需比较这几个驻点处的函数值,其中最大值即为所求最大值,最小值即为所求最小值.

例 8　设某种商品的需求量 Q 是单价 p(单位:元)的函数:$Q=12\ 000-80p$;商品的总成本 C 是需求量的函数:$C=25\ 000+50Q$;每单位商品要纳税 2 元,试求使销售利润最大的商品单价和最大销售利润及最大销售量.

解　记销售额为 R,则

$$R=Qp=Q\cdot\frac{12\ 000-Q}{80},$$

于是总利润 L 可以表示为

$$L=R-C-2Q=98Q-\frac{Q^2}{80}-25\ 000.$$

因此

$$L'=98-\frac{Q}{40},$$

令 $L'=0$,得唯一驻点 $Q=3\ 920$.而

$$L''=-\frac{1}{40},\quad L''\big|_{Q=3\ 920}=-\frac{1}{40}<0,$$

可知 $Q=3\ 920$ 为极大值点,极大值 $L\big|_{Q=3\ 920}=167\ 080$.此时可得 $p=101$ 元.

由于极值点唯一,且实际问题存在最大值,因此可知极大值点即为最大值点,也就是最大销售量为 3 920;极大值即为最大值,故取得最大利润的商品单价为 101 元;最大销售利润为 167 080 元.

思考与扩展 14

函数 $y=f(x)$ 在区间 (a,b) 内的极大值必定大于其极小值吗?

思考与扩展 15

若 x_0 为 $f(x)$ 的极大值点,那么在 x_0 的某一邻域内,一定有 $f(x)$ 在 x_0 的左侧单调增加,在 x_0 的右侧单调减少吗?

习题 3-4

(A)

一、1. 设 $y=f(x)$ 在点 x_0 处可导，且 $y=f(x)$ 有极小值 $f(x_0)$，求曲线 $y=f(x)$ 上点 $(x_0,f(x_0))$ 处的切线方程；

2. 设 $y=f(x)$ 在点 x_0 处可导，且 $f(x_0)$ 为极大值，求 $\lim\limits_{\Delta x\to 0}\dfrac{f(x_0+\Delta x)-f(x_0)}{\Delta x}$.

二、求下列函数的极值与极值点：

1. $y=2x^3-3x^2-12x$.　　2. $y=x^4-\dfrac{8}{3}x^3-6x^2$.

3. $y=x-\ln x$.　　4. $y=2x+\dfrac{4}{x}$.

5. $y=x\ln x$.　　6. $y=\dfrac{3}{2}x^{\frac{2}{3}}-x$.

三、求下列函数在给定区间上的最大值、最小值、最大值点与最小值点：

1. $y=x^3-3x^2,[-1,4]$.

2. $y=\ln(x^2+1),[-1,2]$.

3. $y=x^3-3x+3,[-2,0]$.

四、1. 要造一个长方体无盖蓄水池，其容积为 500 m^3，底面为正方形.设底面与四壁的单位造价相同，问底边和高各为多少时，才能使所用材料最省？

2. 在椭圆 $\dfrac{x^2}{a^2}+\dfrac{y^2}{b^2}=1$ 内作一内接矩形，矩形中心与椭圆中心重合，试问矩形长、宽各为多少时，矩形面积最大？此时面积值等于多少？

(B)

一、1. 设函数 $f(x)$ 在区间 $(-\infty,+\infty)$ 内连续，其导函数的图形如图 3.6 所示，则 $f(x)$ 有（　　）.

A. 一个极小值点和两个极大值点

B. 两个极小值点和一个极大值点

C. 两个极小值点和两个极大值点

D. 三个极小值点和一个极大值点

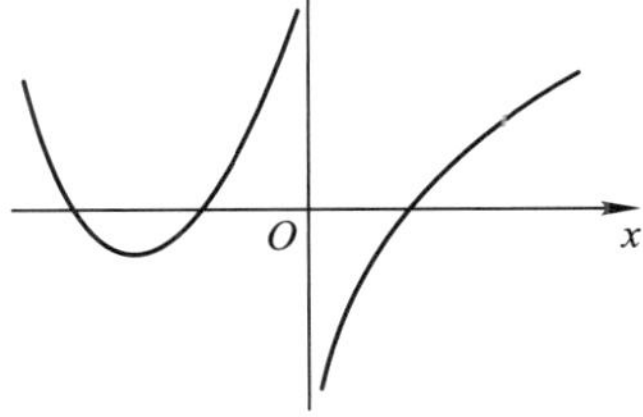

图 3.6

2. 已知 $f(x)$ 在点 $x=0$ 的某邻域内连续，$f(0)=0$，$\lim\limits_{x\to 0}\dfrac{f(x)}{1-\cos x}=2$，则在点 $x=0$ 处，$f(x)$ 必定（　　）.

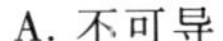

A. 不可导　　B. 可导且 $f'(0)\neq 0$

C. 取得极大值　　D. 取得极小值

二、1. 设 $y=2x^2+ax+3$ 在点 $x=1$ 处取得极值，求 a 的值，并判定 $x=1$ 是极小值点还是极大值点.

2. 一商家销售某种商品的价格（单位：万元/t）满足关系 $p=7-0.2x$，x 为销售量（单位：t），商品的成本函数（单位：万元）是 $C=3x+1$.

（1）若每销售一吨商品，政府要征税 t（单位：万元），求该商家获最大利润时的销售量；

（2）t 为何值时，政府税收总额最大？

3. 设某种商品的单价为 p 时，售出的商品数量 Q 可以表示成

$$Q=\frac{a}{p+b}-c,$$

其中 a,b,c 均为正数，且 $a>bc$.

（1）求 p 在何范围变化时，使相应销售额增加或减少？

（2）要使销售额最大，商品单价 p 应取何值？最大销售额是多少？

第五节　曲线的凹凸性

研究函数的单调性为我们提供了判定函数性态的方法，以及求解最大值与最小值问题的方法. 它也提供了描绘函数图形的重要依据. 但是只依赖这些知识，还难以描绘出函数的图形. 如函数 $y=x^2$ 与 $y=\sqrt{x}$ 都过点(0,0)与(1,1)，且两个函数在区间[0,1]上都是单调增加函数，但是这两个函数的图形弯曲的方向不同，如图 3.7 所示. 由此可以给人以启示，如果我们能确定曲线弯曲的方向，必然有助于准确地描绘出函数的图形.

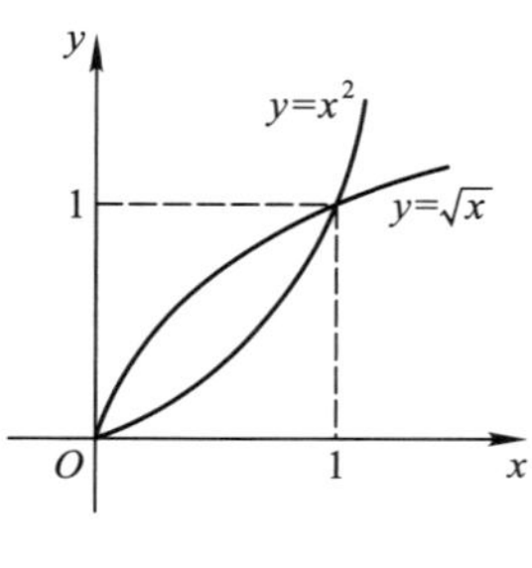

图 3.7

我们先考察曲线 $y=x^2$ 与 $y=\sqrt{x}$ 的几何特性. 如图 3.8(a)所示，在区间(0,1)内，曲线 $y=x^2$ 上任意两点间的弦线都在相应曲线弧上方；而如图 3.8(b)所示，曲线 $y=\sqrt{x}$ 上任意两点间的弦线都在相应曲线弧下方.

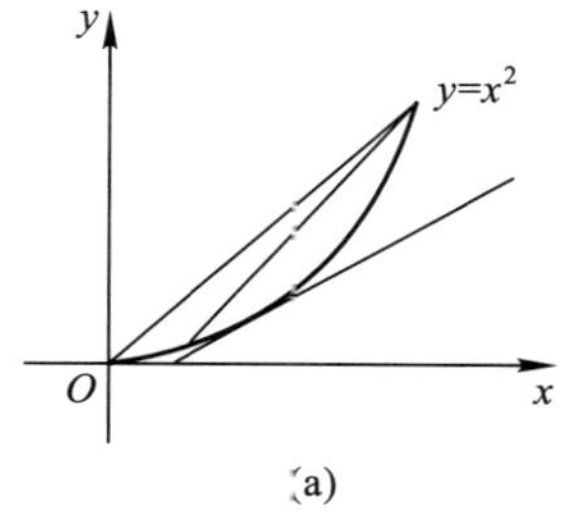

(a)

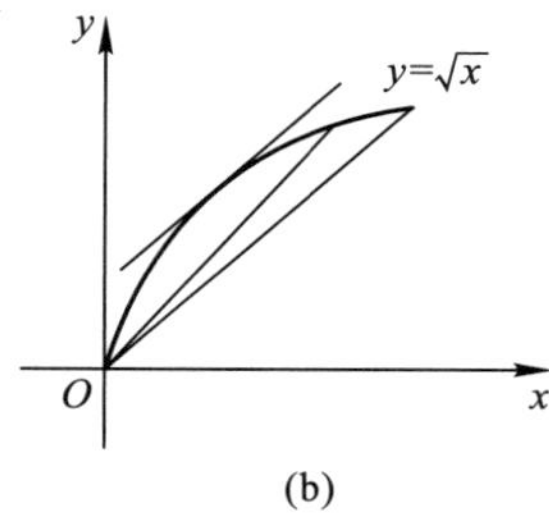

(b)

图 3.8

同样可以发现，在区间(0,1)内，曲线 $y=x^2$ 上任意一点处的切线都在相应曲线弧下方；而曲线 $y=\sqrt{x}$ 上任意一点处的切线都在相应曲线弧上方.

依据上述特点给出曲线弯曲方向的定义.

一、曲线的凹凸性

定义 1 设函数 $y=f(x)$ 在区间 $[a,b]$ 上连续，在区间 (a,b) 内可导.

(1) 若对于任意的 $x_0\in(a,b)$，曲线弧 $y=f(x)$ 在点 $(x_0,f(x_0))$ 处的切线总位于曲线弧 $y=f(x)$ 的下方，则称曲线弧 $y=f(x)$ 在区间 $[a,b]$ 上为**凹的**.

(2) 若对于任意的 $x_0\in(a,b)$，曲线弧 $y=f(x)$ 在点 $(x_0,f(x_0))$ 处的切线总位于曲线弧 $y=f(x)$ 的上方，则称曲线弧 $y=f(x)$ 在区间 $[a,b]$ 上为**凸的**.

如图 3.9 所示，图中所给曲线 $y=f(x)$ 在区间 $[a,b]$ 上为凹的，在区间 $[b,c]$ 上为凸的.

说明 也可以说图 3.9 所示曲线在区间 (a,b) 内为凹的，在区间 (b,c) 内为凸的.

此外上述曲线凹凸性的定义也可以引申到区间 $(-\infty,+\infty)$，$(-\infty,b)$，$(a,+\infty)$.

若 $y=f(x)$ 在区间 (a,b) 内有定义，$x_0\in(a,b)$，y 在点 x_0 处可导，则曲线 $y=f(x)$ 在点 $(x_0,f(x_0))$ 处的切线方程为

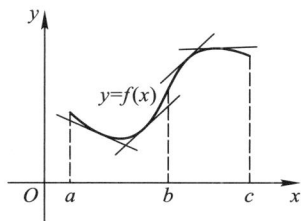

$$y=f(x_0)+f'(x_0)(x-x_0).$$

图 3.9

若 $y=f(x)$ 在区间 (a,b) 内二阶可导，则可以利用二阶导数的符号来判定 $f(x)$ 与曲线切线值的大小，从而达到利用二阶导数的符号来判定曲线弧的凹凸性的目的.

定理 1（曲线弧凹凸性的判定法） 设函数 $y=f(x)$ 在区间 $[a,b]$ 上连续，在区间 (a,b) 内二阶可导.

(1) 若在 (a,b) 内 $f''(x)>0$，则曲线弧 $y=f(x)$ 在 $[a,b]$ 上为凹的；

(2) 若在 (a,b) 内 $f''(x)<0$，则曲线弧 $y=f(x)$ 在 $[a,b]$ 上为凸的.

证 任意取定一点 $x_0\in(a,b)$，则曲线弧 $y=f(x)$ 上点 $M(x_0,f(x_0))$ 处的切线方程为

$$Y=f(x_0)+f'(x_0)(X-x_0).$$

任取 $x_1\in(a,b)$，且 $x_1\neq x_0$，则切线上对应 x_1 的点 $M_1(x_1,Y_1)$ 的纵坐标

$$Y_1=f(x_0)+f'(x_0)(x_1-x_0).$$

而曲线弧上对应于 x_1 的点 $M(x_1,f(x_1))$. 由于 $f(x)$ 在 (a,b) 内二阶可导，由具有拉格朗日型余项的泰勒公式有

$$f(x_1)=f(x_0)+f'(x_0)(x_1-x_0)+\frac{1}{2!}f''(\xi)(x_1-x_0)^2,$$

其中 ξ 介于 x_0,x_1 之间.

对于情形(1)，若在 (a,b) 内 $f''(x)>0$，则 $f''(\xi)>0$，因此总有

$$f(x_1)>f(x_0)+f'(x_0)(x_1-x_0)=Y_1,$$

即 $f(x_1)>Y_1$. 由 x_1 的任意性，可知曲线弧 $y=f(x)$ 总位于所给定的曲线弧的切线的上方，因此曲线弧在 $[a,b]$ 上为凹的.

相仿可证情形(2).

与判定 y' 的符号相仿,为了判定 y'' 的符号,首先指出两点:

(1) 若 y 在区间 (a,b) 内二阶可导,只需求出 $y''=0$ 的点 $x_1,x_2,\cdots,x_k$.在二阶导数的两个相邻零点之间,y'' 的符号不变.

(2) 若 y 在点 x_0 处不存在二阶导数,在点 x_0 的两侧存在二阶导数,则在 x_0 与相邻的二阶导数零点(或二阶导数不存在的点)之间,y'' 的符号不变.

因此,为了判定 y'' 的符号,可以先求出 $y''=0$ 的点及 y'' 不存在的点,再判定上述相邻两点间 y'' 的符号.

例 1 判定下列曲线的凹凸性:

(1) $y=x^2$; (2) $y=\sqrt{x}$.

解 (1) 函数 $y=x^2$ 的定义域为 $(-\infty,+\infty)$.

$$y=x^2,\quad y'=2x,\quad y''=2>0.$$

由曲线凹凸性判定定理知,曲线 $y=x^2$ 在 $(-\infty,+\infty)$ 内为凹的.

(2) 函数 $y=\sqrt{x}$ 的定义域为 $[0,+\infty)$.

$$y=\sqrt{x}=x^{\frac{1}{2}},\quad y'=\frac{1}{2}x^{-\frac{1}{2}},\quad y''=-\frac{1}{4}x^{-\frac{3}{2}}.$$

当 $x\in[0,+\infty)$ 时,

$$y''<0.$$

由曲线凹凸性判定定理知,曲线 $y=\sqrt{x}$ 在 $[0,+\infty)$ 上为凸的.

由此可以解说本节开头所引入的图 3.7 中曲线 $y=x^2$ 与曲线 $y=\sqrt{x}$ 的弯曲方向.

例 2 判定曲线弧 $y=x^3$ 的凹凸性.

解 所给曲线在区间 $(-\infty,+\infty)$ 内为连续曲线弧.由于

$$y'=(x^3)'=3x^2,\quad y''=(3x^2)'=6x,$$

因此当 $x<0$ 时,$y''<0$,可知曲线弧 $y=x^3$ 为凸的;当 $x>0$ 时,$y''>0$,可知曲线弧 $y=x^3$ 为凹的.

例 3 判定曲线 $y=x^3-3x^2-9x+2$ 的凹凸性.

解 所给函数定义域为 $(-\infty,+\infty)$.

$$y'=3x^2-6x-9,\quad y''=6x-6=6(x-1).$$

令 $y''=0$,则 $x=1$.当 $-\infty<x<1$ 时,$y''<0$;当 $1<x<+\infty$ 时,$y''>0$,可知所给曲线在区间 $(-\infty,1)$ 内为凸的;在区间 $(1,+\infty)$ 内为凹的.

思考与扩展 16

若曲线 $y=f(x)$ 在区间 (a,b) 内为凸的,是否可以称函数 $y=f(x)$ 在区间 (a,b) 内为凸函数?

二、曲线的拐点

定义 2 连续曲线弧上的凹弧与凸弧的分界点,称为该曲线弧的**拐点**.

例 4 试判定点 $M(0,0)$ 是否为下列曲线弧的拐点:

(1) $y_1=x^3$; (2) $y_2=x^{\frac{5}{3}}$; (3) $y_3=x^{\frac{1}{3}}$.

解 所给三个函数皆为区间$(-\infty,+\infty)$内的连续函数.

对于(1),由例 2 可知,点$(0,0)$为曲线弧 $y_1=x^3$ 的拐点.

对于(2),$y_2'=\frac{5}{3}x^{\frac{2}{3}}$,$y_2''=\frac{10}{9}x^{-\frac{1}{3}}$.$y_2''$ 在点 $x=0$ 处不存在,

当 $x<0$ 时,$y_2''<0$,曲线弧 $y_2=x^{\frac{5}{3}}$ 为凸的;

当 $x>0$ 时,$y_2''>0$,曲线弧 $y_2=x^{\frac{5}{3}}$ 为凹的,

从而知点$(0,0)$为曲线弧 $y_2=x^{\frac{5}{3}}$ 的拐点.

对于(3),$y_3'=\frac{1}{3}x^{-\frac{2}{3}}$,$y_3''=-\frac{2}{9}x^{-\frac{5}{3}}$.$y_3''$在 $x=0$ 处不存在,

当 $x<0$ 时,$y_3''>0$,曲线弧 $y_3=x^{\frac{1}{3}}$ 为凹的;

当 $x>0$ 时,$y_3''<0$,曲线弧 $y_3=x^{\frac{1}{3}}$ 为凸的,

从而知点$(0,0)$为曲线弧 $y_3=x^{\frac{1}{3}}$ 的拐点.

仔细分析上述三个函数.y_1'' 在点 $x=0$ 处连续,且 $y_1''\big|_{x=0}=0$.而 $y_2''\big|_{x=0}$,$y_3''\big|_{x=0}$都不存在.但是后两种情形中 $y_2'\big|_{x=0}$存在,$y_3'\big|_{x=0}=\infty$.(意味着曲线 $y_3=x^{\frac{1}{3}}$在点 $x=0$ 处有铅直切线!)

求连续曲线弧 $y=f(x)$的拐点的一般步骤为:

(1) 在 $f(x)$的定义区间内,求出二阶导数 $f''(x)$等于零的点.

(2) 求出二阶导数 $f''(x)$不存在的点.

(3) 判定上述点 x_i 两侧,$f''(x)$是否异号.若 $f''(x)$在 x_i 的两侧异号,则$(x_i,f(x_i))$为曲线弧 $y=f(x)$的拐点;若 $f''(x)$在 x_i 的两侧同号,则$(x_i,f(x_i))$不为曲线弧 $y=f(x)$的拐点.

例 5 讨论曲线弧 $y=x^4-6x^3+12x^2-10$ 的凹凸性,并求其拐点.

解 所给函数 $y=x^4-6x^3+12x^2-10$ 在区间$(-\infty,+\infty)$内连续.

$$y'=4x^3-18x^2+24x,$$

$$y''=12x^2-36x+24=12(x-1)(x-2),$$

y'' 在$(-\infty,+\infty)$内连续.令 $y''=0$,得 $x=1$,$x=2$.仿第四节列表分析:

x	$(-\infty,1)$	1	$(1,2)$	2	$(2,+\infty)$
y''	+	0	−	0	+
y	凹	拐点 $(1,-3)$	凸	拐点 $(2,6)$	凹

可知所给曲线弧在区间 $(-\infty,1)$ 与 $(2,+\infty)$ 内为凹的,在 $(1,2)$ 内为凸的.

拐点为点 $(1,f(1))=(1,-3)$ 与点 $(2,f(2))=(2,6)$.

思考与扩展 17

曲线拐点概念的要素是什么？报刊中常见“房价(疫情)的拐点即将到来”,这个拐点与数学中拐点是同一概念吗?

习题 3-5

(A)

一、判定下列曲线的凹凸性,如果存在拐点,求出拐点坐标:

1. $y=x\arctan x$.
2. $y=x-\ln(x+1)$.
3. $y=\ln(1+x^2)$.
4. $y=xe^{-x}$.
5. $y=x^2+\ln x$.
6. $y=3x^2-x^3$.
7. $y=x^4-2x^3+1$.

(B)

一、1. 设函数 $y=f(x)$ 具有二阶导数,且 $f'(x)>0,f''(x)>0,\Delta x$ 为自变量 x 在点 x_0 处的增量.Δy 与 dy 分别为 $f(x)$ 在点 x_0 处对应的增量与微分.若 $\Delta x>0$,则(　　).

A. $0<dy<\Delta y$　　B. $0<\Delta y<dy$　　C. $\Delta y<dy<0$　　D. $dy<\Delta y<0$

2. 设函数 $f(x)$ 在定义域内可导,$y=f(x)$ 的图形如图3.10所示,则导函数 $y=f'(x)$ 的图形为图 3.11 的(　　).

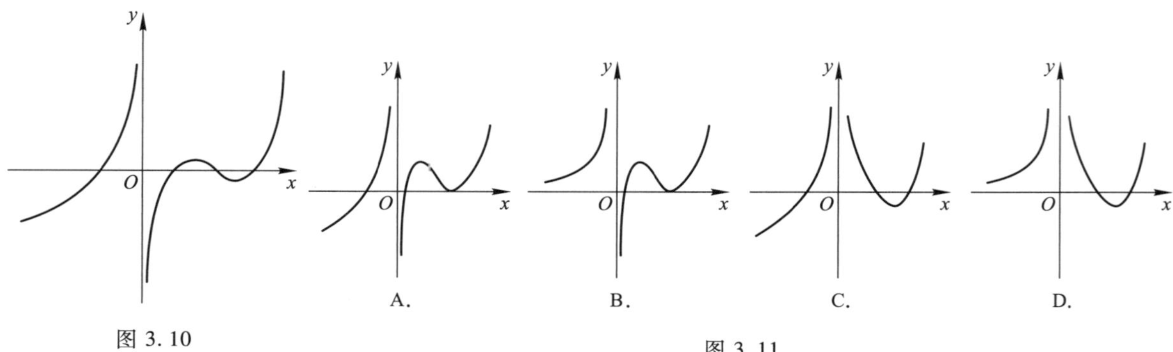

图 3.10　　图 3.11

3. 设 $f(x)=|x(1-x)|$,则(　　).

A. $x=0$ 是 $f(x)$ 的极值点,但 $(0,0)$ 不是曲线 $y=f(x)$ 的拐点

B. $x=0$ 不是 $f(x)$ 的极值点,但 $(0,0)$ 是曲线 $y=f(x)$ 的拐点

C. $x=0$ 是 $f(x)$ 的极值点,且 $(0,0)$ 是曲线 $y=f(x)$ 的拐点

D. $x=0$ 不是 $f(x)$ 的极值点,$(0,0)$ 也不是曲线 $y=f(x)$ 的拐点

4. 若 $f(-x)=f(x)\ (-\infty<x<+\infty)$,在区间 $(-\infty,0)$ 内 $f'(x)>0, f''(x)<0$,则 $f(x)$ 在区间 $(0,+\infty)$ 内有(　　).

A. $f'(x)>0, f''(x)<0$　　B. $f'(x)>0, f''(x)>0$

C. $f'(x)<0, f''(x)<0$　　D. $f'(x)<0, f''(x)>0$

5. 设 $f(x)$ 的导数在点 $x=a$ 处连续,又 $\lim\limits_{x\to a}\dfrac{f'(x)}{x-a}=-1$,则(　　).

A. $x=a$ 是 $f(x)$ 的极小值点

B. $x=a$ 是 $f(x)$ 的极大值点

C. $x=a$ 不是 $f(x)$ 的极值点,$(a,f(a))$ 是曲线 $y=f(x)$ 的拐点

D. $x=a$ 不是 $f(x)$ 的极值点,$(a,f(a))$ 也不是曲线 $y=f(x)$ 的拐点

二、1. 曲线 $y=(x-5)x^{\frac{2}{3}}$ 的拐点坐标为________.

第六节　函数作图

前面几节已研究了函数单调性、极值及曲线的凹凸性等函数的基本性态.在有限范围内函数图形的轮廓基本可以描绘出来,当曲线无限延伸时,其性态如何变化？如图 3.12 所示.

由图 3.12(a),(d)可以看出所给函数分别具有特性 $\lim\limits_{x\to\infty}f(x)=\infty$ 与 $\lim\limits_{x\to+\infty}f(x)=\infty$.但图 3.12(d)中曲线 $y=f(x)$ 与直线 L 当 $x\to+\infty$ 时将无限“接近”.而图3.12(a)中曲线 $y=f(x)$ 当 $x\to\infty$ 时不具备此特性.同样可以看出图 3.12(b)满足 $\lim\limits_{x\to+\infty}f(x)=c$,图 3.12(c)满足 $\lim\limits_{x\to x_0^+}f(x)=\infty$.

我们将上述情形统一描述为:当曲线上的点无限远离坐标原点时函数的性态,并对图 3.12(b),(c),(d)的情形称之为曲线具有渐近线.

一、渐近线

关于渐近线,现在给出定义.

定义 1　点 M 沿曲线 $y=f(x)$ 无限远离坐标原点时,若点 M 与某定直线 L 之间的距离趋于零,则称直线 L 为曲线 $y=f(x)$ 的一条**渐近线**.

若渐近线 L 与 x 轴平行,则称 L 为曲线 $y=f(x)$ 的**水平渐近线**.如图 3.12(b)所示.

若渐近线 L 与 x 轴垂直,则称 L 为曲线 $y=f(x)$ 的**铅直渐近线**.如图 3.12(c)所示.

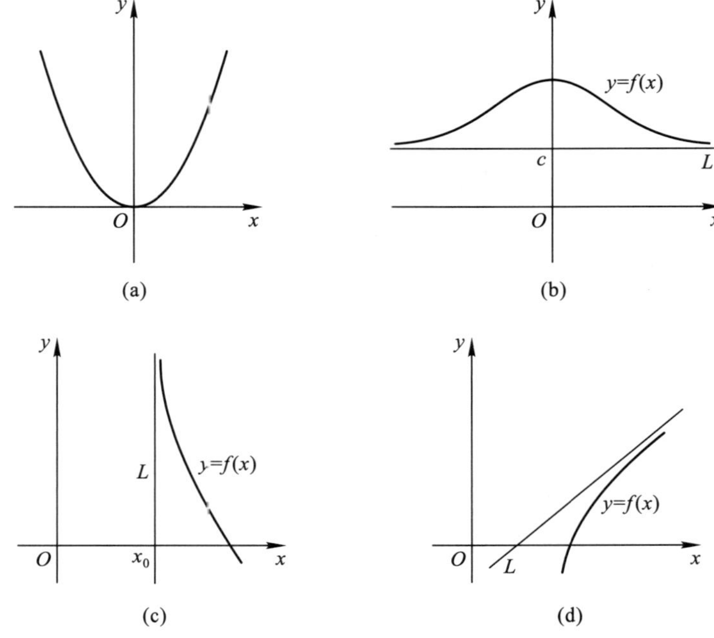

图 3.12

若渐近线 L 既不与 x 轴平行,也不与 x 轴垂直,则称 L 为曲线 $y=f(x)$ 的**斜渐近线**.如图 3.12(d)所示.

1. 水平渐近线

如图 3.12(b),曲线 $y=f(x)$ 上点 $(x,f(x))$ 与直线 $y=c$ 的距离为 $|f(x)-c|$.依水平渐近线定义可知,当下列三种情形之一成立时,直线 $y=c$ 为曲线 $y=f(x)$ 的水平渐近线:

$$\lim_{x\to+\infty} f(x)=c,\quad \lim_{x\to-\infty} f(x)=c,\quad \lim_{x\to\infty} f(x)=c.$$

2. 铅直渐近线

如图 3.12(c)所示,曲线 $y=f(x)$ 上点 $(x,f(x))$ 与直线 $x=x_0$ 的距离为 $|x-x_0|$.而曲线的明显特征是 $\lim\limits_{x\to x_0} f(x)=\infty$.由铅直渐近线定义可知,当下列三种情形之一成立时,直线 $x=x_0$ 为曲线 $y=f(x)$ 的铅直渐近线:

$$\lim_{x\to x_0^+} f(x)=\infty,\quad \lim_{x\to x_0^-} f(x)=\infty,\quad \lim_{x\to x_0} f(x)=\infty.$$

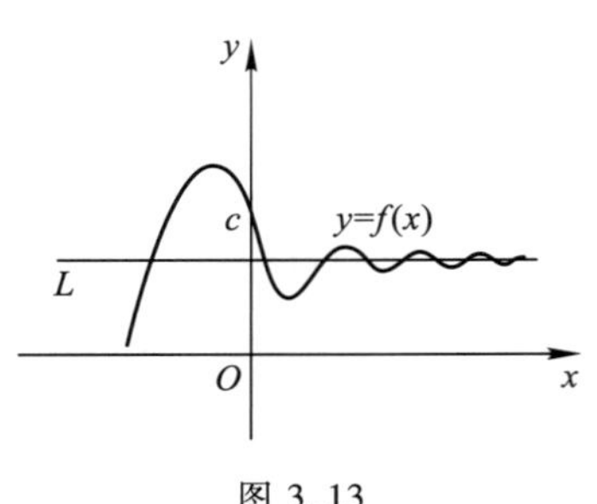

图 3.13

思考题　图 3.13 中所示曲线 $y=f(x)$ 与直线 L 无限次相交,但 $\lim\limits_{x\to+\infty} f(x)=c$.此时 L 是否也是曲线 L 的水平渐近线?

结论为:是.因为渐近线的定义中只是考察 $\lim\limits_{x\to\infty} f(x)$ 或 $\lim\limits_{x\to+\infty} f(x)$ 的性态,没有限定曲线 $y=f(x)$ 不能与直线 L 相交.

3. 斜渐近线

如图 3.14 所示,曲线 $y=f(x)$ 上点 $M(x,f(x))$ 与直线 L 的

距离为 $|MB|$,将 CM 延长与直线 L 相交于点 A.$\triangle ABM$ 为直角三角形.若 $|AM|\to 0$,则 $|BM|\to 0$.若记 L 的方程为 $y=ax+b(a\neq 0)$,则

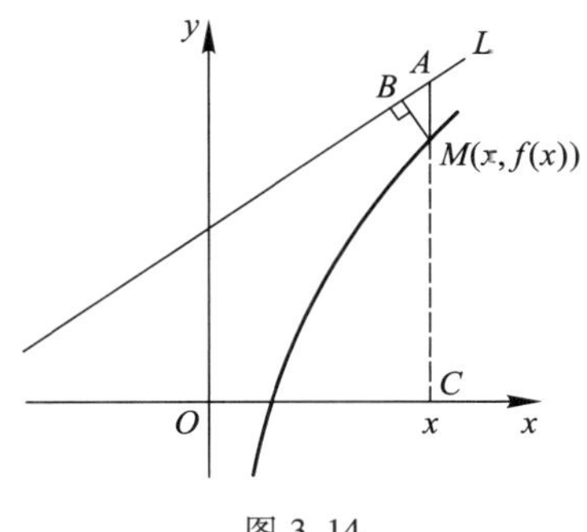

图 3.14

$$|AM|=|f(x)-(ax+b)|.$$

若 $\lim\limits_{x\to\infty}|f(x)-(ax+b)|=0$,则必有 $\lim\limits_{x\to\infty}|BM|=0$,且有

$$\lim_{x\to\infty}\left(\frac{f(x)}{x}-a-\frac{b}{x}\right)=0,$$

可知

$$\lim_{x\to\infty}\frac{f(x)}{x}=a,\quad \lim_{x\to\infty}(f(x)-ax)=b.$$

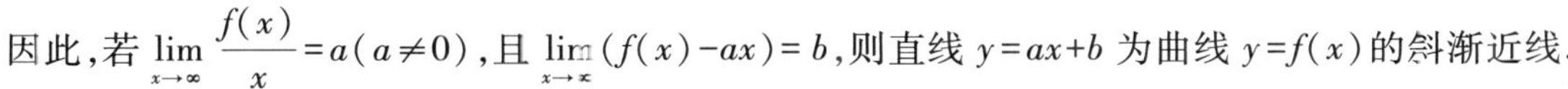

因此,若 $\lim\limits_{x\to\infty}\dfrac{f(x)}{x}=a(a\neq 0)$,且 $\lim\limits_{x\to\infty}(f(x)-ax)=b$,则直线 $y=ax+b$ 为曲线 $y=f(x)$的斜渐近线.

若将上述极限过程换为 $x\to+\infty$(或 $x\to-\infty$),则表示曲线在 $x\to+\infty$(或 $x\to-\infty$)时单侧以直线 $y=ax+b$ 为斜渐近线.

例 1 求曲线 $y=\dfrac{1}{x^2-1}$的渐近线.

解 由于 $x^2-1=(x-1)(x+1)$,可知当 $x=-1$ 及 $x=1$ 时,函数 $y=\dfrac{1}{x^2-1}$没有定义.

由于

$$\lim_{x\to-1^-}y=\lim_{x\to-1^-}\frac{1}{x^2-1}=+\infty,\quad \lim_{x\to-1^+}y=\lim_{x\to-1^+}\frac{1}{x^2-1}=-\infty,$$

$$\lim_{x\to1^-}y=\lim_{x\to1^-}\frac{1}{x^2-1}=-\infty,\quad \lim_{x\to1^+}y=\lim_{x\to1^+}\frac{1}{x^2-1}=+\infty,$$

可知直线 $x=-1$ 为所给曲线的铅直渐近线.(注意在 $x=-1$ 两侧 $f(x)$的趋向不同!)

直线 $x=1$ 也为所给曲线的铅直渐近线.(在 $x=1$ 两侧 $f(x)$的趋向不同!)

又由于

$$\lim_{x\to\infty}y=\lim_{x\to\infty}\frac{1}{x^2-1}=0,$$

可知直线 $y=0$ 为所给曲线的水平渐近线.

例 2 求曲线 $y=\dfrac{\ln x}{x}$的渐近线.

解 所给函数的定义域为$(0,+\infty)$.

由于

$$\lim_{x\to+\infty}\frac{\ln x}{x}=\lim_{x\to+\infty}\frac{\frac{1}{x}}{1}=0,$$

可知直线 $y=0$ 为所给曲线 $y=\dfrac{\ln x}{x}$的水平渐近线.

由于

$$\lim_{x\to0^+}\frac{\ln x}{x}=-\infty,$$

可知直线 $x=0$ 为曲线 $y=\frac{\ln x}{x}$ 的铅直渐近线.

例 3　求曲线 $y=\frac{x^2}{2x+1}$ 的渐近线方程.

解　所给函数的定义域为 $\left(-\infty,-\frac{1}{2}\right)\cup\left(-\frac{1}{2},+\infty\right)$.

由于 $\lim\limits_{x\to\infty}\frac{x^2}{2x+1}=\infty$，可知所给曲线没有水平渐近线.

由于 $\lim\limits_{x\to-\frac{1}{2}}\frac{x^2}{2x+1}=\infty$，可知直线 $x=-\frac{1}{2}$ 为曲线的铅直渐近线.

又

$$\lim_{x\to\infty}\frac{f(x)}{x}=\lim_{x\to\infty}\frac{\frac{x^2}{2x+1}}{x}=\frac{1}{2},$$

$$\lim_{x\to\infty}\left(f(x)-\frac{1}{2}x\right)=\lim_{x\to\infty}\left(\frac{x^2}{2x+1}-\frac{x}{2}\right)=\lim_{x\to\infty}\frac{2x^2-2x^2-x}{2(2x+1)}=-\frac{1}{4},$$

可知直线 $y=\frac{1}{2}x-\frac{1}{4}$ 为所给曲线的斜渐近线.

思考与扩展 18

当 $x\to+\infty$（或 $-\infty$）时，曲线 $y=f(x)$ 可能在 $x>0$（或 $x<0$）这侧既有水平渐近线，又有斜渐近线吗？

二、函数的作图

研究函数的单调性、极值及曲线的凹凸性、渐近线，可以得到有关图形的全面信息，从而能比较准确地作出函数的图形.

作函数图形的一般步骤为

（1）确定函数 $y=f(x)$ 的定义域及不连续点.

（2）判定函数 $y=f(x)$ 的奇偶性与周期性.

如果函数 $y=f(x)$ 为奇函数或偶函数，只需研究当 $x\geqslant0$ 时函数的性质，作出其图形.而另一半曲线的图形可由对称性得出.

如果函数 $y=f(x)$ 为周期函数，只需研究其在一个周期内的性质，作出其图形.其余部分利用周期性可得.

(3) 求函数的一阶导数 y'.

求 $y=f(x)$ 的驻点、导数不存在的点,以便确定函数的单调性、极值.

(4) 求函数的二阶导数 y''.求使 $y''=0$ 和 y'' 不存在的点.以便确定曲线的凹凸性和拐点.

(5) 确定曲线的渐近线.

(6) 将上述所求得的结果按自变量由小到大的顺序列入一个表中,并将函数图形的性态列于表中,然后描绘成图形.

例 4　作出函数 $y=x^3-3x^2$ 的图形.

解　所给函数的定义域为 $(-\infty,+\infty)$.

$$y'=3x^2-6x=3x(x-2),$$

令 $y'=0$ 得函数的两个驻点 $x_1=0, x_2=2$.

$$y''=6x-6=6(x-1),$$

令 $y''=0$,得 $x=1$.由于

$$\lim_{x\to\infty} y=\lim_{x\to\infty}(x^3-3x^2)=\infty,$$

可知曲线没有水平渐近线.

由于 $y=x^3-3x^2$ 为区间 $(-\infty,+\infty)$ 内的连续函数,可知曲线没有铅直渐近线.

列表分析:

x	$(-\infty,0)$	0	$(0,1)$	1	$(1,2)$	2	$(2,+\infty)$
y'	+	0	−		−	0	+
y''	−	−	−	0	+	+	+
y	↗ ⌒	极大值 0	↘ ⌒	拐点 $(1,-2)$	↘ ◡	极小值 −4	↗ ◡

描绘函数图形,如图 3.15 所示.

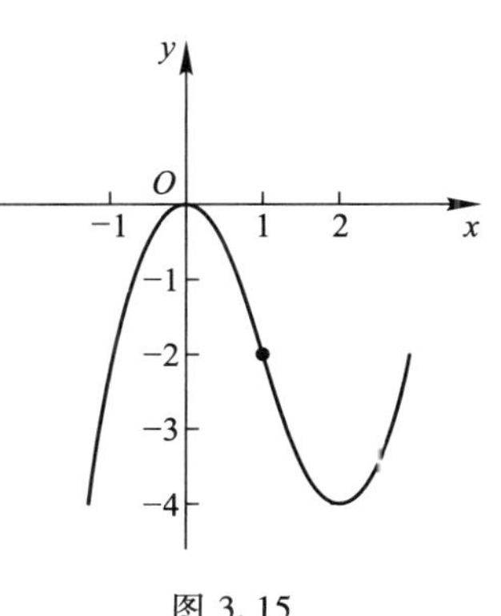

图 3.15

例 5　作出函数 $y=\dfrac{1}{x^2-1}$ 的图形.

解　所给函数定义域为 $(-\infty,-1)\cup(-1,1)\cup(1,+\infty)$.

$$y'=\frac{-2x}{(x^2-1)^2},$$

令 $y'=0$,得函数唯一驻点 $x=0$.

$$y''=\frac{2(3x^2+1)}{(x^2-1)^3},$$

函数在其定义域内二阶可导，且没有二阶导数为零的点.因此曲线没有拐点.

列表分析：

x	$(-\infty,-1)$	-1	$(-1,0)$	0	$(0,1)$	1	$(1,+\infty)$
y'	+		+	0	−		−
y''	+		−	−	−		+
y		没定义		极大值−1		没定义	

由于

$$\lim_{x\to\infty} y=\lim_{x\to\infty}\frac{1}{x^2-1}=0,$$

因此直线 $y=0$ 为所给曲线的水平渐近线.由于

$$\lim_{x\to-1^-} y=\lim_{x\to-1^-}\frac{1}{x^2-1}=+\infty,$$

$$\lim_{x\to-1^+} y=\lim_{x\to-1^+}\frac{1}{x^2-1}=-\infty,$$

$$\lim_{x\to1^-} y=\lim_{x\to1^-}\frac{1}{x^2-1}=-\infty,$$

$$\lim_{x\to1^+} y=\lim_{x\to1^+}\frac{1}{x^2-1}=+\infty,$$

因此直线 $x=-1,x=1$ 为所给曲线的两条铅直渐近线.(注意曲线变化趋势！)描绘图形，如图 3.16 所示.

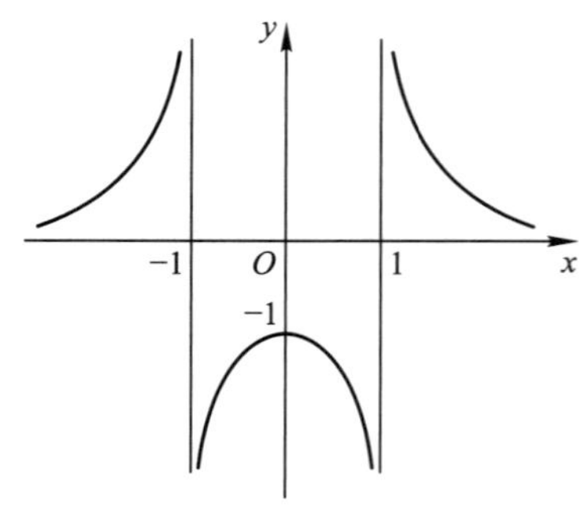

图 3.16

例 6 作出函数 $y=\dfrac{x}{1+x^2}$的图形.

解 所给函数的定义域为$(-\infty,+\infty)$，并且是连续函数.所给函数为奇函数，只需研究$[0,+\infty)$内函数的性态.

$$y'=\frac{1-x^2}{(1+x^2)^2},$$

令 $y'=0$ 可得函数的驻点 $x=1$.

$$y''=\frac{2x(x^2-3)}{1+x^2},$$

令 $y''=0$ 可得 $x=0,x=\sqrt{3}$.因为函数是连续奇函数，当 $\sqrt{3}>x>0$ 时，曲线是凸的，故当$-\sqrt{3}<x<0$ 时，曲线是凹的.所以点$(0,0)$为拐点.

由于

$$\lim_{x\to+\infty} y=\lim_{x\to+\infty}\frac{x}{1+x^2}=0,$$

可得直线 $y=0$ 为函数曲线的水平渐近线.该函数曲线没有铅直渐近线.

列表分析：

x	$(0,1)$	1	$(1,\sqrt{3})$	$\sqrt{3}$	$(\sqrt{3},+\infty)$
y'	+	0	−		−
y''	−	−	−	0	+
y	↗⌒	极大值$\frac{1}{2}$	↘⌒	拐点 $\left(\sqrt{3},\frac{\sqrt{3}}{4}\right)$	↘∪

描绘函数图形，如图 3.17 所示.

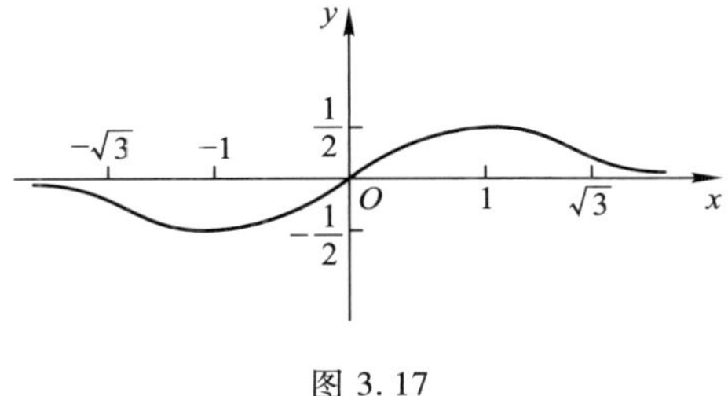

图 3.17

习题 3-6

(A)

一、1. 求曲线 $y=\frac{x-1}{x^2+x-2}$的水平渐近线与铅直渐近线.

2. 求曲线 $y=\frac{\sin 3x}{x}$的水平渐近线与铅直渐近线.

二、1. 作出曲线 $y=x^3-6x^2-9x-2$ 的图形.

2. 作出曲线 $y=x-\ln x$ 的图形.

3. 作出曲线 $y=\mathrm{e}^{-x^2}$的图形.

(B)

一、1. 曲线 $y=\frac{1+\mathrm{e}^{-x^2}}{1-\mathrm{e}^{-x^2}}$(　　).

A. 没有渐近线　　B. 仅有水平渐近线

C. 仅有铅直渐近线　　D. 既有水平渐近线，又有铅直渐近线

2. 曲线 $y=\frac{1}{x}+\ln(1+e^x)$ 的渐近线条数为(　　).

A. 0　　　　B. 1　　　　C. 2　　　　D. 3

二、1. 曲线 $y=\frac{x+4\sin x}{5x-2\cos x}$ 的水平渐近线方程为__________.

2. 曲线 $y=\frac{(1+x)^{\frac{3}{2}}}{\sqrt{x}}$ 的斜渐近线方程为__________.

3. 曲线 $y=(2x-1)e^{\frac{1}{x}}$ 的斜渐近线方程为__________.

三、1. 已知函数 $y=\frac{x^3}{(x-1)^2}$，求

(1) 函数的单调区间及极值；

(2) 函数图形的凹凸区间及拐点；

(3) 函数图形的渐近线.

第三章典型
选择题及分析

第三章典型
例题讲解 1

第三章典型
例题讲解 2

第三章典型
例题讲解 3

第三章自测题

第四章　不定积分

前两章讨论了一元函数微分学.下面将讨论一元函数积分学.一元函数积分包括不定积分与定积分.不定积分研究的是这样一类问题:将已知函数视为某未知函数的导函数,想要求出该未知函数.不定积分的出现是有其特定历史背景的.17世纪时,人们需要在已知一个物体的加速度对时间的依赖关系的情况下,求出该物体的速度与走过的路程对时间的依赖关系.

第一节　不定积分的概念与性质

一、原函数与不定积分

引例 1　已知一物体从静止状态开始做自由落体运动(不计空气阻力),在时刻 t 的速度为 $v(t)=gt$, g 为重力加速度大小,且运动开始时的位置在原点,如图 4.1 所示,求物体下落的运动规律$s=s(t)$.

解　因为 $s'(t)=v(t)$,这是从关系式 $s'(t)=gt$ 中求 $s(t)$ 的问题.由 $\left(\frac{1}{2}gt^2+C\right)'=gt$,即知 $s(t)=\frac{1}{2}gt^2+C$.由于 $s(0)=0$,所以 $C=0$,即$s(t)=\frac{1}{2}gt^2$.此时有 $s'(t)=v(t)=gt$,且 $s(0)=0$.

O

s

图 4.1

上面的问题是已知某个函数的导数时求这个函数的问题,即"原函数"问题.下面我们给出原函数的定义:

定义 1　如果在区间 I 上,

$$F'(x)=f(x) \quad 或 \quad \mathrm{d}(F(x))=f(x)\mathrm{d}x \ (x\in I),$$

那么函数 $F(x)$就称为$f(x)$在区间 I 上的一个**原函数**.

例如,因为$\left(\frac{1}{3}x^3\right)'=x^2$,所以$\frac{1}{3}x^3$ 是 x^2 的一个原函数;

因为$(\cos 3x)'=-3\sin 3x$,所以 $\cos 3x$ 是$-3\sin 3x$ 的一个原函数.

了解了原函数的定义,我们很自然地会提出这样的问题:什么样的函数存在原函数？如果存在原函数,那么原函数是否唯一？如果不唯一,那么不同的原函数之间存在什么关系？

下面我们分别来讨论这三个问题.

对于原函数的存在性,我们有以下常用的充分条件:

原函数存在定理 若函数$f(x)$在区间 I 上连续,则函数$f(x)$在区间 I 上存在原函数.

在下一章中将对此定理进行深入讨论.

由于初等函数在其定义区间上都是连续函数,因此初等函数在其定义区间上都存在原函数.

不难发现,对于$\left(\frac{1}{3}x^3\right)'=x^2$,$\frac{1}{3}x^3$ 是 x^2 的一个原函数,又有

$$\left(\frac{1}{3}x^3+1\right)'=\left(\frac{1}{3}x^3+\sqrt{2}\right)'=\left(\frac{1}{3}x^3-\frac{1}{5}\right)'=\cdots=\left(\frac{1}{3}x^3+C\right)'=x^2,$$

其中 C 为任意常数,即 x^2 的原函数有无穷多个.

又设 $F(x)$,$G(x)$为$f(x)$的两个原函数,则有$(F(x)-G(x))'=0$,即有$F(x)=G(x)+C$.这就是说函数的原函数之间只相差一个常数.所以得到原函数的特性:

(1) 若函数$f(x)$有原函数,则原函数必有无数多个;

(2) 函数$f(x)$的任意两个原函数之间仅相差一个常数.

由此,如果 $F(x)$是$f(x)$的一个原函数,那么用 $F(x)+C$ 表示$f(x)$的全体原函数(其中 C 为任意常数).

定义 2 函数$f(x)$的原函数全体 $F(x)+C$,称为函数$f(x)$的**不定积分**.记作

$$\int f(x)\,\mathrm{d}x = F(x) + C,$$

其中$\int$称为积分号,$f(x)$称为被积函数,$f(x)\,\mathrm{d}x$ 称为被积表达式,x 称为积分变量,C 称为积分常数.

由定义可知,要求出已知函数$f(x)$的不定积分,只要求出$f(x)$的一个原函数,再加上一个任意的常数 C 即可.

例如,由于$\frac{1}{3}x^3$ 是 x^2 的一个原函数,因此$\int x^2\mathrm{d}x=\frac{1}{3}x^3+C$;

又 $\cos 3x$ 是$-3\sin 3x$ 的一个原函数,因此$\int -3\sin 3x\mathrm{d}x=\cos 3x+C$.

例 1 求$\int x^5\mathrm{d}x$.

解 由于$\left(\frac{1}{6}x^6\right)'=x^5$,因此$\frac{1}{6}x^6$ 是 x^5 的一个原函数,可知

$$\int x^5\mathrm{d}x=\frac{1}{6}x^6+C.$$

例 2　求 $\int \cos x\mathrm{d}x$.

解　由于$(\sin x)'=\cos x$,因此 $\sin x$ 是 $\cos x$ 的一个原函数,可知

$$\int \cos x\mathrm{d}x=\sin x+C.$$

例 3　已知某曲线上任一点(x,y)处的切线斜率为 $2x$,且该曲线经过点$(1,3)$,求该曲线的方程.

解　设所求的曲线的方程为 $y=f(x)$,由已知条件知,曲线上任一点(x,y)处的切线斜率为 $2x$,即$\frac{\mathrm{d}y}{\mathrm{d}x}=f'(x)=2x$.可知 $f(x)$是 $2x$ 的一个原函数.

又因为 $\int 2x\mathrm{d}x=x^2+C$,所以 $y=x^2+C$ 表示的是一族曲线,若在每一条曲线上横坐标相同的点处作切线,则切线是平行的.如图 4.2所示.

又因为该曲线经过点$(1,3)$,故 $3=1+C$,得$C=2$,于是所求的曲线方程为 $y=x^2+2$.

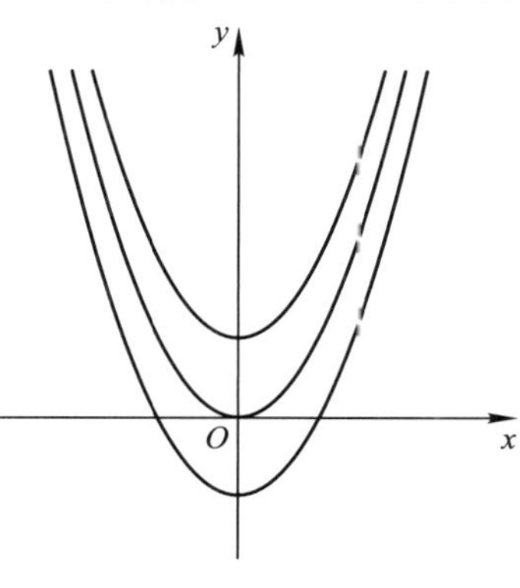

图 4.2

例 4　已知某物体做变速直线运动,在时刻 t 的速度为 $2t$,且该物体在 $t=2$ 时的位移为 20 m,求该物体的运动方程.

解　设物体开始运动的时刻为 $t=0$,如图 4.3 所示,在时刻 t 的位移为 $s=s(t)$.

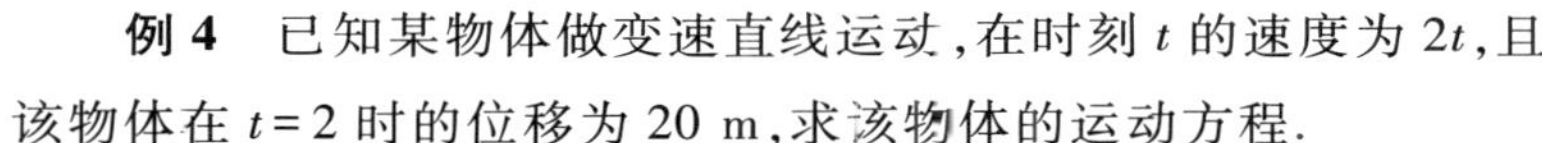

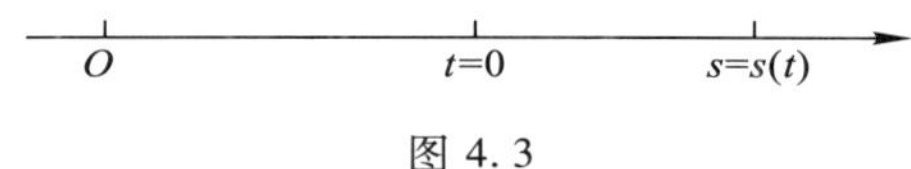
图 4.3

由导数的物理意义,可知该物体在某一时刻 t 的瞬时速度为

$$v(t)=\frac{\mathrm{d}s}{\mathrm{d}t}=2t,$$

可知 $s=s(t)$是 $v=v(t)$的一个原函数.而

$$\int 2t\mathrm{d}t=t^2+C,$$

可知该物体的运动方程为

$$s(t)=t^2+C.$$

又因为该物体在 $t=2$ 时的位移为 20 m,所以有 $20=4+C$,得 $C=16$,于是所求的物体的运动方程为 $s=t^2+16$.

二、基本积分表

由于不定积分运算与导数运算的关系,从微分运算的基本公式可以得到如下不定积分运算的公式:

$\int k\mathrm{d}x=kx+C$　（k 是常数）.

$\int x^{\alpha}\mathrm{d}x=\frac{x^{\alpha+1}}{\alpha+1}+C$　（$\alpha\neq-1$）.

$\int\frac{\mathrm{d}x}{x}=\ln|x|+C.$

$\int\frac{1}{1+x^{2}}\mathrm{d}x=\arctan x+C.$

$\int\frac{\mathrm{d}x}{\sqrt{1-x^{2}}}=\arcsin x+C.$

$\int\cos x\mathrm{d}x=\sin x+C.$

$\int\sin x\mathrm{d}x=-\cos x+C.$

$\int\frac{\mathrm{d}x}{\cos^{2}x}=\int\sec^{2}x\mathrm{d}x=\tan x+C.$

$\int\frac{\mathrm{d}x}{\sin^{2}x}=\int\csc^{2}x\mathrm{d}x=-\cot x+C.$

$\int\mathrm{e}^{x}\mathrm{d}x=\mathrm{e}^{x}+C.$

$\int a^{x}\mathrm{d}x=\frac{a^{x}}{\ln a}+C.$

以上基本积分公式一般称为基本积分表,是今后求不定积分的基础,需要熟记.

利用积分表可以直接求出一些比较简单函数的不定积分.

例 5　计算 $\int\frac{1}{x^{2}}\mathrm{d}x$.

解　$\int\frac{1}{x^{2}}\mathrm{d}x=\int x^{-2}\mathrm{d}x=\frac{x^{-2+1}}{-2+1}-C=-\frac{1}{x}+C.$

例 6　计算 $\int\frac{1}{\sqrt{x}}\mathrm{d}x$.

解　$\int\frac{1}{\sqrt{x}}\mathrm{d}x=\int x^{-\frac{1}{2}}\mathrm{d}x=\frac{x^{-\frac{1}{2}+1}}{-\frac{1}{2}+1}+C=2\sqrt{x}+C.$

以上两个例题的结论在以后的计算中会经常使用.

例 7　计算 $\int 5^{x}\mathrm{e}^{x}\mathrm{d}x$.

解　$\int 5^{x}\mathrm{e}^{x}\mathrm{d}x=\int(5\mathrm{e})^{x}\mathrm{d}x=\frac{(5\mathrm{e})^{x}}{\ln(5\mathrm{e})}+C.$

三、不定积分的性质

根据不定积分的定义和导数运算法则,可以得到不定积分的如下性质(假定以下所涉及的函数的原函数都存在):

性质 1　$\frac{\mathrm{d}}{\mathrm{d}x}\left[\int f(x)\mathrm{d}x\right]=f(x)$,　$\mathrm{d}\left[\int f(x)\mathrm{d}x\right]=f(x)\mathrm{d}x$;

$$\int F'(x)\,\mathrm{d}x=F(x)+C,\qquad \int \mathrm{d}F(x)=F(x)+C.$$

先积分后求导，两者作用抵消；反之先求导后积分，要多一个任意常数．在这个意义上，可以认为不定积分运算与求导运算互为逆运算．

例 8　已知 $f(x)=\tan x$，求 $\int f'(x)\,\mathrm{d}x$.

解　由性质 1 可知

$$\int f'(x)\,\mathrm{d}x=f(x)+C=\tan x+C.$$

例 9　若 e^{-x} 是 $f(x)$ 的原函数，求 $\int x^2 f(\ln x)\,\mathrm{d}x$.

解　由题意知 $f(x)=(\mathrm{e}^{-x})'=-\mathrm{e}^{-x}$，

$$f(\ln x)=-\mathrm{e}^{-\ln x}=-\frac{1}{x},$$

所以

$$\int x^2 f(\ln x)\,\mathrm{d}x=\int x^2\cdot\left(-\frac{1}{x}\right)\mathrm{d}x=-\frac{1}{2}x^2+C.$$

性质 2　设函数 $f(x)$ 和 $g(x)$ 的原函数存在，则

$$\int[f(x)\pm g(x)]\,\mathrm{d}x=\int f(x)\,\mathrm{d}x\pm\int g(x)\,\mathrm{d}x.$$

事实上，由

$$\left(\int[f(x)\pm g(x)]\,\mathrm{d}x\right)'=f(x)\pm g(x),$$

$$\left(\int f(x)\,\mathrm{d}x\pm\int g(x)\,\mathrm{d}x\right)'=f(x)\pm g(x),$$

说明 $\int[f(x)\pm g(x)]\,\mathrm{d}x$ 与 $\int f(x)\,\mathrm{d}x\pm\int g(x)\,\mathrm{d}x$ 表达的是同一个函数 $f(x)\pm g(x)$ 的原函数，从而有

$$\int[f(x)\pm g(x)]\,\mathrm{d}x=\int f(x)\,\mathrm{d}x\pm\int g(x)\,\mathrm{d}x.$$

此等式的含义是两个函数集合相等．

性质 3　设函数 $f(x)$ 的原函数存在，则

$$\int kf(x)\,\mathrm{d}x=k\int f(x)\,\mathrm{d}x\quad（其中\ k\neq 0，为常数）.$$

由 $\left(\int kf(x)\,\mathrm{d}x\right)'=\left(k\int f(x)\,\mathrm{d}x\right)'=kf(x)$，即有 $\int kf(x)\,\mathrm{d}x=k\int f(x)\,\mathrm{d}x$.

性质 2 和性质 3 可以合写成

$$\int[k_1 f(x)\pm k_2 g(x)]\,\mathrm{d}x=k_1\int f(x)\,\mathrm{d}x\pm k_2\int g(x)\,\mathrm{d}x,$$

其中 k_1,k_2 为常数．

利用以上三个性质及基本积分表，可以计算一些函数的不定积分.

例 10 求 $\int\left(\frac{1}{x^2}-2\sqrt{x}+\mathrm{e}^x\right)\mathrm{d}x$.

解

$$\begin{aligned}\int\left(\frac{1}{x^2}-2\sqrt{x}+\mathrm{e}^x\right)\mathrm{d}x&=\int\frac{1}{x^2}\mathrm{d}x-2\int\sqrt{x}\,\mathrm{d}x+\int\mathrm{e}^x\mathrm{d}x\\&=-\frac{1}{x}-2\cdot\frac{2}{3}x^{\frac{3}{2}}+\mathrm{e}^x+C\\&=-\frac{1}{x}-\frac{4}{3}x^{\frac{3}{2}}+\mathrm{e}^x+C.\end{aligned}$$

要注意的是利用性质分项积分后，不必再对每一个积分结果后都加 C，只要在最后结果后面加一个 C 即可.计算不定积分之后还可以通过对所求出的结果求导，来检验所求结果的正确性.

例 11 求 $\int\frac{(1+x)^2}{\sqrt{x}}\mathrm{d}x$.

解 先将被积函数变形再积分，有

$$\begin{aligned}\int\frac{(1+x)^2}{\sqrt{x}}\mathrm{d}x&=\int x^{\frac{3}{2}}\mathrm{d}x+2\int x^{\frac{1}{2}}\mathrm{d}x+\int x^{-\frac{1}{2}}\mathrm{d}x\\&=\frac{2}{5}x^{\frac{5}{2}}+\frac{4}{3}x^{\frac{3}{2}}+2x^{\frac{1}{2}}+C.\end{aligned}$$

检验：因为

$$\begin{aligned}\left(\frac{2}{5}x^{\frac{5}{2}}+\frac{4}{3}x^{\frac{3}{2}}+2x^{\frac{1}{2}}+C\right)'&=x^{\frac{3}{2}}+2x^{\frac{1}{2}}+x^{-\frac{1}{2}}\\&=\frac{x^2+2x+1}{\sqrt{x}}=\frac{(1+x)^2}{\sqrt{x}},\end{aligned}$$

所以结果正确.

在进行积分运算时，有时需要应用代数或三角公式将被积函数恒等变形以简化计算.

例 12 求 $\int\frac{2x^2}{1+x^2}\mathrm{d}x$.

解 由 $x^2=x^2+1-1$，有

$$\begin{aligned}\int\frac{2x^2}{1+x^2}\mathrm{d}x&=2\int\frac{x^2+1-1}{1+x^2}\mathrm{d}x=2\left(\int\mathrm{d}x-\int\frac{1}{1+x^2}\mathrm{d}x\right)\\&=2(x-\arctan x)+C.\end{aligned}$$

例 13 求 $\int 2\cos^2\frac{x}{2}\mathrm{d}x$.

解 在基本积分表中没有这种类型函数的积分，因此需要把这个函数变形，化为基本积分表中的函数类型的积分，然后完成积分运算.

因为 $\cos^2\frac{x}{2}=\frac{1}{2}(1+\cos x)$，所以

$$\int 2\cos^2\frac{x}{2}\mathrm{d}x=\int(1+\cos x)\mathrm{d}x=x+\sin x+C.$$

例 14　求 $\int\tan^2x\mathrm{d}x$.

解　因为 $\tan^2x=\sec^2x-1$，所以

$$\int\tan^2x\mathrm{d}x=\int(\sec^2x-1)\mathrm{d}x=\tan x-x+C.$$

例 15　求 $\int\frac{\mathrm{d}x}{\sin^2x\cos^2x}$.

解

$$\begin{aligned}\int\frac{\mathrm{d}x}{\sin^2x\cos^2x}&=\int\frac{\sin^2x+\cos^2x}{\sin^2x\cos^2x}\mathrm{d}x=\int\frac{\mathrm{d}x}{\cos^2x}+\int\frac{\mathrm{d}x}{\sin^2x}\\&=\tan x-\cot x+C.\end{aligned}$$

习题 4-1

（A）

一、求下列不定积分：

1. $\int x^2\sqrt{x}\,\mathrm{d}x$.

2. $\int\frac{1}{x^2\sqrt{x}}\mathrm{d}x$.

3. $\int\left(\sqrt[3]{x}-\frac{1}{\sqrt{x}}\right)\mathrm{d}x$.

4. $\int(1-2x)\mathrm{d}x$.

5. $\int\frac{5}{x^2}\mathrm{d}x$.

6. $\int 2^x\mathrm{d}x$.

7. $\int\left(x+2x^2-\frac{1}{\sqrt[3]{x^2}}\right)\mathrm{d}x$.

8. $\int(\sin x-\cos x)\mathrm{d}x$.

9. $\int\frac{x^2}{x^2+1}\mathrm{d}x$.

10. $\int\left[\mathrm{e}^x+\frac{1}{2(1+x^2)}\right]\mathrm{d}x$.

11. $\int\left(\frac{2}{\sqrt{1-x^2}}+\frac{3}{x}\right)\mathrm{d}x$.

12. $\int\left(\frac{3}{\cos^2x}+2\right)\mathrm{d}x$.

13. $\int 2^x\mathrm{e}^x\mathrm{d}x$.

14. $\int\frac{\sin 2x}{\sin x}\mathrm{d}x$.

15. $\int\frac{(x+1)^2}{x\sqrt{x}}\mathrm{d}x$.

16. $\int(3^x-x^2)\mathrm{d}x$.

二、1. 已知一条曲线在其上任一点处的切线斜率等于该点横坐标的倒数，且过点$(\mathrm{e}^3,3)$，求此曲线方程.

2. 已知物体以速度 $v=3t-2$(m/s)做直线运动，当 $t=0$ 时，物体已经过的路程 $s=5$ m，求这物体的运动规律.

3. 已知 $\int xf(x)\mathrm{d}x=\cos x+C$，求 $f(x)$.

4. 已知 $\int f(x)\cos x\mathrm{d}x=\cos x+C$，求 $\lim\limits_{x\to 0}\dfrac{f(x)}{x^2+3x}$.

第二节 换元积分法

一、第一类换元法

以上利用不定积分性质和积分表直接计算不定积分的方法可以解决一些不定积分的计算，但有些不定积分的计算需要进一步的计算方法.在这一节中我们先来讨论一种常用的计算不定积分的方法——换元法.

首先我们先来计算 $\int\cos 2x\mathrm{d}x$.由于被积函数是复合函数，不能直接使用基本积分表中的公式求解.但可以将被积表达式进行改写，得到

$$\int\cos 2x\mathrm{d}x=\frac{1}{2}\int 2\cos 2x\mathrm{d}x=\frac{1}{2}\int\cos 2x\mathrm{d}(2x),$$

令 $u=2x$，则上式变为

$$\int\cos 2x\mathrm{d}x=\frac{1}{2}\int\cos u\mathrm{d}u,$$

这时就可以利用公式 $\int\cos x\mathrm{d}x=\sin x+C$ 进行计算：

$$\int\cos 2x\mathrm{d}x=\frac{1}{2}\int\cos u\mathrm{d}u=\frac{1}{2}\sin u+C=\frac{1}{2}\sin 2x+C.$$

容易验证 $\frac{1}{2}\sin 2x$ 是 $\cos 2x$ 的一个原函数，也就是说上述结果正确.可见有时需要利用已知的积分公式 $\int f(x)\mathrm{d}x=F(x)+C$（其中 x 为自变量）来计算积分 $\int f(u)\mathrm{d}u=F(u)+C$（其中 u 是 x 的函数）.

定理 1 设 $\int f(u)\mathrm{d}u=F(u)+C$，$u=\varphi(x)$ 有连续导数，则有换元公式

$$\int f[\varphi(x)]\varphi'(x)\mathrm{d}x=\int f[\varphi(x)]\mathrm{d}(\varphi(x))\xlongequal{u=\varphi(x)}\int f(u)\mathrm{d}u=F(u)\Big|_{u=\varphi(x)}+C.$$

应用这个定理求不定积分，关键是把 $\varphi'(x)\mathrm{d}x$ 凑到一起变成 $\mathrm{d}(\varphi(x))$，使得 d 后面的形式与 $F[\varphi(x)]$ 括号里的形式是一样的.这种求不定积分的方法称为第一类换元积分法，有时也叫做

凑微分法.

例 1 求 $\int(2x+1)^3\mathrm{d}x$.

解 设 $u=2x+1$,则 $\mathrm{d}u=2\mathrm{d}x$,从而

$$\int(2x+1)^3\mathrm{d}x=\frac{1}{2}\int(2x+1)^3\mathrm{d}(2x+1)=\frac{1}{2}\int u^3\mathrm{d}u$$

$$=\frac{1}{8}u^4+C=\frac{1}{8}(2x+1)^4+C.$$

当计算熟练以后,可以省略"换元"与"回代"两个步骤,直接写出结果.

例 2 求 $\int x\mathrm{e}^{x^2}\mathrm{d}x$.

解
$$\int x\mathrm{e}^{x^2}\mathrm{d}x=\frac{1}{2}\int \mathrm{e}^{x^2}\mathrm{d}(x^2)=\frac{1}{2}\mathrm{e}^{x^2}+C.$$

例 3 求 $\int\frac{1}{\sqrt{x}}\mathrm{e}^{\sqrt{x}}\mathrm{d}x$.

解
$$\int\frac{1}{\sqrt{x}}\mathrm{e}^{\sqrt{x}}\mathrm{d}x=2\int \mathrm{e}^{\sqrt{x}}\mathrm{d}(\sqrt{x})=2\mathrm{e}^{\sqrt{x}}+C.$$

例 4 求 $\int\sin^2x\cos x\mathrm{d}x$.

解
$$\int\sin^2x\cos x\mathrm{d}x=\int\sin^2x\mathrm{d}(\sin x)=\frac{1}{3}\sin^3x+C.$$

例 5 求 $\int\frac{2x-2}{x^2-2x+2}\mathrm{d}x$.

解 由于

$$(x^2-2x+2)'=2x-2,$$

因此

$$\int\frac{2x-2}{x^2-2x+2}\mathrm{d}x=\int\frac{1}{x^2-2x+2}\mathrm{d}(x^2-2x+2)$$

$$=\ln|x^2-2x+2|+C.$$

例 6 求 $\int\frac{1}{4+x^2}\mathrm{d}x$.

解
$$\int\frac{1}{4+x^2}\mathrm{d}x=\int\frac{1}{4\left(1+\frac{x^2}{4}\right)}\mathrm{d}x=\frac{1}{2}\int\frac{1}{1+\left(\frac{x}{2}\right)^2}\mathrm{d}\left(\frac{x}{2}\right)$$

$$=\frac{1}{2}\arctan\frac{x}{2}+C.$$

例 7 求 $\int \tan x\mathrm{d}x$.

解 $\int \tan x\mathrm{d}x=\int \frac{\sin x}{\cos x}\mathrm{d}x=-\int \frac{1}{\cos x}\mathrm{d}(\cos x)=-\ln|\cos x|+C.$

同理可得

$$\int \cot x\mathrm{d}x=\ln|\sin x|+C.$$

例 8 求 $\int \frac{x}{x^2-2x+2}\mathrm{d}x$.

解

$$\begin{aligned}\int \frac{x}{x^2-2x+2}\mathrm{d}x&=\int \frac{1}{2}\left(\frac{2x-2}{x^2-2x+2}+\frac{2}{x^2-2x+2}\right)\mathrm{d}x\\&=\frac{1}{2}\int \frac{2x-2}{x^2-2x+2}\mathrm{d}x+\int \frac{1}{x^2-2x+2}\mathrm{d}x\\&=\frac{1}{2}\int \frac{1}{x^2-2x+2}\mathrm{d}(x^2-2x+2)+\int \frac{1}{1+(x-1)^2}\mathrm{d}(x-1)\\&=\frac{1}{2}\ln(x^2-2x+2)+\arctan(x-1)+C.\end{aligned}$$

例 9 求 $\int \cos^2 x\mathrm{d}x$.

解 因为 $\cos^2 x=\frac{1+\cos 2x}{2}$,所以

$$\begin{aligned}\int \cos^2 x\mathrm{d}x&=\int \frac{1+\cos 2x}{2}\mathrm{d}x=\frac{1}{2}\int(1+\cos 2x)\mathrm{d}x\\&=\frac{1}{2}\left(\int \mathrm{d}x+\int \cos 2x\mathrm{d}x\right)\\&=\frac{1}{2}\left(x+\frac{1}{2}\sin 2x\right)+C=\frac{1}{2}x+\frac{1}{4}\sin 2x+C.\end{aligned}$$

例 10 求 $\int \sin^3 x\mathrm{d}x$.

解

$$\begin{aligned}\int \sin^3 x\mathrm{d}x&=\int \sin^2 x\sin x\mathrm{d}x=-\int(1-\cos^2 x)\mathrm{d}(\cos x)\\&=-\int \mathrm{d}(\cos x)+\int \cos^2 x\mathrm{d}(\cos x)=-\cos x+\frac{1}{3}\cos^3 x+C.\end{aligned}$$

例 11 求 $\int \frac{1}{x(2+3\ln x)}\mathrm{d}x$.

解

$$\begin{aligned}\int \frac{1}{x(2+3\ln x)}\mathrm{d}x&=\frac{1}{3}\int \frac{1}{2+3\ln x}\mathrm{d}(2+3\ln x)\\&=\frac{1}{3}\ln|2+3\ln x|+C.\end{aligned}$$

例 12　求 $\int \frac{1}{x^2-3x+2}\mathrm{d}x$.

解　因为 $x^2-3x+2=(x-1)(x-2)$，所以可以把分式写成

$$\frac{1}{x^2-3x+2}=\frac{1}{x-2}-\frac{1}{x-1},$$

则

$$\begin{aligned}\int \frac{1}{x^2-3x+2}\mathrm{d}x &= \int\left(\frac{1}{x-2}-\frac{1}{x-1}\right)\mathrm{d}x\\ &= \int \frac{1}{x-2}\mathrm{d}(x-2)-\int \frac{1}{x-1}\mathrm{d}(x-1)\\ &= \ln|x-2|-\ln|x-1|+C\\ &= \ln\left|\frac{x-2}{x-1}\right|+C.\end{aligned}$$

例 13　求 $\int \frac{x^5}{1+x^3}\mathrm{d}x$.

解

$$\begin{aligned}\int \frac{x^5}{1+x^3}\mathrm{d}x &= \int \frac{x^3}{1+x^3}\cdot x^2\mathrm{d}x=\frac{1}{3}\int \frac{x^3}{1+x^3}\mathrm{d}(x^3)\\ &=\frac{1}{3}\int\left(1-\frac{1}{1+x^3}\right)\mathrm{d}(x^3)=\frac{1}{3}\left[x^3-\int \frac{\mathrm{d}(x^3+1)}{1+x^3}\right]\\ &=\frac{1}{3}(x^3-\ln|1+x^3|)+C.\end{aligned}$$

例 14　求 $\int \sin x\cos x\mathrm{d}x$.

解法一　$\int \sin x\cos x\mathrm{d}x=\int \sin x\mathrm{d}(\sin x)=\frac{1}{2}\sin^2 x+C$;

解法二　$\int \sin x\cos x\mathrm{d}x=-\int \cos x\mathrm{d}(\cos x)=-\frac{1}{2}\cos^2 x+C$;

解法三　$\int \sin x\cos x\mathrm{d}x=\frac{1}{2}\int \sin 2x\mathrm{d}x=\frac{1}{4}\int \sin 2x\mathrm{d}(2x)$

$$=-\frac{1}{4}\cos 2x+C.$$

由此题可以看出，对于同一个积分运用不同的解法，可得到不同形式的积分结果.但实际上这些结果之间只相差一个任意常数.

从以上的几个例子可以看出，使用第一类换元积分法的关键是如何选择 u 使得 $\mathrm{d}u=\mathrm{d}\varphi(x)$.这种选择没有一般的规律可循，只能根据被积表达式的特征进行具体分析.

二、第二类换元积分法

适当地选择变换 $x=\varphi(t)$，将积分 $\int f(x)\mathrm{d}x$ 转化为 $\int f(\varphi(t))\varphi'(t)\mathrm{d}t$，这是另一种形式的变量代换.

定理 2 设 $x=\varphi(t)$ 是单调可导的函数，并且 $\varphi'(t)\neq 0$，又设 $f(\varphi(t))\varphi'(t)$ 具有原函数 $F(t)$，则有换元公式

$$\int f(x)\mathrm{d}x=\int f(\varphi(t))\varphi'(t)\mathrm{d}t=F(t)\big|_{t=\varphi^{-1}(x)}+C.$$

这种积分方法称为第二类换元积分法.

例 15 求 $\int \frac{1}{1+\sqrt{x}}\mathrm{d}x$.

解 因为被积函数含有根号，不容易凑微分，为了去掉根号，先换元.

令 $\sqrt{x}=t$，$x=t^2$，则 $\mathrm{d}x=2t\mathrm{d}t$，于是

$$\begin{aligned}\int \frac{1}{1+\sqrt{x}}\mathrm{d}x &= \int \frac{1}{1+t}\cdot 2t\mathrm{d}t=2\int \frac{t}{1+t}\mathrm{d}t=2\int \frac{t+1-1}{1+t}\mathrm{d}t\\ &=2\int\left(1-\frac{1}{1+t}\right)\mathrm{d}t=2[t-\ln(1+t)]+C,\end{aligned}$$

再回代 $t=\sqrt{x}$，得

$$\int \frac{1}{1+\sqrt{x}}\mathrm{d}x=2[\sqrt{x}-\ln(1+\sqrt{x})]+C.$$

应用第二类换元法的关键在于选择合适的变换 $x=\varphi(t)$.

例 16 求 $\int \frac{\sqrt[3]{x}}{x(\sqrt{x}+\sqrt[3]{x})}\mathrm{d}x$.

解 为了去掉根号，令 $t=\sqrt[6]{x}$，即 $x=t^6$，则 $\mathrm{d}x=6t^5\mathrm{d}t$，于是

$$\begin{aligned}\int \frac{\sqrt[3]{x}}{x(\sqrt{x}+\sqrt[3]{x})}\mathrm{d}x &= \int \frac{t^2}{t^6(t^3+t^2)}6t^5\mathrm{d}t=6\int \frac{1}{t(t+1)}\mathrm{d}t\\ &=6\int\left(\frac{1}{t}-\frac{1}{t+1}\right)\mathrm{d}t=6\ln|t|-6\ln|t+1|+C\\ &=6\ln\left|\frac{t}{t+1}\right|+C=6\ln\frac{\sqrt[6]{x}}{\sqrt[6]{x}+1}+C.\end{aligned}$$

对于例 15 和例 16 这样的题目，被积函数中含有 $\sqrt[n]{ax+b}$，可以设 $\sqrt[n]{ax+b}=t$，这样就可以去掉根号.

例 17　求 $\int \sqrt{a^2-x^2}\,dx \quad (a>0)$.

解　被积函数含有二次根式,如果像简单根式 $\sqrt[n]{ax+b}$ 那样,令 $\sqrt{a^2-x^2}=t$,则计算比较复杂,但可以利用三角恒等式 $\sin^2 t+\cos^2 t=1$ 来去掉根号.

令 $x=a\sin t\left(-\frac{\pi}{2}<t<\frac{\pi}{2}\right)$,则 $\sqrt{a^2-x^2}=\sqrt{a^2-a^2\sin^2 t}=a\cos t$,而 $dx=a\cos t\,dt$,于是有

$$\int \sqrt{a^2-x^2}\,dx=a^2\int \cos^2 t\,dt=a^2\int \frac{1+\cos 2t}{2}\,dt$$
$$=\frac{a^2}{2}\left(t+\frac{1}{2}\sin 2t\right)+C=\frac{a^2}{2}t+\frac{a^2}{2}\sin t\cos t+C.$$

再把变量 t 换为 x,为方便起见,由 $\sin t=\frac{x}{a}$ 画一个直角三角形,称它为辅助三角形(图 4.4).因为 $t=\arcsin\frac{x}{a}$, $\cos t=\frac{\sqrt{a^2-x^2}}{a}$,所以有

$$\int \sqrt{a^2-x^2}\,dx=\frac{a^2}{2}t+\frac{a^2}{2}\sin t\cos t+C$$
$$=\frac{a^2}{2}\arcsin\frac{x}{a}+\frac{x}{2}\sqrt{a^2-x^2}+C.$$

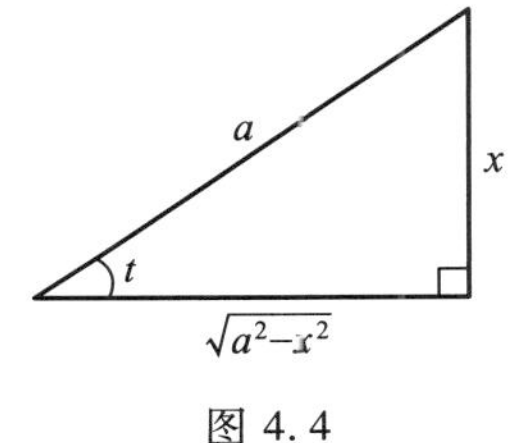

图 4.4

例 18　求 $\int \frac{e^x}{2+e^x}\,dx$.

解　令 $e^x=u$,则 $x=\ln u$,则 $dx=\frac{1}{u}du$,

$$\int \frac{e^x}{2+e^x}\,dx=\int \frac{1}{2+u}\,du=\ln|2+u|+C=\ln(2+e^x)+C.$$

习题 4-2

(A)

一、计算下列不定积分:

1. $\int \sin\frac{1}{3}x\,dx$.
2. $\int \frac{\cos\sqrt{x}}{\sqrt{x}}\,dx$.
3. $\int (x+3)^9\,dx$.
4. $\int e^{5x-1}\,dx$.
5. $\int \frac{1}{1-2x}\,dx$.
6. $\int \frac{x^2}{x^3+1}\,dx$.
7. $\int \frac{1+\ln x}{x}\,dx$.
8. $\int e^{\sin x}\cos x\,dx$.

9. $\int 10^{-2x+5}\mathrm{d}x$.

10. $\int \frac{\mathrm{e}^x}{2+\mathrm{e}^x}\mathrm{d}x$.

11. $\int (x^2-3x+2)^3(2x-3)\mathrm{d}x$.

12. $\int \frac{\mathrm{d}x}{\sqrt{2-5x}}$.

13. $\int \frac{\mathrm{e}^{3\sqrt{x}}}{\sqrt{x}}\mathrm{d}x$.

14. $\int x^2\mathrm{e}^{x^3}\mathrm{d}x$.

15. $\int x\sqrt{1-x^2}\,\mathrm{d}x$.

16. $\int \frac{x\mathrm{d}x}{3-2x^2}$.

17. $\int \frac{1}{x^2}\cdot\sin\frac{1}{x}\mathrm{d}x$;

18. $\int \sin^2 x\cos x\mathrm{d}x$.

19. $\int \frac{\sin(\sqrt{x}+1)}{\sqrt{x}}\mathrm{d}x$.

20. $\int \cot x\mathrm{d}x$.

21. $\int \frac{\arctan x}{1+x^2}\mathrm{d}x$.

22. $\int \frac{1}{1-\sqrt{x}}\mathrm{d}x$.

23. $\int \frac{1}{9+x^2}\mathrm{d}x$.

24. $\int \frac{2x-3}{x^2-3x+2}\mathrm{d}x$.

二、求下列不定积分：

1. $\int (3^x-x^3+3)\mathrm{d}x$.

2. $\int \frac{\mathrm{e}^x}{\sqrt{1-\mathrm{e}^{2x}}}\mathrm{d}x$.

3. $\int \frac{\sqrt{1+\ln x}}{x}\mathrm{d}x$.

4. $\int x\cos x^2\mathrm{d}x$.

5. $\int \frac{x^3}{1-x^4}\mathrm{d}x$.

6. $\int \frac{\sin\sqrt{x}}{\sqrt{x}}\mathrm{d}x$.

7. $\int \frac{(\arcsin x)^2}{\sqrt{1-x^2}}\mathrm{d}x$.

8. $\int \frac{\ln^2 x}{x}\mathrm{d}x$.

9. $\int \frac{1}{2+3x^2}\mathrm{d}x$.

10. $\int \frac{1}{x(1+x^2)}\mathrm{d}x$.

11. $\int \sqrt{1-x^2}\,\mathrm{d}x$.

12. $\int \frac{1}{x^2-5x+4}\mathrm{d}x$.

三、1. 已知 $f'(x)=\mathrm{e}^{3x}-\sin 3x$，且 $f(0)=\frac{2}{3}$，求 $f(x)$.

2. 已知 $f'(\sin^2 x)=\cos^2 x$，求 $f(x)$.

(B)

一、1. $\int \frac{x+5}{x^2-6x+13}\mathrm{d}x=$__________.

2. $\int \frac{1}{\sqrt{x(4-x)}}\mathrm{d}x=$__________.

3. 设 $\int xf(x)\mathrm{d}x=\arcsin x+C$，则 $\int\frac{1}{f(x)}\mathrm{d}x=$________.

二、1. 计算 $\int\frac{\mathrm{d}x}{(2x^2+1)\sqrt{x^2+1}}$.

第三节　分部积分法

不难发现，前两节介绍了两个函数和、差的积分，并没有两个函数之积的积分性质.

回忆两个函数之积的微分运算公式，设 $u=u(x)$，$v=v(x)$ 具有连续导数，则

$$\mathrm{d}(uv)=u\mathrm{d}v+v\mathrm{d}u.$$

对该公式两端求不定积分，并利用积分性质得

$$uv=\int u\mathrm{d}v+\int v\mathrm{d}u,$$

移项得

$$\int u\mathrm{d}v=uv-\int v\mathrm{d}u,$$

或表示为

$$\int uv'\mathrm{d}x=uv-\int u'v\mathrm{d}x.$$

这就是分部积分公式.利用上式求不定积分的方法称为分部积分法.它的特点之一是化难为易，把求困难的不定积分 $\int u\mathrm{d}v$ 转化成求相对容易的不定积分 $\int v\mathrm{d}u$，当然，这需要 $\int v\mathrm{d}u$ 比 $\int u\mathrm{d}v$ 容易计算.

例 1　求 $\int x\mathrm{e}^x\mathrm{d}x$.

解　选择 $u=x$，$\mathrm{d}v=\mathrm{e}^x\mathrm{d}x=\mathrm{d}(\mathrm{e}^x)$，由分部积分公式，得

$$\int x\mathrm{e}^x\mathrm{d}x=\int x\mathrm{d}(\mathrm{e}^x)=x\mathrm{e}^x-\int\mathrm{e}^x\mathrm{d}x=x\mathrm{e}^x-\mathrm{e}^x+C.$$

若选择 $u=\mathrm{e}^x$，$\mathrm{d}v=x\mathrm{d}x=\mathrm{d}\left(\frac{x^2}{2}\right)$，由分部积分公式，得

$$\int x\mathrm{e}^x\mathrm{d}x=\int\mathrm{e}^x\mathrm{d}\left(\frac{x^2}{2}\right)=\frac{x^2}{2}\mathrm{e}^x-\int\frac{x^2}{2}\mathrm{e}^x\mathrm{d}x,$$

显然，后者积分比前者积分更复杂，不便于计算.

例 2　求 $\int x^2\mathrm{e}^{-x}\mathrm{d}x$.

解　设 $u=x^2$，$\mathrm{d}v=\mathrm{e}^{-x}\mathrm{d}x$，则 $\mathrm{d}u=2x\mathrm{d}x$，$v=-\mathrm{e}^{-x}$，

$$\int x^2 e^{-x}dx=-x^2e^{-x}-\int(-e^{-x})2xdx=-x^2e^{-x}+2\int xe^{-x}dx.$$

再次使用分部积分法,有

$$\int xe^{-x}dx=-\int xd(e^{-x})=-xe^{-x}+\int e^{-x}dx=-xe^{-x}-e^{-x}+C_1,$$

所以

$$\int x^2e^{-x}dx=-x^2e^{-x}-2xe^{-x}-2e^{-x}+C\quad(C=2C_1).$$

由例 1 和例 2 可以看出,一般地,若被积函数是多项式与 e^x 的乘积时,则可设多项式为 u,剩下的部分与 dx 的乘积设为 dv.

由此可见,使用分部积分法的关键在于选择 u 和 dv.一般情况下,选择 u 和 dv 的原则是:

(1) v 容易求出;

(2) 新积分 $\int vdu$ 比原积分 $\int udv$ 容易计算.

例 3 求 $\int x\cos xdx$.

解 设 $u=x,dv=\cos xdx$,则 $du=dx,v=\sin x$,

$$\int x\cos xdx=x\sin x-\int\sin xdx=x\sin x+\cos x+C.$$

若选择 $u=\cos x,dv=xdx=d\left(\frac{1}{2}x^2\right)$,则得到的不定积分比原来的积分更复杂.读者不妨试试.

例 4 求 $\int x^2\sin xdx$.

解 设 $u=x^2,dv=\sin xdx$,则 $du=2xdx,v=-\cos x$,

$$\begin{aligned}\int x^2\sin xdx&=-x^2\cos x-\int(-\cos x)\cdot 2xdx\\&=-x^2\cos x+2\int xd(\sin x)\\&=-x^2\cos x+2\left(x\sin x-\int\sin xdx\right)\\&=-x^2\cos x+2(x\sin x+\cos x)+C.\end{aligned}$$

一般地,若被积函数为多项式与 $\sin x,\cos x$ 的乘积,则可设多项式为 u,剩下的部分与 dx 的乘积设为 dv.

例 5 求 $\int x\ln xdx$.

解 设 $u=\ln x,dv=xdx$,则 $du=\frac{1}{x}dx,v=\frac{1}{2}x^2$,

$$\int x\ln xdx=\frac{1}{2}x^2\ln x-\int\frac{1}{2}x^2\cdot\frac{1}{x}dx=\frac{1}{2}x^2\ln x-\frac{1}{2}\int xdx$$

$$=\frac{1}{2}x^2\ln x-\frac{1}{4}x^2+C.$$

例 6　求 $\int \ln x\mathrm{d}x$.

解　这个被积函数只含对数函数，但是可以看成 1 与 $\ln x$ 的乘积，所以设 $u=\ln x$，$\mathrm{d}v=\mathrm{d}x$，则 $\mathrm{d}u=\frac{1}{x}\mathrm{d}x$，$v=x$，

$$\int \ln x\mathrm{d}x=x\ln x-\int \mathrm{d}x=x\ln x-x+C.$$

一般地，若被积函数为多项式与对数函数的乘积，则可设对数函数为 u，剩下的部分与 $\mathrm{d}x$ 的乘积设为 $\mathrm{d}v$.

例 7　求 $\int \arcsin x\mathrm{d}x$.

解　此题的被积函数类似于例 6，是单一函数，采用同样的方法，设 $u=\arcsin x$，$\mathrm{d}v=\mathrm{d}x$，则 $\mathrm{d}u=\frac{1}{\sqrt{1-x^2}}\mathrm{d}x$，$v=x$，

$$\begin{aligned}\int \arcsin x\mathrm{d}x&=x\arcsin x-\int x\mathrm{d}(\arcsin x)=x\arcsin x-\int \frac{x}{\sqrt{1-x^2}}\mathrm{d}x\\&=x\arcsin x+\frac{1}{2}\int \frac{\mathrm{d}(1-x^2)}{\sqrt{1-x^2}}=x\arcsin x+\sqrt{1-x^2}+C.\end{aligned}$$

例 8　求 $\int x\arctan x\mathrm{d}x$.

解　设 $u=\arctan x$，$\mathrm{d}v=x\mathrm{d}x$，则 $\mathrm{d}u=\frac{1}{1+x^2}\mathrm{d}x$，$v=\frac{1}{2}x^2$，

$$\begin{aligned}\int x\arctan x\mathrm{d}x&=\frac{1}{2}x^2\arctan x-\int \frac{1}{2}x^2\cdot\frac{1}{1+x^2}\mathrm{d}x\\&=\frac{1}{2}x^2\arctan x-\frac{1}{2}\int \frac{x^2}{1+x^2}\mathrm{d}x\\&=\frac{1}{2}x^2\arctan x-\frac{1}{2}\int \frac{x^2+1-1}{1+x^2}\mathrm{d}x\\&=\frac{1}{2}x^2\arctan x-\frac{1}{2}\int \left(1-\frac{1}{1+x^2}\right)\mathrm{d}x\\&=\frac{1}{2}x^2\arctan x-\frac{1}{2}x+\frac{1}{2}\arctan x+C\\&=\frac{1}{2}(x^2+1)\cdot\arctan x-\frac{1}{2}x+C.\end{aligned}$$

一般地，若被积函数为多项式与反三角函数的乘积，则可设反三角函数为 u，剩下的部分与

$\mathrm{d}x$ 的乘积设为 $\mathrm{d}v$.

以上是比较常见的利用分部积分法计算不定积分的题目.当然,分部积分法不仅适用于以上几种类型的被积函数,还可利用它灵活地计算出很多不同类型的积分.

例 9 求 $\int \mathrm{e}^{\sqrt{x}}\,\mathrm{d}x$.

解 被积函数中含有根号,因此可以先利用第二类换元积分去掉根号.

设$\sqrt{x}=t$,则 $x=t^2$, $\mathrm{d}x=2t\mathrm{d}t$,所以

$$\int \mathrm{e}^{\sqrt{x}}\mathrm{d}x = \int \mathrm{e}^t \cdot 2t\mathrm{d}t=2\int t\mathrm{e}^t\mathrm{d}t.$$

由例 1 的结果可知

$$2\int t\mathrm{e}^t\mathrm{d}t=2t\mathrm{e}^t-2\mathrm{e}^t+C.$$

再将$\sqrt{x}=t$ 代入以上的结果中,得

$$\int \mathrm{e}^{\sqrt{x}}\mathrm{d}x=2\sqrt{x}\,\mathrm{e}^{\sqrt{x}}-2\mathrm{e}^{\sqrt{x}}+C.$$

此例表明在积分的过程中,为计算相应的不定积分,可能需要综合利用换元法和分部积分法等积分方法.

例 10 求 $\int \mathrm{e}^x\sin x\mathrm{d}x$.

解

$$\begin{aligned}\int \mathrm{e}^x\sin x\mathrm{d}x &= \int \sin x\mathrm{d}(\mathrm{e}^x)=\mathrm{e}^x\sin x-\int \mathrm{e}^x\mathrm{d}(\sin x)\\ &=\mathrm{e}^x\sin x+\int \mathrm{e}^x\cos x\mathrm{d}x=\mathrm{e}^x\sin x+\int \cos x\mathrm{d}(\mathrm{e}^x)\\ &=\mathrm{e}^x\sin x+\mathrm{e}^x\cos x-\int \mathrm{e}^x\sin x\mathrm{d}x,\end{aligned}$$

此等式是关于 $\int \mathrm{e}^x\sin x\mathrm{d}x$ 的一个方程,解该方程,有

$$2\int \mathrm{e}^x\sin x\mathrm{d}x=\mathrm{e}^x\sin x+\mathrm{e}^x\cos x+C_1=\mathrm{e}^x(\sin x+\cos x)+C_1,$$

因此

$$\int \mathrm{e}^x\sin x\mathrm{d}x=\frac{1}{2}\mathrm{e}^x(\sin x+\cos x)+C \quad \left(C=\frac{C_1}{2}\right).$$

由此例可以看出,使用分部积分之后,虽然没有起到化难为易的作用,但是它转化了被积函数,并间接得出所求积分.这是分部积分的功效之二.

例 11 已知 $\cos x$ 是$f(x)$的原函数,求 $\int xf(x)\mathrm{d}x$.

解 设 $u=x$, $\mathrm{d}v=f(x)\mathrm{d}x$,则 $\mathrm{d}u=\mathrm{d}x$, $v=\int f(x)\mathrm{d}x=\cos x$,

$$\int xf(x)\mathrm{d}x=x\cos x-\int\cos x\mathrm{d}x=x\cos x-\sin x+C.$$

从以上各例看出，当被积函数是两种不同类型的函数乘积时，可以考虑使用分部积分法.选择 u 和 $\mathrm{d}v$ 的原则可以归纳如下：

（1）当被积函数是多项式与指数函数或三角函数的乘积时，可设多项式为 u，指数函数或三角函数与 $\mathrm{d}x$ 的乘积部分设为 $\mathrm{d}v$.如例 1—例 4.

（2）当被积函数是多项式与对数函数或反三角函数的乘积时，可设对数函数或反三角函数为 u，多项式与 $\mathrm{d}x$ 的乘积部分为 $\mathrm{d}v$.如例 5—例 7.

习题 4-3

(A)

一、求下列不定积分：

1. $\int x\mathrm{e}^{-x}\mathrm{d}x$.
2. $\int x\sin x\mathrm{d}x$.
3. $\int x^2\ln x\mathrm{d}x$.
4. $\int\arctan x\mathrm{d}x$.
5. $\int\mathrm{e}^x\cos x\mathrm{d}x$.
6. $\int\frac{\ln x}{\sqrt{x}}\mathrm{d}x$.
7. $\int\ln(1+x)\mathrm{d}x$.
8. $\int\frac{\ln(1+\sqrt{x})}{\sqrt{x}}\mathrm{d}x$.
9. $\int\frac{\arctan\sqrt{x}}{\sqrt{x}}\mathrm{d}x$.
10. $\int x\mathrm{e}^{2x}\mathrm{d}x$.
11. $\int\cos\sqrt{x}\mathrm{d}x$.

二、1. 设 $f(x)$ 的一个原函数为 $x\sin x$，求 $\int xf'(x)\mathrm{d}x$.

(B)

一、1. $\int\frac{\ln x-1}{x^2}\mathrm{d}x=$__________.

2. $\int\frac{\arcsin\sqrt{x}}{\sqrt{x}}\mathrm{d}x=$__________.

二、1. 计算 $\int\frac{x^2}{1+x^2}\arctan x\mathrm{d}x$.

2. 计算 $\int\frac{\arctan\mathrm{e}^x}{\mathrm{e}^{2x}}\mathrm{d}x$.

3. 计算 $\int\frac{\arcsin\mathrm{e}^x}{\mathrm{e}^x}\mathrm{d}x$.

4. 计算 $\int \frac{xe^{x}}{\sqrt{e^{x}-1}}dx$.

5. 计算 $\int e^{2x}(\tan x+1)^{2}dx$.

6. 计算 $\int \frac{xe^{\arctan x}}{(1+x^{2})^{3/2}}dx$.

7. 设 $f(\ln x)=\frac{\ln(1+x)}{x}$,求 $\int f(x)dx$.

8. 设 $f(\sin^{2}x)=\frac{x}{\sin x}$,求 $\int \frac{\sqrt{x}}{\sqrt{1-x}}f(x)dx$.

9. 计算 $\int \ln\left(1+\sqrt{\frac{1+x}{x}}\right)dx\,(x>0)$.

第四章典型
选择题及分析

第四章典型
例题讲解 1

第四章典型
例题讲解 2

第四章自测题

第五章 定积分及其应用

定积分的产生源于两类科学问题:一是计算平面上封闭曲线围成区域的面积;二是已知变速直线运动物体的速度,求其路程.这些问题都可以归结为计算具有特定结构的和式极限.

本章先从现实中的和式极限问题入手引入定积分的定义,然后讨论它的性质、定积分与不定积分的关系、定积分的计算及其简单应用,最后介绍简单的反常积分.

第一节 定积分的概念

在科学技术中,许多实际问题,如求平面上封闭曲线围成的区域的面积、封闭曲面围成的立体的体积、曲线的长度、变速直线运动物体的路程、变力做的功、经济学中的总利润等,都可以归结为求一种特定结构的和式的极限问题.

一、引例

1. 曲边梯形的面积

在初等数学中,我们已经学会计算矩形、梯形、三角形和圆等平面图形的面积,甚至平面上的任意直多边形也可用分割法求出面积.至于由任意一条封闭曲线所围成的平面图形(图 5.1)的面积可以化为两个曲边形面积 S_{aACBb} 与 S_{aADBb} 的差,即

$$S=S_{aACBb}-S_{aADBb}.$$

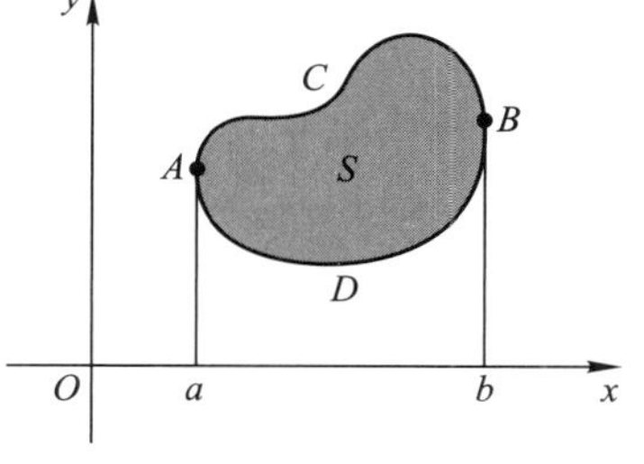

图 5.1

为此我们引入曲边梯形的定义.

所谓曲边梯形,是指由直线 $x=a,x=b,x$ 轴及区间 $[a,b]$ 上连续曲线 $y=f(x)$ 所围成的图形,如图 5.2 所示,常称 x 轴上的区间

$[a,b]$为底边,曲线弧$y=f(x)$为曲边.

若$f(x)$恒等于常数,则这个曲边梯形实际上是矩形,面积可由公式

$$矩形面积=底\times高$$

来计算.

我们可以借用矩形面积公式,在局部小区间内采用"以直代曲"的方法近似计算曲边梯形的面积.方法如下:

第一步　分割

在区间$[a,b]$内任意插入 $n-1$ 个分点(图 5.3)

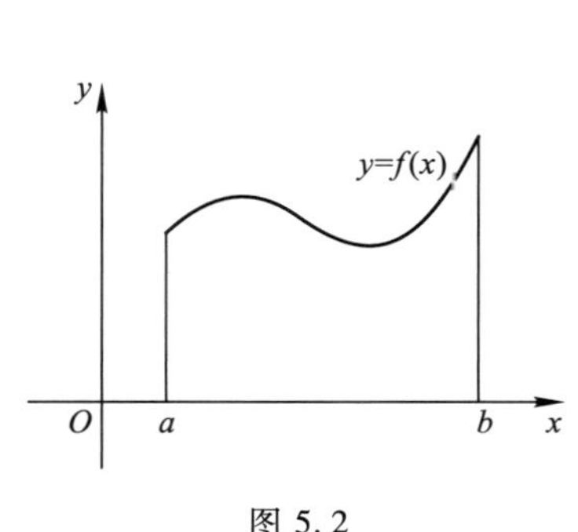

图 5.2

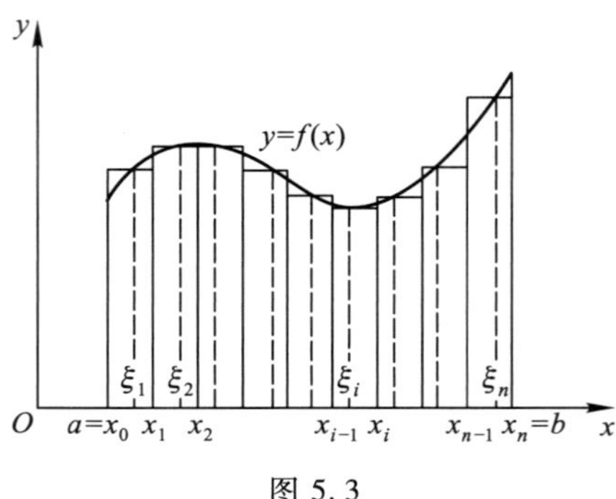

图 5.3

$$a=x_0<x_1<x_2<\cdots<x_{n-1}<x_n=b,$$

把区间$[a,b]$分成 n 个小区间

$$[x_0,x_1],\ [x_1,x_2],\ \cdots,\ [x_{n-1},x_n].$$

它们的长度依次为

$$\Delta x_1=x_1-x_0,\ \Delta x_2=x_2-x_1,\ \cdots,\ \Delta x_n=x_n-x_{n-1}.$$

过每个分点作平行于 y 轴的直线,把曲边梯形分成 n 个小曲边梯形,用 ΔA_i 表示第 $i(i=1,2,\cdots,n)$个小曲边梯形的面积,则曲边梯形的面积 A 可表示为这 n 个小曲边梯形面积之和,即

$$A=\sum_{i=1}^{n}\Delta A_i.$$

第二步　近似

由于$f(x)$是连续函数,所以当自变量的改变量很小时,相应的函数的改变量也很小.因此,当小曲边梯形的底边 Δx_i 很小时,其上的高的变化也很小.所以,小曲边梯形的面积可以用小矩形面积近似代替.

在每个小区间$[x_{i-1},x_i]$上任取一点 $\xi_i(x_{i-1}\leqslant\xi_i\leqslant x_i)$,于是

$$\Delta A_i\approx f(\xi_i)\Delta x_i,\quad i=1,2,\cdots,n.$$

$f(\xi_i)\Delta x_i$ 是以$[x_{i-1},x_i]$为底,以$f(\xi_i)$为高的小矩形的面积.

第三步　求和

将上述 n 个小矩形的面积加在一起,就可以得到所求曲边梯形面积 A 的近似值,即

$$
\begin{aligned}
A &\approx f(\xi_1)\Delta x_1+f(\xi_2)\Delta x_2+\cdots+f(\xi_n)\Delta x_n\\
&=\sum_{i=1}^{n} f(\xi_i)\Delta x_i.
\end{aligned}
$$

第四步　取极限

当小曲边梯形的底边的长度趋于零时，其上的高的改变量也趋于零.所以 Δx_i 越小，所得面积近似程度越高.记 $\lambda=\max\{\Delta x_1,\Delta x_2,\cdots,\Delta x_n\}$，当 $\lambda\to 0$ 时（此时分点的个数 $n\to\infty$），若

$$
\lim_{\lambda\to 0}\sum_{i=1}^{n} f(\xi_i)\Delta x_i
$$

存在且唯一，则定义其值为曲边梯形面积，即曲边梯形的面积可以表示为一种特定结构和式的极限.

2. 变速直线运动的路程

设某物体做直线运动，运动的速度是时间 t 的连续函数 $v=v(t)$ $(v(t)\geqslant 0)$，求该物体从 $t=a$ 到 $t=b(0<a<b)$ 这段时间内所经过的路程.

若物体做匀速直线运动，则

$$
\text{路程}=\text{速度}\times\text{时间}.
$$

现物体做变速直线运动，速度 v 随时间 t 连续变化，不能直接用上述公式.但是，在局部小区间内，我们可以采用“以匀速代变速”的方法，借用上述公式间接计算变速直线运动的路程.方法如下：

第一步　分割

在 $[a,b]$ 中任意插入 $n-1$ 个分点

$$
a=t_0<t_1<t_2<\cdots<t_{n-1}<t_n=b,
$$

把区间 $[a,b]$ 分成 n 个小区间 $[t_{i-1},t_i]$，用 $\Delta t_i=t_i-t_{i-1}$ 表示第 i 段时间长，用 Δs_i 表示物体在第 i 个时间段内经过的路程，$i=1,2,\cdots,n$.于是物体在时间间隔 $[a,b]$ 内经过的总路程 s 等于 n 小段时间内经过的路程之和，即

$$
s=\sum_{i=1}^{n}\Delta s_i.
$$

第二步　近似

因为速度 $v(t)$ 是 t 在 $[a,b]$ 上的连续函数，当 Δt_i 很小时，速度的变化也很小，所以，在小段时间内速度可以近似看成常量.在每个小区间 $[t_{i-1},t_i]$ 上任取一点 $\xi_i(t_{i-1}\leqslant\xi_i\leqslant t_i)$，用 $v(\xi_i)$ 代替 $[t_{i-1},t_i]$ 内各时刻的速度，于是

$$
\Delta s_i\approx v(\xi_i)\Delta t_i,\quad i=1,2,\cdots,n.
$$

第三步　求和

将上述 n 段时间段内经过的路程加在一起，就可以得到在 $[a,b]$ 内物体经过的路程的近似值，即

$$
\begin{aligned}
s &\approx v(\xi_1)\Delta t_1+v(\xi_2)\Delta t_2+\cdots+v(\xi_n)\Delta t_n\\
&=\sum_{i=1}^{n} v(\xi_i)\Delta t_i.
\end{aligned}
$$

第四步 取极限

因为速度是$[a,b]$上的连续函数,当时间改变量趋于零时,速度的改变量也趋于零.所以Δt_i越小,所得路程近似程度越高.记$\lambda=\max\{\Delta t_1,\Delta t_2,\cdots,\Delta t_n\}$,当$\lambda\to 0$时(此时分点的个数$n\to\infty$),若

$$\lim_{\lambda\to 0}\sum_{i=1}^{n}v(\xi_i)\Delta t_i$$

存在且唯一,则定义其值为变速直线运动物体从$t=a$到$t=b$所经过的路程.

可见,变速直线运动的路程也可以表示为一种特定结构的和式的极限.

还有很多实际问题都可以归结为这类特定结构和式的极限,抛开这些问题的具体意义,便可抽象出定积分的概念.

二、定积分的概念

定义 1 设函数$f(x)$在区间$[a,b]$上有界,在$[a,b]$内任意插入$n-1$个分点

$$a=x_0<x_1<x_2<\cdots<x_{n-1}<x_n=b,$$

把区间$[a,b]$分成n个小区间

$$[x_0,x_1],\ [x_1,x_2],\ \cdots,\ [x_{n-1},x_n].$$

各小区间的长度依次为

$$\Delta x_1=x_1-x_0,\ \Delta x_2=x_2-x_1,\ \cdots,\ \Delta x_n=x_n-x_{n-1}.$$

在每个小区间$[x_{i-1},x_i]$上任取一点$\xi_i(x_{i-1}\leqslant\xi_i\leqslant x_i)$,作函数$f(\xi_i)$与小区间长度$\Delta x_i$的乘积$f(\xi_i)\Delta x_i(i=1,2,\cdots,n)$,并作和

$$\sum_{i=1}^{n}f(\xi_i)\Delta x_i,$$

记$\lambda=\max\{\Delta x_1,\Delta x_2,\cdots,\Delta x_n\}$,若不论对$[a,b]$怎样分法,也不论在小区间$[x_{i-1},x_i]$上如何取点$\xi_i(i=1,2,\cdots,n)$.只要当$\lambda\to 0$时,和式$\sum\limits_{i=1}^{n}f(\xi_i)\Delta x_i$的极限存在且相同,则称此极限为函数$f(x)$在区间$[a,b]$上的**定积分**,记作$\int_a^b f(x)\mathrm{d}x$,即

$$\int_a^b f(x)\mathrm{d}x=\lim_{\lambda\to 0}\sum_{i=1}^{n}f(\xi_i)\Delta x_i,$$

其中$f(x)$称为被积函数,$f(x)\mathrm{d}x$称为被积表达式,x称为积分变量,a称为积分下限,b称为积分上限,$[a,b]$称为积分区间.

注意 (1) 定积分是和式的极限,是一个数值;

(2) 定积分的值与被积函数$f(x)$及积分区间$[a,b]$有关;

(3) 定积分与积分区间的分法、点ξ_i的取法及积分变量的记法无关,即

$$\int_a^b f(x)\,\mathrm{d}x = \int_a^b f(t)\,\mathrm{d}t = \int_a^b f(u)\,\mathrm{d}u;$$

(4) 定积分定义中,实际假定了 $a<b$;为了今后使用方便,规定当 $a>b$ 时,

$$\int_a^b f(x)\,\mathrm{d}x = -\int_b^a f(x)\,\mathrm{d}x,$$

即定积分上、下限互换时,定积分变号,所以,显然有

$$\int_a^a f(x)\,\mathrm{d}x = 0.$$

和式 $\sum\limits_{i=1}^{n} f(\xi_i)\Delta x_i$ 通常称为积分和,当积分和的极限存在时,也称函数 $f(x)$ 在 $[a,b]$ 上可积,或说 $f(x)$ 在区间 $[a,b]$ 上的定积分存在.否则称函数 $f(x)$ 在区间 $[a,b]$ 上不可积,或定积分 $\int_a^b f(x)\,\mathrm{d}x$ 不存在.

判断函数 $y=f(x)$ 在区间上是否可积,是定积分研究的一个重要问题,这里我们不作深入讨论,只给出以下几个定理:

定理 1　若函数 $f(x)$ 在区间 $[a,b]$ 上连续,则函数 $f(x)$ 在 $[a,b]$ 上可积.

定理 2　若函数 $f(x)$ 在区间 $[a,b]$ 上有界,且只有有限个间断点,则函数 $f(x)$ 在 $[a,b]$ 上可积.

定理 3　若函数 $f(x)$ 在区间 $[a,b]$ 上为单调有界函数,则函数 $f(x)$ 在区间 $[a,b]$ 上可积.

上述定理统称为定积分存在定理.

三、定积分的解说

利用定积分的定义,前面所讨论的两个实际问题可以分别表述如下:

物体以变速 $v=v(t)\,(v(t)\geqslant 0)$ 做直线运动,从时刻 $t=a$ 到时刻 $t=b$,这个物体所经过的路程 s 等于函数 $v(t)$ 在区间 $[a,b]$ 上的定积分,即

$$s = \int_a^b v(t)\,\mathrm{d}t.$$

此为定积分的物理意义.

曲线 $y=f(x)\,(f(x)\geqslant 0)$、$x$ 轴及两条直线 $x=a$, $x=b\,(a<b)$ 所围成的曲边梯形的面积 A 等于函数 $f(x)$ 在区间 $[a,b]$ 上的定积分,即

$$A = \int_a^b f(x)\,\mathrm{d}x.$$

此为定积分的几何意义.

若在区间 $[a,b]$ 上,$f(x)\leqslant 0$,则曲线 $y=f(x)$,x 轴及两条直线 $x=a$, $x=b$ 所围成的曲边梯形位于 x 轴下方,此时定积分 $\int_a^b f(x)\,\mathrm{d}x$ 在几何上表示上述曲边梯形面积的负值,如图 5.4 所示.

若在区间$[a,b]$上,$f(x)$有正值又有负值,如图5.5所示,则定积分$\int_a^b f(x)\mathrm{d}x$的几何意义为:它是介于x轴、函数$f(x)$的图形及两条直线$x=a$,$x=b$之间的各部分面积的代数和.

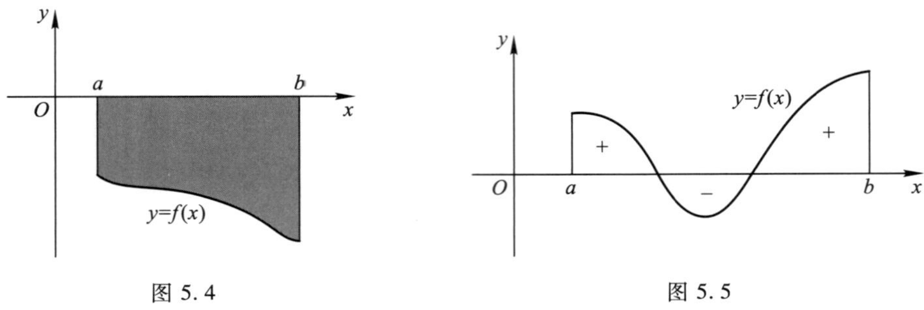

图5.4　　图5.5

例1 利用定积分的几何意义计算$\int_0^1 x\mathrm{d}x$.

解 如图5.6所示,该定积分就是图中阴影部分的面积,即

$$\int_0^1 x\mathrm{d}x=\frac{1}{2}\cdot 1\cdot 1=\frac{1}{2}.$$

例2 利用定积分的几何意义计算$\int_{-2}^2 x^3\mathrm{d}x$.

解 如图5.7所示,定积分$\int_{-2}^2 x^3\mathrm{d}x$等于图中阴影部分的面积的代数和,即$x$轴上方的阴影面积加上$x$轴下方阴影面积的负值,而$x$轴上、下两阴影面积相等,所以

$$\int_{-2}^2 x^3\mathrm{d}x=0.$$

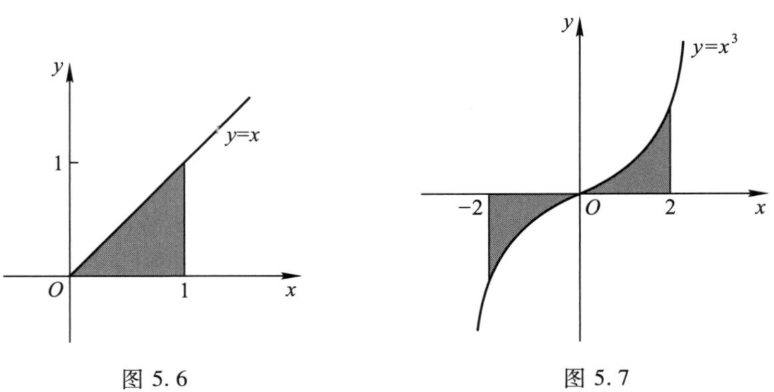

图5.6　　图5.7

思考与扩展19

在定义1中"…只要当$\lambda\to 0$时,和式$\sum_{i=1}^{n}f(\xi_i)\Delta x_i$的极限存在且相同,则称此极限为…定积分",其中"且相同"三个字可以去掉吗?

定积分的定义中关键要素是什么?

习题 5-1

(A)

一、利用定积分的几何意义计算下列定积分：

1. $\int_0^1 \frac{1}{2}x\mathrm{d}x$.

2. $\int_1^2 x\mathrm{d}x$.

3. $\int_0^1 \sqrt{1-x^2}\mathrm{d}x$.

4. $\int_1^2 \sqrt{2x-x^2}\mathrm{d}x$.

5. $\int_{-\frac{\pi}{2}}^{\frac{\pi}{2}} \sin x\mathrm{d}x$.

6. $\int_{-1}^1 |x|\mathrm{d}x$.

二、1. 利用定积分的几何意义，说明 $\int_{-\frac{\pi}{2}}^{\frac{\pi}{2}} \cos x\mathrm{d}x = 2\int_0^{\frac{\pi}{2}} \cos x\mathrm{d}x$.

2. 利用定积分定义计算 $\int_0^1 x\mathrm{d}x$.

(B)

一、1. 设在区间 $[a,b]$ 上函数 $f(x)>0$, $f'(x)<0$, $f''(x)>0$. 令 $S_1=\int_a^b f(x)\mathrm{d}x$, $S_2=f(b)(b-a)$, $S_3=\frac{1}{2}[f(a)+f(b)](b-a)$，则（　　）.

A. $S_1<S_2<S_3$

B. $S_2<S_1<S_3$

C. $S_3<S_1<S_2$

D. $S_2<S_3<S_1$

第二节　定积分的基本性质、中值定理

下面我们讨论定积分的性质，假定下列各性质中所涉及的定积分都是存在的，且积分上下限的大小，如不特别指明，均不加限制.

性质 1　被积函数中的常数因子可以提到积分号前面，即

$$\int_a^b kf(x)\mathrm{d}x = k\int_a^b f(x)\mathrm{d}x,\quad k\text{ 为常数}.$$

证　由定积分的定义与极限运算法则可得

$$\begin{aligned}\int_a^b kf(x)\mathrm{d}x &= \lim_{\lambda\to 0}\sum_{i=1}^n kf(\xi_i)\Delta x_i = k\lim_{\lambda\to 0}\sum_{i=1}^n f(\xi_i)\Delta x_i\\ &= k\int_a^b f(x)\mathrm{d}x.\end{aligned}$$

同样利用定积分定义与极限运算法则可证：

性质 2 两个函数和(差)的定积分,等于它们定积分的和(差),即

$$\int_a^b [f(x) \pm g(x)]\mathrm{d}x = \int_a^b f(x)\mathrm{d}x \pm \int_a^b g(x)\mathrm{d}x.$$

性质 3 若在区间$[a,b]$上,$f(x)\equiv 1$,则$\int_a^b f(x)\mathrm{d}x = b-a$.

性质 4 设a,b,c是任意三个数,$f(x)$在它们构成的最大区间上满足积分存在定理的条件,则

$$\int_a^b f(x)\mathrm{d}x = \int_a^c f(x)\mathrm{d}x + \int_c^b f(x)\mathrm{d}x.$$

性质 5 若$f(x)\geqslant 0\ (a\leqslant x\leqslant b)$,则$\int_a^b f(x)\mathrm{d}x\geqslant 0$;

若$f(x)\leqslant 0\ (a\leqslant x\leqslant b)$,则$\int_a^b f(x)\mathrm{d}x\leqslant 0$.

推论 1 若$f(x)\leqslant g(x)$,$a\leqslant x\leqslant b$,则

$$\int_a^b f(x)\mathrm{d}x \leqslant \int_a^b g(x)\mathrm{d}x.$$

推论 2 $\left|\int_a^b f(x)\mathrm{d}x\right| \leqslant \int_a^b |f(x)|\mathrm{d}x \quad (a<b).$

性质 6 设M和m分别是函数$f(x)$在区间$[a,b]$上的最大值和最小值,则

$$m(b-a)\leqslant \int_a^b f(x)\mathrm{d}x \leqslant M(b-a).$$

证 由已知,$m\leqslant f(x)\leqslant M\ (a\leqslant x\leqslant b)$,根据推论1,得

$$\int_a^b m\mathrm{d}x\leqslant \int_a^b f(x)\mathrm{d}x\leqslant \int_a^b M\mathrm{d}x.$$

又由性质1及性质3,得

$$\int_a^b m\mathrm{d}x = m(b-a), \quad \int_a^b M\mathrm{d}x = M(b-a),$$

即

$$m(b-a)\leqslant \int_a^b f(x)\mathrm{d}x\leqslant M(b-a).$$

性质6又叫做定积分估值定理,它说明由被积函数在积分区间上的最大值及最小值,可以估计积分值的大致范围.

当$f(x)\geqslant 0$时,性质6的几何意义是:曲线$y=f(x)$与直线$x=a$,$x=b$及x轴所围曲边梯形的面积,介于以$[a,b]$为底边、分别以$f(x)$在$[a,b]$上的最大值M和最小值m为高的矩形面积之间(图5.8).

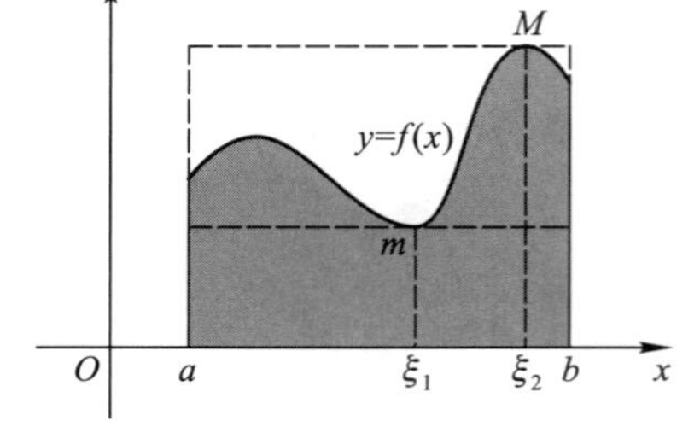

图 5.8

性质 7(定积分中值定理) 若$f(x)$在区间$[a,b]$上连续,则在(a,b)上至少存在一点ξ,使

$$\int_a^b f(x)\mathrm{d}x = f(\xi)(b-a).$$

证　由于$f(x)$在$[a,b]$上连续，所以$f(x)$在$[a,b]$上能取得最大值M和最小值m，由性质6得

$$m \leqslant \frac{1}{b-a}\int_a^b f(x)\mathrm{d}x \leqslant M.$$

由闭区间连续函数的介值定理，在区间(a,b)上至少存在一点ξ，使函数满足

$$\frac{1}{b-a}\int_a^b f(x)\mathrm{d}x = f(\xi),\quad a \leqslant \xi \leqslant b,$$

即

$$\int_a^b f(x)\mathrm{d}x = f(\xi)(b-a),\quad a \leqslant \xi \leqslant b.$$

事实上可以证明，ξ一定可以在(a,b)内取得，证明略.

当$f(x) \geqslant 0$时，积分中值定理的几何意义为：在区间(a,b)上至少存在一点ξ，使以$[a,b]$为底、以$f(\xi)$为高的矩形面积，恰好等于曲线$y=f(x)$，直线$x=a$，$x=b$及x轴所围成的曲边梯形的面积，如图5.9所示.

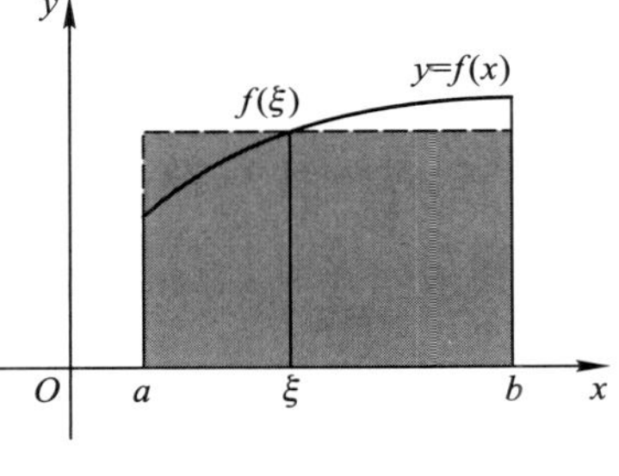

图 5.9

通常称$\frac{1}{b-a}\int_a^b f(x)\mathrm{d}x$为连续函数$f(x)$在区间$[a,b]$上的平均值.

例 1　利用定积分的性质比较下列定积分的大小.

(1) $\int_0^1 x^2\mathrm{d}x$ 和 $\int_0^1 x^3\mathrm{d}x$；

(2) $\int_1^2 \ln x\mathrm{d}x$ 和 $\int_1^2 (\ln x)^2\mathrm{d}x$.

解　(1) 因为在区间$[0,1]$上，$x^2 \geqslant x^3$，所以

$$\int_0^1 x^2\mathrm{d}x \geqslant \int_0^1 x^3\mathrm{d}x.$$

(2) 因为在区间$[1,2]$上，$0<\ln x<1$，故

$$\ln x > (\ln x)^2,\quad x \in [1,2],$$

因此

$$\int_1^2 \ln x\mathrm{d}x > \int_1^2 (\ln x)^2\mathrm{d}x.$$

例 2　估计定积分$\int_1^4 (x^2+1)\mathrm{d}x$的值.

解　因为$f(x)=x^2+1$在区间$[1,4]$上连续，所以也可积，又因为

$$1 \leqslant x^2 \leqslant 16\quad (1 \leqslant x \leqslant 4),$$

所以 $2\leqslant 1+x^2\leqslant 17$,由估值定理有

$$6\leqslant \int_1^4 (x^2+1)\mathrm{d}x \leqslant 51.$$

例 3 利用定积分中值定理,判断定积分 $\int_{\frac{1}{2}}^1 x^2\ln x\mathrm{d}x$ 的符号.

解 因为

$$\int_{\frac{1}{2}}^1 x^2\ln x\mathrm{d}x=\left(1-\frac{1}{2}\right)\xi^2\ln \xi=\frac{1}{2}\xi^2\ln \xi,\quad \xi\in\left(\frac{1}{2},1\right),$$

又因为$\frac{1}{2}<\xi<1$,所以 $\ln \xi<0$,则

$$\int_{\frac{1}{2}}^1 x^2\ln x\mathrm{d}x=\frac{1}{2}\xi^2\ln \xi<0.$$

因此,$\int_{\frac{1}{2}}^1 x^2\ln x\mathrm{d}x$ 的符号为负.

习题 5-2

(A)

一、判断下列各命题的正确性:

1. 若区间 $[c,d]\subset[a,b]$,则有 $\int_a^b f(x)\mathrm{d}x\geqslant\int_c^d f(x)\mathrm{d}x$.

2. $\int_\pi^{2\pi} 2\mathrm{d}x\geqslant\int_\pi^{2\pi}|\sin x|\mathrm{d}x$.

3. 若 $f(x)$ 在区间 $[a,b]$ 上连续,则 $\int_a^b f(x)\mathrm{d}x$ 与 $\int_b^a f(x)\mathrm{d}x$ 互为相反数.

4. 若 $f(x)\geqslant 0, x\in[a,b]$,则 $\int_a^b f(x)\mathrm{d}x\geqslant 0$.

二、估计下列各积分的值:

1. $I_1=\int_0^\pi (1+\sin x)\mathrm{d}x$.

2. $I_2=\int_2^4 (x^2-4x+3)\mathrm{d}x$.

3. $I_3=\int_1^2 \mathrm{e}^{-x^2}\mathrm{d}x$.

三、比较下列各组积分的大小:

1. $\int_3^4 \ln x\mathrm{d}x$ 与 $\int_3^4 (\ln x)^2\mathrm{d}x$.

2. $\int_0^2 \mathrm{e}^x\mathrm{d}x$ 与 $\int_0^2 (1+x)\mathrm{d}x$.

3. $\int_0^1 x\mathrm{d}x$, $\int_0^1 x^2\mathrm{d}x$ 与 $\int_0^1 x^3\mathrm{d}x$.

4. $\int_0^1 x\mathrm{d}x$ 与 $\int_0^1 t\mathrm{d}t$.

5. 比较积分 $I=\int_0^1 \mathrm{e}^{x^2}\mathrm{d}x, J=\int_0^1 \mathrm{e}^{\sqrt{x}}\mathrm{d}x, K=\int_0^1 \mathrm{e}^{x}\mathrm{d}x$ 的大小.

四、不用计算,判断下列积分符号:

1. $\int_0^{\frac{\pi}{2}} \sin x\mathrm{d}x$.

2. $\int_{-\frac{\pi}{2}}^{0} \sin t\mathrm{d}t$.

3. $\int_{-3}^{-2} x\mathrm{d}x$.

4. $\int_{-1}^{1} u\mathrm{d}u$.

(B)

一、1. 设函数 $f(x)$ 与 $g(x)$ 在区间 $[0,1]$ 上连续,且 $f(x)\leqslant g(x)$,则对任何 $c\in(0,1)$ 有(　　).

A. $\int_{\frac{1}{2}}^{c} f(t)\mathrm{d}t \geqslant \int_{\frac{1}{2}}^{c} g(t)\mathrm{d}t$

B. $\int_{\frac{1}{2}}^{c} f(t)\mathrm{d}t \leqslant \int_{\frac{1}{2}}^{c} g(t)\mathrm{d}t$

C. $\int_{c}^{1} f(t)\mathrm{d}t \geqslant \int_{c}^{1} g(t)\mathrm{d}t$

D. $\int_{c}^{1} f(t)\mathrm{d}t \leqslant \int_{c}^{1} g(t)\mathrm{d}t$

2. 设

$$M=\int_{-\frac{\pi}{2}}^{\frac{\pi}{2}} \frac{\sin x}{1+x^2}\cos^4 x\mathrm{d}x,\quad N=\int_{-\frac{\pi}{2}}^{\frac{\pi}{2}} (\sin^3 x+\cos^4 x)\mathrm{d}x,$$

$$P=\int_{-\frac{\pi}{2}}^{\frac{\pi}{2}} (x^2\sin^3 x-\cos^4 x)\mathrm{d}x,$$

则(　　).

A. $N<P<M$　　B. $M<P<N$　　C. $N<M<P$　　D. $P<M<N$

二、1. $\int_0^1 \sqrt{2x-x^2}\,\mathrm{d}x=$__________.

第三节　微积分基本公式

利用定义求一个可积函数的定积分通常是非常困难的,因此寻找计算定积分的简便方法成为积分学的重要问题,而简化定积分计算的关键在于搞清微分与积分之间的内在联系.为此我们介绍微积分基本公式.

一、积分上限的函数及其导数

设函数 $f(x)$ 在区间 $[a,b]$ 上可积,则定积分 $\int_a^b f(x)\mathrm{d}x$ 存在,对区间 $[a,b]$ 上任意确定的一点 x, $f(x)$ 在 $[a,x]$ 上可积,定积分 $\int_a^x f(t)\mathrm{d}t$(这里把积分变量写成 t 是为了与上限区别开来)也存在.

因为 a 是固定的,由 x 的任意性可知,这个定积分确定了上限 x 的一个函数,把它记成 $\Phi(x)$,即

$$\Phi(x)=\int_a^x f(t)\,\mathrm{d}t,\quad a\leqslant x\leqslant b.$$

通常称 $\Phi(x)$ 为**积分上限的函数**,或**变上限积分函数**,它具有下面的重要性质.

定理 1 若函数 $f(x)$ 在区间 $[a,b]$ 上连续,则积分上限的函数

$$\Phi(x)=\int_a^x f(t)\,\mathrm{d}t\quad(a\leqslant x\leqslant b)$$

可导,且有

$$\Phi'(x)=\frac{\mathrm{d}}{\mathrm{d}x}\int_a^x f(t)\,\mathrm{d}t=f(x)\quad(a\leqslant x\leqslant b).$$

证 设 $x\in[a,b]$, $\Delta x\neq 0$, $x+\Delta x\in[a,b]$,则

$$\begin{aligned}\Delta\Phi&=\Phi(x-\Delta x)-\Phi(x)=\int_a^{x+\Delta x}f(t)\,\mathrm{d}t-\int_a^x f(t)\,\mathrm{d}t\\&=\int_x^{x+\Delta x}f(t)\,\mathrm{d}t=f(\xi)\Delta x\quad(\text{积分中值定理}),\end{aligned}$$

其中 ξ 介于 x 与 $x+\Delta x$ 之间,

又由于 $f(x)$ 在 $[a,b]$ 上连续,且当 $\Delta x\to 0$ 时, $\xi\to x$,所以

$$\lim_{\Delta x\to 0}\frac{\Delta\Phi}{\Delta x}=\lim_{\Delta x\to 0}f(\xi)=\lim_{\xi\to x}f(\xi)=f(x),$$

即

$$\Phi'(x)=\frac{\mathrm{d}}{\mathrm{d}x}\int_a^x f(t)\,\mathrm{d}t=f(x).\tag{1}$$

定理 1 也称为原函数存在定理,它一方面肯定了连续函数的原函数是存在的,且连续函数的变上限积分即是该函数的一个原函数;另一方面初步地揭示了积分学中的定积分与原函数之间的本质联系.因此,我们就有可能通过原函数来计算定积分.

由于 $\int_b^a f(x)\,\mathrm{d}x=-\int_a^b f(x)\,\mathrm{d}x$,因此当 $f(x)$ 为区间 $[a,b]$ 上的连续函数时,有

$$\frac{\mathrm{d}}{\mathrm{d}x}\int_x^b f(t)\,\mathrm{d}t=-f(x).\tag{2}$$

进而利用复合函数的求导法则可得,当 $f(x)$ 为 $[a,b]$ 上的连续函数, $\varphi(x)$ 为可导函数时,有

$$\frac{\mathrm{d}}{\mathrm{d}x}\int_a^{\varphi(x)}f(t)\,\mathrm{d}t=f[\varphi(x)]\cdot\varphi'(x).\tag{3}$$

例 1 求函数 $y=\int_0^x\sin t\,\mathrm{d}t$ 的导数,并求 $x=\frac{\pi}{3}$ 时的导数值.

解 由定理 1 得

$$\frac{\mathrm{d}y}{\mathrm{d}x}=\frac{\mathrm{d}}{\mathrm{d}x}\int_0^x\sin t\,\mathrm{d}t=\sin x,$$

$$\left.\frac{\mathrm{d}y}{\mathrm{d}x}\right|_{x=\frac{\pi}{3}}=\sin x\left|_{x=\frac{\pi}{3}}=\sin\frac{\pi}{3}=\frac{\sqrt{3}}{2}.\right.$$

例 2　求函数 $y=\int_x^1\frac{1}{\sqrt{1+t^2}}\mathrm{d}t$ 的导数.

解
$$\frac{\mathrm{d}y}{\mathrm{d}x}=\frac{\mathrm{d}}{\mathrm{d}x}\int_x^1\frac{1}{\sqrt{1+t^2}}\mathrm{d}t=-\frac{1}{\sqrt{1+x^2}}.$$

例 3　求 $\frac{\mathrm{d}}{\mathrm{d}x}\int_0^{x^2}\cos t^2\mathrm{d}t$.

解　把函数 $\int_0^{x^2}\cos t^2\mathrm{d}t$ 看成由函数 $f(u)=\int_0^u\cos t^2\mathrm{d}t$ 和函数 $u=x^2$ 复合而成，由复合函数的求导法则和定理 1，得

$$\begin{aligned}\frac{\mathrm{d}}{\mathrm{d}x}\int_0^{x^2}\cos t^2\,\mathrm{d}t&=\frac{\mathrm{d}}{\mathrm{d}u}\int_0^u\cos t^2\mathrm{d}t\cdot\frac{\mathrm{d}u}{\mathrm{d}x}\\&=\cos u^2\cdot 2x\\&=2x\cos x^4.\end{aligned}$$

例 4　求 $\frac{\mathrm{d}}{\mathrm{d}x}\int_{x^2}^{x^3}\mathrm{e}^{3t}\mathrm{d}t$.

解
$$\begin{aligned}\frac{\mathrm{d}}{\mathrm{d}x}\int_{x^2}^{x^3}\mathrm{e}^{3t}\mathrm{d}t&=\frac{\mathrm{d}}{\mathrm{d}x}\left(\int_{x^2}^0\mathrm{e}^{3t}\mathrm{d}t+\int_0^{x^3}\mathrm{e}^{3t}\mathrm{d}t\right)\\&=\frac{\mathrm{d}}{\mathrm{d}x}\left(-\int_0^{x^2}\mathrm{e}^{3t}\mathrm{d}t+\int_0^{x^3}\mathrm{e}^{3t}\mathrm{d}t\right)\\&=-2x\mathrm{e}^{3x^2}+3x^2\mathrm{e}^{3x^3}.\end{aligned}$$

更一般地，若 $f(x)$ 为区间 $[a,b]$ 上的连续函数，$\varphi_1(x)$，$\varphi_2(x)$ 为可导函数，则

$$\frac{\mathrm{d}}{\mathrm{d}x}\int_{\varphi_1(x)}^{\varphi_2(x)}f(t)\mathrm{d}t=f[\varphi_2(x)]\varphi_2'(x)-f[\varphi_1(x)]\varphi_1'(x).$$

例 5　设 $f(x)$ 为连续函数，$F(x)=\int_{\frac{1}{x}}^{\ln x}f(t)\mathrm{d}t$，求 $F'(x)$.

解
$$\begin{aligned}F'(x)&=f(\ln x)\cdot(\ln x)'-f\left(\frac{1}{x}\right)\cdot\left(\frac{1}{x}\right)'\\&=\frac{1}{x}f(\ln x)+\frac{1}{x^2}f\left(\frac{1}{x}\right).\end{aligned}$$

例 6　求 $\lim\limits_{x\to 0}\frac{\int_0^{x^2}\cos t^2\mathrm{d}t}{x^2}$.

解　$\frac{0}{0}$ 型，由洛必达法则得

$$\lim_{x\to0}\frac{\int_0^{x^2}\cos t^2\mathrm{d}t}{x^2}=\lim_{x\to0}\frac{\cos x^4\cdot 2x}{2x}$$

$$=\lim_{x\to0}\cos x^4=1.$$

需要强调的是,上述公式(1)—(3)积分的被积函数中都不含 x.当被积函数中含有 x 时,切不可直接利用公式(1)—(3).一定要先将积分变形,使被积函数不含 x.

例 7　求 $F(x)=\int_0^x(x-t)f(t)\mathrm{d}t$ 的导数,其中 $f(t)$ 为连续函数.

解　由于被积函数中含有积分上限的 x,不能直接求导,因此将 $F(x)$ 变形为

$$F(x)=x\int_0^x f(t)\mathrm{d}t-\int_0^x tf(t)\mathrm{d}t.$$

所以

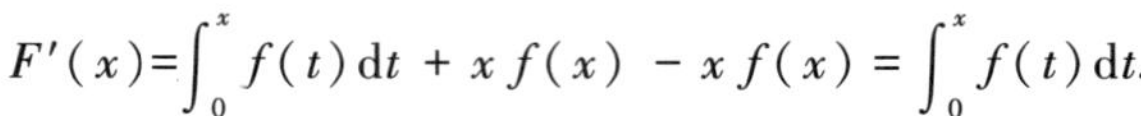

$$F'(x)=\int_0^x f(t)\mathrm{d}t+xf(x)-xf(x)=\int_0^x f(t)\mathrm{d}t.$$

思考与扩展 20

由原函数存在定理可以联想到什么?

二、牛顿-莱布尼茨公式

由定理 1 我们可推出下面的重要定理.

定理 2　若函数 $f(x)$ 在区间 $[a,b]$ 上连续,$F(x)$ 是 $f(x)$ 在 $[a,b]$ 上的一个原函数,则

$$\int_a^b f(x)\mathrm{d}x=F(b)-f(a).$$

证　由定理 1 知,$\int_a^x f(t)\mathrm{d}t$ 是 $f(x)$ 在 $[a,b]$ 上的一个原函数,所以

$$F(x)=\int_a^x f(t)\mathrm{d}t+C.$$

由于 $x=a$ 时,$F(a)=C$,故

$$F(x)=\int_a^x f(t)\mathrm{d}t+F(a).$$

现取 $x=b$,$F(b)=\int_a^b f(t)\mathrm{d}t+F(a)$,即

$$\int_a^b f(x)\mathrm{d}x=F(b)-f(a).$$

实际使用时,为方便起见,将 $F(b)-F(a)$ 记为 $F(x)\Big|_a^b$,所以定理 2 中公式可记为

$$\int_a^b f(x)\mathrm{d}x = F(b) - F(a) = F(x)\Big|_a^b. \tag{1}$$

(1)式也称为**牛顿-莱布尼茨公式**或**微积分基本公式**,它进一步揭示了定积分与原函数或不定积分的联系.这给定积分的计算提供了一个有效而又简便的计算方法.

下面我们举几个应用牛顿-莱布尼茨公式来计算定积分的简单例子.

例 8　求 $\int_1^2 x\mathrm{d}x$.

解　由于 $\frac{x^2}{2}$ 是 x 的一个原函数,由(1)式得

$$\int_1^2 x\mathrm{d}x = \frac{x^2}{2}\Big|_1^2 = 2 - \frac{1}{2} = \frac{3}{2}.$$

例 9　求 $\int_{-\frac{1}{2}}^{\frac{\sqrt{2}}{2}} \frac{1}{\sqrt{1-x^2}}\mathrm{d}x$.

解　由于 $\arcsin x$ 是 $\frac{1}{\sqrt{1-x^2}}$ 的一个原函数,所以

$$\int_{-\frac{1}{2}}^{\frac{\sqrt{2}}{2}} \frac{1}{\sqrt{1-x^2}}\mathrm{d}x = \arcsin x\Big|_{-\frac{1}{2}}^{\frac{\sqrt{2}}{2}} = \arcsin\frac{\sqrt{2}}{2} - \arcsin\left(-\frac{1}{2}\right)$$

$$= \frac{\pi}{4} - \left(-\frac{\pi}{6}\right) = \frac{5}{12}\pi.$$

例 10　求 $\int_{-2}^{-1} \frac{1}{x}\mathrm{d}x$.

解　由于 $\ln|x|$ 是 $\frac{1}{x}$ 的一个原函数,所以

$$\int_{-2}^{-1} \frac{1}{x}\mathrm{d}x = \ln|x|\Big|_{-2}^{-1} = \ln 1 - \ln 2 = -\ln 2.$$

例 11　计算 $\int_{-1}^{2} f(x)\mathrm{d}x$,其中 $f(x)=\begin{cases} \mathrm{e}^x, & -1\leqslant x<0, \\ x^2, & 0\leqslant x\leqslant 2. \end{cases}$

解　$f(x)$ 在区间 $[-1,2]$ 上不连续,不能直接用定理 2.利用定积分性质,将区间 $[-1,2]$ 分成两个区间 $[-1,0]$ 和 $[0,2]$,则有

$$\begin{aligned}\int_{-1}^{2} f(x)\mathrm{d}x &= \int_{-1}^{0} f(x)\mathrm{d}x + \int_{0}^{2} f(x)\mathrm{d}x \\ &= \int_{-1}^{0} \mathrm{e}^x\mathrm{d}x + \int_{0}^{2} x^2\mathrm{d}x \\ &= \mathrm{e}^x\Big|_{-1}^{0} + \frac{x^3}{3}\Big|_{0}^{2} \\ &= \frac{11}{3} - \frac{1}{\mathrm{e}}.\end{aligned}$$

例 12　求 $\int_0^{2\pi} |\sin x| \mathrm{d}x$.

解　被积函数 $|\sin x|$ 在积分区间 $[0,2\pi]$ 上可以表示成分段函数

$$|\sin x| = \begin{cases} \sin x, & 0 \leqslant x \leqslant \pi, \\ -\sin x, & \pi < x \leqslant 2\pi, \end{cases}$$

所以

$$\begin{aligned} \int_0^{2\pi} |\sin x| \mathrm{d}x &= \int_0^{\pi} \sin x \,\mathrm{d}x - \int_{\pi}^{2\pi} \sin x \mathrm{d}x \\ &= -\cos x \Big|_0^{\pi} + \cos x \Big|_{\pi}^{2\pi} \\ &= -(-1-1) + [1-(-1)] = 4. \end{aligned}$$

思考与扩展 21

由微积分基本定理引起什么思考？

习题 5-3

(A)

一、求下列函数的导数：

1. $\Phi(x) = \int_0^x \tan t \mathrm{d}t$.

2. $\Phi(x) = \int_x^0 t\mathrm{e}^{-t^2} \mathrm{d}t$.

3. $\Phi(x) = \int_0^{x^2} \sqrt{1+t^2} \mathrm{d}t$.

4. $\Phi(x) = \int_{2x}^{3x} \frac{t-1}{t+1} \mathrm{d}t$.

5. $\Phi(x) = \int_{\sqrt{x}}^{x^2} \sin t^2 \mathrm{d}t$.

6. $\Phi(x) = \int_a^b \sin x^2 \mathrm{d}x$.

7. $\Phi(x) = \int_0^{x^3} \mathrm{e}^{-t^2} \mathrm{d}t$.

8. $\Phi(x) = \int_0^x \mathrm{e}^{2t} \mathrm{d}t$.

9. $\Phi(x) = \int_a^x (x-t)^2 f(t) \mathrm{d}t$，其中 $f(x)$ 为连续函数.

二、求下列极限：

1. $\lim\limits_{x \to 0} \frac{\int_0^x \cos t^2 \mathrm{d}t}{x}$.

2. $\lim\limits_{x \to +\infty} \frac{\int_0^x (\arctan t)^2 \mathrm{d}t}{\sqrt{1+x^2}}$.

3. $\lim\limits_{x \to 0} \frac{\int_0^{x^2} \cos t^2 \mathrm{d}t}{x\sin x}$.

4. $\lim\limits_{x \to 0} \frac{\int_0^{x^2} \sin t^4 \mathrm{d}t}{x^{10}}$.

5. $\lim\limits_{x \to 0} \frac{\int_0^x \arctan t \mathrm{d}t}{x^2}$.

6. $\lim\limits_{x \to 0} \frac{x^2}{\int_{\cos x}^1 \mathrm{e}^{-t^2} \mathrm{d}t}$.

7. $\lim\limits_{x\to 0}\dfrac{\int_{\cos x}^{1}e^{-t^2}dt}{x^2}$.

8. $\lim\limits_{x\to 0}\dfrac{\int_{0}^{x^2}\sin t^2dt}{x^6+x^7}$.

9. $\lim\limits_{x\to 0^+}\dfrac{\int_{0}^{x}e^{-t}dt}{\int_{0}^{\sqrt{x}}te^{-t^2}dt}$.

10. $\lim\limits_{x\to a}\dfrac{x^2}{x-a}\int_{a}^{x}f(t)dt$,其中$f(x)$为连续函数.

三、计算下列各定积分:

1. $\int_{1}^{3}x^3dx$.

2. $\int_{-1}^{1}\dfrac{1}{1+x^2}dx$.

3. $\int_{-\frac{1}{2}}^{\frac{1}{2}}\dfrac{1}{\sqrt{1-x^2}}dx$.

4. $\int_{0}^{1}(3x^2-x+1)dx$.

5. $\int_{-1}^{0}\dfrac{x^4+1}{x^2+1}dx$.

6. $\int_{0}^{2}(e^x-x)dx$.

7. $\int_{0}^{1}\dfrac{1}{\sqrt{4-x^2}}dx$.

8. $\int_{0}^{\pi}\sqrt{\cos^2x}dx$.

9. $\int_{0}^{2}|1-x|dx$.

10. $\int_{-2}^{3}|x^2-2x-3|dx$.

11. $\int_{0}^{2}f(x)dx$,其中$f(x)=\begin{cases}x^2, & 0\leqslant x\leqslant 1,\\ x-1, & 1<x\leqslant 2.\end{cases}$

12. $\int_{-1}^{\sqrt{3}}f(x)dx$,其中$f(x)=\begin{cases}\sqrt{1+x}, & |x|\leqslant 1,\\ \dfrac{1}{1+x^2}, & |x|>1.\end{cases}$

四、1. 设$f(x)$在区间$[0,1]$上连续,且$f(x)=x\int_{0}^{1}f(t)dt-1$,求$\int_{0}^{1}f(x)dx$及$f(x)$.

(B)

一、1. 设$f(x)$是连续函数,$F(x)$是$f(x)$的一个原函数,则下列命题正确的是(　　).

A. 当$f(x)$是奇函数时,$F(x)$必为偶函数

B. 当$f(x)$是偶函数时,$F(x)$必为奇函数

C. 当$f(x)$是周期函数时,$F(x)$必为周期函数

D. 当$f(x)$是单调增加函数时,$F(x)$必为单调增加函数

2. 设函数$f(x)$连续,则下列函数中,必为偶函数的是(　　).

A. $\int_{0}^{x}f(t^2)dt$

B. $\int_{0}^{x}f^2(t)dt$

C. $\int_{0}^{x}t[f(t)-f(-t)]dt$

D. $\int_{0}^{x}t[f(t)+f(-t)]dt$

3. 设$f(x)$为奇函数,除点$x=0$外处处连续,$x=0$是其第一类间断点,则$\int_{0}^{x}f(t)dt$是(　　).

A. 连续的奇函数　　B. 连续的偶函数

C. 在点 $x=0$ 处间断的奇函数　　D. 在点 $x=0$ 处间断的偶函数

4. 设 $F(x)$ 是连续函数 $f(x)$ 的一个原函数,"$M \Leftrightarrow N$"表示"M 的充要条件是 N",则必有(　　).

A. $F(x)$ 是偶函数 $\Leftrightarrow f(x)$ 是奇函数

B. $F(x)$ 是奇函数 $\Leftrightarrow f(x)$ 是偶函数

C. $F(x)$ 是周期函数 $\Leftrightarrow f(x)$ 是周期函数

D. $F(x)$ 是单调函数 $\Leftrightarrow f(x)$ 是单调函数

5. 设函数

$$f(x)=\begin{cases}1, & x>0,\\ 0, & x=0,\\ -1, & x<0,\end{cases}\qquad F(x)=\int_0^x f(t)\,dt,$$

则(　　).

A. $F(x)$ 在点 $x=0$ 处不连续

B. $F(x)$ 在区间 $(-\infty,+\infty)$ 内连续,但在点 $x=0$ 处不可导

C. $F(x)$ 在区间 $(-\infty,+\infty)$ 内可导,且满足 $F'(x)=f(x)$

D. $F(x)$ 在区间 $(-\infty,+\infty)$ 内可导,但不一定满足 $F'(x)=f(x)$

6. 设 $g(x)=\int_a^x f(t)\,dt$,其中

$$f(x)=\begin{cases}\dfrac{1}{2}(x^2+1), & 0\leqslant x<1,\\ \dfrac{1}{3}(x-1), & 1\leqslant x\leqslant 2,\end{cases}$$

则 $g(x)$ 在区间 $(0,2)$ 内(　　).

A. 无界　　B. 单调减少　　C. 不连续　　D. 连续

7. 设 $f(x)$ 为连续函数,且 $F(x)=\int_{\frac{1}{x}}^{\ln x} f(t)\,dt$,则 $F'(x)$ 等于(　　).

A. $\dfrac{1}{x}f(\ln x)+\dfrac{1}{x^2}f\left(\dfrac{1}{x}\right)$　　B. $f(\ln x)+f\left(\dfrac{1}{x}\right)$

C. $\dfrac{1}{x}f(\ln x)-\dfrac{1}{x^2}f\left(\dfrac{1}{x}\right)$　　D. $f(\ln x)-f\left(\dfrac{1}{x}\right)$

8. 设函数 $f(x)=\int_0^{x^2}\ln(2+t)\,dt$,则 $f'(x)$ 的零点个数为(　　).

A. 0　　B. 1　　C. 2　　D. 3

9. 设 $f(x)=\int_0^{\sin x}\sin t^2\,dt$, $g(t)=x^3+x^4$,当 $x\to 0$ 时,$f(x)$ 是 $g(x)$ 的(　　).

A. 等价无穷小量　　B. 同阶但非等价无穷小量

C. 高阶无穷小量　　D. 低阶无穷小量

10. 设 $\alpha(x)=\int_0^{5x}\dfrac{\sin t}{t}\,dt$, $\beta(x)=\int_0^{\sin x}(1+t)^{\frac{1}{t}}\,dt$,则当 $x\to 0$ 时,$\alpha(x)$ 是 $\beta(x)$ 的(　　).

A. 高阶无穷小量　　B. 低阶无穷小量

C. 同阶但不等阶无穷小量　　D. 等阶无穷小量

11. 设$f(x)$为连续函数，$f(0)=0$，$f'(0)\neq 0$，$F(x)=\int_0^x (x^2-t^2)f(t)\mathrm{d}t$，且当$x\to 0$时，$F'(x)$与$x^k$为同阶无穷小量，则$k=$(　　).

A. 1　　B. 2　　C. 3　　D. 4

12. 把$x\to 0^+$时的无穷小量$\alpha=\int_0^x \cos t^2\mathrm{d}t$，$\beta=\int_0^{x^2}\tan\sqrt{t}\,\mathrm{d}t$，$\gamma=\int_0^{\sqrt{x}}\sin t^3\mathrm{d}t$排列起来，使排列在后面的是前一个的高阶无穷小量，则正确的排列次序是(　　).

A. α,β,γ　　B. α,γ,β　　C. β,α,γ　　D. β,γ,α

13. 设函数$f(x)$在区间$[-1,1]$上连续，则点$x=0$是函数$g(x)=\dfrac{\int_0^x f(t)\mathrm{d}t}{x}$的(　　).

A. 跳跃间断点　　B. 可去间断点　　C. 无穷间断点　　D. 振荡间断点

14. 使不等式$\int_1^x \dfrac{\sin t}{t}\mathrm{d}t>\ln x$成立的$x$取值范围是(　　).

A. $(0,1)$　　B. $\left(1,\dfrac{\pi}{2}\right)$　　C. $\left(\dfrac{\pi}{2},\pi\right)$　　D. $(\pi,+\infty)$

15. 如图 5.10 所示，连续函数$y=f(x)$在区间$[-3,-2]$，$[2,3]$上的图形是直径为 1 的上、下半圆周，在区间$[-2,0]$，$[0,2]$上的图形分别是直径为 2 的下、上半圆周.设$F(x)=\int_0^x f(t)\mathrm{d}t$，则下列结论正确的是(　　).

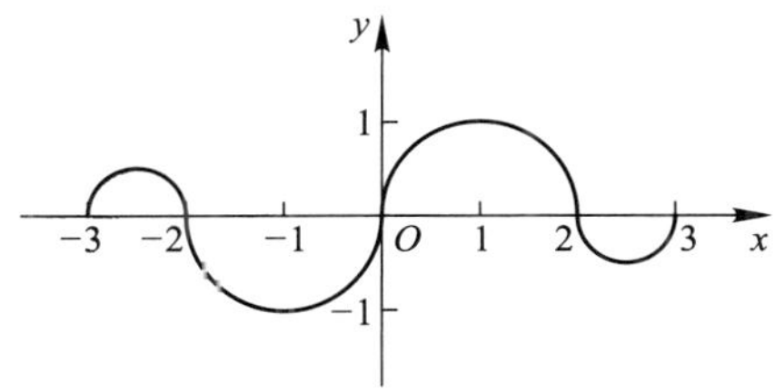

图 5.10

A. $F(3)=-\dfrac{3}{4}F(-2)$　　B. $F(3)=\dfrac{5}{4}F(2)$　　C. $F(-3)=\dfrac{3}{4}F(2)$　　D. $F(-3)=-\dfrac{5}{4}F(-2)$

16. 设函数$y=f(x)$在区间$[-1,3]$上的图形如图5.11所示，则函数$F(x)=\int_0^x f(t)\mathrm{d}t$的图形为图 5.12 中的(　　).

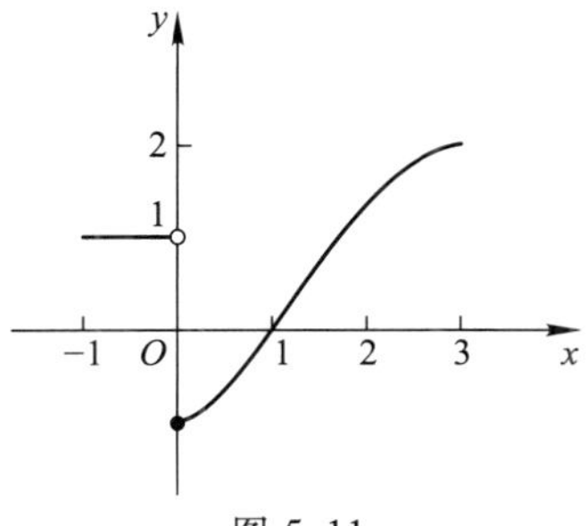

图 5.11

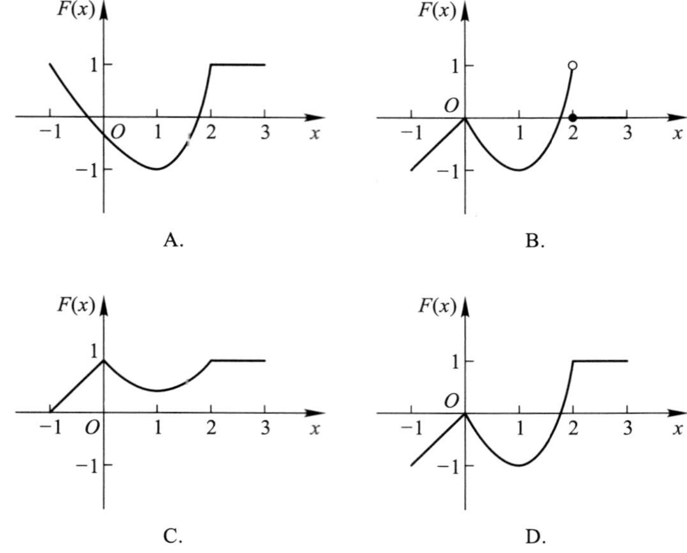

图 5.12

二、1. $\dfrac{\mathrm{d}}{\mathrm{d}x}\displaystyle\int_{x^2}^{0} x\cos t^2\,\mathrm{d}t=$______.

2. 设$f(x)$为连续函数,则$\dfrac{\mathrm{d}}{\mathrm{d}x}\displaystyle\int_{0}^{x^2}(x^2-t)f(t)\,\mathrm{d}t=$______.

3. 设函数

$$f(x)=\begin{cases}\dfrac{1}{x^3}\displaystyle\int_0^x \sin t^2\,\mathrm{d}t, & x\neq 0,\\ a, & x=0\end{cases}$$

在点 $x=0$ 处连续,则 $a=$______.

4. 设 $F(x)=\displaystyle\int_1^x\left(2-\dfrac{1}{\sqrt{t}}\right)\mathrm{d}t\ (x>0)$,$F(x)$的单调减少区间为______.

5. 设$f(x)$ 为连续函数,$f(x)=\dfrac{1}{1+x^2}+\sqrt{1-x^2}\displaystyle\int_0^1 f(x)\,\mathrm{d}x$,则$f(x)=$______.

三、1. 已知两曲线 $y=f(x)$与 $y=\displaystyle\int_0^{\arctan x}\mathrm{e}^{-t^2}\mathrm{d}t$ 在点(0,0)处的切线相同,写出此切线方程,并求极限$\lim\limits_{n\to\infty} nf\left(\dfrac{2}{n}\right)$.

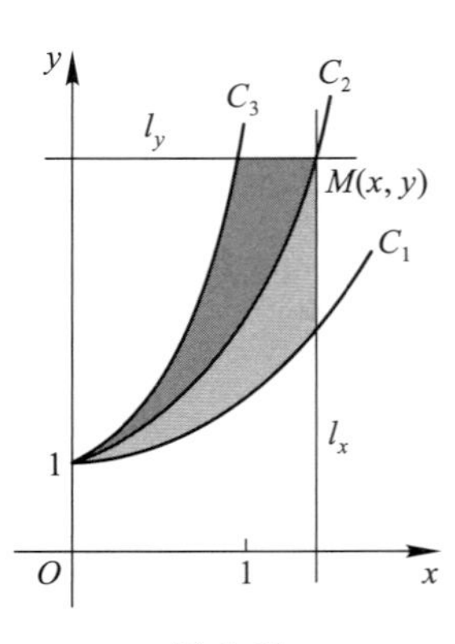

图 5.13

2. 如图 5.13 所示,C_1 和 C_2 分别是 $y=\dfrac{1}{2}(1+\mathrm{e}^x)$ 和 $y=\mathrm{e}^x$ 的图形,过点(0,1)的曲线 C_3 是一单调增加函数的图形.过 C_2 上任一点 $M(x,y)$分别作垂直于 x 轴和 y 轴的直线 l_x 和 l_y.记 C_1,C_2 与 l_x 所围图形的面积为 $S_1(x)$;C_2,C_3 与 l_y 所围图形的面积为 $S_2(y)$.如果总有$S_1(x)=S_2(y)$,求曲线 C_3 的方程 $x=\varphi(y)$.

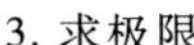

3. 求极限

$$\lim_{x\to 0}\frac{\int_0^x\left[\int_0^{u^2}\arctan(1+t)\,\mathrm{d}t\right]\mathrm{d}u}{x(1-\cos x)}.$$

4. 设 $f(x)$ 在区间 $(0,+\infty)$ 内连续，$f(1)=\frac{5}{2}$，对所有的 $x,t\in(0,+\infty)$ 有

$$\int_1^{xt}f(u)\,\mathrm{d}u=t\int_1^x f(u)\,\mathrm{d}u+x\int_1^t f(u)\,\mathrm{d}u,$$

求 $f(x)$.

5. 设函数 $f(x)=\int_0^1|t(t-x)|\,\mathrm{d}t\ (0<x<1)$，求 $f(x)$ 的极值、单调区间以及曲线 $y=f(x)$ 的凹凸区间.

6. 设函数 $f(x)$ 可导，且 $f(0)=0$，$F(x)=\int_0^x t^{n-1}f(x^n-t^n)\,\mathrm{d}t$，求 $\lim\limits_{x\to 0}\frac{F(x)}{x^{2n}}$.

第四节　定积分的换元积分法与分部积分法

用牛顿-莱布尼茨公式计算定积分时，需要求出被积函数的原函数，而不定积分的换元积分法和分部积分法是求解原函数的重要方法.这一节我们将讨论如何把这两种方法直接用于定积分的计算.

一、换元积分法

定理 1　设函数 $f(x)$ 在区间 $[a,b]$ 上连续，函数 $x=\varphi(t)$ 满足条件：

(1) $\varphi(\alpha)=a,\varphi(\beta)=b$；

(2) $\varphi(t)$ 在 $[\alpha,\beta]$ 或 $[\beta,\alpha]$ 上具有连续导数，且其值域不越出 $[a,b]$，

则有

$$\int_a^b f(x)\,\mathrm{d}x=\int_\alpha^\beta f[\varphi(t)]\varphi'(t)\,\mathrm{d}t.$$

证　由已知条件，上式两边被积函数在积分区间上连续，因此都存在原函数.设 $F(x)$ 为 $f(x)$ 的一个原函数，而 $F[\varphi(t)]$ 可以看成由 $F(x)$ 和 $x=\varphi(t)$ 复合而成，由复合函数求导法则得

$$\frac{\mathrm{d}}{\mathrm{d}t}F[\varphi(t)]=\frac{\mathrm{d}F}{\mathrm{d}x}\cdot\frac{\mathrm{d}x}{\mathrm{d}t}=f(x)\varphi'(t)=f[\varphi(t)]\varphi'(t),$$

即 $F[\varphi(t)]$ 是 $f[\varphi(t)]\varphi'(t)$ 的一个原函数.由牛顿-莱布尼茨公式得

$$\int_a^b f(x)\,\mathrm{d}x=F(x)\Big|_a^b=F(b)-F(a),$$

$$\begin{aligned}\int_\alpha^\beta f[\varphi(t)]\varphi'(t)\,\mathrm{d}t&=F[\varphi(t)]\Big|_\alpha^\beta=F[\varphi(\beta)]-F[\varphi(\alpha)]\\&=F(b)-F(a),\end{aligned}$$

所以

$$\int_a^b f(x)\,\mathrm{d}x = \int_\alpha^\beta f[\varphi(t)]\varphi'(t)\,\mathrm{d}t.$$

这个公式叫做定积分换元公式,它把$f(x)$在区间$[a,b]$上对 x 的定积分转化成了$f[\varphi(t)]\varphi'(t)$在区间$[\alpha,\beta]$上对 t 的定积分.

在应用定积分换元公式时有两点值得注意:

(1) 用 $x=\varphi(t)$ 把原积分变量 x 换成新积分变量 t 时,积分限也要换成新积分变量的积分限.

(2) 求出$f[\varphi(t)]\varphi'(t)$的一个原函数后,不必像计算不定积分那样再换回积分变量 x 的函数,而只要把新变量 t 的上、下限代入原函数,然后相减.

这个公式也可以倒过来使用,写成

$$\int_a^b f[\varphi(x)]\varphi'(x)\,\mathrm{d}x = \int_\alpha^\beta f(u)\,\mathrm{d}u,$$

这里 $\varphi(a)=\alpha,\varphi(b)=\beta$.

例 1 求 $\int_0^a \sqrt{a^2-x^2}\,\mathrm{d}x$.

解 设 $x=a\sin t$,则 $\mathrm{d}x=a\cos t\mathrm{d}t$.当 $x=0$ 时,$t=0$;当 $x=a$ 时,$t=\frac{\pi}{2}$,于是

$$\begin{aligned}\int_0^a \sqrt{a^2-x^2}\,\mathrm{d}x &= a^2\int_0^{\frac{\pi}{2}}\cos^2 t\,\mathrm{d}t = \frac{a^2}{2}\int_0^{\frac{\pi}{2}}(1+\cos 2t)\,\mathrm{d}t\\ &= \frac{a^2}{2}\left[t+\frac{1}{2}\sin 2t\right]\Big|_0^{\frac{\pi}{2}} = \frac{\pi a^2}{4}.\end{aligned}$$

例 2 求 $\int_0^1 \frac{\sqrt{2x+1}}{x+1}\,\mathrm{d}x$.

解 令 $\sqrt{2x+1}=t$,则 $x=\frac{1}{2}(t^2-1)$,$\mathrm{d}x=t\mathrm{d}t$,且当 $x=0$ 时,$t=1$;当 $x=1$ 时,$t=\sqrt{3}$.于是

$$\begin{aligned}\int_0^1 \frac{\sqrt{2x+1}}{x+1}\,\mathrm{d}x &= \int_1^{\sqrt{3}} \frac{t}{\frac{1}{2}(t^2-1)+1}t\,\mathrm{d}t = 2\int_1^{\sqrt{3}}\frac{t^2}{t^2+1}\,\mathrm{d}t\\ &= 2\int_1^{\sqrt{3}}\frac{t^2+1-1}{t^2+1}\,\mathrm{d}t = 2\int_1^{\sqrt{3}}\left(1-\frac{1}{1+t^2}\right)\mathrm{d}t\\ &= 2[t-\arctan t]\Big|_1^{\sqrt{3}}\\ &= 2(\sqrt{3}-1)-\frac{\pi}{6}.\end{aligned}$$

例 3 求 $\int_0^{\frac{\pi}{2}}\cos^5 x\sin x\,\mathrm{d}x$.

解　设 $t=\cos x$，则 $\mathrm{d}t=-\sin x\mathrm{d}x$，且当 $x=0$ 时，$t=1$；当 $x=\dfrac{\pi}{2}$时，$t=0$，于是

$$\int_0^{\frac{\pi}{2}}\cos^5 x\sin x\mathrm{d}x=-\int_1^0 t^5\mathrm{d}t=\int_0^1 t^5\mathrm{d}t=\frac{t^6}{6}\Big|_0^1=\frac{1}{6}.$$

例 3 中，如果我们不明显地写出新变量 t，那么定积分的上、下限就不要变更.现在用这种记法计算如下：

$$\int_0^{\frac{\pi}{2}}\cos^5 x\sin x\mathrm{d}x=-\int_0^{\frac{\pi}{2}}\cos^5 x\mathrm{d}(\cos x)=-\left[\frac{\cos^6 x}{6}\right]\Big|_0^{\frac{\pi}{2}}$$

$$=-\left(0-\frac{1}{6}\right)=\frac{1}{6}.$$

例 4　设函数 $f(x)$ 在对称区间 $[-a,a]$ 上连续，试证：

（1）若 $f(x)$ 为偶函数，则 $\displaystyle\int_{-a}^{a}f(x)\mathrm{d}x=2\int_0^a f(x)\mathrm{d}x$；

（2）若 $f(x)$ 为奇函数，则 $\displaystyle\int_{-a}^{a}f(x)\mathrm{d}x=0$.

证　由于

$$\int_{-a}^{a}f(x)\mathrm{d}x=\int_{-a}^{0}f(x)\mathrm{d}x+\int_0^a f(x)\mathrm{d}x,$$

对上式右端第一个积分作变换，令 $x=-t$，得

$$\int_{-a}^{0}f(x)\mathrm{d}x=\int_a^0[-f(-t)]\mathrm{d}t=\int_0^a f(-t)\mathrm{d}t.$$

（1）若 $f(x)$ 为偶函数，$f(-x)=f(x)$，则

$$\int_{-a}^{0}f(x)\mathrm{d}x=\int_0^a f(-t)\mathrm{d}t=\int_0^a f(t)\mathrm{d}t=\int_0^a f(x)\mathrm{d}x.$$

代入得

$$\int_{-a}^{a}f(x)\mathrm{d}x=\int_0^a f(x)\mathrm{d}x+\int_0^a f(x)\mathrm{d}x=2\int_0^a f(x)\mathrm{d}x.$$

（2）若 $f(x)$ 为奇函数，$f(-x)=-f(x)$，则

$$\int_{-a}^{0}f(x)\mathrm{d}x=\int_0^a f(-t)\mathrm{d}t=-\int_0^a f(t)\mathrm{d}t=-\int_0^a f(x)\mathrm{d}x.$$

代入得

$$\int_{-a}^{a}f(x)\mathrm{d}x=-\int_0^a f(t)\mathrm{d}t+\int_0^a f(x)\mathrm{d}x=0.$$

例 4 给出奇函数和偶函数在对称区间上积分的性质，用这个性质可以简化计算.例如计算 $\displaystyle\int_{-\frac{\pi}{4}}^{\frac{\pi}{4}}x\cos x\mathrm{d}x$，由于被积函数 $x\cos x$ 为奇函数，积分区间为对称区间，知该积分为零.

例 5　设 $f(x)$ 是以 T 为周期的连续函数，试证对任何常数 a，有

$$\int_a^{a+T} f(x)\,\mathrm{d}x = \int_0^T f(x)\,\mathrm{d}x.$$

证　因为对任何常数 a，都有

$$\int_a^{a+T} f(x)\,\mathrm{d}x = \int_a^0 f(x)\,\mathrm{d}x + \int_0^T f(x)\,\mathrm{d}x + \int_T^{a+T} f(x)\,\mathrm{d}x.$$

对上式右端第三个积分作变换，令 $x=t+T$，并利用 $f(x)$ 的周期性 $f(t)=f(t+T)$，得

$$\int_T^{a+T} f(x)\,\mathrm{d}x = \int_0^a f(t+T)\,\mathrm{d}t = \int_0^a f(t)\,\mathrm{d}t = -\int_a^0 f(x)\,\mathrm{d}x,$$

代入得

$$\begin{aligned}\int_a^{a+T} f(x)\,\mathrm{d}x &= \int_a^0 f(x)\,\mathrm{d}x + \int_0^T f(x)\,\mathrm{d}x - \int_a^0 f(x)\,\mathrm{d}x \\ &= \int_0^T f(x)\,\mathrm{d}x.\end{aligned}$$

例 6　设

$$f(x)=\begin{cases}\dfrac{1}{1+x}, & x\geqslant 0, \\ \mathrm{e}^x, & x<0,\end{cases}$$

求 $\int_{-1}^3 f(x-1)\,\mathrm{d}x$.

解　设 $x-1=t$，则 $\mathrm{d}x=\mathrm{d}t$，且 $x=-1$ 时，$t=-2$；$x=3$ 时，$t=2$，于是

$$\begin{aligned}\int_{-1}^3 f(x-1)\,\mathrm{d}x &= \int_{-2}^2 f(t)\,\mathrm{d}t = \int_{-2}^0 f(t)\,\mathrm{d}t + \int_0^2 f(t)\,\mathrm{d}t \\ &= \int_{-2}^0 \mathrm{e}^t\,\mathrm{d}t + \int_0^2 \frac{1}{1+t}\,\mathrm{d}t = \mathrm{e}^t\Big|_{-2}^0 + \ln(1+t)\Big|_0^2 \\ &= 1-\mathrm{e}^{-2}+\ln 3.\end{aligned}$$

二、分部积分法

求两个不同类函数乘积的定积分时，可用下面的分部积分法.

定理 2　设函数 $u(x)$ 和 $v(x)$ 在区间 $[a,b]$ 上可导，且导数 $u'(x)$ 和 $v'(x)$ 连续，则

$$\int_a^b u(x)v'(x)\,\mathrm{d}x = [u(x)v(x)]\Big|_a^b - \int_a^b u'(x)v(x)\,\mathrm{d}x,$$

或写成

$$\int_a^b u\,\mathrm{d}v = [uv]\Big|_a^b - \int_a^b v\,\mathrm{d}u.$$

证　由两个函数乘积的导数公式，得

$$(uv)'=u'v+uv'.$$

对上式两端的函数，分别求在$[a,b]$上的定积分，则

$$\int_a^b (uv)'\,\mathrm{d}x=\int_a^b u'v\mathrm{d}x+\int_a^b uv'\mathrm{d}x.$$

于是

$$\int_a^b uv'\mathrm{d}x=\int_a^b (uv)'\mathrm{d}x-\int_a^b u'v\mathrm{d}x=[uv]\Big|_a^b-\int_a^b u'v\mathrm{d}x.$$

例 7　求 $\int_0^{\frac{1}{2}}\arcsin x\mathrm{d}x$.

解　设 $u=\arcsin x$，$\mathrm{d}v=\mathrm{d}x$，则

$$\mathrm{d}u=\frac{1}{\sqrt{1-x^2}}\mathrm{d}x,\quad v=x,$$

于是

$$\begin{aligned}\int_0^{\frac{1}{2}}\arcsin x\mathrm{d}x&=[x\arcsin x]\Big|_0^{\frac{1}{2}}-\int_0^{\frac{1}{2}}\frac{x}{\sqrt{1-x^2}}\mathrm{d}x\\&=\frac{1}{2}\cdot\frac{\pi}{6}+\frac{1}{2}\int_0^{\frac{1}{2}}(1-x^2)^{-\frac{1}{2}}\mathrm{d}(1-x^2)\\&=\frac{\pi}{12}+[\sqrt{1-x^2}]\Big|_0^{\frac{1}{2}}=\frac{\pi}{12}+\frac{\sqrt{3}}{2}-1.\end{aligned}$$

例 8　求 $\int_1^{\mathrm{e}}x\ln x\mathrm{d}x$.

解　设 $u=\ln x$，$\mathrm{d}v=x\mathrm{d}x$，则

$$\mathrm{d}u=\frac{1}{x}\mathrm{d}x,\quad v=\frac{x^2}{2},$$

于是

$$\begin{aligned}\int_1^{\mathrm{e}}x\ln x\mathrm{d}x&=\left[\frac{x^2}{2}\ln x\right]\Big|_1^{\mathrm{e}}-\frac{1}{2}\int_1^{\mathrm{e}}x\mathrm{d}x=\frac{\mathrm{e}^2}{2}-\left[\frac{1}{4}x^2\right]\Big|_1^{\mathrm{e}}\\&=\frac{\mathrm{e}^2}{2}-\frac{1}{4}\mathrm{e}^2+\frac{1}{4}=\frac{1}{4}(\mathrm{e}^2+1).\end{aligned}$$

熟练之后，用分部积分法计算定积分时，可不写出 u 和 $\mathrm{d}v$.

例 9　求 $\int_1^5\ln x\mathrm{d}x$.

解

$$\begin{aligned}\int_1^5\ln x\mathrm{d}x&=[x\ln x]\Big|_1^5-\int_1^5 x\mathrm{d}(\ln x)\\&=[x\ln x]\Big|_1^5-\int_1^5 x\cdot\frac{1}{x}\mathrm{d}x\\&=5\ln 5-4.\end{aligned}$$

例 10 求 $\int_0^{\frac{\pi}{2}} x\cos x\mathrm{d}x$.

解
$$\int_0^{\frac{\pi}{2}} x\cos x\mathrm{d}x=\int_0^{\frac{\pi}{2}} x\mathrm{d}(\sin x)=[x\sin x]\Big|_0^{\frac{\pi}{2}}-\int_0^{\frac{\pi}{2}}\sin x\mathrm{d}x$$
$$=\frac{\pi}{2}+\cos x\Big|_0^{\frac{\pi}{2}}=\frac{\pi}{2}-1.$$

例 11 求 $\int_0^1 \mathrm{e}^{\sqrt{x}}\mathrm{d}x$.

解 令$\sqrt{x}=t$,则 $x=t^2(t>0)$,$\mathrm{d}x=2t\mathrm{d}t$.当 $x=0$ 时,$t=0$;当 $x=1$ 时,$t=1$,所以
$$\int_0^1 \mathrm{e}^{\sqrt{x}}\mathrm{d}x=2\int_0^1 t\mathrm{e}^t\mathrm{d}t=2\int_0^1 t\mathrm{d}(\mathrm{e}^t)=2[t\mathrm{e}^t]\Big|_0^1-2\int_0^1 \mathrm{e}^t\mathrm{d}t$$
$$=2\mathrm{e}-2\mathrm{e}^t\Big|_0^1=2.$$

由例 11 可以看出,有些积分需要使用换元积分法和分部积分法两种方法才能求出.

习题 5-4

(A)

一、计算下列定积分:

1. $\int_0^{\sqrt{\frac{\pi}{2}}} x\sin x^2\mathrm{d}x$.

2. $\int_0^4 \frac{\sqrt{x}}{1+x}\mathrm{d}x$.

3. $\int_{-\frac{\pi}{3}}^0 \sin\left(x+\frac{\pi}{3}\right)\mathrm{d}x$.

4. $\int_0^1 \frac{1}{(1+3x)^2}\mathrm{d}x$.

5. $\int_0^{\frac{\pi}{2}} \sin\varphi\cos^3\varphi\mathrm{d}\varphi$.

6. $\int_{\frac{\pi}{6}}^{\frac{\pi}{2}} \cos^2 u\mathrm{d}u$.

7. $\int_{\frac{1}{\sqrt{2}}}^1 \frac{\sqrt{1-x^2}}{x^2}\mathrm{d}x$.

8. $\int_{-1}^1 \frac{x}{\sqrt{5-4x}}\mathrm{d}x$.

9. $\int_1^4 \frac{1}{1+\sqrt{x}}\mathrm{d}x$.

10. $\int_{\frac{3}{4}}^1 \frac{\mathrm{d}x}{\sqrt{1-x}-1}$.

11. $\int_0^1 t\mathrm{e}^{-\frac{t^2}{2}}\mathrm{d}t$.

12. $\int_1^{\mathrm{e}^2} \frac{1}{x\sqrt{1+\ln x}}\mathrm{d}x$.

13. $\int_{-2}^0 \frac{1}{x^2+2x+2}\mathrm{d}x$.

14. $\int_{-\frac{\pi}{2}}^{\frac{\pi}{2}} \sqrt{\cos x-\cos^3 x}\,\mathrm{d}x$.

15. $\int_0^{\ln 3} \sqrt{\mathrm{e}^x+1}\,\mathrm{d}x$.

16. $\int_1^{\mathrm{e}} \frac{1}{x\sqrt{1+\ln x}}\mathrm{d}x$.

17. $\int_0^{\pi} \sqrt{\sin x-\sin^3 x}\,\mathrm{d}x$.

18. $\int_1^4 f(x-2)\mathrm{d}x$,其中 $f(x)=\begin{cases} x\mathrm{e}^{-x^2}, & x\geqslant 0, \\ \frac{}{1+\cos x}, & -1<x<0. \end{cases}$

二、利用函数奇偶性计算下列积分：

1. $\int_{-\frac{\pi}{2}}^{\frac{\pi}{2}} x^2\sin x\mathrm{d}x$.

2. $\int_{-\frac{\pi}{2}}^{\frac{\pi}{2}} \cos^2\theta\mathrm{d}\theta$.

3. $\int_{-\frac{1}{2}}^{\frac{1}{2}} \frac{(\arcsin x)^2}{\sqrt{1-x^2}}\mathrm{d}x$.

4. $\int_{-1}^{1} \frac{x^3\sin^2 x}{x^4+2x^2+1}\mathrm{d}x$.

5. 设 $f(x)=\begin{cases} \mathrm{e}^{x-1}, & x\geqslant 0, \\ x^3+2, & x<0, \end{cases}$ 计算 $\int_{-1}^{2} f(x-1)\mathrm{d}x$.

三、用分部积分法计算下列各定积分：

1. $\int_0^1 t\mathrm{e}^t\mathrm{d}t$.

2. $\int_0^{\pi} x\sin x\mathrm{d}x$.

3. $\int_1^{\mathrm{e}} x\ln x\mathrm{d}x$.

4. $\int_0^{\ln 2} x\mathrm{e}^{-x}\mathrm{d}x$.

5. $\int_0^{\frac{\pi}{2}} \mathrm{e}^{2x}\cos x\mathrm{d}x$.

(B)

一、1. 如图 5.14 所示，曲线段的方程为 $y=f(x)$，函数 $f(x)$ 在区间 $[0,a]$ 上有连续的导数，则定积分 $\int_0^a xf'(x)\mathrm{d}x$ 等于（　　）.

A. 曲边梯形 $ABOD$ 的面积

B. 梯形 $ABOD$ 的面积

C. 曲边三角形 ACD 的面积

D. 三角形 ACD 的面积

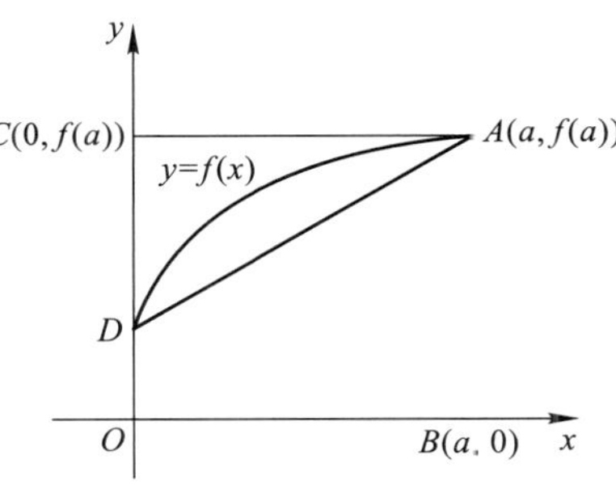

图 5.14

二、1. 设 $f(x)$ 为连续函数，则 $\frac{\mathrm{d}}{\mathrm{d}x}\int_0^x tf(x^2-t^2)\mathrm{d}t=$__________.

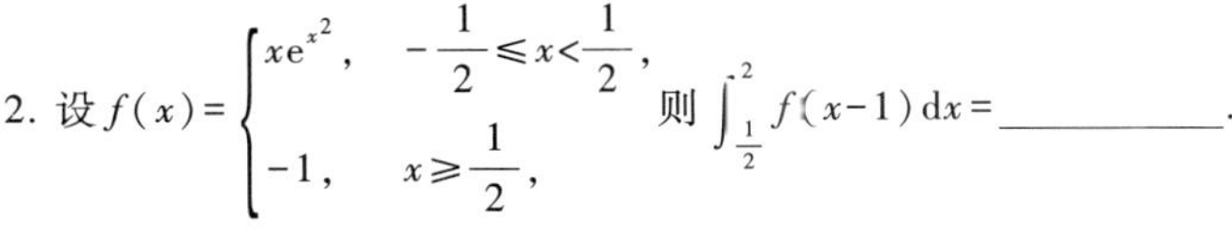

2. 设 $f(x)=\begin{cases} x\mathrm{e}^{x^2}, & -\frac{1}{2}\leqslant x<\frac{1}{2}, \\ -1, & x\geqslant\frac{1}{2}, \end{cases}$ 则 $\int_{\frac{1}{2}}^{2} f(x-1)\mathrm{d}x=$__________.

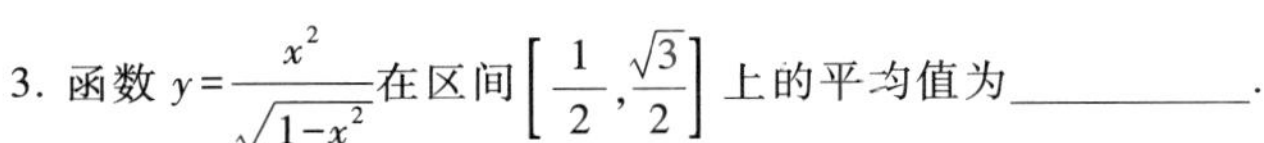

3. 函数 $y=\frac{x^2}{\sqrt{1-x^2}}$ 在区间 $\left[\frac{1}{2},\frac{\sqrt{3}}{2}\right]$ 上的平均值为__________.

4. $\int_{-2}^{2} \mathrm{e}^{|x|}(1+x)\mathrm{d}x=$__________.

5. $\lim\limits_{n\to\infty}\int_0^1 \mathrm{e}^{-x}\sin nx\mathrm{d}x=$__________.

6. $\int_1^2 \frac{1}{x^3}\mathrm{e}^{\frac{1}{x}}\mathrm{d}x=$__________.

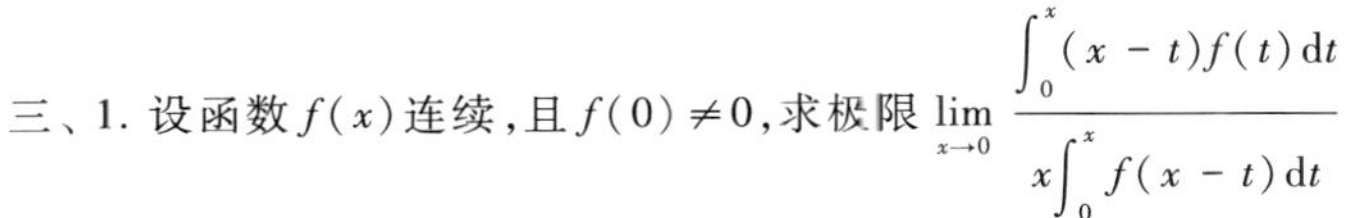

三、1. 设函数 $f(x)$ 连续，且 $f(0)\neq 0$，求极限 $\lim\limits_{x\to 0}\frac{\int_0^x (x-t)f(t)\mathrm{d}t}{x\int_0^x f(x-t)\mathrm{d}t}$.

2. 已知 $f(x)$ 连续，$\int_0^x tf(x-t)\,\mathrm{d}t=1-\cos x$，求 $\int_0^{\frac{\pi}{2}} f(x)\,\mathrm{d}x$ 的值.

3. 设 $f(x)$ 连续，且 $\int_0^x tf(2x-t)\,\mathrm{d}t=\frac{1}{2}\arctan x^2$，已知 $f(1)=1$，求 $\int_1^2 f(x)\,\mathrm{d}x$ 的值.

4. 设 xOy 面上有正方形 $D=\{(x,y)\mid 0\leqslant x\leqslant 1,0\leqslant y\leqslant 1\}$ 及直线 $l:x+y=t(t\geqslant 0)$.若 $S(t)$ 表示正方形 D 位于直线 l 左下方部分的面积，试求 $\int_0^x S(t)\,\mathrm{d}t\ (x\geqslant 0)$.

5. 设 $S(x)=\int_0^x |\cos t|\,\mathrm{d}t$.当 n 为正整数，且 $n\pi\leqslant x<(n+1)\pi$ 时，证明：

$$2n\leqslant S(x)<2(n+1).$$

6. 如图 5.15 所示，曲线 C 的方程为 $y=f(x)$，点 $(3,2)$ 是它的一个拐点，直线 l_1 与 l_2 分别是曲线 C 在点 $(0,0)$ 与 $(3,2)$ 处的切线，其交点为 $(2,4)$.设函数 $f(x)$ 具有三阶连续导数，计算定积分

$$\int_0^3 (x^2+x)f'''(x)\,\mathrm{d}x.$$

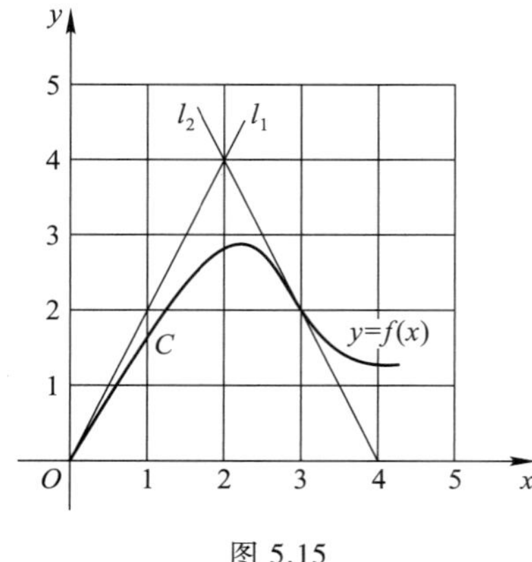

图 5.15

7. 求 $\int_0^1 \frac{\ln(1+x)}{(2-x)^2}\,\mathrm{d}x$.

8. 设函数 $f(x)$，$g(x)$ 在区间 $[a,b]$ 上连续，且

$$\int_a^x f(t)\,\mathrm{d}t\geqslant\int_a^x g(t)\,\mathrm{d}t,\quad x\in[a,b],$$

$$\int_a^b f(t)\,\mathrm{d}t=\int_a^b g(t)\,\mathrm{d}t.$$

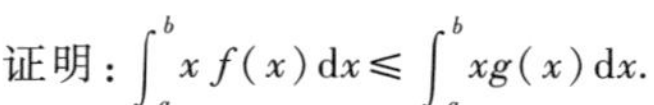
证明：$\int_a^b xf(x)\,\mathrm{d}x\leqslant\int_a^b xg(x)\,\mathrm{d}x$.

第五节　定积分的应用

本节我们讨论定积分的元素法及其在几何上的应用，包括平面图形的面积和立体体积的计算，还要讨论定积分在经济问题中的应用.

在实际问题中，用定积分来计算某个量 Q，首先要求这个量与某个变量 x 的某个变化区间 $[a,b]$ 有关，并且在这个区间上 Q 具有“可加性”，即对应于区间 $[a,b]$ 上的总量等于 $[a,b]$ 上各个小区间上对应的部分量 ΔQ 之和.一般来说，由定积分定义，只有当这个量可以写成

$$Q=\lim_{\lambda\to 0}\sum_{i=1}^n f(\xi_i)\Delta x_i$$

的形式，才可以写成定积分

$$Q=\int_a^b f(x)\,\mathrm{d}x,$$

这样解决问题往往比较麻烦.为了使问题简单,我们通常采用“元素法”.

(1) 根据问题的具体情况,选取一个变量 x 并确定它的变化区间$[a,b]$.

(2) 把$[a,b]$分成几个小区间,任取其中一个小区间记作$[x,x+\mathrm{d}x]$,求出 Q 相应于这个小区间对应量 ΔQ 的近似表达式.如果 ΔQ 能近似地表示为$[a,b]$上的一个连续函数在点 x 处的值 $f(x)$ 与 $\mathrm{d}x$ 的乘积$f(x)\mathrm{d}x$,把$f(x)\mathrm{d}x$ 称为量 Q 的元素并且记作 $\mathrm{d}Q$,即

$$\Delta Q\approx \mathrm{d}Q=f(x)\mathrm{d}x,$$

其中 $\mathrm{d}Q$ 与 ΔQ 之差当 $\mathrm{d}x\to 0$ 时是 $\mathrm{d}x$ 的高阶无穷小.

(3) 把求得 Q 的元素 $f(x)\mathrm{d}x$ 作为被积表达式,在区间$[a,b]$上作定积分,得

$$Q=\int_a^b f(x)\mathrm{d}x.$$

这就是所求量 Q 的积分表达式.

上面解决问题的方法称为**元素法**.

一、平面图形的面积

由本章第一节我们已经知道,由连续曲线 $y=f(x)(f(x)\geqslant 0)$,直线 $x=a,x=b(a<b)$ 及 $y=0$ 围成的曲边梯形的面积

$$A=\int_a^b f(x)\mathrm{d}x. \tag{1}$$

由连续曲线 $y=f(x)(f(x)\leqslant 0)$,直线 $x=a,x=b(a<b)$ 及 $y=0$ 围成的曲边梯形的面积

$$A=-\int_a^b f(x)\mathrm{d}x.$$

现在讨论由连续曲线 $y=f(x)$, $y=g(x)$ $(f(x)\geqslant g(x))$, $a\leqslant x\leqslant b$ 及直线$x=a$, $x=b$ 围成的图形(图 5.16)的面积.

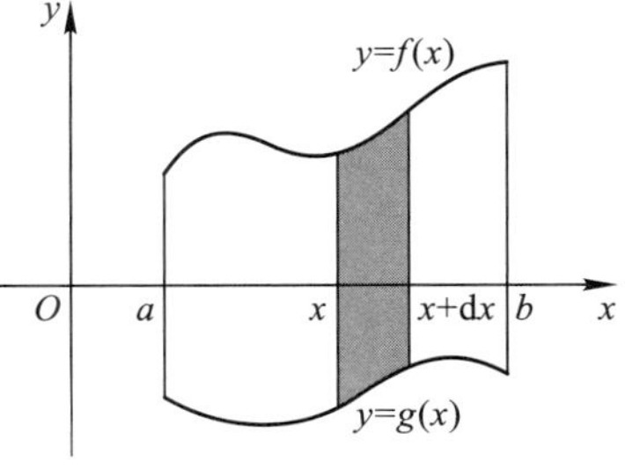

图 5.16

这个图形的面积与 x 的变化区间$[a,b]$有关,任取区间$[a,b]$上的一个小区间$[x,x+\mathrm{d}x]$,对应的面积(图中小窄条阴影部分的面积)用窄条矩形面积代替,得面积元素

$$\mathrm{d}A=[f(x)-g(x)]\mathrm{d}x,$$

因此

$$A=\int_a^b [f(x)-g(x)]\mathrm{d}x. \tag{2}$$

类似地,可得由连续曲线 $x=\varphi(y)$, $x=\psi(y)$ $(\varphi(y)\geqslant\psi(y))$, $c\leqslant y\leqslant d$ 及直线 $y=c$, $y=d$ 围成的图形(图 5.17)的面积

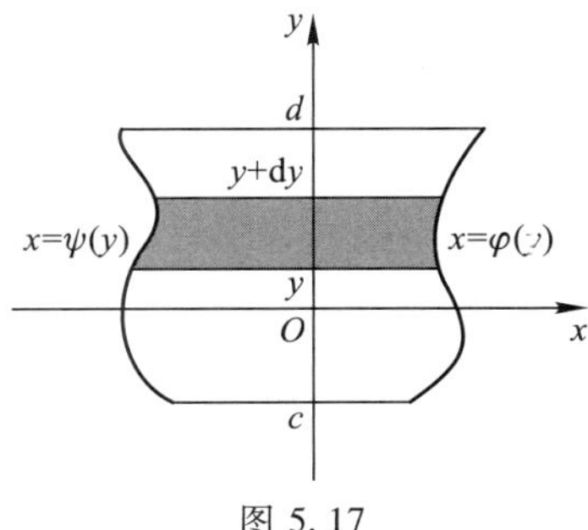

图 5.17

$$A=\int_c^d[\varphi(y)-\psi(y)]\mathrm{d}y. \tag{3}$$

(2)式和(3)式可以作为计算面积的公式,以后遇到类似这类图形的面积时,可以直接使用这两个公式.

例 1　求由曲线 $y=\sin x$,及直线 $x=\dfrac{\pi}{6}$,$x=\dfrac{\pi}{2}$和 x 轴所围图形的面积.

解　平面图形如图 5.18 所示,

$$A=\int_{\frac{\pi}{6}}^{\frac{\pi}{2}}\sin x\mathrm{d}x=-\cos x\Big|_{\frac{\pi}{6}}^{\frac{\pi}{2}}=\frac{\sqrt{3}}{2}.$$

例 2　求由曲线 $y=x^2$,$x=y^2$ 所围平面图形的面积.

解　平面图形如图 5.19 所示.解方程组

$$\begin{cases}y=x^2,\\x=y^2,\end{cases}$$

得曲线交点(0,0),(1,1),所以

$$\begin{aligned}A&=\int_0^1(\sqrt{x}-x^2)\mathrm{d}x=\left(\frac{2}{3}x^{\frac{3}{2}}-\frac{x^3}{3}\right)\Big|_0^1\\&=\frac{2}{3}-\frac{1}{3}=\frac{1}{3}.\end{aligned}$$

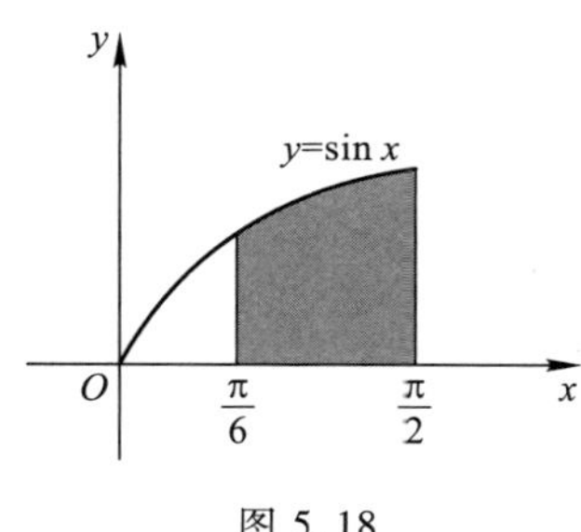

图 5.18

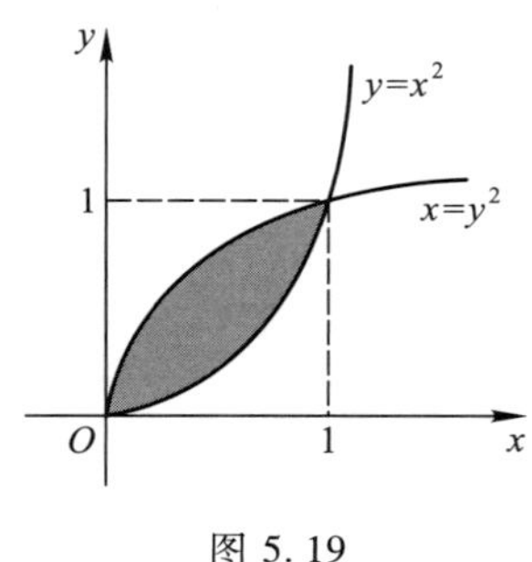

图 5.19

例 3　求由抛物线 $y^2=2x$ 及直线 $y=x-4$ 所围成的图形的面积(图 5.20).

解　解方程组

$$\begin{cases}y^2=2x,\\y=x-4,\end{cases}$$

得交点(2,-2)和(8,4).所求面积与 y 的变化区间[-2,4]有关,也可以看成与 x 的变化区间[0,8]有关.因此,有两种计算方法.

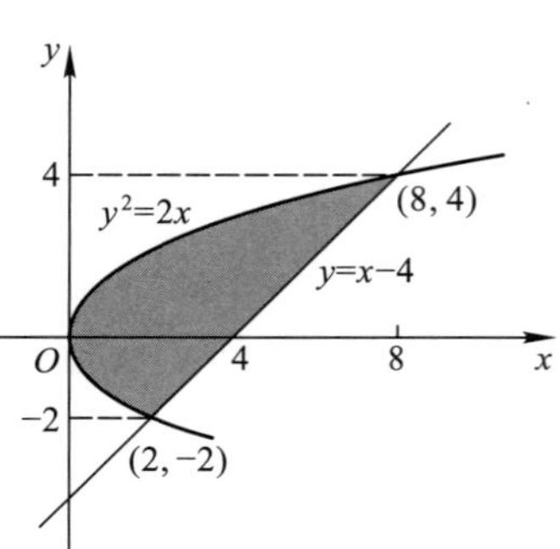

图 5.20

解法一　选 y 作积分变量.

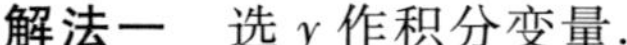

$$A=\int_{-2}^{4}\left[(y+4)-\frac{y^2}{2}\right]\mathrm{d}y=\left[\frac{y^2}{2}+4y-\frac{y^3}{6}\right]\Bigg|_{-2}^{4}=18.$$

解法二　选 x 作积分变量.

$$A=\int_0^2[\sqrt{2x}-(-\sqrt{2x})]\mathrm{d}x+\int_2^8[\sqrt{2x}-(x-4)]\mathrm{d}x=18.$$

从上例我们可以看出解法一比解法二要简单些,这说明在计算平面图形的面积时,要适当选取积分变量,简化计算.

二、平行截面面积为已知的立体的体积

设有一个立体(图 5.21),介于二平面 $x=a,x=b$ 之间,已知垂直于 x 轴的平面截此立体所得截面面积 $A(x)$ 是 x 的连续函数,求此立体的体积.

因为此立体的体积与 x 的变化区间 $[a,b]$ 有关,并且在 $[a,b]$ 上具有可加性,任取 $[a,b]$ 上的小区间 $[x,x+\mathrm{d}x]$ 所对应的立体体积,即过 x 轴上点 x 和 $x+\mathrm{d}x$,分别作垂直于 x 轴的平面,介于这两个平面之间的立体部分.这一小薄片体积用以 $A(x)$ 为底面积、$\mathrm{d}x$ 为高的小薄柱体体积近似表示,得体积元素

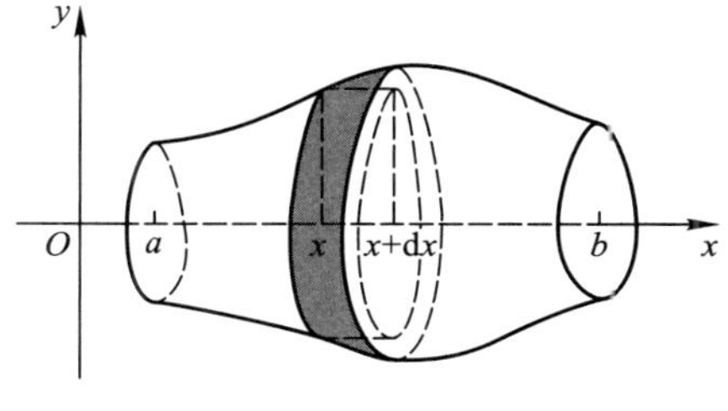

图 5.21

$$\mathrm{d}V=A(x)\,\mathrm{d}x,$$

因此,这个立体的体积为

$$V=\int_a^b A(x)\,\mathrm{d}x.$$

三、旋转体的体积

旋转体就是由一个平面图形绕过平面内一条直线旋转一周而成的立体.这直线叫旋转轴.圆柱、圆锥、圆台、球体可以分别看成由矩形绕它的一条边、直角三角形绕它的直角边、直角梯形绕它的直角腰、半圆绕它的直径旋转一周而成的立体,所以它们都是旋转体.

我们首先讨论连续曲线 $y=f(x)$,直线 $x=a,x=b(a<b)$ 及 x 轴所围成的曲边梯形绕 x 轴旋转一周而成的旋转体的体积,如图 5.22 所示.

这个体积与 x 的变化区间 $[a,b]$ 有关,对 $[a,b]$ 具有可加性,任取 $[a,b]$ 上的一点 x,过点 x 作垂直于 x 轴的平面,截该立体所得截面为圆形,其面积为

$$A=\pi[f(x)]^2,$$

于是,得旋转体体积为

$$V=\int_a^b\pi[f(x)]^2\mathrm{d}x.$$

用同样的方法，由连续曲线 $x=\varphi(y)$，直线 $y=c,y=d(c<d)$ 及 y 轴所围成的平面图形绕 y 轴旋转而成的旋转体，如图 5.23 所示，其体积为

$$V=\int_c^d \pi[\varphi(y)]^2 \mathrm{d}y$$

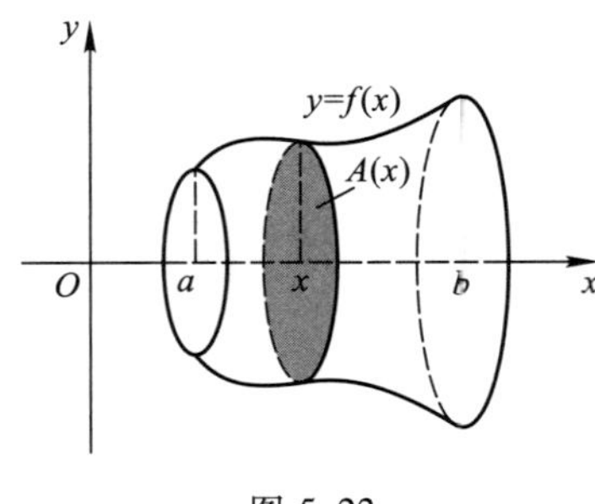

图 5.22

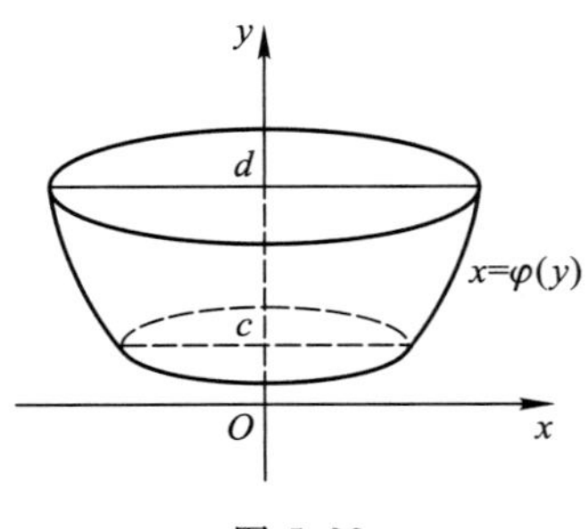

图 5.23

例 4　求曲线 $y=\cos x, x\in\left(0,\dfrac{\pi}{2}\right)$ 与 x 轴，y 轴围成的平面图形绕 x 轴旋转一周而成的旋转体的体积.

解
$$\begin{aligned}V&=\int_0^{\frac{\pi}{2}} \pi\cos^2 x\mathrm{d}x=\pi\int_0^{\frac{\pi}{2}}\frac{1+\cos 2x}{2}\mathrm{d}x\\&=\frac{\pi}{2}\left(x+\frac{1}{2}\sin 2x\right)\Bigg|_0^{\frac{\pi}{2}}=\frac{\pi}{2}\left(\frac{\pi}{2}+\frac{1}{2}\sin \pi\right)=\frac{\pi^2}{4}.\end{aligned}$$

例 5　计算由椭圆 $\dfrac{x^2}{a^2}+\dfrac{y^2}{b^2}=1$ 分别绕 x 轴和 y 轴旋转而成的旋转椭球的体积.

解　在 x 轴上方的半椭圆方程为

$$y=\frac{b}{a}\sqrt{a^2-x^2},$$

所以，绕 x 轴旋转所成的旋转体体积为

$$V_x=\int_{-a}^{a}\pi y^2\mathrm{d}x=\int_{-a}^{a}\pi\frac{b^2}{a^2}(a^2-x^2)\mathrm{d}x=\frac{4}{3}\pi ab^2.$$

在 y 轴右方的半个椭圆方程为 $x=\dfrac{a}{b}\sqrt{b^2-y^2}$，所以绕 y 轴旋转所成的旋转体体积为

$$V_y=\int_{-b}^{b}\pi x^2\mathrm{d}y=\int_{-b}^{b}\pi\frac{a^2}{b^2}(b^2-y^2)\mathrm{d}y=\frac{4}{3}\pi ba^2.$$

特别地，当 $a=b=r$ 时，旋转椭球体成为球体，体积为

$$V=V_x=V_y=\frac{4}{3}\pi r^3.$$

四、定积分在经济问题中的简单应用

经济问题大多为离散型问题，如与产品有关的问题.有时对大规模生产，可以设其为连续生产，依连续函数问题方法处理，如收益问题：设某商品的价格 P 是销量 x 的函数 $P=P(x)$，其中 $P(x)$ 为连续函数，计算销量从 a 变动到 b 时，其收益 R 为多少？

由于价格随销量变动而变动，因此不能直接按销量计算收益.仿照第一节引例，可以在区间 $[a,b]$ 内任意插入 $n-1$ 个分点

$$a=x_0<x_1<x_2<\cdots<x_n=b$$

每个销售段 $[x_{i-1},x_i]$ 的销量为

$$\Delta x_i=x_i-x_{i-1}.$$

在每个销售段上任取一点 $\xi_i\in[x_{i-1},x_i]$ 作为该段销售价格的近似值，则在 $[x_{i-1},x_i]$ 段上收益为

$$\Delta R=P(\xi_i)\Delta x_i,\quad i=1,2,\cdots,n$$

因此近似有

$$R\approx\sum_{i=1}^{n}P(\xi_i)\Delta x_i$$

记 $\lambda=\max\{\Delta x_1,\Delta x_2,\cdots,\Delta x_n\}$，当 $\lambda\to 0$ 时，若上述和式的极限存在，则

$$R=\lim_{\lambda\to 0}\sum_{i=1}^{n}P(\xi_i)\Delta x_i=\int_a^b P(x)\,\mathrm{d}x$$

例 6　已知某产品总产量的变化率是时间 t 的函数

$$f(t)=2t+5,\quad t>0,$$

求第一个五年和第二个五年总产量各为多少？

解　总产量是其变化率的原函数，因此第一个五年的总产量为

$$\int_0^5(2t+5)\,\mathrm{d}t=(t^2+5t)\bigg|_0^5=50,$$

第二个五年的总产量为

$$\int_5^{10}(2t-5)\,\mathrm{d}t=(t^2+5t)\bigg|_5^{10}=100.$$

1. 已知总产量变化率，求总产量

已知某产品的总产量 Q 的变化率是时间 t 的连续函数 $f(t)$，即设 $Q'(t)=f(t)$，则该产品的总产量函数为

$$Q(t)=Q(t_0)+\int_{t_0}^{t}f(t)\,\mathrm{d}t,\quad t\geqslant t_0,$$

其中 $t_0\geqslant 0$ 为某个规定的初始时刻.通常取 $t_0=0$，这时 $Q(0)=0$，即刚投产时总产量为零.

由上式知，从 t_0 到 $t_1(0\leqslant t_0\leqslant t_1)$，这段时间内，总产量的增量为

$$\Delta Q=Q(t_1)-Q(t_0)=\int_{t_0}^{t_1}f(t)\,\mathrm{d}t.$$

例 7 设某产品在时刻 t 总产量的变化率为

$$f(t)=100+12t-0.6t^2 \quad (单位/\mathrm{h}),$$

求从 $t=2$ 到 $t=4$ 这两个小时的总产量.

解 因为总产量是它的变化率的原函数,所以从 $t=2$ 到 $t=4$ 这两小时的总产量为

$$\begin{aligned}\int_2^4 f(t)\,\mathrm{d}t &= \int_2^4 (100+12t-0.6t^2)\,\mathrm{d}t \\ &=(100t+6t^2-0.2t^3)\Big|_2^4=260.8(单位).\end{aligned}$$

2. 由边际函数求总函数

已知总成本函数 $C=C(x)$,总收益函数 $R=R(x)$,由微分学可得边际成本函数

$$C'=\frac{\mathrm{d}C}{\mathrm{d}x},$$

边际收益函数

$$R'=\frac{\mathrm{d}R}{\mathrm{d}x},$$

所以,总成本函数可表示为

$$C(x)=\int_0^x C'\mathrm{d}x+C_0,$$

总收益函数可表示为

$$R(x)=\int_0^x R'\mathrm{d}x,$$

总利润函数可表示为

$$L(x)=\int_0^x (R'-C')\,\mathrm{d}x-C_0,$$

其中 C_0 为固定成本.

例 8 设生产某种商品的单位固定成本为 20 元.每天生产 x 单位时边际成本函数(单位:元/单位)为$C'(x)=0.4x+2$,求总成本函数 $C(x)$.如果这种商品规定的销售单价为 18 元,且产品全部售出,求总利润函数 $L(x)$,并问每天生产多少单位时才能获得最大利润?

解 由 $C'(x)=0.4x+2$,得

$$C(x)=\int C'(x)\,\mathrm{d}x=\int(0.4x+2)\,\mathrm{d}x=0.2x^2+2x+C_0.$$

因为固定成本就是 $x=0$ 时的总成本,所以

$$20=C(0)=C_0,$$

于是得总成本函数为

$$C(x)=0.2x^2+2x+20.$$

设销售 x 单位得到的总收益为 $R(x)$，由题意得

$$R(x)=18x,$$

于是，总利润函数为

$$L(x)=R(x)-C(x)=18x-(0.2x^2+2x+20)$$
$$=16x-0.2x^2-20,$$

求导得

$$L'(x)=16-0.4x.$$

令 $L'(x)=0$，得驻点为 $x=40$.

因为 $L''(x)=-0.4$，$L''(40)=-0.4<0$，所以当 $x=40$ 时总利润有最值，即每天生产 40 单位时才能获得最大利润，为

$$L(40)=-0.2\times 40^2+16\times 40-20$$
$$=300(\text{元}).$$

例 9 已知某产品生产 x 个单位时，总收益 R 的变化率为

$$R'=R'(x)=200-\frac{x}{100}\quad(x\geqslant 0).$$

如果已经生产了 100 单位，求再生产 100 单位时的总收益.

解 $$\int_{100}^{200}\left(200-\frac{x}{100}\right)\mathrm{d}x=\left(200x-\frac{x^2}{200}\right)\Bigg|_{100}^{200}=19\ 850.$$

习题 5-5

(A)

一、求由下列曲线所围成的图形的面积：

1. $y=x^2-4x+5$，x 轴，y 轴及 $x=1$.

2. $y=x\mathrm{e}^{-x^2}$，x 轴，$x=0$ 及 $x=1$.

3. $y=3-2x-x^2$ 与 x 轴.

4. $y=x^3$ 与 $y=2x$.

5. $y=\mathrm{e}^x$，$y=\mathrm{e}^{-x}$ 及直线 $x=1$.

二、1. 求由 $y=x^2$，$x=y^2$ 所围成的图形绕 x 轴旋转而成的旋转体的体积.

2. 由 $y=\sin x$ 与 x 轴在区间 $[0,\pi]$ 上所围成的图形绕 x 轴旋转一周而成的旋转体体积.

3. 由曲线 $y=x^3$ 与 $y=x(x>0)$ 所围成的图形分别绕 x 轴，y 轴旋转一周而成的旋转体体积.

4. $y=\ln x$ 及 $x=\mathrm{e}$，$y=0$ 所围成的图形绕 y 轴旋转而成的旋转体体积.

5. 曲线 $y=\sqrt{x}$ 与直线 $x=1$，$x=4$ 和 x 轴所围成的平面图形绕 x 轴旋转而成的旋转体体积.

三、1. 求 $y=-x^2+4x-3$ 及其在点 $(0,-3)$ 和点 $(3,0)$ 处的切线所围成的图形的面积.

2. 求曲线 $xy=a(a>0)$ 与直线 $x=a$，$x=2a$，及 $y=0$ 所围成的图形绕 x 轴旋转一周所产生的旋转体的体积.

3. 设生产某产品的固定成本为 10，而当产量为 x 时的边际成本为 $C'=-40-20x+3x^2$，边际收益函数为 $R'=32+10x$，求

（1）总利润函数；

（2）使总利润最大的产量.

(B)

一、1. 曲线 $y=-x^3+x^2+2x$ 与 x 轴所围成的封闭图形的面积为__________.

二、1. 假设曲线 $L_1: y=1-x^2(0\leqslant x\leqslant 1)$，$x$ 轴和 y 轴所围成的区域被曲线 $L_2: y=ax^2$ 分为面积相等的两部分，其中 a 是大于零的常数，试确定 a 的值.

2. 考虑函数 $y=\sin x, 0\leqslant x\leqslant\frac{\pi}{2}$，问

（1）t 取何值时，图 5.24 中面积 S_1 与 S_2 之和 $S_1+S_2=S$ 最小？

（2）t 取何值时，$S=S_1+S_2$ 最大？

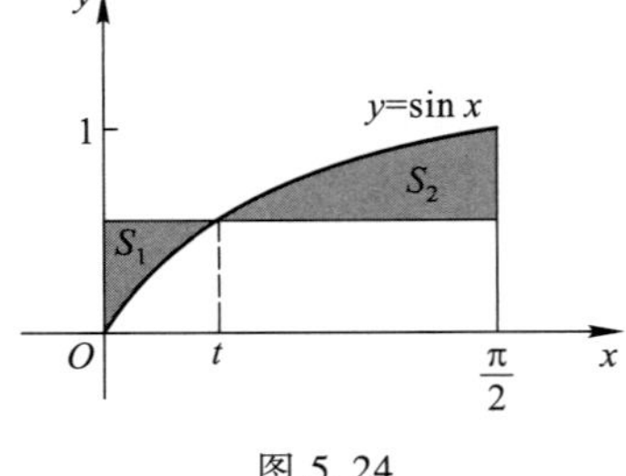

图 5.24

3. 设 $F(x)=\begin{cases} e^{2x}, & x\leqslant 0, \\ e^{-2x}, & x>0, \end{cases}$ S 表示夹在 x 轴与曲线 $y=F(x)$ 之间的面积（见第六节），对任何 $t>0$，$S_1(t)$ 表示矩形 $-t\leqslant x\leqslant t, 0\leqslant y\leqslant F(t)$ 的面积，求

（1）$S(t)=S-S_1(t)$ 的表达式；

（2）$S(t)$ 的最小值.

4. 求曲线 $y=x^2-2x, y=0, x=1, x=3$ 围成的平面图形的面积 S，并求该平面图形绕 y 轴旋转一周所得旋转体的体积 V.

5. 设 D_1 是由抛物线 $y=2x^2$ 和直线 $x=a, x=2$ 及 $y=0$ 所围成的平面区域，D_2 是由抛物线 $y=2x^2$ 和直线 $y=0$，$x=a$ 所围成的平面区域，其中 $0<a<2$.

（1）试求 D_1 绕 x 轴旋转而成的旋转体体积 V_1；D_2 绕 y 轴旋转而成的旋转体的体积 V_2；

（2）问当 a 为何值时，V_1+V_2 取得最大值？求此最大值.

6. 过点 $P(1,0)$ 作抛物线 $y=\sqrt{x-2}$ 的切线，该切线与上述抛物线及 x 轴围成一平面图形，求此图形绕 x 轴旋转一周所得旋转体的体积.

7. 设某商品从时刻 0 到时刻 t 的销售量为 $x(t)=kt, t\in[0,T](k>0)$.欲在时刻 T 将数量为 A 的该商品售完，试求

（1）t 时刻的商品剩余量，并确定 k 的值；

（2）在时间段 $[0,T]$ 上的平均剩余量.

第六节　反常积分

前面讨论的定积分 $\int_a^b f(x)\mathrm{d}x$ 有两个特点：一是积分区间为有限区间 $[a,b]$；二是被积函数在 $[a,b]$ 上为连续函数或至多有有限个第一类间断点.

若 $f(x)$ 在区间 $[a,+\infty)$ 上连续，则称 $\int_a^{+\infty} f(x)\,\mathrm{d}x$ 为**无穷区间上的反常积分**.

若 $f(x)$ 在区间 (a,b) 内连续，在点 $x=a$ 的右侧邻域内无界，则称 $\int_a^b f(x)\,\mathrm{d}x$ 为**无界函数的反常积分**，又称为**瑕积分**，$x=a$ 为**瑕点**.

上述两种形式的反常积分(又称广义积分)表示什么？又怎样计算？下面分别讨论.

一、无穷区间上的反常积分

定义 1　设函数 $f(x)$ 在区间 $[a,+\infty)$ 上连续，对任何 $b>a$，定义

$$\int_a^{+\infty} f(x)\,\mathrm{d}x=\lim_{b\to+\infty}\int_a^b f(x)\,\mathrm{d}x,$$

称为无穷区间上的反常积分.若极限

$$\lim_{b\to+\infty}\int_a^b f(x)\,\mathrm{d}x$$

存在，这时称反常积分 $\int_a^{+\infty} f(x)\,\mathrm{d}x$ **收敛**；若上述极限不存在，则称反常积分**发散**.

类似地，设 $f(x)$ 在区间 $(-\infty,b]$ 上连续，取 $a<b$，记

$$\int_{-\infty}^{b} f(x)\,\mathrm{d}x=\lim_{a\to-\infty}\int_a^b f(x)\,\mathrm{d}x,$$

也称为无穷区间上的反常积分.若 $\lim\limits_{a\to-\infty}\int_a^b f(x)\,\mathrm{d}x$ 存在，则称反常积分 $\int_{-\infty}^{b} f(x)\,\mathrm{d}x$ 收敛；若上述极限不存在，就称反常积分 $\int_{-\infty}^{b} f(x)\,\mathrm{d}x$ 发散.

设函数 $f(x)$ 在区间 $(-\infty,+\infty)$ 内连续，若反常积分

$$\int_{-\infty}^{0} f(x)\,\mathrm{d}x \quad 和 \quad \int_0^{+\infty} f(x)\,\mathrm{d}x$$

都收敛，则称上述两个反常积分之和为函数 $f(x)$ 在无穷区间 $(-\infty,+\infty)$ 内的反常积分，记作 $\int_{-\infty}^{+\infty} f(x)\,\mathrm{d}x$，即

$$\int_{-\infty}^{+\infty} f(x)\,\mathrm{d}x=\int_{-\infty}^{0} f(x)\,\mathrm{d}x+\int_0^{+\infty} f(x)\,\mathrm{d}x.$$

这时也称反常积分 $\int_{-\infty}^{+\infty} f(x)\,\mathrm{d}x$ 存在或收敛；否则称反常积分 $\int_{-\infty}^{+\infty} f(x)\,\mathrm{d}x$ 不存在或发散.

根据上述定义，设 $F(x)$ 为 $f(x)$ 在区间 $(-\infty,+\infty)$ 内的原函数，若当 $x\to+\infty$ 时和 $x\to-\infty$ 时，$F(x)$ 的极限存在，记

$$\lim_{x\to+\infty}F(x)=F(+\infty),\quad \lim_{x\to-\infty}F(x)=F(-\infty),$$

则有

$$\int_{a}^{+\infty} f(x)\mathrm{d}x=\lim_{b\to+\infty}[F(b)-f(a)]$$

$$=F(+\infty)-F(a)=F(x)\Big|_{a}^{+\infty},$$

$$\int_{-\infty}^{b} f(x)\mathrm{d}x=\lim_{a\to-\infty}[F(b)-f(a)]$$

$$=F(b)-F(-\infty)=F(x)\Big|_{-\infty}^{b},$$

$$\int_{-\infty}^{+\infty} f(x)\mathrm{d}x=\lim_{\substack{a\to-\infty\\ b\to+\infty}}[F(b)-F(a)]$$

$$=F(+\infty)-F(-\infty)=F(x)\Big|_{-\infty}^{+\infty}.$$

这就是牛顿-莱布尼茨公式对于无穷区间上的反常积分的推广.

例 1　求 $\int_{0}^{+\infty}\frac{1}{1+x^2}\mathrm{d}x$.

解

$$\int_{0}^{+\infty}\frac{1}{1+x^2}\mathrm{d}x=\lim_{b\to+\infty}\int_{0}^{b}\frac{1}{1+x^2}\mathrm{d}x=\lim_{b\to+\infty}\left(\arctan x\Big|_{0}^{b}\right)$$

$$=\lim_{b\to+\infty}\arctan b=\frac{\pi}{2}.$$

例 2　求 $\int_{-\infty}^{+\infty}\frac{1}{1+x^2}\mathrm{d}x$.

解

$$\int_{-\infty}^{+\infty}\frac{1}{1+x^2}\mathrm{d}x=\int_{-\infty}^{0}\frac{1}{1+x^2}\mathrm{d}x+\int_{0}^{+\infty}\frac{1}{1+x^2}\mathrm{d}x$$

$$=\lim_{a\to-\infty}\int_{a}^{0}\frac{1}{1+x^2}\mathrm{d}x+\lim_{b\to+\infty}\int_{0}^{b}\frac{1}{1+x^2}\mathrm{d}x$$

$$=\arctan x\Big|_{-\infty}^{0}+\arctan x\Big|_{0}^{+\infty}=\frac{\pi}{2}+\frac{\pi}{2}=\pi.$$

这个反常积分值从几何上可解释为：当 $a\to-\infty$，$b\to+\infty$ 时，虽然图 5.25 中阴影部分向左、右无限延伸，但其面积却是有限值 π.简单地说，它是位于曲线 $y=\frac{1}{1+x^2}$ 的下方、x 轴上方的无界图形面积.

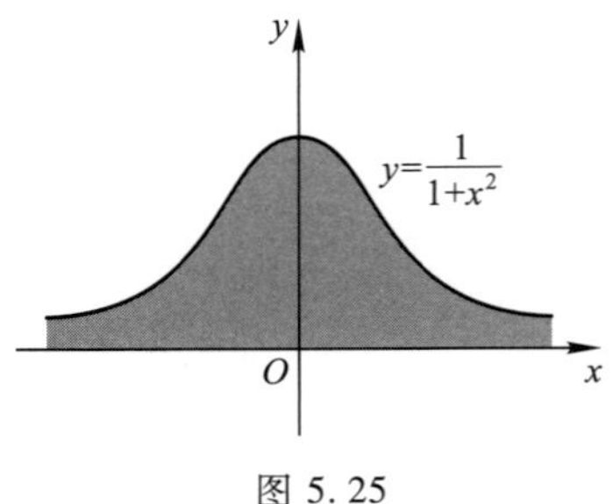

图 5.25

例 3　证明：反常积分 $\int_{a}^{+\infty}\frac{1}{x^p}\mathrm{d}x$ 当 $p>1$ 时收敛；当 $p\leqslant1$ 时发散，其中 $p>0,a>0$.

证　当 $p\neq1$ 时，反常积分

$$\int_a^{+\infty}\frac{1}{x^p}\mathrm{d}x=\frac{1}{1-p}x^{1-p}\Bigg|_a^{+\infty}=\begin{cases}\dfrac{a^{1-p}}{p-1}, & p>1,\\ +\infty, & p<1.\end{cases}$$

当 $p=1$ 时,反常积分

$$\int_a^{+\infty}\frac{1}{x}\mathrm{d}x=\ln x\Bigg|_a^{+\infty}=+\infty.$$

所以,反常积分 $\int_a^{+\infty}\frac{1}{x^p}\mathrm{d}x$ 当 $p>1$ 时收敛;当 $p\leqslant 1$ 时发散.

二、无界函数的反常积分

定义 2　设函数 $f(x)$ 在区间 $(a,b]$ 上连续,且 $\lim\limits_{x\to a^+}f(x)=\infty$,取 $\varepsilon>0$,定义

$$\int_a^b f(x)\mathrm{d}x=\lim_{\varepsilon\to 0^+}\int_{a+\varepsilon}^b f(x)\mathrm{d}x,$$

称为无界函数的反常积分或瑕积分,$x=a$ 称为瑕点.若极限

$$\lim_{\varepsilon\to 0^+}\int_{a+\varepsilon}^b f(x)\mathrm{d}x$$

存在,则称反常积分 $\int_a^b f(x)\mathrm{d}x$ 收敛;若此极限不存在,则称反常积分 $\int_a^b f(x)\mathrm{d}x$ 发散.

类似地,设函数 $f(x)$ 在区间 $[a,b)$ 上连续,且 $\lim\limits_{x\to b^-}f(x)=\infty$,取 $\varepsilon>0$,定义

$$\int_a^b f(x)\mathrm{d}x=\lim_{\varepsilon\to 0^+}\int_a^{b-\varepsilon}f(x)\mathrm{d}x,$$

也称为无界函数的反常积分或瑕积分,$x=a$ 称为瑕点.若极限

$$\lim_{\varepsilon\to 0^+}\int_a^{b-\varepsilon}f(x)\mathrm{d}x$$

存在,则称反常积分 $\int_a^b f(x)\mathrm{d}x$ 收敛;若此极限不存在,则称反常积分 $\int_a^b f(x)\mathrm{d}x$ 发散.

设函数 $f(x)$ 在区间 $[a,b]$ 上除点 $x=c(a<c<b)$ 外连续,且 $\lim\limits_{x\to c}f(x)=\infty$,若两个反常积分

$$\int_a^c f(x)\mathrm{d}x\quad 与\quad \int_c^b f(x)\mathrm{d}x$$

都收敛,则定义在 $[a,b]$ 上的反常积分为

$$\int_a^b f(x)\mathrm{d}x=\int_a^c f(x)\mathrm{d}x+\int_c^b f(x)\mathrm{d}x.$$

这时也称反常积分 $\int_a^b f(x)\mathrm{d}x$ 存在或收敛,否则称反常积分 $\int_a^b f(x)\mathrm{d}x$ 不存在或发散.

例 4　求 $\int_0^1\frac{1}{\sqrt{1-x^2}}\mathrm{d}x$.

解　$x=1$ 是函数 $f(x)=\dfrac{1}{\sqrt{1-x^2}}$ 的无穷间断点，所以

$$\int_0^1 \frac{1}{\sqrt{1-x^2}}\mathrm{d}x=\lim_{\varepsilon\to 0^+}\int_0^{1-\varepsilon}\frac{1}{\sqrt{1-x^2}}\mathrm{d}x=\lim_{\varepsilon\to 0^+}\arcsin x\Big|_0^{1-\varepsilon}$$

$$=\lim_{\varepsilon\to 0^+}\arcsin(1-\varepsilon)=\frac{\pi}{2}.$$

例 5　求 $\displaystyle\int_{-1}^1 \frac{1}{\sqrt{1-x^2}}\mathrm{d}x$.

解　$x=\pm 1$ 是函数 $f(x)=\dfrac{1}{\sqrt{1-x^2}}$ 的无穷间断点，所以

$$\int_{-1}^1 \frac{1}{\sqrt{1-x^2}}\mathrm{d}x=\int_{-1}^0 \frac{1}{\sqrt{1-x^2}}\mathrm{d}x+\int_0^1 \frac{1}{\sqrt{1-x^2}}\mathrm{d}x$$

$$=\arcsin x\Big|_{-1}^0+\arcsin x\Big|_0^1=\frac{\pi}{2}+\frac{\pi}{2}=\pi.$$

例 6　讨论反常积分 $\displaystyle\int_{-1}^1 \frac{1}{x^2}\mathrm{d}x$ 的敛散性.

解　被积函数 $\dfrac{1}{x^2}$ 在积分区间 $[-1,1]$ 上除了点 $x=0$ 外连续，且 $\displaystyle\lim_{x\to 0}\frac{1}{x^2}=\infty$.由于

$$\lim_{\varepsilon\to 0^+}\int_{-1}^{-\varepsilon}\frac{1}{x^2}\mathrm{d}x=\lim_{\varepsilon\to 0^+}\left[-\frac{1}{x}\right]\Big|_{-1}^{-\varepsilon}=\lim_{\varepsilon\to 0^+}\left(\frac{1}{\varepsilon}-1\right)=+\infty,$$

即反常积分 $\displaystyle\int_{-1}^0 \frac{1}{x^2}\mathrm{d}x$ 发散，所以反常积分 $\displaystyle\int_{-1}^1 \frac{1}{x^2}\mathrm{d}x$ 发散.

例 7　证明：反常积分

$$\int_a^b \frac{1}{(x-a)^q}\mathrm{d}x$$

当 $q<1$ 时收敛；当 $q\geqslant 1$ 时发散，其中 $q>0$，$a<b$.

证　因为 $x=a$ 是被积函数的无穷间断点，于是当 $q\neq 1$ 时，

$$\int_a^b \frac{1}{(x-a)^q}\mathrm{d}x=\lim_{\varepsilon\to 0^+}\int_{a+\varepsilon}^b \frac{1}{(x-a)^q}\mathrm{d}x$$

$$=\lim_{\varepsilon\to 0^+}\frac{1}{1-q}\left[(b-a)^{1-q}-\varepsilon^{1-q}\right]$$

$$=\begin{cases}\dfrac{(b-a)^{1-q}}{1-q}, & q<1,\\ +\infty, & q>1;\end{cases}$$

当 $q=1$ 时，

$$\int_a^b \frac{1}{(x-a)^q}\mathrm{d}x = \int_a^b \frac{1}{x-a}\mathrm{d}x = \lim_{\varepsilon\to 0^+}\int_{a+\varepsilon}^b \frac{1}{x-a}\mathrm{d}x$$

$$= \lim_{\varepsilon\to 0^+}[\ln(b-a)-\ln\varepsilon] = +\infty,$$

所以反常积分 $\int_a^b \frac{1}{(x-a)^q}\mathrm{d}x$ 当 $q<1$ 时收敛，$q\geqslant 1$ 时发散.

*三、Γ 函数

定义 3　由反常积分 $\int_0^{+\infty} x^{\alpha-1}\mathrm{e}^{-x}\mathrm{d}x$ 决定的参变量 α 的函数（$\alpha>0$）称为 Γ 函数，记作

$$\Gamma(\alpha) = \int_0^{+\infty} x^{\alpha-1}\mathrm{e}^{-x}\mathrm{d}x,\quad \alpha>0.$$

可以证明反常积分 $\int_0^{+\infty} x^{\alpha-1}\mathrm{e}^{-x}\mathrm{d}x$ 当 $\alpha>0$ 时收敛，当 $\alpha\leqslant 0$ 时发散，所以 $\Gamma(\alpha)$ 的定义域为 $\alpha>0$.

Γ 函数是概率论中的重要函数，具有如下性质：

（1）$\Gamma(\alpha+1) = \alpha\Gamma(\alpha)$；

（2）$\Gamma(1) = 1, \Gamma\left(\frac{1}{2}\right) = \sqrt{\pi}$；

（3）$\Gamma(n+1) = n!$，n 为正整数.

证　（1）

$$\Gamma(\alpha+1) = \int_0^{+\infty} x^{\alpha}\mathrm{e}^{-x}\mathrm{d}x = -\int_0^{+\infty} x^{\alpha}\mathrm{d}(\mathrm{e}^{-x})$$

$$= -x^{\alpha}\mathrm{e}^{-x}\Big|_0^{+\infty} + \int_0^{+\infty}\mathrm{e}^{-x}\mathrm{d}(x^{\alpha}) = \alpha\int_0^{+\infty} x^{\alpha-1}\mathrm{e}^{-x}\mathrm{d}x$$

$$= \alpha\Gamma(\alpha).$$

（2）

$$\Gamma(1) = \int_0^{+\infty} x^{1-1}\mathrm{e}^{-x}\mathrm{d}x = \int_0^{+\infty}\mathrm{e}^{-x}\mathrm{d}x = -\mathrm{e}^{-x}\Big|_0^{+\infty} = 1.$$

$\Gamma\left(\frac{1}{2}\right) = \sqrt{\pi}$ 证略.

（3）$\Gamma(\alpha+1)$ 中取 $\alpha = n$，则由性质（1）有

$$\Gamma(n+1) = n\Gamma(n) = n\Gamma[(n-1)+1] = n(n-1)\Gamma(n-1)$$

$$= \cdots = n(n-1)(n-2)\cdot\cdots\cdot 2\cdot 1\cdot\Gamma(1) = n!.$$

例 8　利用 Γ 函数性质计算 $\int_0^{+\infty} x^{\frac{5}{2}}\mathrm{e}^{-x}\mathrm{d}x$.

解　$\int_0^{+\infty} x^{\frac{5}{2}}\mathrm{e}^{-x}\mathrm{d}x = \int_0^{+\infty} x^{\frac{7}{2}-1}\mathrm{e}^{-x}\mathrm{d}x = \Gamma\left(\frac{7}{2}\right) = \Gamma\left(\frac{5}{2}+1\right)$

$$=\frac{5}{2}\cdot\frac{3}{2}\cdot\frac{1}{2}\cdot\Gamma\left(\frac{1}{2}\right)=\frac{15}{8}\sqrt{\pi}.$$

例 9　计算 $\int_0^{+\infty}x^4e^{-2x}dx$.

解　令 $2x=t$,则有

$$\int_0^{+\infty}x^4e^{-2x}dx=\int_0^{+\infty}\left(\frac{t}{4}\right)^2e^{-t}\cdot\frac{1}{2}dt=\frac{1}{2^5}\int_0^{+\infty}t^4e^{-t}dt$$

$$=\frac{1}{2^5}\Gamma(5)=\frac{1}{2^5}\cdot4!=\frac{3}{4}.$$

思考与扩展 22

定积分的性质可以完全推广到反常积分吗?

习题 5-6

(A)

一、判别下列反常积分的收敛性,若收敛,计算反常积分的值:

1. $\int_{-\infty}^{0}e^xdx$.
2. $\int_{-\infty}^{+\infty}\sin xdx$.
3. $\int_{e}^{+\infty}\frac{1}{x\ln x}dx$.
4. $\int_{-1}^{0}\frac{1}{\sqrt{1-x^2}}dx$.
5. $\int_0^1\ln xdx$.
6. $\int_1^{+\infty}\frac{1}{1+x^2}dx$.
7. $\int_1^{+\infty}\frac{1}{x(x+1)}dx$.
8. $\int_0^1\frac{x}{\sqrt{1-x^2}}dx$.
9. $\int_0^2\frac{1}{x^2-4x+3}dx$.
10. $\int_1^2\frac{x}{\sqrt{x-1}}dx$.

二、判别下列反常积分的收敛性,若收敛,计算反常积分的值:

1. $\int_0^{+\infty}xe^{-x}dx$.
2. $\int_1^{+\infty}\frac{1}{x^p}dx$.
3. $\int_0^1\frac{\ln x}{\sqrt{x}}dx$.
4. $\int_0^2\frac{1}{\sqrt[3]{(x-1)^2}}dx$.
5. $\int_0^{+\infty}\frac{1}{\sqrt{x}(1+x)}dx$.
6. $\int_0^{+\infty}\frac{1}{x^2(1+x^2)}dx$.
7. $\int_0^1\sqrt{\frac{x}{1-x}}dx$.
8. $\int_1^2\frac{x}{\sqrt{x-1}}dx$.

9. $\int_{-1}^{1}\frac{1}{\sqrt{1-x^2}}\mathrm{d}x$.

10. $\int_{a}^{b}\frac{1}{(x-a)(b-x)}\mathrm{d}x$,　$a<b$.

三、1. 利用 Γ 函数计算 $\int_{0}^{+\infty}x^{\frac{7}{2}}\mathrm{e}^{-x}\mathrm{d}x$.

2. 求位于曲线 $y=\mathrm{e}^x$ 下方、该曲线过原点的切线的左方以及 x 轴上方之间的图形的面积.

(B)

一、1. 下列反常积分发散的是(　　).

A. $\int_{-1}^{1}\frac{1}{\sin x}\mathrm{d}x$

B. $\int_{-1}^{1}\frac{1}{\sqrt{1-x^2}}\mathrm{d}x$

C. $\int_{0}^{+\infty}\mathrm{e}^{-x^2}\mathrm{d}x$

D. $\int_{2}^{+\infty}\frac{1}{x\ln^2 x}\mathrm{d}x$

2. 下列结论中正确的是(　　).

A. $\int_{1}^{+\infty}\frac{\mathrm{d}x}{x(x+1)}$与$\int_{0}^{1}\frac{\mathrm{d}x}{x(x+1)}$都收敛

B. $\int_{1}^{+\infty}\frac{\mathrm{d}x}{x(x+1)}$与$\int_{0}^{1}\frac{\mathrm{d}x}{x(x+1)}$都发散

C. $\int_{1}^{+\infty}\frac{\mathrm{d}x}{x(1+x)}$发散，$\int_{0}^{1}\frac{\mathrm{d}x}{x(x+1)}$收敛

D. $\int_{1}^{+\infty}\frac{\mathrm{d}x}{x(x+1)}$收敛，$\int_{0}^{1}\frac{\mathrm{d}x}{x(x+1)}$发散

二、1. 已知 $\int_{-\infty}^{+\infty}\mathrm{e}^{k|x|}\mathrm{d}x=1$，则 $k=$__________.

2. $\int_{0}^{+\infty}\frac{x\mathrm{e}^{-x}}{(1+\mathrm{e}^{-x})^2}\mathrm{d}x=$__________.

3. 已知 $\lim\limits_{x\to\infty}\left(\frac{1+x}{x}\right)^{ax}=\int_{-\infty}^{a}t\mathrm{e}^{t}\mathrm{d}t$，则 $a=$__________.

4. $\int_{0}^{+\infty}\frac{\mathrm{d}x}{x^2+4x+8}=$__________.

5. $\int_{2}^{+\infty}\frac{\mathrm{d}x}{(x+7)\sqrt{x-2}}=$__________.

6. $\int_{1}^{+\infty}\frac{\mathrm{d}x}{x\sqrt{x^2-1}}=$__________.

7. $\int_{0}^{1}\frac{x\mathrm{d}x}{(2-x^2)\sqrt{1-x^2}}=$__________.

8. $\int_{0}^{+\infty}\frac{x\mathrm{d}x}{(1+x^2)^2}=$__________.

三、1. 计算 $\int_{1}^{+\infty}\frac{\arctan x}{x^2}\mathrm{d}x$.

2. 已知 $\lim\limits_{x\to\infty}\left(\frac{x-a}{x+a}\right)^{x}=\int_{a}^{+\infty}4x^2\mathrm{e}^{-2x}\mathrm{d}x$，求常数 a 的值.

3. 计算 $\int_{0}^{1}\frac{x^2\arcsin x}{\sqrt{1-x^2}}\mathrm{d}x$.

4. 求 $\int_{\frac{1}{2}}^{\frac{3}{2}} \frac{\mathrm{d}x}{\sqrt{|x-x^2|}}$.

第五章典型选择题及分析

第五章典型例题讲解 1

第五章典型例题讲解 2

第五章典型例题讲解 3

第五章典型例题讲解 4

第五章自测题

第六章　多元函数微积分学

自然科学与工程技术中的问题,往往与多种因素有关,反映到数学上,就是一个变量依赖于多个变量,这就提出了多元函数的概念及多元函数的微分和积分问题.本章将在一元函数微积分学的基础上,讨论以二元函数为主的多元函数微分法及其应用以及二重积分的计算等.

在研究多元函数前,先介绍一些空间解析几何的知识.

第一节　空间直角坐标系

由平面解析几何学可知,笛卡儿试图建立起一种通用的数学,使算术、代数和几何统一起来.他给出平面上点与实数对(x,y)间的关系,进而将方程与曲线对应起来,将“形”与“数”统一起来.这种能用代数方法研究几何图形的数学分支,称为解析几何.若研究的是平面上的几何图形,则称为平面解析几何;若研究的是三维空间中的几何图形,则称为空间解析几何.

解析几何的实质是建立点与实数对间的关系,把代数方程与曲线、曲面对应起来,从而能用代数方法研究几何图形.

借助于解析几何,几何概念可以用代数手段表示,几何目标可以通过代数手段达到.反过来,借助于解析几何能给代数语言以几何解释,使人们能直观地掌握代数语言的意义,并启发人们提出新的结论.这两方面构成了解析几何的基本问题,或者更明确地说,解析几何的基本问题为:

(1) 已知点的几何轨迹,如何建立它的代数方程?

(2) 已给代数方程,如何确定它的几何轨迹?

平面解析几何的理论是以坐标法为基础的.同样,空间的“形”与“数”联系的媒介是空间直角坐标系.

一、空间直角坐标系

下面先来介绍空间直角坐标系.

所谓空间直角坐标系是指:给定一点 O,过该点引出三条两两垂直的数轴 x,y,z(它们通常具有相同的长度单位).常称 O 为坐标原点;分别称 x,y,z 三个轴为横轴,纵轴,竖轴.常记这个坐标系为 $Oxyz$.

如果将一只手的大拇指、食指、中指表为两两垂直的形态,令它们依次表示 x,y,z 轴.若用的是右手,则称所表示的这个坐标系 $Oxyz$ 为右手系,否则称为左手系.今后若不加声明,所给坐标系皆为右手坐标系.通常右手坐标系如图 6.1 所示.

三个坐标轴 x,y,z 两两决定三个两两垂直平面,统称之为坐标平面,由 x,y 轴决定的坐标平面记为 xOy.由 x,z 轴决定的坐标平面记为 zOx.由 y,z 轴决定的平面记为 yOz.

设 M 为空间一点,过点 M 作三个平面分别垂直于 x 轴、y 轴、z 轴,与 x 轴、y 轴、z 轴的交点依次为 A,B,C.设有向长度 $OA=x,OB=y,OC=z$,则点 M 唯一决定了一组有序的三个数 x,y,z.反过来,在三个坐标轴上依次给定三个点 A,B,C,且 $OA=x,OB=y,OC=z$,分别过点 A,B,C 作三个平面依次垂直于 x 轴,y 轴,z 轴,则这三个平面相交于一点,即一组有序的三个数 x,y,z 唯一决定了空间一点.于是空间的点 M 与一组有序的三个数 x,y,z 建立了一一对应关系.称这组数 x,y,z 为点 M 的坐标,并称 x 为 M 的横坐标,y 为 M 的纵坐标,z 为 M 的竖坐标,记为 $M(x,y,z)$.如图 6.2 所示.

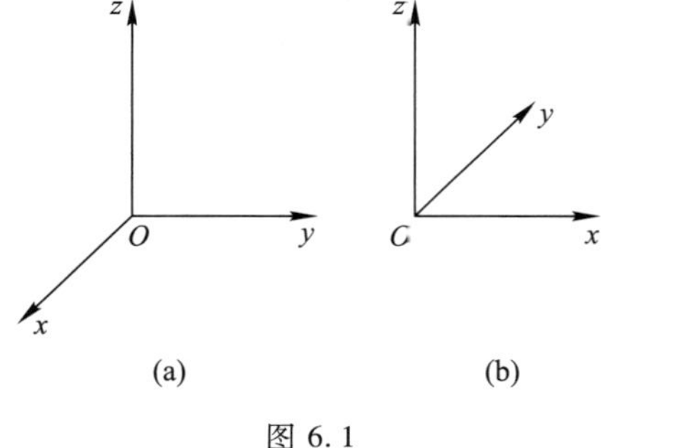

图 6.1

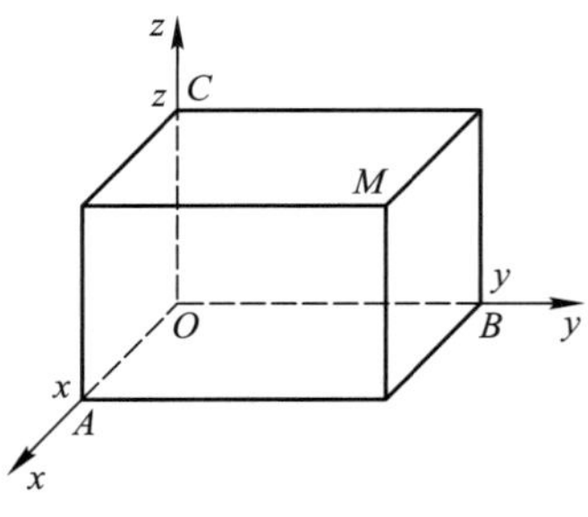

图 6.2

三个坐标平面将空间分为八个部分,称每个部分为一个卦限,这八个卦限用下述方法规定其顺序,如图 6.3 所示(用罗马数字编号):

第一卦限　$x>0,y>0,z>0$;

第二卦限　$x<0,y>0,z>0$;

第三卦限　$x<0,y<0,z>0$;

第四卦限　$x>0,y<0,z>0$;

第五卦限　$x>0,y>0,z<0$;

第六卦限　$x<0,y>0,z<0$;

第七卦限　$x<0,y<0,z<0$;

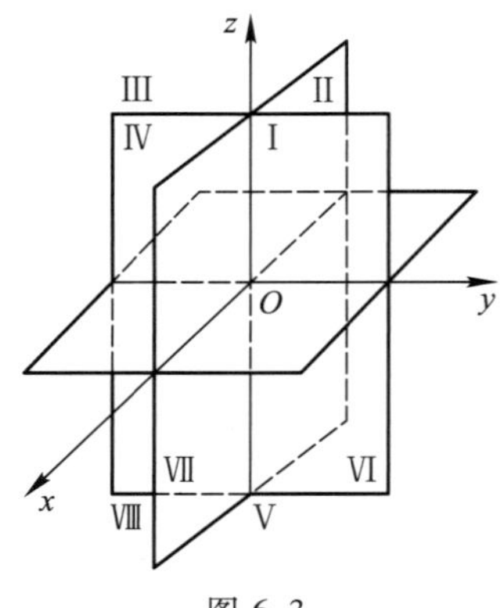

图 6.3

第八卦限　$x>0,y<0,z<0$.

有必要指出，位于坐标平面或坐标轴上的点，我们约定它不属于任何卦限.这些点的坐标有以下特性：

原点的三个坐标都是0，即坐标为$(0,0,0)$；

在x轴上点的坐标为$(x,0,0)$；

在y轴上点的坐标为$(0,y,0)$；

在z轴上点的坐标为$(0,0,z)$；

在xOy平面上的点的坐标为$(x,y,0)$；

在yOz平面上的点的坐标为$(0,y,z)$；

在zOx平面上的点的坐标为$(x,0,z)$；

思考与扩展23

可以简单地归纳为"三个坐标平面将空间分为八个部分，其中含有x轴正向、y轴正向、z轴正向的部分为第一卦限；……"吗？

二、空间两点间的距离

设$M_1(x_1,y_1,z_1)$，$M_2(x_2,y_2,z_2)$为空间两点.过点M_1，M_2各作三个分别垂直于三条坐标轴的平面，这六个平面围成一个以M_1M_2为对角线的长方体，如图6.4所示.由勾股定理可得

$$\begin{aligned}|M_1M_2|^2&=|M_1N|^2+|NM_2|^2\\&=|M_1P|^2+|M_1Q|^2+|M_1R|^2.\end{aligned}$$

注意到

$$|M_1P|=|P_1P_2|=|x_2-x_1|,$$
$$|M_1Q|=|Q_1Q_2|=|y_2-y_1|,$$
$$|M_1R|=|R_1R_2|=|z_2-z_1|,$$

可知

$$|M_1M_2|^2=(x_2-x_1)^2+(y_2-y_1)^2+(z_2-z_1)^2,$$

因而

$$|M_1M_2|=\sqrt{(x_2-x_1)^2+(y_2-y_1)^2+(z_2-z_1)^2}.\qquad(1)$$

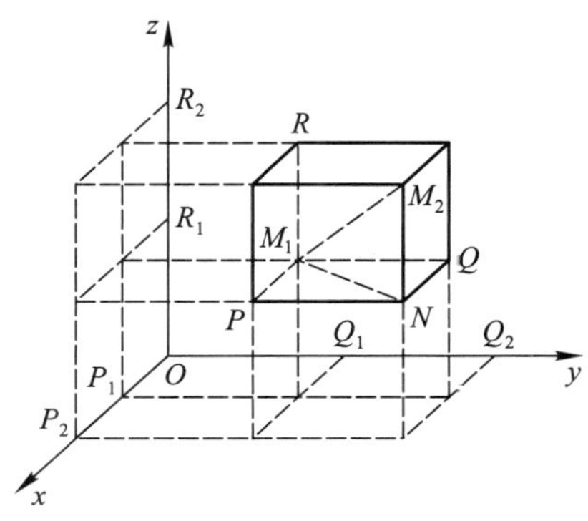

图6.4

上式又称为M_1，M_2两点间的距离公式.

特别地，点$M(x,y,z)$到坐标原点的距离为

$$|OM|=\sqrt{x^2+y^2+z^2}.$$

例 1 已知点 $M_1(1,0,-2)$, $M_2(3,-1,1)$,求此两点间的距离.

解 由两点间距离公式可知

$$|M_1M_2|=\sqrt{(3-1)^2+(-1-0)^2+[1-(-2)]^2}=\sqrt{14}.$$

三、曲面方程

由于空间的点动可以成线,而线动可以成面.当点动时,其坐标也将随之变动,当点沿一定几何轨迹移动时,坐标 x,y,z 之间将遵循一定规律 $F(x,y,z)=0$.因此可以将空间曲面与方程联系起来.

与平面解析几何中曲线方程的定义相仿,可以定义空间曲面的方程.

定义 1 若曲面上每一点的坐标都满足某方程 $F(x,y,z)=0$,而不在这曲面上的点的坐标都不满足这个方程,则称这个方程是所给**曲面的方程**.

在这个意义下,三元方程

$$F(x,y,z)=0$$

总表示一张空间曲面.

对于曲面,也有本章开头提出的解析几何的两类问题:

(1) 已知一曲面作为点的几何轨迹,建立这个曲面的方程;

(2) 已知一曲面的方程,研究这个曲面的几何形状.

例 2 求与定点 $M_0(x_0,y_0,z_0)$ 距离等于 R 的几何轨迹的方程.

解 此问题为第一类问题.不妨设 $M(x,y,z)$ 为轨迹上任意一点.由题意可知 $|M_0M|=R$,即

$$\sqrt{(x-x_0)^2+(y-y_0)^2+(z-z_0)^2}=R,$$

两端平方得

$$(x-x_0)^2+(y-y_0)^2+(z-z_0)^2=R^2. \tag{2}$$

几何上方程(2)表示以点 $M_0(x_0,y_0,z_0)$ 为中心,以 R 为半径的球面方程.

例 3 研究方程

$$x^2+y^2+z^2+2x-4y-4=0$$

所表示的曲面的几何特性.

解 将所给方程配方,转化为(2)式的形式,可得

$$(x+1)^2+(y-2)^2+z^2=9,$$

可知所给方程表示以点$(-1,2,0)$为球心、半径为 3 的球面方程.

四、曲线方程

一般说来,空间两曲面相交,可以得到一条曲线.设

$$F_1(x,y,z)=0 \quad 和 \quad F_2(x,y,z)=0$$

为空间两曲面的方程.若它们相交得到一条曲线 L,则 L 上任一点的坐标必定满足这两个曲面的方程.反过来,同时满足这两个曲面方程的点也必定在它们的交线 L 上.因此空间曲线 L 的方程可以表示为

$$\begin{cases}F_1(x,y,z)=0,\\F_2(x,y,z)=0,\end{cases}\tag{3}$$

称其为**曲线的一般式方程**.

例 4 已知点 $M_1(2,-1,3)$,$M_2(-1,2,2)$,求到点 M_1,M_2 距离相等的动点轨迹方程.

解 设点 $M(x,y,z)$ 为所求轨迹上的任一点.由题意知应有

$$|MM_1|=|MM_2|,$$

因此有

$$\sqrt{(x-2)^2+[y-(-1)]^2+(z-3)^2}=\sqrt{[x-(-1)]^2+(y-2)^2+(z-2)^2},$$

整理可得

$$6x-6y+2z-5=0,$$

为三元一次方程.由几何意义可知,所求轨迹为线段 M_1M_2 的垂直平分面.

可以证明在空间直角坐标系中,所有的平面方程都为三元一次方程:

$$Ax+By+Cz+D=0,\tag{4}$$

称为平面的一般式方程.

例如 $z=3(A=B=0,C=1,D=-3)$ 表示平行于 xOy 坐标平面,且过 z 轴上点 $(0,0,3)$ 的平面方程.

若两个平面相交,那么它们的交线为空间直线,如果两个平面的方程分别为

$$A_1x+B_1y+C_1z+D_1=0,\quad A_2x+B_2y+C_2z+D_2=0,$$

那么它们的交线方程为

$$\begin{cases}A_1x+B_1y+C_1z+D_1=0,\\A_2x+B_2y+C_2z+D_2=0.\end{cases}\tag{5}$$

称方程组(5)为**直线的一般式方程**.

例 5 研究方程 $\dfrac{x^2}{a^2}+\dfrac{y^2}{b^2}+\dfrac{z^2}{c^2}=1(a,b,c>0)$ 所表示的曲面的特性.

解 为了由所给二次方程研究其图形的几何特性,下面采用截痕法:用三组平行于坐标面的平面截割所给曲面,然后由截痕曲线的几何特性分析曲面的几何特性.

用 xOy 坐标平面(即 $z=0$)截所给曲面,截痕为椭圆

$$\begin{cases}\dfrac{x^2}{a^2}+\dfrac{y^2}{b^2}=1,\\z=0.\end{cases}$$

用平行于 xOy 坐标平面的平面 $z=h$ 截所给曲面,截痕为椭圆

$$\begin{cases}\dfrac{x^2}{a^2}+\dfrac{y^2}{b^2}=1-\dfrac{h^2}{c^2},\\ z=h.\end{cases}$$

当 $h=\pm c$ 时，截痕为$\dfrac{x^2}{a^2}+\dfrac{y^2}{b^2}=0$，即截痕缩为一点. 当 $|h|>c$ 时，截痕为虚椭圆，说明椭球面与平面 $z=h(|h|>c)$ 不相交，因此椭球面介于 $-c\leqslant z\leqslant c$ 的范围内.

同理，用 xOz 面截所给曲面的截痕为椭圆

$$\begin{cases}\dfrac{x^2}{a^2}+\dfrac{z^2}{c^2}=1,\\ y=0.\end{cases}$$

用平行于 xOz 面的平面 $y=h$ 截所给曲面，截痕为椭圆

$$\begin{cases}\dfrac{x^2}{a^2}+\dfrac{z^2}{c^2}=1-\dfrac{h^2}{b^2},\\ y=h.\end{cases}$$

当 $h=\pm b$ 时，截痕缩为一点；当 $|h|>b$ 时，无截痕. 因此，椭球面介于 $-b\leqslant y\leqslant b$ 的范围内.

用 yOz 坐标面截所给曲面的截痕为椭圆

$$\begin{cases}\dfrac{y^2}{b^2}+\dfrac{z^2}{c^2}=1,\\ x=0.\end{cases}$$

用平行于 yOz 坐标面的平面 $x=h$ 截所给曲面的截痕为椭圆

$$\begin{cases}\dfrac{y^2}{b^2}+\dfrac{z^2}{c^2}=1-\dfrac{h^2}{a^2},\\ x=h.\end{cases}$$

当 $h=\pm a$ 时，截痕缩为一点；当 $|h|>a$ 时，无截痕. 因此，椭球面介于 $-a\leqslant x\leqslant a$ 的范围内.

由上述截痕可以画出椭球面的图形，如图 6.5 所示. 称所给曲面为椭球面.

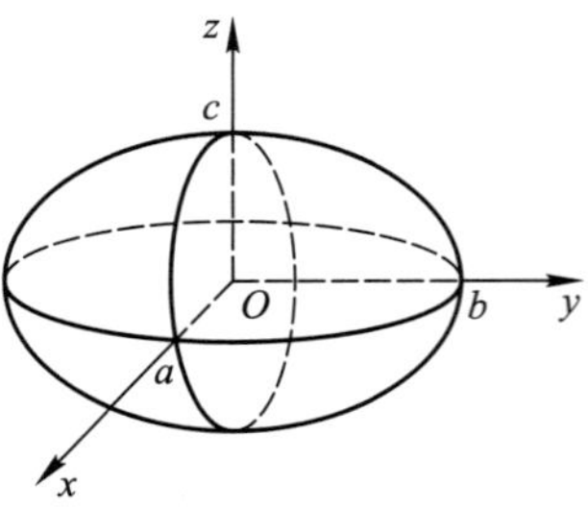

图 6.5

习题 6-1

(A)

一、1. 指出下列方程或方程组表示的是空间曲面，还是空间曲线：

(1) $x^2+y^2+z^2=9$；　　(2) $z=x^2+3y^2$；

(3) $\begin{cases}x^2+y^2+z^2=1,\\ z=0;\end{cases}$　　(4) $\begin{cases}x+2y-3z=1,\\ 2x-y+5z=3;\end{cases}$

(5) $z=3x-2y+1$;　　(6) $2x-y+3z=1$.

第二节　多元函数、极限与连续性

一、平面点集与区域

在讨论一元函数有关概念时,要考虑变量的变化范围,用到区间与邻域的概念.在讨论二元函数的有关概念时,需要用到平面点集与区域的概念,并把邻域的概念推广到平面上.

考虑两个变量 x,y,它们的一组值 (x,y) 可以看成 xOy 平面上点 P 的直角坐标,于是 x 与 y 的变化范围就是平面上的某个点集.邻域和区域都是符合一定条件的点集,通常用大写的英文字母 $D,E,F,\cdots$ 表示平面点集.

例如,点集 $E=\{(x,y)\mid x^2+y^2\leqslant 1\}$,表示平面上所有满足 $x^2+y^2\leqslant 1$ 的点所组成的集合,即由圆心在原点的单位圆内及圆周上的一切点所组成的集合.又如 $D=\{(x,y)\mid x>0,y>0\}$,表示平面上所有满足 $x>0,y>0$ 的点所成的集合,即由平面直角坐标系中第一象限的一切点所组成的集合.

1. 邻域

设 $P_0(x_0,y_0)$ 是平面上一点,δ 是某一正数,则点集

$$\{(x,y)\mid (x-x_0)^2+(y-y_0)^2<\delta^2\}$$

称为点 P_0 的 δ **邻域**,记为 $U(P_0,\delta)$,即

$$U(P_0,\delta)=\{(x,y)\mid (x-x_0)^2+(y-y_0)^2<\delta^2\}.$$

在几何学上,邻域 $U(P_0,\delta)$ 是平面上以点 $P_0(x_0,y_0)$ 为圆心、$\delta>0$ 为半径的圆内的点 $P(x,y)$ 的全体,δ 称为邻域 $U(P_0,\delta)$ 的**半径**.如果不需要特别强调邻域的半径 δ,就用 $U(P_0)$ 表示点 P_0 的某一邻域.

2. 区域

设 E 为平面点集,点 $P\in E$,若存在点 P 的某个邻域 $U(P)$,使 $U(P)$ 内的点都属于 E,则称 P 为 E 的一个**内点**(图 6.6).

若点集 E 的所有点都是内点,则称 E 为**开集**.

例如,点集

$$E_1=\{(x,y)\mid x^2+y^2<1\}$$

中的每一个点都是 E_1 的内点,因此 E_1 为**开集**.

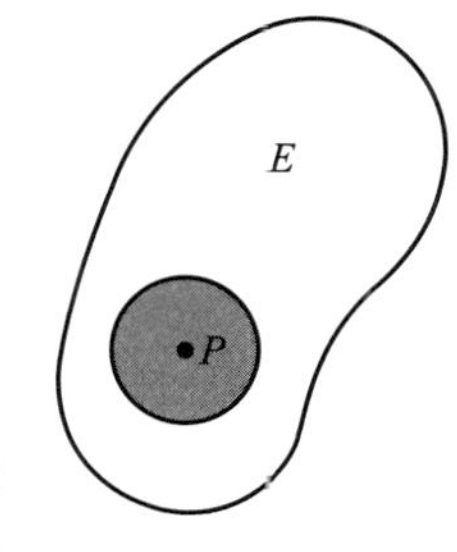

图 6.6

设 E 为平面点集,若点 P 的任意邻域内既有属于 E 的点,也有不属于 E 的点,则称 P 为 E 的一个边界点(图 6.7).至于 P 本身,可以属于 E,也可以不

属于 E,点集 E 的边界点的全体称为 E 的**边界**.

设 E 是开集,若对 E 内任意两点 P_1 和 P_2 都能用全属于 E 的一条折线将它们连接起来,则称开集 E 是**连通**的.连通的开集称为**区域**或**开区域**.开区域连同它的边界一起称为**闭区域**.

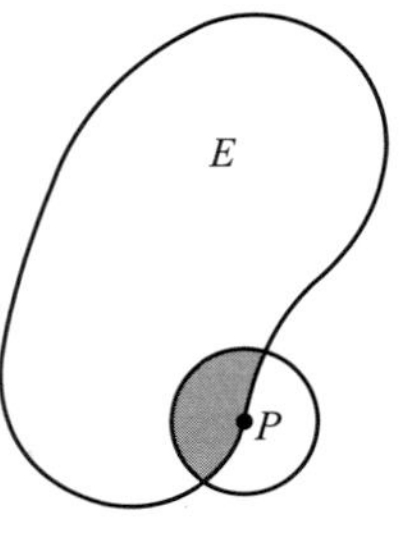

图 6.7

例如,集合 $\{(x,y)\mid x^2+y^2<1\}$ 和集合 $\{(x,y)\mid x-y>0\}$ 都是开区域.而集合 $\{(x,y)\mid x^2+y^2\leqslant 1\}$ 是闭区域.

对于区域 D,若存在正数 M,使对 D 中的点 $P_0(x_0,y_0)$ 及任何点 $P(x,y)$ 皆有

$$\sqrt{(x-x_0)^2+(y-y_0)^2}\leqslant M,$$

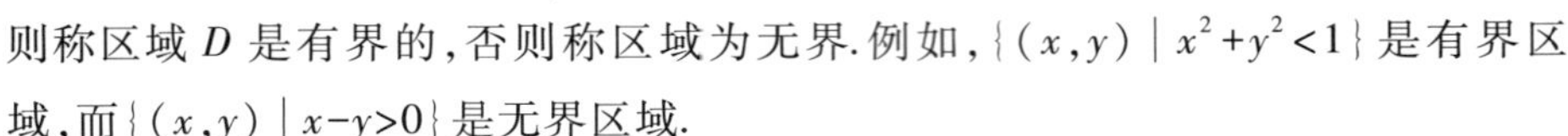

则称区域 D 是有界的,否则称区域为无界.例如,$\{(x,y)\mid x^2+y^2<1\}$ 是有界区域,而 $\{(x,y)\mid x-y>0\}$ 是无界区域.

二、二元函数的概念

定义 1 设有平面点集 D 和实数集 B,若对于 D 中每一点 $P(x,y)$,通过确定的规律 f,总有唯一的实数 z 与之对应,则称 f 是定义在 D 上的**二元函数**,记为

$$z=f(x,y)\quad 或\quad z=f(P),$$

其中 x,y 称为**自变量**,z 称为**因变量**,也称 z 是 x,y 的函数.平面点集 D 称为函数 $z=f(x,y)$ 的**定义域**,习惯上记为 D_f.而集合 $V_f=\{z=f(x,y),(x,y)\in D_f\}$ 称为函数 $z=f(x,y)$ 的**值域**.

类似地,我们可以定义三元函数 $u=f(x,y,z)$,并且可以推广到 n 个自变量的 n 元函数

$$y=f(x_1,x_2,\cdots,x_n).$$

二元及二元以上的函数统称为多元函数.

二元函数的几何意义:设 $z=f(x,y)$,其定义域为 D_f,对于任意取定的点 $P_0(x_0,y_0)\in D_f$,对应的函数值记为 $z_0=f(x_0,y_0)$,在空间直角坐标系中确定了一点 $M_0(x_0,y_0,z_0)$.当点 $P(x,y)$ 取遍定义域 D_f 的一切点时,对应的点 $M(x,y,z)$ 的全体组成一个空间点集 $\{(x,y,z)\mid z=f(x,y),(x,y)\in D_f\}$,这个点集称为二元函数 $z=f(x,y)$ 的图形.二元函数 $z=f(x,y)$ 的图形一般是一张曲面(图 6.8).

例如二元函数 $z=\sqrt{1-x^2-y^2}$ 的图形是球心在原点、半径为 1 的上半球面(图 6.9).

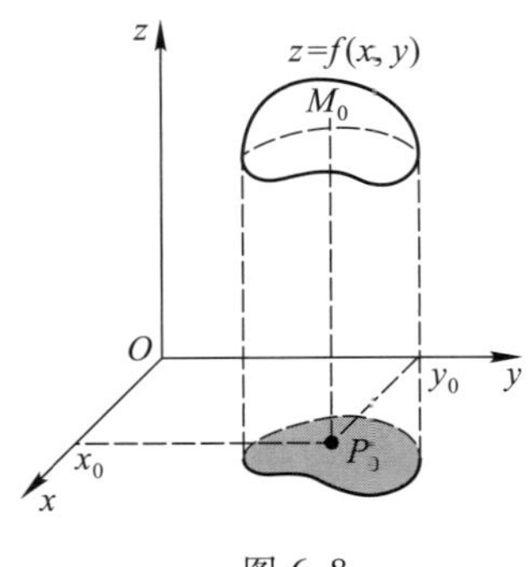

图 6.8

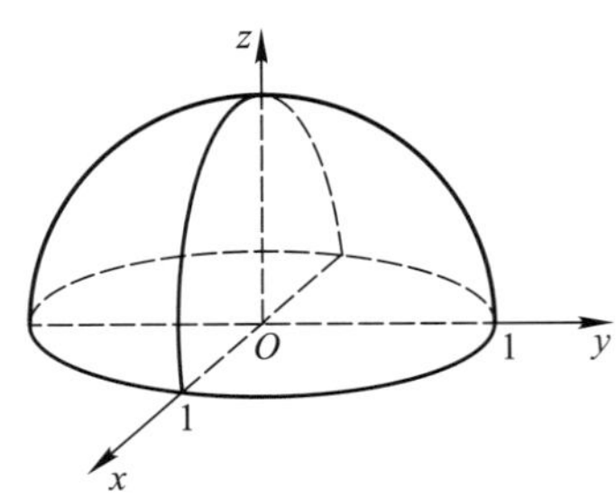

图 6.9

例 1　求二元函数

$$z=f(x,y)=\arcsin\frac{x}{2}+\frac{1}{\sqrt{x-y}}$$

的定义域 D_f.

解　要使表达式有意义,必须

$$\begin{cases}\left|\dfrac{x}{2}\right|\leqslant 1,\\ x-y>0,\end{cases}\quad 即\quad \begin{cases}-2\leqslant x\leqslant 2,\\ x>y,\end{cases}$$

所求定义域 D_f 如图 6.10 所示.

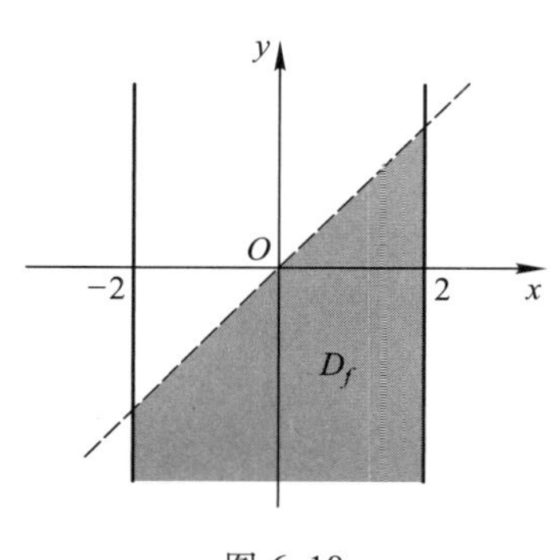

图 6.10

例 2　设 $f(x+y,x-y)=xy+y^2$,试求 $f(x,y)$.

解　设 $x+y=u,x-y=v$,则有

$$x=\frac{u+v}{2},\quad y=\frac{u-v}{2},$$

代入原表达式,得

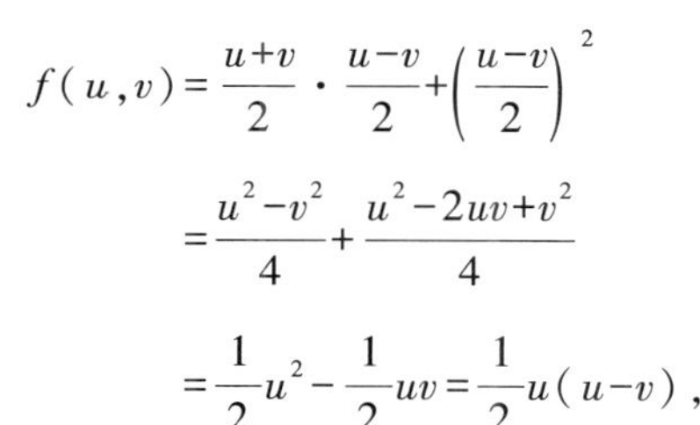

$$\begin{aligned}f(u,v)&=\frac{u+v}{2}\cdot\frac{u-v}{2}+\left(\frac{u-v}{2}\right)^2\\&=\frac{u^2-v^2}{4}+\frac{u^2-2uv+v^2}{4}\\&=\frac{1}{2}u^2-\frac{1}{2}uv=\frac{1}{2}u(u-v),\end{aligned}$$

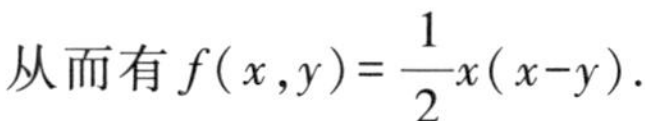

从而有 $f(x,y)=\dfrac{1}{2}x(x-y)$.

三、二元函数的极限

现在讨论二元函数 $z=f(x,y)$ 当点 $P(x,y)\to P_0(x_0,y_0)$ 时的极限.

定义 2　设在 $P_0(x_0,y_0)$ 的任一邻域内都有无数多个使 $f(x,y)$ 有定义的点,若点 $P(x,y)$ 在 $f(x,y)$ 的定义域内以任意方式趋于点 P_0(但不等于 P_0)时,函数的对应值 $f(x,y)$ 趋于一个确定的常数 A,则称 A 为函数 $z=f(x,y)$ 当 $(x,y)\to(x_0,y_0)$ 时的**极限**,记为

$$\lim_{(x,y)\to(x_0,y_0)}f(x,y)=A\quad 或\quad f(x,y)\to A\quad((x,y)\to(x_0,y_0)),$$

也记作

$$\lim_{P\to P_0}f(P)=A\quad 或\quad f(P)\to A\quad(P\to P_0).$$

二元函数的极限也叫做**二重极限**.

仿一元函数极限的 $\varepsilon-\delta$ 定义,可用数学语言来描述二元函数极限:

定义 3　设在 $P_0(x_0,y_0)$ 的任一邻域内都有无数多个使 $f(x,y)$ 有定义的点，当点 $P(x,y)$ 趋于点 $P_0(x_0,y_0)$ 时，若对于任意的 $\varepsilon>0$，都存在 $\delta>0$，对于 $f(x,y)$ 有定义且适合不等式

$$0<|P_0P|=\sqrt{(x-x_0)^2+(y-y_0)^2}<\delta$$

的一切点 $P(x,y)$，都有

$$|f(x,y)-A|<\varepsilon$$

成立，则称 A 为函数 $y=f(x,y)$ 当 $(x,y)\to(x_0,y_0)$ 时的极限，记为

$$\lim_{(x,y)\to(x_0,y_0)} f(x,y)=A.$$

根据二元函数极限的定义，所谓二重极限存在，是指点 $P(x,y)$ 按任意方式趋于点 $P_0(x_0,y_0)$（但不等于 P_0）时，函数 $f(x,y)$ 都以同一常数为极限. 因此，如果仅知点 $P(x,y)$ 以某一特殊方式趋于 $P_0(x_0,y_0)$ 时，即使 $f(x,y)$ 趋于某个确定的数，也不能由此断定函数的极限存在. 但是，反过来，如果已知当点 $P(x,y)$ 以不同的方式趋于 $P_0(x_0,y_0)$ 时，函数趋于不同的值，那么可以断定这函数的极限不存在.

思考与扩展 24

$P(x,y)$ 以任意方式趋于 $P_0(x_0,y_0)$ 是否可以理解为“设 $x=\rho\cos\theta$，$y=\rho\sin\theta$，其中 $\rho=\sqrt{(x-x_0)^2+(y-y_0)^2}$，$\rho\to0$，$0\leqslant\theta\leqslant2\pi$”？

例 3　讨论函数

$$f(x,y)=\begin{cases}\dfrac{xy}{x^2+y^2}, & x^2+y^2\neq0,\\ 0, & x^2+y^2=0\end{cases}$$

当点 $P(x,y)\to O(0,0)$ 时，极限是否存在.

解　当点 $P(x,y)$ 沿 x 轴趋于 $O(0,0)$ 时，有

$$\lim_{\substack{x\to0\\ y=0}} f(x,y)=\lim_{x\to0} f(x,0)=0;$$

当点 $P(x,y)$ 沿 y 轴趋于 $O(0,0)$ 时，有

$$\lim_{\substack{y\to0\\ x=0}} f(x,y)=\lim_{y\to0} f(0,y)=0.$$

虽然点 $P(x,y)$ 以上述两种方式趋于 $O(0,0)$ 时，函数的极限存在且相等，但是不能据此判定该函数的极限存在.

当点 $P(x,y)$ 沿 $y=kx(k\neq0)$ 趋于 $O(0,0)$ 时，有

$$\lim_{\substack{x\to0\\ y=kx}} \frac{xy}{x^2+y^2}=\lim_{x\to0}\frac{kx^2}{x^2+k^2x^2}=\frac{k}{1+k^2},$$

其极限值随直线 $y=kx$ 的斜率不同而改变. 故当 $(x,y)\to(0,0)$ 时，函数 $f(x,y)$ 的极限不存在.

关于一元函数极限的四则运算法则、极限存在准则都可以推广到二元函数的极限.

例 4　求极限 $\lim\limits_{(x,y)\to(3,0)}\dfrac{\sin(xy)}{y}$.

解　因为当 $(x,y)\to(3,0)$ 时, $xy\to 0$, 从而有

$$\frac{\sin(xy)}{xy}\to 1,$$

所以

$$\lim_{(x,y)\to(3,0)}\frac{\sin(xy)}{y}=\lim_{(x,y)\to(3,0)}\left(\frac{\sin(xy)}{xy}\cdot x\right)=\lim_{(x,y)\to(3,0)}\frac{\sin(xy)}{xy}\cdot\lim_{x\to 3}x=3.$$

思考与扩展 25

多元函数极限的定义需要特别关注的是什么?

四、二元函数的连续性

仿照一元函数连续性的定义,就可以得到二元函数连续性的定义.

定义 4　设二元函数 $z=f(x,y)$ 在点 $P_0(x_0,y_0)$ 的某邻域内有定义,点 $P(x,y)$ 是该邻域内的任意一点,若

$$\lim_{(x,y)\to(x_0,y_0)}f(x,y)=f(x_0,y_0),$$

则称二元函数 $f(x,y)$ 在点 P_0 处**连续**.

若 $f(x,y)$ 在区域 D 上每一点处都连续,则称 $f(x,y)$ 是区域 D 上的连续函数,通常记为 $f\in C(D)$. 二元连续函数的图形在定义域内是无缝的曲面.

与一元函数类似,二元连续函数经过四则运算和复合运算后仍为二元连续函数.由 x 和 y 的基本初等函数经过有限次的四则运算和复合运算所构成的可以用一个式子表示的二元函数称为二元初等函数.一切二元初等函数在其定义区域内是连续的.利用这个结论,当求某个二元初等函数在其定义区域内一点的极限时,只要计算出函数在该点处的函数值.

例 5　求极限 $\lim\limits_{(x,y)\to(0,1)}\left[\ln(y-x)+\dfrac{2y}{\sqrt{1+x^2}}\right]$.

解

$$\lim_{(x,y)\to(0,1)}\left[\ln(y-x)+\frac{2y}{\sqrt{1+x^2}}\right]=\ln(1-0)+\frac{2}{\sqrt{1+0^2}}=2.$$

例 6　求极限 $\lim\limits_{(x,y)\to(0,0)}\dfrac{x^2+y^2}{1-\sqrt{1+x^2+y^2}}$.

解 因为

$$\frac{x^2+y^2}{1-\sqrt{1+x^2+y^2}}=\frac{(x^2+y^2)(1+\sqrt{1+x^2+y^2})}{1-(\sqrt{1+x^2+y^2})^2}$$
$$=-(1+\sqrt{1+x^2+y^2}),$$

故

$$\text{原式}=\lim_{(x,y)\to(0,0)}[-(1+\sqrt{1+x^2+y^2})]=-2.$$

类似于在闭区间上一元连续函数的性质,在有界闭区域上多元连续函数具有以下性质:

性质 1(有界性) 若 D 为有界闭区域,且 $f\in C(D)$,则 $f(P)$ 在 D 上有界.

性质 2(最大值、最小值定理) 若 D 为有界闭区域且 $f\in C(D)$,则 $f(P)$ 在 D 上必能取得最大值 M 和最小值 m.

性质 3(介值定理) 若 D 为有界闭区域且 $f\in C(D)$,则 $f(P)$ 可以取到位于最大值 M 与最小值 m 之间的任意一个数,即若有 μ 满足 $m<\mu<M$,则必存在 $P_0\in D$,使 $f(P_0)=\mu$.

习题 6-2

(A)

一、1. 设 $f(x,y)=\dfrac{x-2y}{2x-y}$,求 $f(1,3)$, $f(t,1)$.

2. 设 $f(x,y)=(x+y)^{x-y}$,求 $f(0,1)$, $f(1,1)$.

3. 设 $f(x,y)=\dfrac{x^2-y^2}{2xy}$,求 $f(1,-2)$, $f\left(\dfrac{1}{x},\dfrac{1}{y}\right)$.

4. 用集合记号表示由抛物线 $y=x^2$ 与直线 $y=x$ 所围成的闭区域 D.

5. 设 $f\left(x+y,\dfrac{y}{x}\right)=x^2-y^2$,求 $f(x,y)$.

二、求下列函数的定义域:

1. $z=\dfrac{xy}{x-y}$.

2. $z=\dfrac{1}{\sqrt{x}}+\dfrac{1}{\sqrt{y}}-\dfrac{1}{\sqrt{z}}$.

3. $z=\dfrac{\sqrt{4x-y^2}}{\ln(1-x^2-y^2)}$.

4. $z=\arcsin\dfrac{x}{y^2}+\ln(1-\sqrt{y})$.

三、求下列函数的极限:

1. $\lim\limits_{(x,y)\to(0,1)}\dfrac{1-xy}{x^2+y^2}$.

2. $\lim\limits_{(x,y)\to(0,0)}\dfrac{2-\sqrt{xy+4}}{xy}$.

3. $\lim\limits_{(x,y)\to(0,2)}\dfrac{\sin(xy)}{x}$.

4. $\lim\limits_{(x,y)\to(0,0)}(x^2+y^2)\sin\dfrac{1}{x^2+y^2}$.

(B)

一、1. 求下列函数的极限：

(1) $\lim\limits_{(x,y)\to(0,0)}\dfrac{1-\cos(x^2+y^2)}{(x^2+y^2)^2}$；　　(2) $\lim\limits_{(x,y)\to(0,k)}(1+xy)^{\frac{1}{x}}$.

2. 证明极限 $\lim\limits_{(x,y)\to(0,0)}\dfrac{x^2-y^2}{x^2+y^2}$ 不存在.

第三节　偏　导　数

一、偏导数概念

设二元函数 $z=f(x,y)$ 在点 $P_0(x_0,y_0)$ 的某一邻域 $U(P_0,\delta)$ 内有定义，当自变量 y 固定在 y_0，则 $z=f(x,y_0)$ 为自变量 x 的一元函数.若在 $U(x_0,\delta)$ 内，自变量在点 x_0 处有增量 Δx，函数相应的增量为 $\Delta_x z$，即

$$\Delta_x z=f(x_0+\Delta x,y_0)-f(x_0,y_0),$$

称为函数 z 对 x 的偏增量.

类似地，函数 z 对 y 的偏增量 $\Delta_y z$ 为

$$\Delta_y z=f(x_0,y_0+\Delta y)-f(x_0,y_0).$$

定义 1　设二元函数 $z=f(x,y)$ 在点 $P_0(x_0,y_0)$ 的某一邻域 $U(P_0,\delta)$ 内有定义，若极限

$$\lim_{\Delta x\to 0}\frac{\Delta_x z}{\Delta x}=\lim_{\Delta x\to 0}\frac{f(x_0+\Delta x,y_0)-f(x_0,y_0)}{\Delta x}$$

存在，则称此极限值为函数 $f(x,y)$ 在点 $P_0(x_0,y_0)$ 处**对 x 的偏导数**，记为

$$\left.\frac{\partial z}{\partial x}\right|_{\substack{x=x_0\\y=y_0}},\quad \left.\frac{\partial f}{\partial x}\right|_{\substack{x=x_0\\y=y_0}},\quad f'_x(x_0,y_0),\quad z'_x(x_0,y_0).$$

类似地，若极限

$$\lim_{\Delta y\to 0}\frac{\Delta_y z}{\Delta y}=\lim_{\Delta y\to 0}\frac{f(x_0,y_0+\Delta y)-f(x_0,y_0)}{\Delta y}$$

存在，则称此极限值为函数 $f(x,y)$ 在点 $P_0(x_0,y_0)$ 处**对 y 的偏导数**，记为

$$\left.\frac{\partial z}{\partial y}\right|_{\substack{x=x_0\\y=y_0}},\quad \left.\frac{\partial f}{\partial y}\right|_{\substack{x=x_0\\y=y_0}},\quad z'_y(x_0,y_0),\quad f'_y(x_0,y_0).$$

如果 $z=f(x,y)$ 在区域 D 内每一点 $P(x,y)$ 处都有偏导数 $f'_x(x,y)$，$f'_y(x,y)$，那么它们仍然是 x,y 的二元函数，就称为 $z=f(x,y)$ 的**偏导函数**，简称为**偏导数**.记为

$$\frac{\partial f}{\partial x},\frac{\partial f}{\partial y};\quad \frac{\partial z}{\partial x},\frac{\partial z}{\partial y};\quad f'_x(x,y),f'_y(x,y);\quad z'_x,z'_y.$$

至于求二元函数 $z=f(x,y)$ 的偏导数,并不需要新的方法,因为这里只有一个自变量在变化,另一个变量是固定不变的,所以仍然是一元函数的微分法问题.在求 $f'_x(x,y)$ 时,把 y 当成常数而对 x 求导数;在求 $f'_y(x,y)$ 时,把 x 当成常数而对 y 求导数.

仿照二元函数偏导数定义,可以把偏导数概念推广到三元及三元以上的函数,例如对于三元函数 $u=f(x,y,z)$,如果极限

$$\lim_{\Delta x\to 0}\frac{\Delta_x u}{\Delta x}=\lim_{\Delta x\to 0}\frac{f(x+\Delta x,y,z)-f(x,y,z)}{\Delta x}$$

存在,就定义此极限为 $u=f(x,y,z)$ 在点 $P(x,y,z)$ 处对 x 的偏导数,记为

$$\frac{\partial u}{\partial z},\quad \frac{\partial f}{\partial x},\quad u'_x(x,y,z),\quad f'_x(x,y,z).$$

类似地,可以定义函数 $u=f(z,y,z)$ 对自变量 y 或自变量 z 的偏导数 $f'_y(x,y,z)$ 或 $f'_z(x,y,z)$.

例 1 求 $z=x^2+3xy+y^2$ 在点 $(1,2)$ 处的偏导数.

解 把 y 当成常数,对 x 求导,得

$$\frac{\partial z}{\partial x}=2x+3y.$$

把 x 当成常数,对 y 求导,得

$$\frac{\partial z}{\partial y}=3x+2y.$$

故所求偏导数

$$\left.\frac{\partial z}{\partial x}\right|_{\substack{x=1\\y=2}}=8,\quad \left.\frac{\partial z}{\partial y}\right|_{\substack{x=1\\y=2}}=7.$$

例 2 设 $z=x^y(x>0,x\neq 1)$,求证:

$$\frac{x}{y}\frac{\partial z}{\partial x}+\frac{1}{\ln x}\frac{\partial z}{\partial y}=2z.$$

证 由于 $\frac{\partial z}{\partial x}=yx^{y-1}$,$\frac{\partial z}{\partial y}=x^y\ln x$,所以

$$\frac{x}{y}\frac{\partial z}{\partial x}+\frac{1}{\ln x}\frac{\partial z}{\partial y}=\frac{x}{y}\cdot yx^{y-1}+\frac{1}{\ln x}\cdot x^y\ln x=x^y+x^y=2z.$$

例 3 设 $r=\sqrt{x^2+y^2+z^2}$,求 $x\frac{\partial r}{\partial x}+y\frac{\partial r}{\partial y}+z\frac{\partial r}{\partial z}$.

解

$$\frac{\partial r}{\partial x}=\frac{1}{2\sqrt{x^2+y^2+z^2}}\cdot(x^2+y^2+z^2)'_x=\frac{x}{r},$$

同理可求得

$$\frac{\partial r}{\partial y}=\frac{y}{r},\quad \frac{\partial r}{\partial z}=\frac{z}{r},$$

于是有

$$x\frac{\partial r}{\partial x}+y\frac{\partial r}{\partial y}+z\frac{\partial r}{\partial z}=\frac{x^2+y^2+z^2}{r}=r.$$

多元经济函数的偏导数有其经济学意义.

设某产品的需求量

$$Q=Q(P,y),$$

其中 P 为该产品的价格,y 为消费者收入.

记需求量 Q 对价格 P、消费者收入 y 的偏增量分别为

$$\Delta_P Q=Q(P+\Delta P,y)-Q(P,y),$$
$$\Delta_y Q=Q(P,y+\Delta y)-Q(P,y).$$

于是$\dfrac{\Delta_P Q}{\Delta P}$表示 Q 在价格由 P 变到 $P+\Delta P$ 时的平均变化率,而

$$\frac{\partial Q}{\partial P}=\lim_{\Delta P\to 0}\frac{\Delta_P Q}{\Delta P}$$

表示当价格为 P、消费者收入为 y 时,Q 对于 P 的变化率.称

$$E_P=-\lim_{\Delta P\to 0}\frac{\dfrac{\Delta_P Q}{Q}}{\dfrac{\Delta P}{P}}=-\frac{\partial Q}{\partial P}\cdot\frac{P}{Q}$$

为需求 Q 对价格 P 的偏弹性.

同理,$\dfrac{\Delta_y Q}{\Delta y}$表示 Q 在收入由 y 变到 $y+\Delta y$ 时的平均变化率,而

$$\frac{\partial Q}{\partial y}=\lim_{\Delta y\to 0}\frac{\Delta_y Q}{\Delta y}$$

表示当价格为 P、消费者收入为 y 时,Q 对于 y 的变化率.称

$$E_y=\lim_{\Delta y\to 0}\frac{\dfrac{\Delta_y Q}{Q}}{\dfrac{\Delta y}{y}}=\frac{\partial Q}{\partial y}\cdot\frac{y}{Q}$$

为需求 Q 对收入 y 的偏弹性.

二、高阶偏导数

设二元函数 $z=f(x,y)$ 在区域 D 内具有偏导数

$$\frac{\partial z}{\partial x}=f'_x(x,y),\quad \frac{\partial z}{\partial y}=f'_y(x,y),$$

一般地,这两个偏导数 $f'_x(x,y)$, $f'_y(x,y)$ 仍然是变量 x,y 的二元函数.若极限

$$\lim_{\Delta x\to 0}\frac{f'_x(x+\Delta x,y)-f'_x(x,y)}{\Delta x}$$

存在,则称此极限为函数 $z=f(x,y)$ 在点 (x,y) 处对 x 的二阶偏导数,记为

$$\frac{\partial}{\partial x}\left(\frac{\partial z}{\partial x}\right)=\frac{\partial^2 z}{\partial x^2}\quad 或\quad z''_{xx}(x,y),\ f''_{xx}(x,y).$$

用同样的方法可以定义函数 $z=f(x,y)$ 在点 (x,y) 处对 y 的二阶偏导数,记为

$$\frac{\partial}{\partial y}\left(\frac{\partial z}{\partial y}\right)=\frac{\partial^2 z}{\partial y^2}\quad 或\quad z''_{yy}(x,y),\ f''_{yy}(x,y).$$

而函数 $z=f(x,y)$ 在点 (x,y) 处对 x,y 的二阶混合偏导数,记为

$$\frac{\partial}{\partial y}\left(\frac{\partial z}{\partial x}\right)=\frac{\partial^2 z}{\partial x\partial y}\quad 或\quad z''_{xy}(x,y),\ f''_{xy}(x,y);$$

$$\frac{\partial}{\partial x}\left(\frac{\partial z}{\partial y}\right)=\frac{\partial^2 z}{\partial y\partial x}\quad 或\quad z''_{yx}(x,y),\ f''_{yx}(x,y).$$

前者是先对 x 后对 y 求偏导数,后者是先对 y 后对 x 求偏导数.

例 4　设 $z=x^3y+3x^2y^3-xy$,求二阶偏导数 $\frac{\partial^2 z}{\partial x^2},\frac{\partial^2 z}{\partial x\partial y},\frac{\partial^2 z}{\partial y^2},\frac{\partial^2 z}{\partial y\partial x}$.

解

$$\frac{\partial z}{\partial x}=3x^2y+6xy^3-y,\quad \frac{\partial z}{\partial y}=x^3+9x^2y^2-x,$$

$$\frac{\partial^2 z}{\partial x^2}=6xy+6y^3,\quad \frac{\partial^2 z}{\partial y^2}=18x^2y,$$

$$\frac{\partial^2 z}{\partial x\partial y}=3x^2+18xy^2-1,\quad \frac{\partial^2 z}{\partial y\partial x}=3x^2+18xy^2-1.$$

从本例计算结果看,虽然两个混合偏导数 $\frac{\partial^2 z}{\partial x\partial y}$ 与 $\frac{\partial^2 z}{\partial y\partial x}$ 求偏导数的先后次序不同,但是它们却相等.这并非偶然,有下面的定理.

定理 1　若函数 $z=f(x,y)$ 的两个二阶混合偏导数 $\frac{\partial^2 z}{\partial x\partial y}$ 与 $\frac{\partial^2 z}{\partial y\partial x}$ 在点 $P(x,y)$ 的某邻域内连续,则有

$$\frac{\partial^2 z}{\partial x\partial y}=\frac{\partial^2 z}{\partial y\partial x}.$$

证明从略.

习题 6-3

(A)

一、1. 求下列各函数的一阶偏导数：

(1) $z=x^2y^2$；

(2) $z=x^3y-y^3x$；

(3) $z=\ln\frac{y}{x}$；

(4) $z=e^{xy}+yx^2$.

2. 求下列各函数的一阶偏导数：

(1) $z=xy+\frac{x}{y}$；

(2) $z=x^2\ln(x^2+y^2)$；

(3) $z=\frac{x}{\sqrt{x^2+y^2}}$；

(4) $z=\frac{y}{x}\cos(xy)$.

3. 求下列函数的一阶偏导数：

(1) $u=\sqrt{x^2+y^2+z^2}$；

(2) $u=e^{xyz}$.

4. 设 $z=\ln(x^2+xy+y^2)$，求 $x\frac{\partial z}{\partial x}+y\frac{\partial z}{\partial y}$.

5. 设 $z=xy+xe^{\frac{y}{x}}$，验证 $x\frac{\partial z}{\partial x}+y\frac{\partial z}{\partial y}=xy+z$.

二、1. 求下列函数的一阶偏导数：

(1) $u=x^{yz}$；

(2) $u=(xy)^z$.

2. 设 $z=\ln(x^2+y)$，求 $\frac{\partial^2 z}{\partial x^2},\frac{\partial^2 z}{\partial x\partial y},\frac{\partial^2 z}{\partial y^2}$.

(B)

一、1. 二元函数 $f(x,y)$ 在点 (x_0,y_0) 处的两个偏导数 $f'_x(x_0,y_0)$，$f'_y(x_0,y_0)$ 存在是 $f(x,y)$ 在该点连续的(　　).

A. 充分而非必要条件

B. 必要而非充分条件

C. 充要条件

D. 既非充分条件，也非必要条件

2. 二元函数

$$f(x,y)=\begin{cases}\frac{xy}{x^2+y^2}, & (x,y)\neq(0,0),\\ 0, & (x,y)=(0,0)\end{cases}$$

在点 $(0,0)$ 处必定(　　).

A. 连续且偏导数存在　　B. 连续但偏导数不存在

C. 不连续但偏导数存在　　D. 不连续且偏导数也不存在

3. 已知 $f(x,y)=e^{\sqrt{x^2+y^2}}$，则（　　）.

A. $f'_x(0,0)$，$f'_y(0,0)$都存在　　B. $f'_x(0,0)$不存在，$f'_y(0,0)$存在

C. $f'_x(0,0)$存在，$f'_y(0,0)$不存在　　D. $f'_x(0,0)$，$f'_y(0,0)$都不存在

第四节　全　微　分

一、全微分的概念

设二元函数 $z=f(x,y)$ 在点 $P(x,y)$ 的某一邻域内有定义，当自变量 x,y 在点 $P(x,y)$ 处分别有增量 Δx 与 Δy 时，函数的增量

$$\Delta z=f(x+\Delta x,y+\Delta y)-f(x,y)$$

称为函数 $z=f(x,y)$ 在点 $P(x,y)$ 处的全增量.

一般说来，全增量 Δz 的计算比较复杂.类似于一元函数，我们希望能分离出自变量的增量 Δx 和 Δy 的线性函数，来作为全增量的近似值.

例 1　设有一块矩形的金属薄板，长为 x，宽为 y.金属薄板受热膨胀，长增加 Δx，宽增加 Δy，求金属薄板面积增加了多少.

解　设金属薄板面积为 S，则

$$S=xy.$$

由于金属薄板的长、宽分别增加 Δx 和 Δy，故面积增加了

$$\Delta S=(x+\Delta x)(y+\Delta y)-xy=y\Delta x+x\Delta y+\Delta x\Delta y.$$

二元函数 $S=xy$ 的全增量 ΔS 由两部分组成，如图 6.11 所示，第一部分

$$y\Delta x+x\Delta y$$

是关于 $\Delta x,\Delta y$ 的线性函数，容易计算.第二部分 $\Delta x\Delta y$ 为图 6.11 右上角小长方形面积，当 $(\Delta x,\Delta y)\to(0,0)$ 时，$\Delta x\Delta y$ 是比 $\rho=\sqrt{(\Delta x)^2+(\Delta y)^2}$ 高阶的无穷小量，即

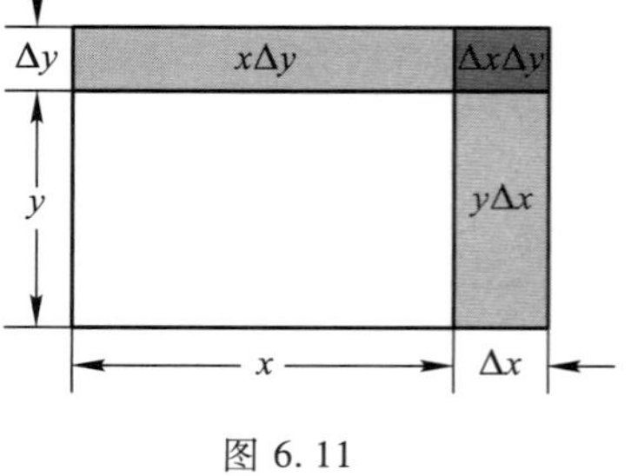

图 6.11

$$\lim_{\rho\to 0}\frac{\Delta x\Delta y}{\sqrt{(\Delta x)^2+(\Delta y)^2}}=0.$$

因此，第一部分 $y\Delta x+x\Delta y$ 是全增量 ΔS 的线性主部，用 $y\Delta x+x\Delta y$ 作 ΔS 的近似值，当 $(\Delta x,\Delta y)\to(0,0)$ 时舍去的是比 $\rho=\sqrt{(\Delta x)^2+(\Delta y)^2}$ 高阶的无穷小量.

当金属薄板的长 x、宽 y 为已知常数时，面积的增量 ΔS 就只是 Δx 和 Δy 的函数. 若记 $y=A,x=B$，则金属薄板面积的增量可以表示为

$$\Delta S=A\Delta x+B\Delta y+o(\rho),$$

其中 A,B 不依赖于 $\Delta x,\Delta y$，而仅与 x,y 有关，且 $\rho=\sqrt{(\Delta x)^2+(\Delta y)^2}$.

对于一般二元函数有下面全微分定义.

定义 1 设二元函数 $z=f(x,y)$ 在点 $P(x,y)$ 的某邻域内有定义，若函数 $z=f(x,y)$ 在点 $P(x,y)$ 处的全增量

$$\Delta z=f(x+\Delta x,y+\Delta y)-f(x,y)$$

可以表示为

$$\Delta z=A\cdot\Delta x+B\cdot\Delta y+o(\rho),$$

其中 A,B 不依赖于 $\Delta x,\Delta y$，而仅与 x,y 有关，$\rho=\sqrt{(\Delta x)^2+(\Delta y)^2}$，则称函数 $z=f(x,y)$ 在点 $P(x,y)$ 处可微分（或称可微），而把 $A\cdot\Delta x+B\cdot\Delta y$ 称为函数 $z=f(x,y)$ 在点 $P(x,y)$ 处的**全微分**，记为 $\mathrm{d}z$ 或 $\mathrm{d}f(x,y)$，即

$$\mathrm{d}z=\mathrm{d}f(x,y)=A\cdot\Delta x+B\cdot\Delta y.$$

若函数 $z=f(x,y)$ 在区域 D 内各点处都可微，则称函数 $z=f(x,y)$ 在 D 内可微分.

对多元函数，即使各偏导数在某点处都存在，也不能保证函数在该点处连续. 但是若函数 $z=f(x,y)$ 在点 $P(x,y)$ 处可微分，则函数 $z=f(x,y)$ 在该点处必连续. 这是由于

$$\lim_{(\Delta x,\Delta y)\to(0,0)}\Delta z=\lim_{(\Delta x,\Delta y)\to(0,0)}(A\cdot\Delta x+B\cdot\Delta y+o(\rho))=0.$$

二、函数 $z=f(x,y)$ 可微分的必要条件与充分条件

定理 1（可微分的必要条件） 若函数 $z=f(x,y)$ 在点 $P(x,y)$ 处可微分，则该函数在 $P(x,y)$ 处的偏导数 $\dfrac{\partial z}{\partial x},\dfrac{\partial z}{\partial y}$ 必定存在，而且 $z=f(x,y)$ 在点 $P(x,y)$ 处的全微分为

$$\mathrm{d}z=\frac{\partial z}{\partial x}\Delta x+\frac{\partial z}{\partial y}\Delta y.$$

证 由于 $z=f(x,y)$ 在点 $P(x,y)$ 处可微，则在点 P 的某一邻域 $U(P,\delta)$ 内的任意一点 $P_1(x+\Delta x,y+\Delta y)$，都有

$$\begin{aligned}\Delta z&=f(x+\Delta x,y+\Delta y)-f(x,y)\\&=A\cdot\Delta x+B\cdot\Delta y+o(\rho),\end{aligned}$$

其中，$\rho=\sqrt{(\Delta x)^2+(\Delta y)^2}$，$\Delta x,\Delta y$ 为自变量的任意增量，且 $\lim\limits_{\rho\to 0}\dfrac{o(\rho)}{\rho}=0$. 取 $\Delta y=0$，有 $\rho=|\Delta x|$，且

$$f(x+\Delta x,y)-f(x,y)=A\Delta x+o(\rho),$$

即

$$\Delta_x z = A\Delta x + o(\rho),$$

$$\frac{\Delta_x z}{\Delta x} = A + \frac{o(\rho)}{\Delta x}.$$

令 $\Delta x \to 0$ 取极限,同时注意到 $\rho = |\Delta x|$, $\lim\limits_{\Delta x \to 0} \frac{o(\rho)}{\Delta x} = 0$,则偏导数 $\frac{\partial z}{\partial x}$ 存在,且

$$\frac{\partial z}{\partial x} = A.$$

同理可证得

$$\frac{\partial z}{\partial y} = B.$$

因此,$z=f(x,y)$ 在点 $P(x,y)$ 处的全微分

$$\mathrm{d}z = \frac{\partial z}{\partial x}\Delta x + \frac{\partial z}{\partial y}\Delta y.$$

定理 2(可微分的充分条件) 若函数 $z=f(x,y)$ 的偏导数 $f'_x(x,y)$, $f'_y(x,y)$ 在点 $P(x,y)$ 处连续,则 $z=f(x,y)$ 在该点处可微分.

证明从略.

与一元函数相仿,规定自变量增量等于自变量微分,即 $\Delta x = \mathrm{d}x$, $\Delta y = \mathrm{d}y$,则有

$$\mathrm{d}z = \frac{\partial z}{\partial x}\mathrm{d}x + \frac{\partial z}{\partial y}\mathrm{d}y.$$

以上二元函数全微分的定义及可微分的必要条件与充分条件,可以推广到三元及三元以上的多元函数.例如三元函数 $u=f(x,y,z)$ 在点 $P(x,y,z)$ 处可微分,则有

$$\mathrm{d}u = \frac{\partial u}{\partial x}\mathrm{d}x + \frac{\partial u}{\partial y}\mathrm{d}y + \frac{\partial u}{\partial z}\mathrm{d}z.$$

例 2 求函数 $z=2x^2y+xy^2$ 在点(1,2)处的全微分.

解 因为

$$z'_x(1,2) = (4xy+y^2)\big|_{(1,2)} = 12,$$

$$z'_y(1,2) = (2x^2+2xy)\big|_{(1,2)} = 6,$$

所以

$$\mathrm{d}z\big|_{(1,2)} = 12\mathrm{d}x + 6\mathrm{d}y.$$

例 3 求函数 $u=\mathrm{e}^{xyz}+xy+z^2$ 的全微分.

解 $$\frac{\partial u}{\partial x} = yz\mathrm{e}^{xyz}+y,\quad \frac{\partial u}{\partial y} = xz\mathrm{e}^{xyz}+x,\quad \frac{\partial u}{\partial z} = xy\mathrm{e}^{xyz}+2z,$$

故

$$\mathrm{d}u = (yz\mathrm{e}^{xyz}+y)\mathrm{d}x + (xz\mathrm{e}^{xyz}+x)\mathrm{d}y + (xy\mathrm{e}^{xyz}+2z)\mathrm{d}z.$$

思考与扩展 26

若 $z=f(x,y)$ 在点 $P_0(x_0,y_0)$ 处存在一阶偏导数，则 $z=f(x,y)$ 在点 $P_0(x_0,y_0)$ 处必可微分吗？

习题 6-4

(A)

一、1. 求下列各函数的全微分：

(1) $z=x^3+y^3-3xy$；　　(2) $z=x^2y^3$；

(3) $z=\dfrac{x^2-y^2}{x^2+y^2}$；　　(4) $z=\sin^2 x+\cos^2 y$；

(5) $z=yx^y$；　　(6) $z=\ln(x^2+y^2)$.

2. 求函数 $z=\dfrac{y}{x}$ 在 $x=2,y=1,\Delta x=0.1,\Delta y=-0.2$ 时的全增量 Δz 和全微分 $\mathrm{d}z$.

3. 求函数 $z=\ln(2+x^2+y^2)$ 在 $x=2,y=1$ 时的全微分.

4. 求下列各函数的全微分：

(1) $u=\sqrt{x^2+y^2+z^2}$；　　(2) $u=\mathrm{e}^{x+yz}$.

二、1. 设 $z=\arctan\dfrac{x}{1+y^2}$，求 $\mathrm{d}z\big|_{(1,1)}$.

2. 设 $u=\dfrac{z}{\sqrt{x^2+y^2}}$，求 $\mathrm{d}u\big|_{(3,4,5)}$.

(B)

一、1. 考虑二元函数 $f(x,y)$ 的下面 4 条性质：

① $f(x,y)$ 在点 (x_0,y_0) 处连续；

② $f(x,y)$ 在点 (x_0,y_0) 处的两个偏导数连续；

③ $f(x,y)$ 在点 (x_0,y_0) 处可微分；

④ $f(x,y)$ 在点 (x_0,y_0) 处的两个偏导数存在.

若用“$P\Rightarrow Q$”表示可以由性质 P 推出性质 Q，则有(　　).

A. ②⇒③⇒①　　B. ③⇒②⇒①

C. ③⇒④⇒①　　D. ③⇒①⇒④

2. 二元函数 $f(x,y)$ 在点 $(0,0)$ 处可微的一个充分条件是(　　).

A. $\lim\limits_{(x,y)\to(0,0)}[f(x,y)-f(0,0)]=0$

B. $\lim\limits_{x\to0}\dfrac{f(x,0)-f(0,0)}{x}=0$，且 $\lim\limits_{y\to0}\dfrac{f(0,y)-f(0,0)}{y}=0$

C. $\lim\limits_{(x,y)\to(0,0)}\dfrac{f(x,y)-f(0,0)}{\sqrt{x^2+y^2}}=0$

D. $\lim\limits_{x\to 0}[f'_x(x,0)-f'_x(0,0)]=0$,且 $\lim\limits_{y\to 0}[f'_y(0,y)-f'_y(0,0)]=0$

二、1. 设二元函数 $z=xe^{x+y}+(x+1)\ln(1+y)$,则 $dz|_{(1,0)}=$ __________.

第五节 复合函数微分法与隐函数微分法

把一元复合函数的求导法则加以推广,就可以建立多元复合函数求偏导数的法则.

一、多元复合函数的一阶偏导数公式

定理 1 设函数 $u=\varphi(x,y)$,$v=\psi(x,y)$ 在点 (x,y) 处存在偏导数,函数 $z=f(u,v)$ 在对应点 (u,v) 处可微,则复合函数 $z=f[\varphi(x,y),\psi(x,y)]$ 在点 (x,y) 处的偏导数存在,且有

$$\frac{\partial z}{\partial x}=\frac{\partial z}{\partial u}\cdot\frac{\partial u}{\partial x}+\frac{\partial z}{\partial v}\cdot\frac{\partial v}{\partial x},\tag{1}$$

$$\frac{\partial z}{\partial y}=\frac{\partial z}{\partial u}\cdot\frac{\partial u}{\partial y}+\frac{\partial z}{\partial v}\cdot\frac{\partial v}{\partial y}.\tag{2}$$

证明从略.

为了便于掌握二元复合函数求偏导数的法则,可以通过画函数结构的示意图来帮助分析哪些是中间变量,哪些是自变量.例如,由 $z=f(u,v)$ 及 $u=\varphi(x,y)$,$v=\psi(x,y)$ 复合而成的函数 $z=f[\varphi(x,y),\psi(x,y)]$,求偏导数的示意图为

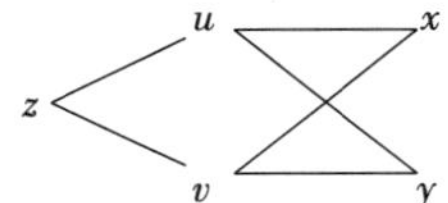

与公式(1)对照,z 对 x 的偏导数为

$$\frac{\partial z}{\partial x}=\frac{\partial z}{\partial u}\cdot\frac{\partial u}{\partial x}+\frac{\partial z}{\partial v}\cdot\frac{\partial v}{\partial x}\tag{3}$$

就好像沿示意图中的两条路线到达 x,即 z 先沿 u 到达 x,再加上 z 沿 v 到达 x.

对定理 1 的特殊情况,当 $u=\varphi(t)$,$v=\psi(t)$ 时,有如下结论:

定理 2 设函数 $u=\varphi(t)$,$v=\psi(t)$ 在点 t 处可导,函数 $z=f(u,v)$ 在对应点 (u,v) 处可微,则复合函数 $z=f[\varphi(t),\psi(t)]$ 在点 t 处可导,并且有

$$\frac{dz}{dt}=\frac{\partial z}{\partial u}\cdot\frac{du}{dt}+\frac{\partial z}{\partial v}\cdot\frac{dv}{dt}.\tag{4}$$

(4)式称为**全导数公式**.

定理 2 也可以推广到中间变量多于两个的复合函数情况.例如 $z=f(u,v,w)$,其中 $u=\varphi(t)$,$v=\psi(t)$,$w=w(t)$,则在 u,v,w 可导和 f 可微的条件下,复合函数$z=f[\varphi(t),\psi(t),w(t)]$的全导数公式为

$$\frac{\mathrm{d}z}{\mathrm{d}t}=\frac{\partial z}{\partial u}\cdot\frac{\mathrm{d}u}{\mathrm{d}t}+\frac{\partial z}{\partial v}\cdot\frac{\mathrm{d}v}{\mathrm{d}t}+\frac{\partial z}{\partial w}\cdot\frac{\mathrm{d}w}{\mathrm{d}t}. \tag{5}$$

公式(4)与(5)中求偏导数的示意图分别为

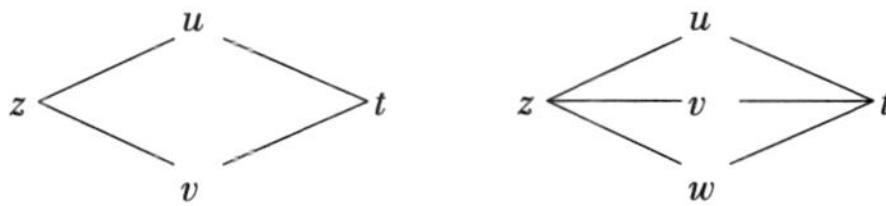

例 1　设 $z=\mathrm{e}^u\sin v$,而 $u=xy,v=x^2+y^2$,求 $\frac{\partial z}{\partial x}$.

解　由复合函数的微分法则,得

$$\begin{aligned}\frac{\partial z}{\partial x}&=\frac{\partial z}{\partial u}\cdot\frac{\partial u}{\partial x}+\frac{\partial z}{\partial v}\cdot\frac{\partial v}{\partial x}\\&=y\mathrm{e}^u\sin v+2x\mathrm{e}^u\cos v\\&=\mathrm{e}^{xy}[y\sin(x^2+y^2)+2x\cos(x^2+y^2)].\end{aligned}$$

例 2　求 $z=f(xy,x+y)$的偏导数,其中 f 具有连续偏导数.

解　设 $u=xy,v=x+y$,则 $z=f(u,v)$,由复合函数的微分法则,得

$$\frac{\partial z}{\partial x}=\frac{\partial z}{\partial u}\cdot\frac{\partial u}{\partial x}+\frac{\partial z}{\partial v}\cdot\frac{\partial v}{\partial x}=\frac{\partial z}{\partial u}\cdot y+\frac{\partial z}{\partial v}\cdot 1=y\frac{\partial z}{\partial u}+\frac{\partial z}{\partial v},$$

$$\frac{\partial z}{\partial y}=\frac{\partial z}{\partial u}\cdot\frac{\partial u}{\partial y}+\frac{\partial z}{\partial v}\cdot\frac{\partial v}{\partial y}=\frac{\partial z}{\partial u}\cdot x+\frac{\partial z}{\partial v}\cdot 1=x\frac{\partial z}{\partial u}+\frac{\partial z}{\partial v}.$$

例 3　设 $z=f(u,v)$,其中 $u=t^2,v=t^3$,f 具有连续偏导数,求全导数$\frac{\mathrm{d}z}{\mathrm{d}t}$.

解　由定理 2 的公式(4),有

$$\frac{\mathrm{d}z}{\mathrm{d}t}=\frac{\partial z}{\partial u}\cdot\frac{\mathrm{d}u}{\mathrm{d}t}+\frac{\partial z}{\partial v}\cdot\frac{\mathrm{d}v}{\mathrm{d}t}=2t\frac{\partial z}{\partial u}+3t^2\frac{\partial z}{\partial v}.$$

例 4　设 $z=f(x,v),v=\psi(x,y)$,并假定它们都有连续的偏导数,求 $\frac{\partial z}{\partial x},\frac{\partial z}{\partial y}$.

解　函数 z 的结构示意图为

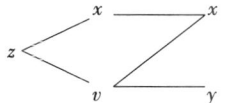

$$\frac{\partial z}{\partial x}=\frac{\partial f}{\partial x}+\frac{\partial f}{\partial v}\cdot\frac{\partial v}{\partial x},$$

$$\frac{\partial z}{\partial y}=\frac{\partial f}{\partial v}\cdot\frac{\partial v}{\partial y}.$$

为了避免混淆,将以上两式右端的 z 换成 f.要注意,这里的 $\frac{\partial z}{\partial x}$ 与 $\frac{\partial f}{\partial x}$ 是不同的.

复合函数的微分法则(1)式和(2)式可以推广到中间变量或自变量多于两个的情形.

设函数 $u=\varphi(x,y)$, $v=\psi(x,y)$, $w=\eta(x,y)$ 在点 (x,y) 处具有连续偏导数,而 $z=f(u,v,w)$ 在对应点 (u,v,w) 处可微,则复合函数

$$z=f[\varphi(x,y),\psi(x,y),\eta(x,y)]$$

在点 (x,y) 处的偏导数 $\frac{\partial z}{\partial x},\frac{\partial z}{\partial y}$ 存在,且有

$$\frac{\partial z}{\partial x}=\frac{\partial z}{\partial u}\cdot\frac{\partial u}{\partial x}+\frac{\partial z}{\partial v}\cdot\frac{\partial v}{\partial x}+\frac{\partial z}{\partial w}\cdot\frac{\partial w}{\partial x},$$

$$\frac{\partial z}{\partial y}=\frac{\partial z}{\partial u}\cdot\frac{\partial u}{\partial y}+\frac{\partial z}{\partial v}\cdot\frac{\partial v}{\partial y}+\frac{\partial z}{\partial w}\cdot\frac{\partial w}{\partial y}.$$

例 5 求 $z=f(x+y,x-y,xy)$ 的偏导数,其中 f 具有一阶连续偏导数.

解 设 $u=x+y$, $v=x-y$, $w=xy$,

$$\begin{aligned}\frac{\partial z}{\partial x}&=\frac{\partial f}{\partial u}\cdot\frac{\partial u}{\partial x}+\frac{\partial f}{\partial v}\cdot\frac{\partial v}{\partial x}+\frac{\partial f}{\partial w}\cdot\frac{\partial w}{\partial x}\\&=\frac{\partial f}{\partial u}+\frac{\partial f}{\partial v}+y\frac{\partial f}{\partial w},\\\frac{\partial z}{\partial y}&=\frac{\partial f}{\partial u}\cdot\frac{\partial u}{\partial y}+\frac{\partial f}{\partial v}\cdot\frac{\partial v}{\partial y}+\frac{\partial f}{\partial w}\cdot\frac{\partial w}{\partial y}\\&=\frac{\partial f}{\partial u}-\frac{\partial f}{\partial v}+x\frac{\partial f}{\partial w}.\end{aligned}$$

例 6 设函数 $z=f\left(x,\frac{x}{y}\right)$,其中 f 具有二阶连续偏导数,求 $\frac{\partial z}{\partial x},\frac{\partial^2 z}{\partial x\partial y}$.

解 令 $v=\frac{x}{y}$,则 $z=f(x,v)$,

$$\frac{\partial z}{\partial x}=\frac{\partial f}{\partial x}+\frac{\partial f}{\partial v}\cdot\frac{\partial v}{\partial x}=f'_x+\frac{1}{y}f'_v.$$

在求函数 z 的二阶偏导数时,应特别注意偏导数 f'_x, f'_v 仍然是 x,v 的函数,而 v 仍然是 x,y 的函数.

$$\begin{aligned}\frac{\partial^2 z}{\partial x\partial y}&=\frac{\partial}{\partial y}\left(\frac{\partial z}{\partial x}\right)=\frac{\partial}{\partial y}\left(f'_x+\frac{1}{y}f'_v\right)=\frac{\partial(f'_x)}{\partial y}+\frac{\partial}{\partial y}\left(\frac{1}{y}f'_v\right)\\&=f''_{xv}\frac{\partial v}{\partial y}+\frac{\partial}{\partial y}\left(\frac{1}{y}\right)\cdot f'_v+\frac{1}{y}\frac{\partial(f'_v)}{\partial y}\\&=-\frac{x}{y^2}f''_{xv}-\frac{1}{y^2}f'_v+\frac{1}{y}f''_{vv}\cdot\frac{\partial v}{\partial y}\end{aligned}$$

$$=-\frac{x}{y^2}f''_{xv}-\frac{1}{y^2}f'_v-\frac{x}{y^3}f''_{vv}.$$

也可以利用下面符号求解：

记f'_i为$f(u,v)$对第i个位置变量的偏导数，$i=1,2$.记f''_{ij}为f'_i对第j个位置变量的偏导数，$j=1,2$.由链式法则可得

$$\frac{\partial z}{\partial x}=f'_1\cdot 1+f'_2\cdot\frac{1}{y}=f'_1+\frac{1}{y}f'_2,$$

$$\frac{\partial^2 z}{\partial x\partial y}=f''_{12}\cdot\left(-\frac{x}{y^2}\right)-\frac{1}{y^2}f'_2+\frac{1}{y}f''_{22}\cdot\left(-\frac{x}{y^2}\right)$$

$$=-\frac{x}{y^2}f''_{12}-\frac{1}{y^2}f'_2-\frac{x}{y^3}f''_{22}.$$

二、隐函数微分法

在本书第二章中已经给出隐函数的概念，并且指出了不必求出具体的显函数表达式，直接由二元方程$F(x,y)=0$求出隐函数的导数.

现在的问题是在什么条件下二元方程$F(x,y)=0$可以确定一个一元隐函数，并且在什么条件下这个一元隐函数是连续且可导的？

1. 一元隐函数求导数

定理3(一元隐函数的存在定理)　设函数$F(x,y)$在点(x_0,y_0)的某邻域内具有连续的偏导数$F'_x(x,y)$，$F'_y(x,y)$.又设$F(x_0,y_0)=0$，$F'_y(x_0,y_0)\neq 0$，则

(1) 在点(x_0,y_0)的某邻域内，方程$F(x,y)=0$能唯一确定一个单值连续的函数$y=f(x)$，当$x=x_0$时，$y_0=f(x_0)$；

(2) $f(x)$存在连续的导数，且有

$$\frac{\mathrm{d}y}{\mathrm{d}x}=-\frac{F'_x(x,y)}{F'_y(x,y)}. \tag{6}$$

证明略.

公式(6)是隐函数的求导公式.可以利用复合函数的求导法则得到.

若函数$F(x,y)$满足隐函数存在定理3的条件，则由方程$F(x,y)=0$定义了隐函数$y=f(x)$，将它代入方程，就得到恒等式

$$F[x,f(x)]\equiv 0.$$

等式两端对x求导，得

$$F'_x(x,y)+F'_y(x,y)\cdot\frac{\mathrm{d}y}{\mathrm{d}x}=0.$$

因为 $F'_y(x,y)$ 连续,且 $F'_y(x_0,y_0)\neq 0$,所以存在点 (x_0,y_0) 的某一邻域,使得在此邻域内 $F'_y(x,y)\neq 0$,于是有

$$\frac{\mathrm{d}y}{\mathrm{d}x}=-\frac{F'_x(x,y)}{F'_y(x,y)}.$$

例 7　设函数 $y=f(x)$ 由方程 $xy-\mathrm{e}^x+\mathrm{e}^y=0$ 确定,求 $\frac{\mathrm{d}y}{\mathrm{d}x}$.

解　设 $F(x,y)=xy-\mathrm{e}^x+\mathrm{e}^y$,因为

$$F'_x(x,y)=y-\mathrm{e}^x,\quad F'_y(x,y)=x+\mathrm{e}^y,$$

所以

$$\frac{\mathrm{d}y}{\mathrm{d}x}=-\frac{F'_x(x,y)}{F'_y(x,y)}=\frac{\mathrm{e}^x-y}{\mathrm{e}^y+x}.$$

例 8　设函数 $y=f(x)$ 由方程 $\sin y+\mathrm{e}^x-xy^2=1$ 确定,求 $\frac{\mathrm{d}y}{\mathrm{d}x},\left.\frac{\mathrm{d}y}{\mathrm{d}x}\right|_{\substack{x=0\\y=0}}$.

解　设 $F(x,y)=\sin y+\mathrm{e}^x-xy^2-1$,因为

$$F'_x(x,y)=\mathrm{e}^x-y^2,\quad F'_y(x,y)=\cos y-2xy,$$

所以

$$\frac{\mathrm{d}y}{\mathrm{d}x}=-\frac{F'_x(x,y)}{F'_y(x,y)}=\frac{y^2-\mathrm{e}^x}{\cos y-2xy},$$

$$\left.\frac{\mathrm{d}y}{\mathrm{d}x}\right|_{\substack{x=0\\y=0}}=\left.\frac{y^2-\mathrm{e}^x}{\cos y-2xy}\right|_{\substack{x=0\\y=0}}=-1.$$

2. 二元隐函数求偏导数的公式

定理 4(二元隐函数的存在定理)　设函数 $F(x,y,z)$ 在点 (x_0,y_0,z_0) 的某邻域内具有连续的偏导数 $F'_x(x,y,z),F'_y(x,y,z),F'_z(x,y,z)$. 又设 $F(x_0,y_0,z_0)=0,F'_z(x_0,y_0,z_0)\neq 0$,则

(1) 在点 (x_0,y_0) 的某邻域内,方程 $F(x,y,z)=0$ 能唯一确定一个单值、连续的函数 $z=f(x,y)$,当 $x=x_0,y=y_0$ 时,$z_0=f(x_0,y_0)$;

(2) $f(x,y)$ 存在连续的偏导数,且有

$$\frac{\partial z}{\partial x}=-\frac{F'_x(x,y,z)}{F'_z(x,y,z)},\quad \frac{\partial z}{\partial y}=-\frac{F'_y(x,y,z)}{F'_z(x,y,z)}.$$

以上定理的证明以及求导公式的推导从略.

例 9　设二元函数 $z=f(x,y)$ 由方程 $2x^2+y^2+z^2-2z=0$ 确定,求 $\frac{\partial z}{\partial x},\frac{\partial z}{\partial y}$.

解　设 $F(x,y,z)=2x^2+y^2+z^2-2z$,则有

$$F'_x=4x,\quad F'_y=2y,\quad F'_z=2z-2,$$

故

$$\frac{\partial z}{\partial x}=-\frac{F'_x}{F'_z}=-\frac{4x}{2z-2}=\frac{2x}{1-z},$$

$$\frac{\partial z}{\partial y}=-\frac{F'_y}{F'_z}=-\frac{2y}{2z-2}=\frac{y}{1-z}.$$

习题 6-5

(A)

一、1. 设 $z=u^2\ln v, u=\frac{x}{y}, v=3x-2y$，求 $\frac{\partial z}{\partial x},\frac{\partial z}{\partial y}$.

2. 设 $z=\mathrm{e}^{x-2y}, y=\sin x$，求 $\frac{\mathrm{d}z}{\mathrm{d}x}$.

3. 求下列复合函数的一阶偏导数，其中 f 具有一阶连续偏导数：

(1) $z=f(x+y,x-y)$；　　(2) $z=f(x^2-y^2,\mathrm{e}^{xy})$；

(3) $z=f(x\cos y,x\sin y)$；　　(4) $z=f\left(x+y,\frac{y}{x}\right)$.

4. 设 $u=f(x^2+y^2+z^2)$，其中 f 具有一阶连续偏导数，求 $\frac{\partial u}{\partial x},\frac{\partial u}{\partial y},\frac{\partial u}{\partial z}$.

5. 设函数 $y=f(x)$ 由方程 $xy+x+y=1$ 确定，求 $\frac{\mathrm{d}y}{\mathrm{d}x}$.

6. 设函数 $y=f(x)$ 由方程 $y=1+y^x$ 确定，求 $\frac{\mathrm{d}y}{\mathrm{d}x}$.

7. 设函数 $y=f(x)$ 由方程 $\ln\sqrt{x^2+y^2}=\arctan\frac{y}{x}$ 确定，求 $\frac{\mathrm{d}y}{\mathrm{d}x}$.

8. 设二元函数 $z=f(x,y)$ 由方程 $x^3+y^3+z^3-3axyz=0$ 确定，求 $\frac{\partial z}{\partial x},\frac{\partial z}{\partial y}$.

9. 设二元函数 $z=f(x,y)$ 由方程 $x+2y+z-2\sqrt{xyz}=0$ 确定，求 $\frac{\partial z}{\partial x},\frac{\partial z}{\partial y}$.

二、1. 设 $z=f(x,v), v=xy$，其中 f 具有二阶连续偏导数，求 $\frac{\partial^2 z}{\partial x^2}$.

2. 设 $z=f(x+y,xy)$，其中 f 具有二阶连续偏导数，求 $\frac{\partial^2 z}{\partial x^2},\frac{\partial^2 z}{\partial x\partial y}$.

(B)

一、1. 设函数 $u(x,y)=\varphi(x+y)+\varphi(x-y)+\int_{x-y}^{x+y}\psi(t)\mathrm{d}t$，其中函数 φ 具有二阶导数，ψ 具有一阶导数，则必有(　　).

A. $\frac{\partial^2 u}{\partial x^2}=-\frac{\partial^2 u}{\partial y^2}$　　B. $\frac{\partial^2 u}{\partial x^2}=\frac{\partial^2 u}{\partial y^2}$

C. $\frac{\partial^2 u}{\partial x\partial y}=\frac{\partial^2 u}{\partial y^2}$　　　　D. $\frac{\partial^2 u}{\partial x\partial y}=\frac{\partial^2 u}{\partial x^2}$

2. 设有三元方程 $xy-z\ln y+e^{xz}=1$，根据隐函数存在定理，存在点(0,1,1)的一个邻域，在此邻域内该方程(　　).

A. 只能确定一个具有连续偏导数的隐函数 $z=z(x,y)$

B. 可确定两个具有连续偏导数的隐函数 $y=y(x,z)$ 和 $z=z(x,y)$

C. 可确定两个具有连续偏导数的隐函数 $x=x(y,z)$ 和 $z=z(x,y)$

D. 可确定两个具有连续偏导数的隐函数 $x=x(y,z)$ 和 $y=y(x,z)$

思考与扩展 27

若 $F(x,y,z)=0$ 为二元隐函数，那么哪个变量可以确认为函数？

二、1. 设 $z=xyf\left(\frac{y}{x}\right)$，其中 $f(u)$ 可导，则 $x\frac{\partial z}{\partial x}+y\frac{\partial z}{\partial y}=$___________.

2. 设 $f(u,v)$ 是二元函数，$z=f\left(\frac{y}{x},\frac{x}{y}\right)$，则 $x\frac{\partial z}{\partial x}-y\frac{\partial z}{\partial y}=$___________.

3. 设 $z=e^{-x}-f(x-2y)$，且当 $y=0$ 时，$z=x^2$，则 $\frac{\partial z}{\partial x}=$___________.

4. 设 $z=\left(\frac{y}{x}\right)^{\frac{x}{y}}$，则 $\left.\frac{\partial z}{\partial x}\right|_{(1,2)}=$___________.

5. 设 $f(u,v)$ 为二元可微函数，$z=f(x^y,y^x)$，则 $\frac{\partial z}{\partial x}=$___________.

6. 设函数 $f(u,v)$ 具有二阶连续偏导数，$z=f(x,xy)$，则 $\frac{\partial^2 z}{\partial x\partial y}=$___________.

7. 设 $z=(x+e^y)^x$，则 $\left.\frac{\partial z}{\partial x}\right|_{(1,0)}=$___________.

8. 设函数 $f(u)$ 可微，且 $f'(0)=\frac{1}{2}$，则 $z=f(4x^2-y^2)$ 在点(1,2)处的全微分 $dz=$___________.

9. 由方程 $xyz+\sqrt{x^2+y^2+z^2}=\sqrt{2}$ 确定的隐函数 $z=z(x,y)$ 在点(1,0,-1)处的全微分 $dz=$___________.

10. 设 $f(x,y,z)=e^x yz^2$，其中 $z=z(x,y)$ 是由 $x+y+z+xyz=0$ 确定的隐函数，则 $f'_x(0,1,-1)=$___________.

三、1. 已知 $z=u^v$，$u=\ln\sqrt{x^2+y^2}$，$v=\arctan\frac{y}{x}$，求 dz.

2. 设函数 $z=f(u)$，方程 $u=\varphi(u)+\int_y^x p(t)\,dt$ 确定 u 是 x,y 的函数，其中 $f(u)$，$\varphi(u)$ 可微，$p(t)$，$\varphi'(u)$ 连续，且 $\varphi'(u)\neq 1$，求 $p(y)\frac{\partial z}{\partial x}+p(x)\frac{\partial z}{\partial y}$.

3. 设 $z=f(2x-y,y\sin x)$，其中 $f(u,v)$ 具有二阶连续偏导数，求 $\frac{\partial^2 z}{\partial x\partial y}$.

4. 设 $z=f\left(xy,\dfrac{x}{y}\right)+g\left(\dfrac{y}{x}\right)$，其中 f 具有二阶连续偏导数，g 具有二阶连续导数，求 $\dfrac{\partial^2 z}{\partial x\partial y}$.

5. 设 $z=\sin(xy)+\varphi\left(x,\dfrac{x}{y}\right)$，其中 φ 有二阶连续偏导数，求 $\dfrac{\partial^2 z}{\partial x\partial y}$.

6. 设 $z=(x^2+y^2)\mathrm{e}^{-\arctan\frac{y}{x}}$，求 $\mathrm{d}z$ 与 $\dfrac{\partial^2 z}{\partial x\partial y}$.

7. 已知函数 $f(u)$ 具有二阶导数，且 $f'(0)=1$，函数 $y=y(x)$ 由方程 $y-x\mathrm{e}^{y-1}=1$ 确定，设 $z=f(\ln y-\sin x)$，求 $\left.\dfrac{\mathrm{d}z}{\mathrm{d}x}\right|_{x=0}$，$\left.\dfrac{\mathrm{d}^2 z}{\mathrm{d}x^2}\right|_{x=0}$.

8. 设 $f(u,v)$ 具有二阶连续导数，且满足 $\dfrac{\partial^2 f}{\partial u^2}+\dfrac{\partial^2 f}{\partial v^2}=1$，又 $g(x,y)=f\left(xy,\dfrac{1}{2}(x^2-y^2)\right)$，求 $\dfrac{\partial^2 g}{\partial x^2}+\dfrac{\partial^2 g}{\partial y^2}$.

9. 设变换 $\begin{cases}u=x-2y,\\ v=x+ay\end{cases}$ 可把方程 $6\dfrac{\partial^2 z}{\partial x^2}+\dfrac{\partial^2 z}{\partial x\partial y}-\dfrac{\partial^2 z}{\partial y^2}=0$ 简化为 $\dfrac{\partial^2 z}{\partial u\partial v}=0$，求常数 a.

10. 设函数 $u=f(x,y)$ 具有二阶连续偏导数，且满足等式

$$4\frac{\partial^2 u}{\partial x^2}+12\frac{\partial^2 u}{\partial x\partial y}+5\frac{\partial^2 u}{\partial y^2}=0.$$

试确定 a,b 的值，使等式在变换 $\xi=x+ay,\eta=x+by$ 下简化为 $\dfrac{\partial^2 u}{\partial\xi\partial\eta}=0$.

11. 设 $z=f(x+y,x-y,xy)$，其中 f 具有二阶连续偏导数，求 $\mathrm{d}z$ 与 $\dfrac{\partial^2 z}{\partial x\partial y}$.

12. 设 $z=z(x,y)$ 是由方程 $x^2+y^2-z=\varphi(x+y+z)$ 确定的函数，其中 φ 具有二阶导数，且 $\varphi'\neq-1$.

(1) 求 $\mathrm{d}z$；

(2) 记 $u(x,y)=\dfrac{1}{x-y}\left(\dfrac{\partial z}{\partial x}-\dfrac{\partial z}{\partial y}\right)$，求 $\dfrac{\partial u}{\partial x}$.

13. 记 $u=f(x,y,z)$ 具有连续的一阶偏导数，又函数 $y=y(x)$ 及 $z=z(x)$ 分别由下列两式确定：$\mathrm{e}^{xy}-xy=2$ 和 $\mathrm{e}^x=\displaystyle\int_0^{x-z}\frac{\sin t}{t}\mathrm{d}t$，求 $\dfrac{\mathrm{d}u}{\mathrm{d}x}$.

14. 设 $u=f(x,y,z)$，$z=z(x,y)$ 由 $\varphi(x^2,\mathrm{e}^y,z)=0$，$y=\sin x$ 确定，其中 f,φ 都有一阶连续偏导数，且 $\dfrac{\partial\varphi}{\partial z}\neq 0$，求 $\dfrac{\mathrm{d}u}{\mathrm{d}x}$.

15. 设 $y=y(x)$，$z=z(x)$ 是由方程 $z=xf(x+y)$ 和 $F(x,y,z)=0$ 所确定的函数，其中 f 和 F 分别具有一阶连续导数和一阶连续偏导数，求 $\dfrac{\mathrm{d}z}{\mathrm{d}x}$.

第六节　多元函数的极值与最值

一、多元函数的极值

我们以二元函数 $z=f(x,y)$ 为例，介绍多元函数的极值概念、极值存在的必要条件和充分条件.

定义 1 设函数 $z=f(x,y)$ 在点 $P_0(x_0,y_0)$ 的某邻域内有定义,若对于该邻域内异于 $P_0(x_0,y_0)$ 的一切点 $P(x,y)$ 恒有

$$f(x,y)<f(x_0,y_0) \quad (\text{或} f(x,y)>f(x_0,y_0)),$$

则称函数 $z=f(x,y)$ 在点 P_0 处有**极大值**(或有**极小值**)$f(x_0,y_0)$.极大值和极小值统称为**极值**,使函数取得极值的点 P_0 称为**极值点**.

例如函数 $z=x^2+y^2$ 在点(0,0)处有极小值.因为对于点(0,0)的任一邻域内的一切异于(0,0)的点,函数值皆为正值,而在点(0,0)处的函数值为零,于是

$$z=x^2+y^2>0 \quad ((x,y)\neq(0,0)).$$

又例如函数 $z=\sqrt{1-x^2-y^2}$ 在点(0,0)处有极大值.事实上在点(0,0)的充分小的邻域内,一切异于(0,0)的点的函数值都小于1,而在点(0,0)处的函数值为1,故

$$z=\sqrt{1-x^2-y^2}<1 \quad ((x,y)\neq(0,0)).$$

定理 1(极值存在的必要条件) 设函数 $z=f(x,y)$ 在点 $P_0(x_0,y_0)$ 处具有偏导数,且在该点处取得极值,则必有

$$f'_x(x_0,y_0)=0, \quad f'_y(x_0,y_0)=0.$$

证明略.

对二元函数 $z=f(x,y)$,使得 $f'_x(x,y)=0$ 与 $f'_y(x,y)=0$ 同时成立的点,称为函数 $z=f(x,y)$ 的驻点.

极值存在的必要条件提供了找极值点的途径.对于偏导数存在的函数来说,若它有极值点,则极值点一定是驻点.此外,偏导数不存在的点也可能是极值点,所以上面条件并不充分,即函数的驻点不一定是极值点.例如点(0,0)是函数 $f(x,y)=xy$ 的驻点,即有

$$f'_x(0,0)=y\big|_{(0,0)}=0,$$
$$f'_y(0,0)=x\big|_{(0,0)}=0.$$

但函数 $f(x,y)=xy$ 在点(0,0)处不取得极值.

定理 2(极值存在的充分条件) 设函数 $z=f(x,y)$ 在点 (x_0,y_0) 的某邻域内连续,且具有一阶及二阶连续的偏导数.又 $f'_x(x_0,y_0)=0$, $f'_y(x_0,y_0)=0$.令 $A=f''_{xx}(x_0,y_0)$, $B=f''_{xy}(x_0,y_0)$, $C=f''_{yy}(x_0,y_0)$,则

(1) 当 $B^2-AC<0$,且 $A<0$(或 $C<0$)时, $f(x_0,y_0)$ 为极大值;当 $B^2-AC<0$,且 $A>0$(或 $C>0$)时, $f(x_0,y_0)$ 为极小值;

(2) 当 $B^2-AC>0$ 时, $f(x_0,y_0)$ 不是极值;

(3) 当 $B^2-AC=0$ 时, $f(x_0,y_0)$ 可能是极值,也可能不是极值.

证明略.

例 1 求函数 $f(x,y)=x^3-4x^2-2xy-y^2$ 的极值.

解 由方程组

$$\begin{cases} f'_x(x,y)=3x^2-8x+2y=0, \\ f'_y(x,y)=2x-2y=0 \end{cases}$$

解得驻点为(0,0)和(2,2).

$$f''_{xx}(x,y)=6x-8,\quad f''_{xy}(x,y)=2,\quad f''_{yy}(x,y)=-2.$$

在驻点(0,0)处,有

$$A=f''_{xx}(0,0)=-8,\quad B=f''_{xy}(0,0)=2,$$
$$C=f''_{yy}(0,0)=-2,\quad B^2-AC=-12<0,$$

由于 $A=-8<0$,所以有极大值 $f(0,0)=0$.

在驻点(2,2)处,有

$$A=f''_{xx}(2,2)=4,\quad B=f''_{xy}(2,2)=2,$$
$$C=f''_{yy}(2,2)=-2,\quad B^2-AC=12>0,$$

所以点(2,2)不是极值点.

二、多元函数的最大值和最小值

在本章第二节中已经指出,若 $f(x,y)$ 在有界闭区域 D 上连续,则 $f(x,y)$ 在 D 上必定能取得最大值和最小值.这种使函数取得最大值和最小值的点既可能在 D 的内部,也可能在 D 的边界上.若这样的点 M 位于区域 D 的内部,则这个最大值点(或最小值点)也必定是函数的驻点、极值点,或偏导数不存在的点.

因此求函数的最大值与最小值的一般方法是:求出函数 $f(x,y)$ 在区域 D 内的所有驻点处的函数值以及函数在 D 的边界上的最大值、最小值,并进行比较,其中最大的就是最大值,最小的就是最小值.由于需要求出 $f(x,y)$ 在 D 的边界上的最大值与最小值,这种作法通常在计算中较为复杂.如果根据问题的性质,知道函数 $f(x,y)$ 的最大值(最小值)一定在 D 的内部取得,而函数在 D 内只有一个驻点,那么可以肯定,该驻点处的函数值就是 $f(x,y)$ 在 D 上的最大值(最小值).

例 2　要造一个容积一定的长方体箱子,问选择怎样的尺寸,才能使所用的材料最省?

解　设箱子的长、宽、高分别为 x,y,z,容积为 V,则 $V=xyz$.设箱子的表面积为 S,则有

$$S=2(xy+yz+zx).$$

由于 $z=\dfrac{V}{xy}$,所以

$$S=2\left(xy+\frac{V}{x}+\frac{V}{y}\right).$$

这是 x,y 的二元函数,定义域 $D=\{(x,y)\mid x>0,y>0\}$,由

$$\begin{cases} S'_x = 2\left(y-\dfrac{V}{x^2}\right)=0, \\ S'_y = 2\left(x-\dfrac{V}{y^2}\right)=0, \end{cases}$$

解此方程组得

$$x=\sqrt[3]{V}, \quad y=\sqrt[3]{V}.$$

由题意可知,箱子所用材料面积的最小值一定存在,而且在开区域 D 内取得.又知函数在 D 内只有唯一驻点$(\sqrt[3]{V},\sqrt[3]{V})$,所以当箱子长为$\sqrt[3]{V}$,宽为$\sqrt[3]{V}$,高为$\sqrt[3]{V}$时,箱子所用材料最省.

例 3 设某工厂生产甲、乙两种产品,其每台销售价格分别为 $P_1=12$ 万元,$P_2=18$ 万元,总成本 C 是两种产品产量 x 和 y(单位:台)的函数 $C(x,y)=2x^2+xy+2y^2+4$(单位:万元).当两种产品产量为多少时,可获最大利润?最大利润是多少?

解 收入函数为

$$R(x,y)=P_1x+P_2y=12x+18y,$$

因此,利润函数为

$$\begin{aligned} L(x,y) &= R(x,y)-C(x,y) \\ &= (12x+18y)-(2x^2+xy+2y^2+4) \quad (x>0,y>0), \end{aligned}$$

由

$$\begin{cases} \dfrac{\partial L}{\partial x}=12-4x-y=0, \\ \dfrac{\partial L}{\partial y}=18-x-4y=0, \end{cases}$$

解此方程组得唯一驻点 $M(2,4)$.再求二阶偏导数,得

$$A=L''_{xx}=-4, \quad B=L''_{xy}=-1, \quad C=L''_{yy}=-4,$$

$$B^2-AC=-15<0, \quad A=-4<0,$$

所以唯一的驻点 $M(2,4)$ 为极大值点,也是最大值点.因此,生产甲产品 2 台、乙产品 4 台时利润最大.最大利润 $L=(96-52)$万元$=44$ 万元.

三、条件极值——拉格朗日乘数法

上面讨论的极值问题,对函数的自变量除了限制在函数的定义域内以外,没有其他条件限制,这类极值称为无条件极值.但是在实际问题中,常会遇到对自变量还有附加条件的极值问题,这种问题称为条件极值问题.

对于有些实际问题,可以把条件极值化为无条件极值.例如本节例 2 所讨论的实际问题,箱

子的容积一定，$xyz=V$，可以当作附加条件，解出 $z=\frac{V}{xy}$，代入 $S=2(xy+yz+zx)$，就转化为求二元函数

$$S=2\left(xy+\frac{V}{x}+\frac{V}{y}\right)$$

的无条件极值问题.

但是在很多情况下，将条件极值转化为无条件极值是很困难的，甚至是不可能的.因此需要一种直接求条件极值的方法.

下面以二元函数为例，考虑函数 $z=f(x,y)$ 在满足约束条件 $\varphi(x,y)=0$ 时的条件极值.此时，称 $z=f(x,y)$ 为目标函数.

求解这一条件极值问题采用拉格朗日乘数法，具体按下面步骤求解：

（1）构造辅助函数（称拉格朗日函数）

$$F(x,y)=f(x,y)+\lambda\varphi(x,y),$$

其中 λ 是待定常数；

（2）求函数 $F(x,y)$ 对 x,y 的偏导数，并建立方程组

$$\begin{cases}f'_x(x,y)+\lambda\varphi'_x(x,y)=0,\\ f'_y(x,y)+\lambda\varphi'_y(x,y)=0,\\ \varphi(x,y)=0;\end{cases}$$

（3）由方程组解出 x,y,λ，其中 x,y 就是可能极值点的坐标.

以上方法还可以推广到自变量多于两个，而约束条件多于一个的情形.例如求三元函数 $u=f(x,y,z)$ 在两个附加条件 $\varphi(x,y,z)=0$，$\psi(x,y,z)=0$ 下的极值，先构造辅助函数

$$F(x,y,z)=f(x,y,z)+\lambda_1\varphi(x,y,z)+\lambda_2\psi(x,y,z),$$

然后求 $F(x,y,z)$ 的 3 个偏导数，并令它们等于零，连同两个附加条件得到联立方程组，解此方程组，就得到条件极值的可能的极值点.

至于如何判定上面所求的可能极值点 (x,y,z) 是不是极值点，已超出本书的教学要求，这里不再讨论.但是在实际问题的条件极值中，往往可以根据实际问题的性质判定可能的极值点是否确实为极值点.

例 4　求函数 $z=x^2+y^2+2xy-2x$ 在区域 $D=\{(x,y)\mid x^2+y^2\leqslant 1\}$ 上的最大值、最小值.

解　首先考察 z 在区域 D 内部的极大值、极小值.此为无条件极值问题.

由于 $\frac{\partial z}{\partial x}=2x+2y-2$，$\frac{\partial z}{\partial y}=2y+2x$，方程组

$$\begin{cases}2x+2y-2=0,\\ 2y+2x=0\end{cases}$$

无解，表明在区域 D 内，z 没有驻点，因此没有极值点.在区域 D 的边界 $\{(x,y)\mid x^2+y^2=1\}$ 上考察

z 的极值点,则为条件极值.

构造拉格朗日函数

$$L(x,y)=x^2+y^2+2xy-2x+\lambda(x^2+y^2-1),$$

得到方程组

$$\begin{cases}L'_x(x,y)=2x+2y-2+2\lambda x=0,\\ L'_y(x,y)=2y+2x+2\lambda y=0,\\ x^2+y^2-1=0,\end{cases}$$

由前两个方程消去 λ,并用第 3 个方程代入,得

$$2y^2-y-1=0,$$

则有

$$\begin{cases}y_1=-\dfrac{1}{2},\\ x=\pm\dfrac{\sqrt{3}}{2},\end{cases}\quad \begin{cases}y_2=1,\\ x=0,\end{cases}$$

即可能的极值点为

$$P_1\left(\frac{\sqrt{3}}{2},-\frac{1}{2}\right),\quad P_2\left(-\frac{\sqrt{3}}{2},-\frac{1}{2}\right),\quad P_3(0,1),$$

且

$$f(x,y)\Big|_{P_1}=1-\frac{3}{2}\sqrt{3},\quad f(x,y)\Big|_{P_2}=1+\frac{3}{2}\sqrt{3},\quad f(x,y)\Big|_{P_3}=1.$$

经过比较知

$$z_{\max}=1+\frac{3}{2}\sqrt{3},\quad z_{\min}=1-\frac{3}{2}\sqrt{3}.$$

例 5　求函数 $z=3x^2+3y^2-2x-2y+2$ 在有界闭区域 $D=\{(x,y)\mid x\geqslant0,y\geqslant0,x+y\leqslant1\}$ 上的最大值和最小值.

解　先在区域 D 内部考察 z 的极值,即无条件极值.通过解方程组

$$\begin{cases}\dfrac{\partial z}{\partial x}=6x-2=0,\\ \dfrac{\partial z}{\partial y}=6y-2=0\end{cases}$$

求得函数在 D 内部的驻点 $P\left(\dfrac{1}{3},\dfrac{1}{3}\right)$ 及 $z\Big|_{\left(\frac{1}{3},\frac{1}{3}\right)}=\dfrac{4}{3}$.

再求函数 z 在 D 的边界上的最值.记 $A(1,0)$,$B(0,1)$,则区域 D 是 $\triangle AOB$ 围成的包括边界线的区域.

在$\overline{OA}$上,$y=0$,于是 $z=3x^2-2x+2(0\leqslant x\leqslant1)$,按一元函数求最大值和最小值的方法,求得此

函数的最大值为

$$z\Big|_{x=1}=3,$$

最小值为

$$z\Big|_{x=\frac{1}{3}}=\frac{5}{3}.$$

在$\overline{OB}$上，$x=0$，于是 $z=3y^2-2y+2(0\leqslant y\leqslant 1)$，同理可求得此函数的最大值和最小值分别为

$$z\Big|_{y=1}=3,\quad z\Big|_{y=\frac{1}{3}}=\frac{5}{3}.$$

在$\overline{AB}$上，$x+y=1$，于是 $z=6x^2-6x+3(0\leqslant x\leqslant 1)$，函数有最大值

$$z\Big|_{x=0}=z\Big|_{x=1}=3,$$

最小值

$$z\Big|_{x=\frac{1}{2}}=\frac{3}{2}.$$

综合比较区域 D 内部驻点处的函数值与 D 的边界上函数的最大值与最小值，可以得出函数

$$z=3x^2+3y^2-2x-2y+2$$

在有界闭域上的最大值为

$$z(1,0)=z(0,1)=3,$$

最小值为

$$z\left(\frac{1}{3},\frac{1}{3}\right)=\frac{4}{3}.$$

从本例可以看出，计算函数在有界闭区域 D 的边界上的最大值或最小值比较麻烦.但是在通常遇到的实际问题中，根据问题的性质，往往可以判定函数的最大（最小）值一定在区域的内部取得，此时如果函数在区域内只有一个驻点，那么就可以判定该驻点的函数值就是函数在区域上的最大（最小）值.

例 6　设某产品产量 Q 与原材料 A，B 的数量 x,y 满足 $Q=0.005x^2y$.已知 A，B 单价分别为 1 万元、2 万元，问：用 150 万元购买 A，B 各多少时，产量 Q 最大？

解　目标函数 $Q=0.005x^2y$，其约束条件为 $x+2y=150$.

拉格朗日函数为

$$F(x,y)=0.005x^2y+\lambda(x+2y-150),$$

得到方程组

$$\begin{cases}F'_x(x,y)=0.01xy+\lambda=0,\\ F'_y(x,y)=0.005x^2+2\lambda=0,\\ x+2y=150.\end{cases}$$

由前两个方程得

$$x_1=0,\quad x_2=4y.$$

再由第三个方程得

$$y_1=75,\quad x_2=100,\quad y_2=25,$$

即可能的极值点为

$$P_1(0,75),\quad P_2(100,25).$$

将以上两点代入目标函数 $Q=0.005x^2y$,得

$$Q(P_1)=0,\quad Q(P_2)=1\ 250.$$

根据题意,当原材料 A 的数量为 100,B 的数量为 25 时,产量 Q 最大.

思考与扩展 28

对含有 n 个变量的目标函数及 k 个约束条件的极值问题,能否利用拉格朗日乘数法解决?

习题 6-6

(A)

一、1. 求下列各函数的极值.

(1) $z=4(x-y)-x^2-y^2$;

(2) $z=x^2+xy+y^2-2x-y$;

2. 若函数 $f(x,y)=2x^2+ax+xy^2+2y$ 在点 $M(1,-1)$ 处取得极值,试确定常数 a.

3. 求函数 $z=xy$ 在条件 $x+y=1$ 下的最大值.

4. 求抛物线 $y=x^2$ 到直线 $x-y-2=0$ 之间的最短距离.

5. 欲围一个面积为 60 m^2 的矩形场地,正面所用材料每米造价 10 元,其余三面每米造价 5 元,求场地的长、宽各为多少米时,所用材料费最少?

二、1. 某工厂生产两种产品 A 与 B,出售单价分别为 10 元与 9 元,生产 x 单位的产品 A 与生产 y 单位的产品 B 的总费用是

$$400+2x+3y+0.01(3x^2+xy+3y^2)\text{(元)},$$

求取得最大利润时,两种产品的产量各为多少?

2. 求内接于半径为 a 的球且有最大体积的长方体.

(B)

一、1. 设可微函数 $f(x,y)$ 在点 (x_0,y_0) 处取得极小值,则下列结论正确的是(　　).

A. $f(x_0,y)$ 在点 $y=y_0$ 处的导数等于零

B. $f(x_0,y)$ 在点 $y=y_0$ 处的导数大于零

C. $f(x_0,y)$ 在点 $y=y_0$ 处的导数小于零

D. $f(x_0,y)$ 在点 $y=y_0$ 处的导数不存在

2. 设 $f(x,y)$ 与 $\varphi(x,y)$ 均为可微函数，且 $\varphi'_y(x,y)\neq 0$，已知 (x_0,y_0) 是 $f(x,y)$ 在约束条件 $\varphi(x,y)=0$ 下的一个极值点，下列选项正确的是（　　）.

A. 若 $f'_x(x_0,y_0)=0$，则 $f'_y(x_0,y_0)=0$

B. 若 $f'_x(x_0,y_0)=0$，则 $f'_y(x_0,y_0)\neq 0$

C. 若 $f'_x(x_0,y_0)\neq 0$，则 $f'_y(x_0,y_0)=0$

D. 若 $f'_x(x_0,y_0)\neq 0$，则 $f'_y(x_0,y_0)\neq 0$

3. 已知函数 $f(x,y)$ 在点 $(0,0)$ 的某邻域内连续，且 $\lim\limits_{(x,y)\to(0,0)}\dfrac{f(x,y)-xy}{(x^2+y^2)^2}=1$，则（　　）.

A. 点 $(0,0)$ 不是 $f(x,y)$ 的极值点

B. 点 $(0,0)$ 是 $f(x,y)$ 的极大值点

C. 点 $(0,0)$ 是 $f(x,y)$ 的极小值点

D. 根据所给条件无法判断点 $(0,0)$ 是否为 $f(x,y)$ 的极值点

4. 设函数 $z=f(x,y)$ 的全微分 $\mathrm{d}z=x\mathrm{d}x+y\mathrm{d}y$，则点 $(0,0)$（　　）.

A. 不是 $f(x,y)$ 的连续点　　B. 不是 $f(x,y)$ 的极值点

C. 是 $f(x,y)$ 的极大值点　　D. 是 $f(x,y)$ 的极小值点

二、1. 求二元函数 $f(x,y)=x^2(2+y^2)+y\ln y$ 的极值.

2. 求函数 $f(x,y)=x^2+2y^2-x^2y^2$ 在区域 $D=\{(x,y)\mid x^2+y^2\leqslant 4,y\geqslant 0\}$ 上的最大值和最小值.

3. 已知函数 $z=f(x,y)$ 的全微分 $\mathrm{d}z=2x\mathrm{d}x-2y\mathrm{d}y$，并且 $f(1,1)=2$. 求 $f(x,y)$ 在椭圆域 $D=\left\{(x,y)\,\middle|\, x^2+\dfrac{y^2}{4}\leqslant 1\right\}$ 上的最大值和最小值.

4. 求函数 $u=x^2+y^2+z^2$ 在约束条件 $z=x^2-y^2$ 和 $x+y+z=4$ 下的最大值与最小值.

三、1. 某公司可通过电台及报纸两种方式做销售某商品的广告，根据统计资料，销售收入 R（单位：万元）与电台广告费用 x_1（单位：万元）及报纸广告费用 x_2（单位：万元）之间的关系有如下经验公式：

$$R=15+14x_1+32x_2-8x_1x_2-2x_1^2-10x_2^2.$$

（1）在广告费用不限的情况下求最优广告策略；

（2）若提供的广告费用为 1.5 万元，求相应的最优广告策略.

2. 假设某企业在两个相互分割的市场上出售同一种产品，两个市场的需求函数分别是 $P_1=18-2Q_1$，$P_2=12-Q_2$，其中 P_1 和 P_2 分别表示该产品在两个市场的价格（单位：万元/t），Q_1 和 Q_2 分别表示该产品在两个市场的销售量（即需求量，单位：t），并且该企业生产这种产品的总成本函数是 $C=2Q+5$，其中 Q 表示该产品在两个市场的销售总量，即 $Q=Q_1+Q_2$.

（1）如果该企业实行价格差别策略，试确定两个市场上该产品的销售量和价格，使该企业获得最大利润；

（2）如果该企业实行无差别策略，试确定两个市场上该产品的销售量及统一的价格，使企业的总利润最大；并比较这两种价格策略下的总利润大小.

3. 设生产某种产品必须投入两种要素，x_1 和 x_2 分别为两种要素的投入量，Q 为产出量；若生产函数为 $Q=2x_1^{\alpha}x_2^{\beta}$，其中 α,β 为正常数，且 $\alpha+\beta=1$，假设两种要素的价格分别为 P_1 和 P_2，试问：当产出量为 12 时，两种要素各投入多少可以使得投入总费用最小？

第七节　二重积分

本节介绍二元函数的二重积分,它可以看成定积分的推广.

一、二重积分的概念

引例 1　求曲顶柱体的体积.

解　由柱面 S、垂直于 S 的平面 Π 以及曲面 Σ_0 所围成的封闭区域 Ω 称为曲顶柱体.平面 Π 被 S 所截下的部分 D 称为 Ω 的底面,曲面 Σ_0 被 S 所截下的部分 Σ 称为 Ω 的顶面.

我们将其置于空间直角坐标系中:让 D 在 xOy 坐标面上,此时柱面 S 的母线平行于 z 轴,曲顶 Σ 在 xOy 面上的投影为 D,又设 Σ 的方程为 $z=f(x,y),(x,y)\in D$,且 $f(x,y)$在 D 上非负、连续(图 6.12).

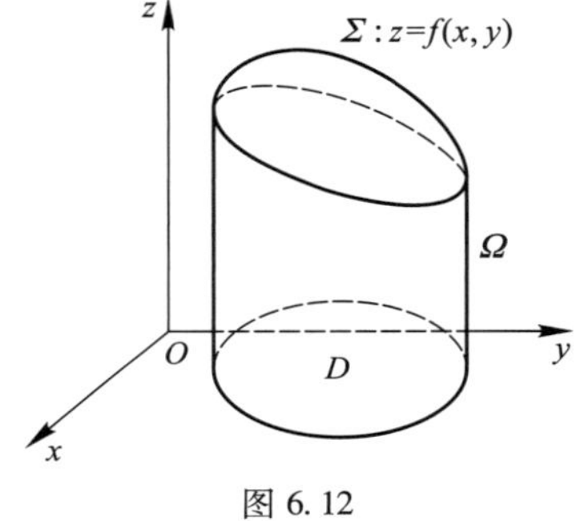

图 6.12

若 Ω 的顶面是平行于 xOy 面的平面,则其体积 $V=$ 底面积×高.

当顶面为曲面时,其高是变化的,是底面 D 上点(x,y)的函数 $f(x,y)$,故不能直接套用上述求体积的公式.但由 $f(x,y)$的连续性可知,只要 D 上两点间的距离充分小,那么这两点处的高的差也充分小,于是可采用像求曲边梯形面积那样的“四步法”求出 V:

(1) 将有界闭区域 D 任意分割为 n 个闭子区域 $\sigma_1,\sigma_2,\cdots,\sigma_n$,设其面积依次为 $\Delta\sigma_1$, $\Delta\sigma_2,\cdots,\Delta\sigma_n$.以每个闭子区域 $\sigma_i(i=1,2,\cdots,n)$的边界曲线为准线作母线平行于 z 轴的柱面,则这些柱面将曲顶柱体 Ω 分割为 n 个小曲顶柱体 Ω_i,其体积记为 $\Delta V_i(i=1,2,\cdots,n)$;

(2) 当 σ_i 的直径 d_i(σ_i 上任意两点距离的最大值)充分小时,在 σ_i 上任意选取一点(ξ_i,η_i),则有 $\Delta V_i\approx\Delta\sigma_i\cdot f(\xi_i,\eta_i)\ (i=1,2,\cdots,n)$(图 6.13);

(3) 于是 $V=\sum\limits_{i=1}^{n}\Delta V_i\approx\sum\limits_{i=1}^{n}f(\xi_i,\eta_i)\Delta\sigma_i$,当每个子区域 σ_i 的直径 d_i 越小时,V 的近似程度越好;

(4) 当 $\lambda=\max\limits_{1\leqslant i\leqslant n}\{d_i\}\to 0$ 时,若 $\sum\limits_{i=1}^{n}f(\xi_i,\eta_i)\Delta\sigma_i$ 的极限存在,则定义

$$V=\lim_{\lambda\to 0}\sum_{i=1}^{n}f(\xi_i,\eta_i)\Delta\sigma_i.$$

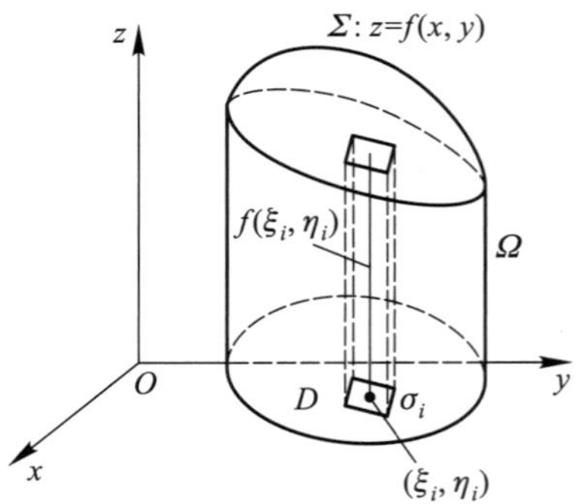

图 6.13

引例 2　求面密度非均匀分布的平面薄板的质量.

解　将此平面薄板置于平面直角坐标系中，其在 xOy 坐标平面上所占据的有界闭区域记为 D.设 D 上任意一点 (x,y) 处的面密度为 $\mu(x,y)$，又假定 $\mu(x,y)$ 是 D 上的连续函数，求 D 的质量 m.

若面密度均匀分布，即面密度 μ 为常数，则质量 $m=\mu A$（A 为 D 的面积）.

现今面密度 $\mu(x,y)$ 是变量，不能直接套用上述公式，但却可像解决引例 1 那样来求 D 的质量：

(1) 将有界闭域 D 任意分割为 n 个闭子区域 $\sigma_1,\sigma_2,\cdots,\sigma_n$；

(2) 在 σ_i 上任意选取一点 (ξ_i,η_i)（图 6.14），则 σ_i 的质量 Δm_i 近似等于

$$\mu(\xi_i,\eta_i)\Delta\sigma_i(i=1,2,\cdots,n);$$

(3) $m\approx\sum\limits_{i=1}^{n}\mu(\xi_i,\eta_i)\Delta\sigma_i$；

(4) 若 $\lambda\to 0$ 时，和式 $\sum\limits_{i=1}^{n}\mu(\xi_i,\eta_i)\Delta\sigma_i$ 的极限存在，则定义

$$m=\lim_{\lambda\to 0}\sum_{i=1}^{n}\mu(\xi_i,\eta_i)\Delta\sigma_i.$$

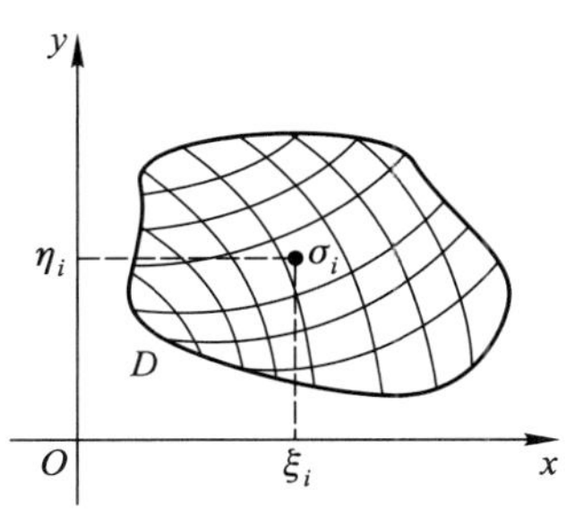

图 6.14

上述两个问题中所求量的物理属性完全不同，但在数学上都采用了建立定积分概念时的思想方法和步骤，最后也得到一个完全相同的数学结构——一类乘积的和式的极限，我们将其归纳为二元函数在平面有界闭区域上的二重积分.

定义 1　设 D 是平面有界闭区域，$f(x,y)$ 是定义在 D 上的有界函数.将 D 任意分割为 n 个闭子区域 $\sigma_1,\sigma_2,\cdots,\sigma_n$；$\sigma_i$ 的面积记为 $\Delta\sigma_i$，直径记为 $d_i(i=1,2,\cdots,n)$，令 $\lambda=\max\limits_{1\leqslant i\leqslant n}\{d_i\}$.在 σ_i 上任意选取一点 (ξ_i,η_i)，作乘积 $f(\xi_i,\eta_i)\Delta\sigma_i(i=1,2,\cdots,n)$，再作积分和式 $\sum\limits_{i=1}^{n}f(\xi_i,\eta_i)\Delta\sigma_i$. 若当 $\lambda\to 0$ 时，积分和式的极限存在（设为 I），且 I 与对 D 的分法无关，也与点 (ξ_i,η_i) 的取法也无关，则称 $f(x,y)$ 在 D 上是可积的，并称和式的极限 I 为 **$f(x,y)$ 在 D 上的二重积分**，记为 $\iint\limits_D f(x,y)\mathrm{d}\sigma$，即

$$\iint_D f(x,y)\mathrm{d}\sigma=\lim_{\lambda\to 0}\sum_{i=1}^{n}f(\xi_i,\eta_i)\Delta\sigma_i,$$

其中 $f(x,y)$ 称为被积函数，$f(x,y)\mathrm{d}\sigma$ 称为被积式，D 称为积分区域，x,y 称为积分变量，$\mathrm{d}\sigma$ 是面积元素.

由定义 1 可知，引例 1 和 2 中的所求量可分别用二重积分表示为

$$V=\iint_D f(x,y)\mathrm{d}\sigma,\quad m=\iint_D \mu(x,y)\mathrm{d}\sigma.$$

仿定积分有：

结论 1　若 $f(x,y)$ 在有界闭区域 D 上连续，则 $f(x,y)$ 在 D 上可积，即二重积分 $\iint\limits_D f(x,y)\mathrm{d}\sigma$

存在.

结论 2 设$f(x,y)$是有界闭区域D上的有界函数,若$f(x,y)$至多在D的有限条曲线段上有间断点,则$\iint\limits_D f(x,y)\mathrm{d}\sigma$存在.

二、二重积分的性质

$f(x,y)$在有界闭区域D上的二重积分$\iint\limits_D f(x,y)\mathrm{d}\sigma$与上限大于下限的定积分有相仿的性质:

性质 1(线性性) 若$f(x,y),g(x,y)$都在有界闭区域D上可积,则对于任意常数$\lambda,\mu\in\mathbf{R}$,$\lambda f(x,y)+\mu g(x,y)$在$D$上可积,且

$$\iint\limits_D [\lambda f(x,y)+\mu g(x,y)]\mathrm{d}\sigma=\lambda\iint\limits_D f(x,y)\mathrm{d}\sigma+\mu\iint\limits_D g(x,y)\mathrm{d}\sigma.$$

性质 2(对积分区域的可加性) 若$f(x,y)$在有界闭区域D上可积,将D分为除公共边界外没有公共点的两个子区域D_1与D_2(记为$D=D_1+D_2$),则$f(x,y)$在D_1与D_2上均可积,且

$$\iint\limits_D f(x,y)\mathrm{d}\sigma=\iint\limits_{D_1} f(x,y)\mathrm{d}\sigma+\iint\limits_{D_2} f(x,y)\mathrm{d}\sigma.$$

性质 3(保序性) 设$f(x,y),g(x,y)$都在有界闭区域D上可积,若在D上有$f(x,y)\leqslant g(x,y)$,则

$$\iint\limits_D f(x,y)\mathrm{d}\sigma\leqslant\iint\limits_D g(x,y)\mathrm{d}\sigma.$$

性质 4 若$f(x,y)$在有界闭区域D上可积,则$|f(x,y)|$在D上也可积(反之不真),且

$$\left|\iint\limits_D f(x,y)\mathrm{d}\sigma\right|\leqslant\iint\limits_D |f(x,y)|\mathrm{d}\sigma.$$

性质 5(估值定理) 设$f(x,y)$在有界闭区域D上可积,若存在常数m,M,使得在D上有$m\leqslant f(x,y)\leqslant M$,则

$$mA\leqslant\iint\limits_D f(x,y)\mathrm{d}\sigma\leqslant MA\quad(\text{其中 }A\text{ 为 }D\text{ 的面积}).$$

性质 6(中值定理) 若$f(x,y)$在有界闭区域D上连续,则至少存在一点$(\xi,\eta)\in D$,使得

$$\iint\limits_D f(x,y)\mathrm{d}\sigma=f(\xi,\eta)\cdot A\quad(\text{其中 }A\text{ 为 }D\text{ 的面积}).$$

例 1 设$D=\{(x,y)\,|\,3\leqslant x\leqslant 5,0\leqslant y\leqslant 1\}$,试比较二重积分$I_1=\iint\limits_D (x+y)\mathrm{d}\sigma$与$I_2=\iint\limits_D (x+y)^2\mathrm{d}\sigma$的大小.

解 因为在D上$x+y\geqslant 3$,于是$(x+y)<(x+y)^2$,故$I_1\leqslant I_2$.

三、二重积分的几何意义

对于二重积分 $\iint\limits_D f(x,y)\mathrm{d}\sigma$，

（1）当 $f(x,y)\geqslant 0$ 时，由引例 1 知 $\iint\limits_D f(x,y)\mathrm{d}\sigma$ 表示以 D 为底面、以曲面 $z=f(x,y)$ 为顶面的曲顶柱体的体积；

（2）当 $f(x,y)\leqslant 0$ 时，由性质 1 及（1）可知，$\iint\limits_D f(x,y)\mathrm{d}\sigma$ 表示以 D 为底面、以 $z=f(x,y)$ 为顶面的曲顶柱体体积的负值；

（3）当 $f(x,y)$ 在 D 上有正有负时，则 $\iint\limits_D f(x,y)\mathrm{d}\sigma$ 表示位于 xOy 坐标面上方的曲顶柱体与位于 xOy 坐标面下方的曲顶柱体（均以 D 为底面）体积之差.

例 2　设 $D=\{(x,y)\mid x^2+y^2\leqslant 1\}$，求二重积分

$$\iint\limits_D \sqrt{1-x^2-y^2}\,\mathrm{d}\sigma .$$

解　由几何意义知 $\iint\limits_D \sqrt{1-x^2-y^2}\,\mathrm{d}\sigma$ 表示中心在原点、半径为 1 的上半球体的体积，故 $\iint\limits_D \sqrt{1-x^2-y^2}\,\mathrm{d}\sigma=\dfrac{2}{3}\pi$.

思考与扩展 29

二重积分为定积分的推广.而第五章第一节定积分的定义 1 与二重积分的定义 1 表述不同，有矛盾吗？

四、二重积分的计算

同定积分一样，使用定义来计算二重积分（求和式的极限）一般是很困难的，必须寻求计算二重积分的实用方法.其中将二重积分化为二次积分（先后两次定积分）来计算就是最有效的方法之一.本节总假定所涉及的二重积分都是存在的.

1. 直角坐标系中二重积分的计算

（1）直角坐标系中面积元素的表示式

若 $\iint\limits_D f(x,y)\mathrm{d}\sigma$ 存在，则其值与对 D 的分割方法无关，于是可选取平行于坐标轴的两组直线

将 D 分割为 n 个子区域 $\sigma_i(i=1,2,\cdots,n)$，除含有 D 的边界点的子区域外，其余子区域都是长与宽分别平行于 x 轴和 y 轴的矩形，其面积 $\Delta\sigma_i=\Delta x_i\Delta y_i$，从而面积元素 $\mathrm{d}\sigma=\mathrm{d}x\mathrm{d}y$. 于是在直角坐标系中可将 $\iint\limits_D f(x,y)\mathrm{d}\sigma$ 写为 $\iint\limits_D f(x,y)\mathrm{d}x\mathrm{d}y$.

（2）X-型区域与 Y-型区域

如果积分区域 D 可表示为 $\{(x,y)\mid\varphi_1(x)\leqslant y\leqslant\varphi_2(x),a\leqslant x\leqslant b\}$，即 D 由两条直线 $x=a,x=b$ 与两条曲线 $y=\varphi_2(x),y=\varphi_1(x)$ 所围成（图 6.15(a)），其特点是：用垂直于 x 轴的直线穿过 D 的内部时，与 D 的边界曲线至多有两个交点. 通常称这样的区域为 X-型区域.

若区域 D 可表示为 $\{(x,y)\mid\psi_1(y)\leqslant x\leqslant\psi_2(y),c\leqslant y\leqslant d\}$，则称其为 Y-型区域（图 6.15(b)）.

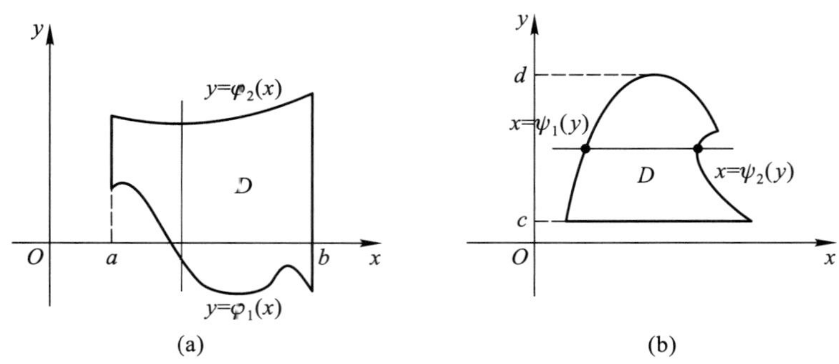

图 6.15

X-型区域和 Y-型区域统称为简单区域.

任何有界闭区域，或是简单区域，或可以用平行于坐标轴的直线分为若干个简单区域之和，例如图 6.16 所示的区域.

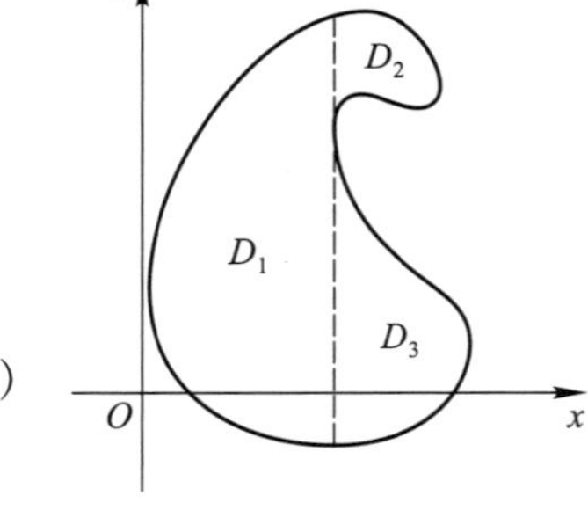

图 6.16

（3）将 $\iint\limits_D f(x,y)\mathrm{d}x\mathrm{d}y$ 化为二次积分

① 当 D 为 X-型区域时，化为先对 y 后对 x 的二次积分：

$$\iint\limits_D f(x,y)\mathrm{d}x\mathrm{d}y=\int_a^b\left[\int_{\varphi_1(x)}^{\varphi_2(x)}f(x,y)\mathrm{d}y\right]\mathrm{d}x \qquad (1)$$

$$\xlongequal{\text{记为}}\int_a^b\mathrm{d}x\int_{\varphi_1(x)}^{\varphi_2(x)}f(x,y)\mathrm{d}y.$$

下面利用二重积分的几何意义，说明公式(1)的正确性，其证明从略. 当 $f(x,y)\geqslant0$ 时，$\iint\limits_D f(x,y)\mathrm{d}x\mathrm{d}y$ 的值等于曲顶柱体 Ω 的体积 V（图 6.17）.

对任意的 $x\in[a,b]$，过 x 轴上的点 x 作垂直于 x 轴的平面 Π，Π 截 Ω 得一个以 $\Gamma:\begin{cases}z=f(x,y),\\x=x\end{cases}$ 为曲边的曲边梯形（图 6.17 中的阴影部分）. 此截面的面积为

$$A(x)=\int_{\varphi_1(x)}^{\varphi_2(x)}f(x,y)\mathrm{d}y,\quad x\in[a,b],$$

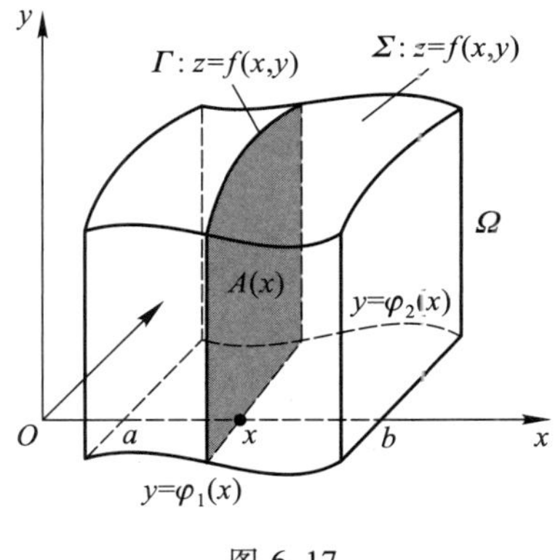

图 6.17

故当 $\varphi_1(x),\varphi_2(x)$ 在 $[a,b]$ 上连续时,由平行截面面积已知的立体计算公式可知,Ω 的体积

$$V=\int_a^b A(x)\,\mathrm{d}x=\int_a^b\left[\int_{\varphi_1(x)}^{\varphi_2(x)} f(x,y)\,\mathrm{d}y\right]\mathrm{d}x.$$

于是得

$$\iint_D f(x,y)\,\mathrm{d}x\mathrm{d}y=\int_a^b\left[\int_{\varphi_1(x)}^{\varphi_2(x)} f(x,y)\,\mathrm{d}y\right]\mathrm{d}x,$$

即在 $f(x,y)\geqslant 0$ 的假设下验证了公式(1)是正确的.

注意,在进行第一次积分(也称内层积分) $\int_{\varphi_1(x)}^{\varphi_2(x)} f(x,y)\,\mathrm{d}y$ 时,y 是积分变量,x 是常量,第一次积分的结果一般说来是 x 的一个函数;然后将其再对 x 从 a 到 b 积分即第二次积分(或外层积分),得到一个确定的常数,从而完成了二重积分 $\iint_D f(x,y)\,\mathrm{d}x\mathrm{d}y$ 的计算.此外还要注意,在两次定积分中均应是下限小于上限,这是因为 $\mathrm{d}\sigma=\mathrm{d}x\mathrm{d}y>0$.

② 当 D 为 Y-型区域时,化为先对 x 后对 y 的二次积分:

$$\iint_D f(x,y)\,\mathrm{d}x\mathrm{d}y=\int_c^d\left[\int_{\psi_1(y)}^{\psi_2(y)} f(x,y)\,\mathrm{d}x\right]\mathrm{d}y=\int_c^d \mathrm{d}y\int_{\psi_1(y)}^{\psi_2(y)} f(x,y)\,\mathrm{d}x. \qquad (2)$$

若积分区域 D 为长方形 $\{(x,y)\mid a\leqslant x\leqslant b,c\leqslant y\leqslant d\}$ 且被积函数为 $f(x)g(y)$,则二重积分可以化为两个定积分之积:

$$\iint_D f(x)g(y)\,\mathrm{d}x\mathrm{d}y=\int_a^b f(x)\,\mathrm{d}x\cdot\int_c^d g(y)\,\mathrm{d}y.$$

例 3　求二重积分

$$\iint_D\left(1-\frac{x}{3}-\frac{y}{4}\right)\mathrm{d}x\mathrm{d}y,$$

其中 $D=\{(x,y)\mid -1\leqslant x\leqslant 1,-2\leqslant y\leqslant 2\}$.

解　D 是矩形,既是 X-型区域又是 Y-型区域,可以按两种顺序进行计算.

当视 D 为 X-型区域时,有

$$\begin{aligned}\iint_D\left(1-\frac{x}{3}-\frac{y}{4}\right)\mathrm{d}x\mathrm{d}y&=\int_{-1}^1\mathrm{d}x\int_{-2}^2\left(1-\frac{x}{3}-\frac{y}{4}\right)\mathrm{d}y\\&=\int_{-1}^1\left[\left(1-\frac{x}{3}\right)y-\frac{y^2}{8}\right]\Bigg|_{-2}^2\mathrm{d}x\\&=\int_{-1}^1\left(4-\frac{4x}{3}\right)\mathrm{d}x=8.\end{aligned}$$

当视 D 为 Y-型区域时,有

$$\iint_D\left(1-\frac{x}{3}-\frac{y}{4}\right)\mathrm{d}x\mathrm{d}y=\int_{-2}^2\mathrm{d}y\int_{-1}^1\left(1-\frac{x}{3}-\frac{y}{4}\right)\mathrm{d}x$$

$$= \int_{-2}^{2} \left[x - \frac{x^2}{6} - \frac{xy}{4} \right] \Bigg|_{-1}^{1} dy$$

$$= \int_{-2}^{2} \left(2 - \frac{y}{2} \right) dy = 8.$$

例 4　求二重积分 $\iint\limits_D xy\mathrm{d}x\mathrm{d}y$，其中 D 是由抛物线 $y=x^2$ 和直线 $y=x$ 所围成的有界闭区域.

解　画出 D 的图形(图 6.18)，曲线 $y=x^2$ 与 $y=x$ 的交点为 $(0,0)$ 和 $(1,1)$. D 既是 X-型区域又是 Y-型区域，可选一种进行积分：

$$\iint\limits_D xy\mathrm{d}x\mathrm{d}y = \int_0^1 \mathrm{d}x \int_{x^2}^{x} xy\mathrm{d}y = \int_0^1 \left[x\frac{y^2}{2} \right] \Bigg|_{x^2}^{x} \mathrm{d}x$$

$$= \frac{1}{2}\int_0^1 (x^3 - x^5)\,\mathrm{d}x = \frac{1}{24}.$$

例 5　求二重积分 $\iint\limits_D y\mathrm{d}x\mathrm{d}y$，其中 D 是由抛物线 $x=y^2(y\geqslant 0)$、直线 $x=y+2$ 和 x 轴所围成的有界闭区域.

解　画出 D 的图形(图 6.19)，D 是 Y-型区域 $\{(x,y)\mid y^2\leqslant x\leqslant y+2, 0\leqslant y\leqslant 2\}$，故

$$\iint\limits_D y\mathrm{d}x\mathrm{d}y = \int_0^2 y\mathrm{d}y \int_{y^2}^{y+2} \mathrm{d}x = \int_0^2 y(y+2-y^2)\,\mathrm{d}y = \frac{8}{3}.$$

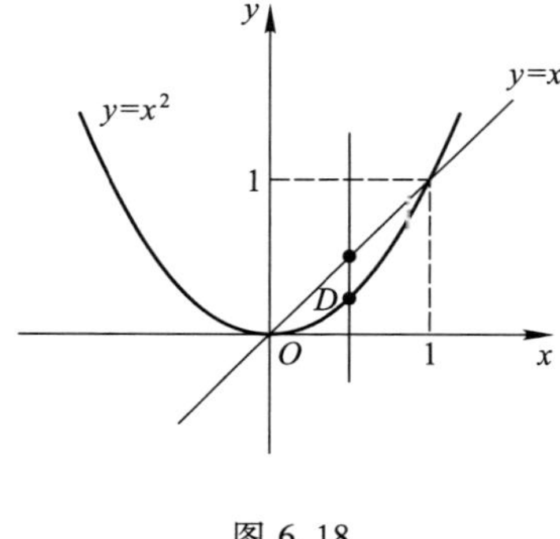

图 6.18

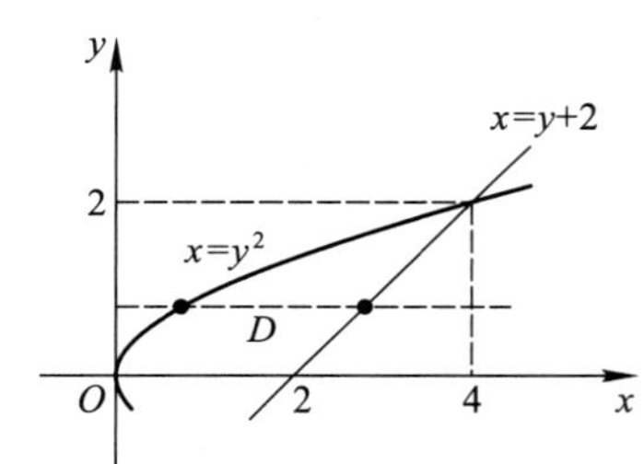

图 6.19

D 也是 X-型区域，但其下边界曲线的方程是分段函数 $\varphi_1(x)=\begin{cases} 0, & 0\leqslant x\leqslant 2, \\ x-2, & 2<x\leqslant 4, \end{cases}$ 故必须将 D 分为两个区域之和 $D=D_1+D_2$，其中

$$D_1 = \{(x,y)\mid 0\leqslant y\leqslant \sqrt{x}, 0\leqslant x\leqslant 2\},$$

$$D_2 = \{(x,y)\mid x-2\leqslant y\leqslant \sqrt{x}, 2\leqslant x\leqslant 4\},$$

于是根据可加性，得

$$\iint\limits_D y\mathrm{d}x\mathrm{d}y = \iint\limits_{D_1} y\mathrm{d}x\mathrm{d}y + \iint\limits_{D_2} y\mathrm{d}x\mathrm{d}y = \int_0^2 \mathrm{d}x \int_0^{\sqrt{x}} y\mathrm{d}y + \int_2^4 \mathrm{d}x \int_{x-2}^{\sqrt{x}} y\mathrm{d}y$$

$$=\int_0^2 \frac{x}{2}\,\mathrm{d}x+\frac{1}{2}\int_2^4 (5x-x^2-4)\,\mathrm{d}x=1+\frac{5}{3}=\frac{8}{3}.$$

例 6　求二重积分 $\iint\limits_D x^2\mathrm{e}^{-y^2}\mathrm{d}x\mathrm{d}y$，其中 $D=\{(x,y)\mid 0\leqslant x\leqslant y,0\leqslant y\leqslant 1\}$.

解　D 是 X-型区域(图 6.20)，于是

$$\iint\limits_D x^2\mathrm{e}^{-y^2}\mathrm{d}x\mathrm{d}y=\int_0^1\mathrm{d}x\int_x^1 x^2\mathrm{e}^{-y^2}\mathrm{d}y.$$

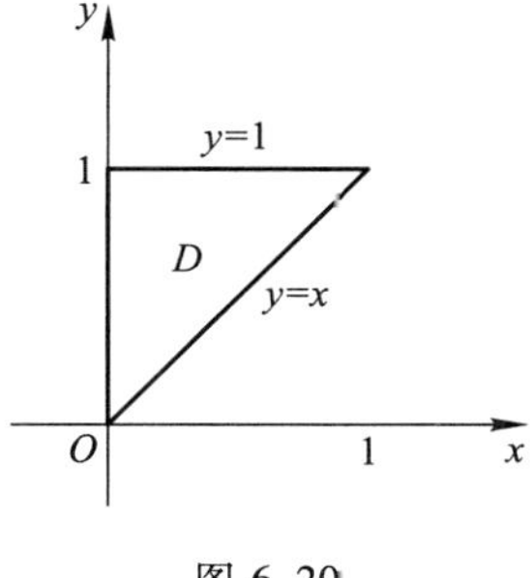

图 6.20

由于 $\int \mathrm{e}^{-y^2}\mathrm{d}y$ 是“积不出来”的，且 D 也是 Y-型区域，考虑将二重积分化为先对 x 后对 y 积分的二次积分.

$$\iint\limits_D x^2\mathrm{e}^{-y^2}\mathrm{d}x\mathrm{d}y=\int_0^1\mathrm{d}y\int_0^y x^2\mathrm{e}^{-y^2}\mathrm{d}x=\frac{1}{3}\int_0^1 y^3\mathrm{e}^{-y^2}\mathrm{d}y$$

$$=\frac{1}{6}\int_0^1 u\mathrm{e}^{-u}\mathrm{d}u=\frac{1}{6}-\frac{1}{3\mathrm{e}}.$$

例 3 与例 4 表明，有可能按其中一种次序计算比按另一种次序计算要简单许多，有时甚至只能按某种次序才能计算出来.因此二重积分计算中有选择积分次序与交换积分次序的问题.

例 7　计算 $I=\iint\limits_D\sqrt{|y-x^2|}\,\mathrm{d}x\mathrm{d}y$，其中 $D=\{(x,y)\mid 0\leqslant y\leqslant 2,-1\leqslant x\leqslant 1\}$.

解　所给积分的被积函数中含有绝对值符号.与定积分问题相仿，通常可以考虑将积分区域 D 分为若干个子区域，使得在每个子区域内带有绝对值符号的函数值不变号.

用抛物线 $y=x^2$ 将 D 分为 D_1+D_2(图 6.21)，于是

$$I=\iint\limits_D\sqrt{|y-x^2|}\,\mathrm{d}x\mathrm{d}y=\iint\limits_{D_1}\sqrt{y-x^2}\,\mathrm{d}x\mathrm{d}y+\iint\limits_{D_2}\sqrt{x^2-y}\,\mathrm{d}x\mathrm{d}y$$

$$=\int_{-1}^1\mathrm{d}x\int_{x^2}^2\sqrt{y-x^2}\,\mathrm{d}y+\int_{-1}^1\mathrm{d}x\int_0^{x^2}\sqrt{x^2-y}\,\mathrm{d}y$$

$$=\int_{-1}^1\frac{2}{3}(2-x^2)^{\frac{3}{2}}\,\mathrm{d}x+\int_{-1}^1\frac{2}{3}(x^2)^{\frac{3}{2}}\,\mathrm{d}x=\frac{\pi}{2}+\frac{5}{3}.$$

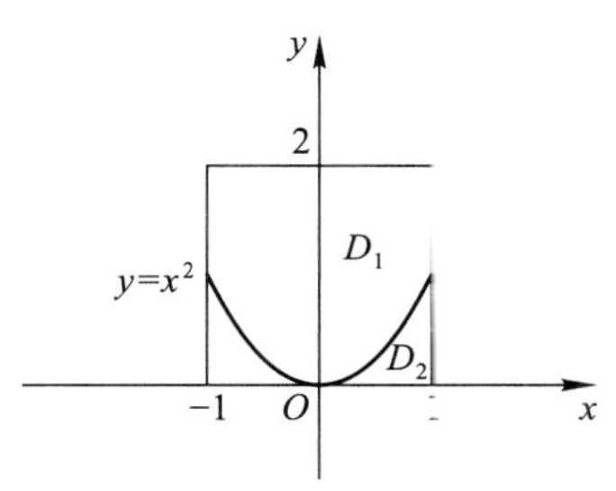

图 6.21

(4) 交换二次积分的积分次序

对于二重积分 $\iint\limits_D f(x,y)\,\mathrm{d}x\mathrm{d}y$，当 D 既是 X-型区域又是 Y-型区域时，有

$$\iint\limits_D f(x,y)\,\mathrm{d}x\mathrm{d}y=\int_a^b\mathrm{d}x\int_{\varphi_1(x)}^{\varphi_2(x)}f(x,y)\,\mathrm{d}y=\int_c^d\mathrm{d}y\int_{\psi_1(y)}^{\psi_2(y)}f(x,y)\,\mathrm{d}x,$$

这相当于将二次积分 $\int_a^b\mathrm{d}x\int_{\varphi_1(x)}^{\varphi_2(x)}f(x,y)\,\mathrm{d}y$ 交换积分次序变成了

$$\int_c^d\mathrm{d}y\int_{\psi_1(y)}^{\psi_2(y)}f(x,y)\,\mathrm{d}x.$$

例 8　设 $I=\int_0^1\mathrm{d}y\int_{\sqrt[3]{y}}^1\sqrt{1-x^4}\,\mathrm{d}x$，交换二次积分次序并计算之.

解　交换二次积分次序的基本方法是：

先根据给定积分次序的积分限确定积分区域 D 的表达式；

画出积分区域 D 的图形，再根据另一种积分次序确定积分限.

由题设可知积分区域 D 可以表示为

$$\{(x,y)\mid 0\leqslant y\leqslant 1,\sqrt[3]{y}\leqslant x\leqslant 1\},$$

其图形见图 6.22.可视其为 Y-型区域，将 D 表示为

$$\{(x,y)\mid 0\leqslant x\leqslant 1,0\leqslant y\leqslant x^3\}.$$

$$I=\iint\limits_D\sqrt{1-x^4}\,\mathrm{d}x\mathrm{d}y=\int_0^1\mathrm{d}x\int_0^{x^3}\sqrt{1-x^4}\,\mathrm{d}y$$

$$=\int_0^1 x^3\sqrt{1-x^4}\,\mathrm{d}x$$

$$=-\frac{1}{4}\cdot\frac{2}{3}(1-x^4)^{\frac{3}{2}}\Big|_0^1=\frac{1}{6}.$$

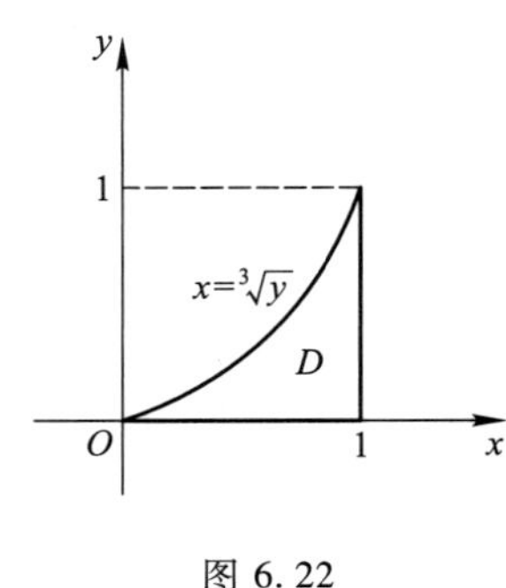

图 6.22

（5）二重积分的对称性

仿定积分，二重积分也有对称性.设积分区域 D 关于 y 轴对称，D_1 表示区域 D 位于 y 轴右侧的区域.$f(x,y)$ 为区域 D 上的连续函数，则有

$$\iint\limits_D f(x,y)\,\mathrm{d}x\mathrm{d}y=\begin{cases}0, & f(x,y)\text{ 为 } x \text{ 的奇函数},\\ 2\iint\limits_{D_1}f(x,y)\,\mathrm{d}x\mathrm{d}y, & f(x,y)\text{ 为 } x \text{ 的偶函数}.\end{cases}$$

例 9　计算 $\iint\limits_D\frac{xy}{1+x^2+y^2}\mathrm{d}x\mathrm{d}y$，其中 $D=\{(x,y)\mid x^2+y^2\leqslant 1\}$.

解　积分区域 D 是以原点为圆心的圆域，关于 y 轴对称，而被积函数 $f(x,y)=\frac{xy}{1+x^2+y^2}$ 为 x 的奇函数，由对称性可知

$$\iint\limits_D\frac{xy}{1+x^2+y^2}\,\mathrm{d}x\mathrm{d}y=0.$$

若积分区域 D 关于 x 轴对称，则也有类似的对称性质.

2. 极坐标系中二重积分的计算

对于二重积分 $\iint\limits_D f(x,y)\,\mathrm{d}\sigma$，当 D 的边界曲线的极坐标方程比较简单时，将其在极坐标系中进行计算常比在直角坐标系中计算更简便.有的二重积分甚至只有在极坐标系下才能计算出结果.

在极坐标系中，平面上的点表示为 (r,θ)，其中 $0\leqslant r<+\infty$，$0\leqslant\theta\leqslant 2\pi$（或 $-\pi\leqslant\theta\leqslant\pi$），见附录三.若此点在平面直角坐标系中为 (x,y)，则

$$\begin{cases}x=r\cos\theta,\\ y=r\sin\theta.\end{cases}$$

（1）极坐标系中的简单区域与面积元素的表达式

在极坐标系中，若由极点出发的任意射线穿过区域 D 的内部时，与 D 的边界曲线的交点不多于两个，则称 D 为简单区域（图 6.23），可表示为

$$\{(r,\theta)\mid r_1(\theta)\leqslant r\leqslant r_2(\theta),\alpha\leqslant\theta\leqslant\beta\}.$$

任何有界闭区域均可用曲线分割为有限个简单区域之和.

设二重积分 $\iint\limits_D f(x,y)\mathrm{d}\sigma$ 存在，可用极坐标系的坐标线 $r=r_i,\theta=\theta_i$ 将 D 任意分割为 n 个闭子区域 $\sigma_i(i=1,2,\cdots,n)$. 除含 D 的边界点的子区域外，其余均为如图 6.24 所示的圆心角均为 $\Delta\theta_i$、半径分别为 $r_i+\Delta r_i$ 与 r_i 的两个扇形之差 σ_i，其面积 $\Delta\sigma_i\approx r_i\Delta\theta_i\Delta r_i$，故得到用极坐标表示的面积元素 $\mathrm{d}\sigma=r\mathrm{d}r\mathrm{d}\theta$.

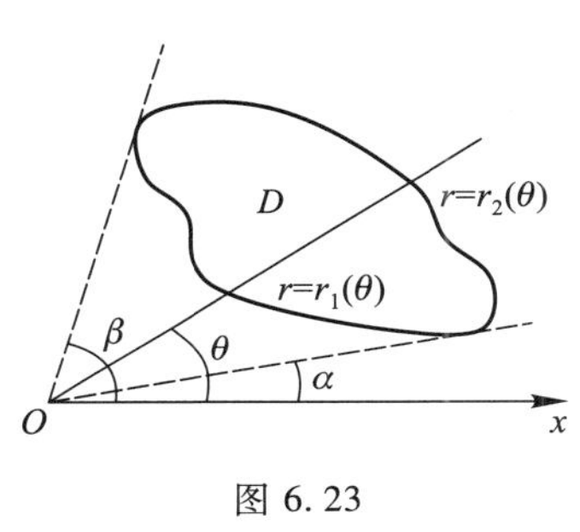

图 6.23

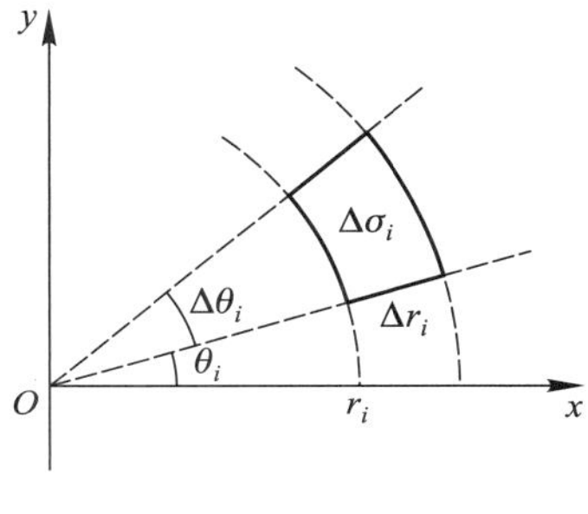

图 6.24

因为 $\begin{cases}x=r\cos\theta,\\y=r\sin\theta,\end{cases}$ 故被积函数可用极坐标表示为 $f(r\cos\theta,r\sin\theta)$，于是二重积分在极坐标系中的表示式为

$$\iint\limits_D f(r\cos\theta,r\sin\theta)r\mathrm{d}r\mathrm{d}\theta.$$

（2）将二重积分在极坐标系中化为二次积分

在极坐标系下计算二重积分仍然要化为二次积分，一般情况下是先对 r 积分后对 θ 积分.

若极点 O 在积分区域 D 的外部，如图 6.23 所示，区域 D 可以表示为

$$\{(r,\theta)\mid r_1(\theta)\leqslant r\leqslant r_2(\theta),\alpha\leqslant\theta\leqslant\beta\},$$

则有

$$\iint\limits_D f(r\cos\theta,r\sin\theta)r\mathrm{d}r\mathrm{d}\theta=\int_\alpha^\beta\mathrm{d}\theta\int_{r_1(\theta)}^{r_2(\theta)}f(r\cos\theta,r\sin\theta)r\mathrm{d}r.$$

若极点 O 在区域 D 的边界曲线上，如图 6.25 所示，积分区域 D 可以表示为

$$\{(r,\theta)\mid 0\leqslant r\leqslant r(\theta),\alpha\leqslant\theta\leqslant\beta\},$$

于是有

$$\iint\limits_D f(r\cos\theta,r\sin\theta)r\mathrm{d}r\mathrm{d}\theta=\int_\alpha^\beta\mathrm{d}\theta\int_0^{r(\theta)}f(r\cos\theta,r\sin\theta)r\mathrm{d}r.$$

若极点 O 在区域 D 的内部,如图 6.26 所示,积分区域 D 可以表示为

$$\{(r,\theta)\mid 0\leqslant r\leqslant r(\theta),0\leqslant\theta\leqslant 2\pi\},$$

则

$$\iint\limits_D f(r\cos\theta,r\sin\theta)r\mathrm{d}r\mathrm{d}\theta=\int_0^{2\pi}\mathrm{d}\theta\int_0^{r(\theta)}f(r\cos\theta,r\sin\theta)r\mathrm{d}r.$$

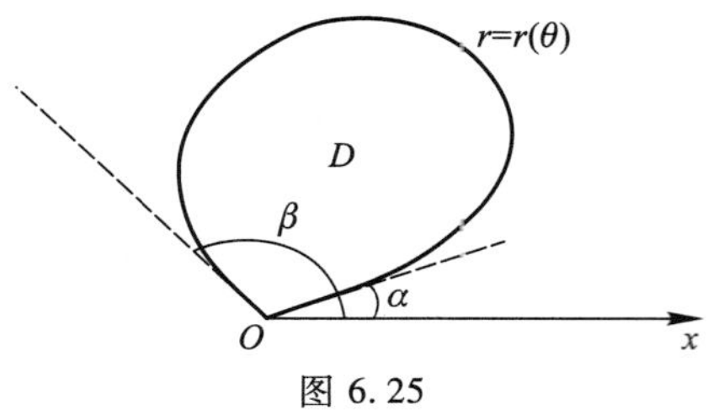

图 6.25

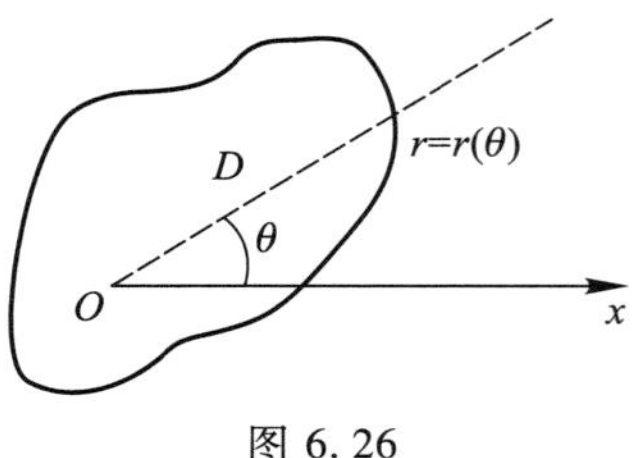

图 6.26

如果积分区域为圆域、圆环域或为圆的一部分,被积函数为 $f(x^2+y^2)$ 的形式,利用极坐标计算二重积分往往比利用直角坐标计算简便些.

例 10　计算 $\iint\limits_D(x^2+y^2)\mathrm{d}x\mathrm{d}y$,其中积分区域 D 是由 $x^2+y^2=1,y=x$ 及 x 轴围成的第一象限内的平面图形.

解　积分区域 D 的图形如图 6.27 所示.

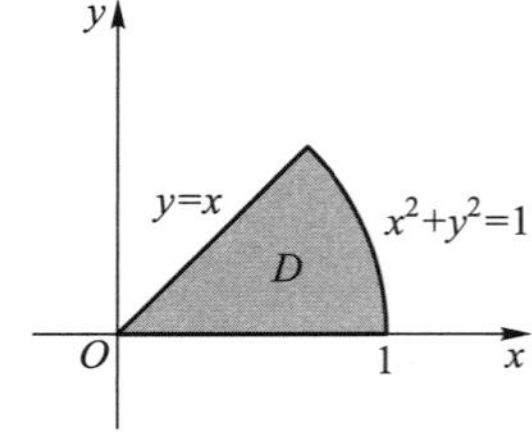

图 6.27

在极坐标中,$x^2+y^2=1$ 化为 $r=1$,$y=x$ 化为 $\theta=\dfrac{\pi}{4}$,在 x 轴上 $y=0$ 化为 $\theta=0$.因此区域 D 可以表示为

$$\left\{(r,\theta)\mid 0\leqslant\theta\leqslant\frac{\pi}{4},0\leqslant r\leqslant 1\right\}.$$

$$\iint\limits_D(x^2+y^2)\mathrm{d}x\mathrm{d}y=\int_0^{\frac{\pi}{4}}\mathrm{d}\theta\int_0^1 r^2\cdot r\mathrm{d}r=\int_0^{\frac{\pi}{4}}\frac{1}{4}r^4\Big|_0^1\mathrm{d}\theta$$

$$=\frac{1}{4}\int_0^{\frac{\pi}{4}}\mathrm{d}\theta=\frac{1}{4}\theta\Big|_0^{\frac{\pi}{4}}=\frac{\pi}{16}.$$

例 11　计算 $\iint\limits_D\dfrac{1}{1+x^2+y^2}\mathrm{d}x\mathrm{d}y$,其中 $D=\{(x,y)\mid x^2+y^2\leqslant 1,x\geqslant 0\}$.

解　积分区域 D 如图 6.28 所示,D 为半圆域.注意到 D 关于 x 轴对称,被积函数 $\dfrac{1}{1+x^2+y^2}$ 为 y 的偶函数,利用对称性可得

$$\iint\limits_D\frac{1}{1+x^2+y^2}\mathrm{d}x\mathrm{d}y=2\int_0^{\frac{\pi}{2}}\mathrm{d}\theta\int_0^1\frac{r}{1+r^2}\mathrm{d}r.$$

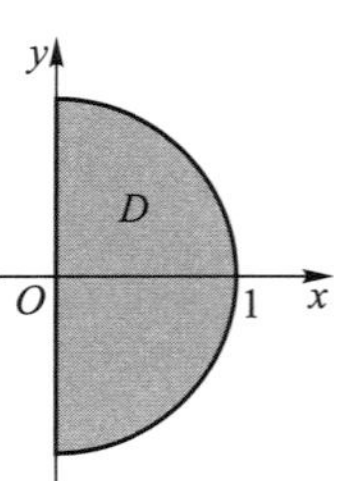

图 6.28

若将 D 表示为 D_1+D_2,其中 D_1 为 D 在第一象限的部分,D_2 为 D 在第四象限的部分,则

$$D_1=\left\{(r,\theta)\ \middle|\ 0\leqslant r\leqslant 1,0\leqslant\theta\leqslant\frac{\pi}{2}\right\},$$

$$D_2=\left\{(r,\theta)\ \middle|\ 0\leqslant r\leqslant 1,\frac{3\pi}{2}\leqslant\theta\leqslant 2\pi\right\},$$

因此

$$\iint_D\frac{1}{1+x^2+y^2}\mathrm{d}x\mathrm{d}y=\int_0^{\frac{\pi}{2}}\mathrm{d}\theta\int_0^1\frac{r}{1+r^2}\mathrm{d}r+\int_{\frac{3}{2}\pi}^{2\pi}\mathrm{d}\theta\int_0^1\frac{r}{1+r^2}\mathrm{d}r.$$

若利用极坐标系 $0\leqslant r<+\infty$，$-\pi\leqslant\theta\leqslant\pi$，则可以将区域 D 表示为

$$\left\{(r,\theta)\quad 0\leqslant r\leqslant 1,-\frac{\pi}{2}\leqslant\theta\leqslant\frac{\pi}{2}\right\},$$

因此

$$\begin{aligned}\iint_D\frac{1}{1+x^2+y^2}\mathrm{d}x\mathrm{d}y&=\int_{-\frac{\pi}{2}}^{\frac{\pi}{2}}\mathrm{d}\theta\int_0^1\frac{r}{1+r^2}\mathrm{d}r\\&=\int_{-\frac{\pi}{2}}^{\frac{\pi}{2}}\frac{1}{2}\ln(1+r^2)\Big|_0^1\mathrm{d}\theta\\&=\frac{1}{2}\ln 2\int_{-\frac{\pi}{2}}^{\frac{\pi}{2}}\mathrm{d}\theta=\frac{\pi}{2}\ln 2.\end{aligned}$$

这表明在计算二重积分时应注意选择方法，以简化运算.

习题 6-7

(A)

一、比较下列各题中两个二重积分的大小：

1. $I_1=\iint\limits_D(x+y)^2\mathrm{d}\sigma$，$I_2=\iint\limits_D(x+y)^3\mathrm{d}\sigma$，其中 D 是由 x 轴、y 轴与直线 $x+y=1$ 所围成的三角形闭区域

2. $I_1=\iint\limits_D(x+y)^2\mathrm{d}\sigma$，$I_2=\iint\limits_D(x+y)^3\mathrm{d}\sigma$，其中 $D=\{(x,y)\mid(x-2)^2+(y-2)^2\leqslant 2\}$.

3. $I_1=\iint\limits_D\ln(x+y)\mathrm{d}\sigma$，$I_2=\iint\limits_D\ln^2(x+y)\mathrm{d}\sigma$，其中 D 是顶点为(1,0)，(1,1)，(2,0)的三角形闭区域.

二、证明下列不等式：

1. 设 $D=\{(x,y)\mid 0\leqslant x\leqslant 1,0\leqslant y\leqslant 1\}$，则 $0\leqslant\iint\limits_D xy(x+y)\mathrm{d}\sigma\leqslant 2$.

2. 设 $D=\{(x,y)\mid 0\leqslant x\leqslant 1,0\leqslant y\leqslant 2\}$，则 $2\leqslant\iint\limits_D(x+y+1)\mathrm{d}\sigma\leqslant 8$.

3. 设 $D=\{(x,y)\mid x^2+y^2\leqslant 4\}$，则 $36\pi\leqslant\iint\limits_D(x^2+4y^2+9)\mathrm{d}\sigma\leqslant 100\pi$.

三、对于二重积分 $I=\iint\limits_{D} f(x,y)\,\mathrm{d}\sigma$,先画出积分域 D 的图形,然后将 I 化为不同次序的二次积分:

1. $D=\{(x,y)\mid x+y\leqslant 1, x-y\leqslant 1, 0\leqslant x\leqslant 1\}$.

2. $D=\{(x,y)\mid x^2\leqslant y\leqslant 1\}$.

3. $D=\{(x,y)\mid x^2\leqslant y\leqslant 4-x^2\}$.

4. $D=\{(x,y)\mid x^2+y^2\leqslant y\}$.

四、交换下列二次积分的积分顺序:

1. $I=\int_0^1\mathrm{d}x\int_0^x f(x,y)\,\mathrm{d}y$.

2. $I=\int_0^1\mathrm{d}x\int_0^{x^2} f(x,y)\,\mathrm{d}y+\int_1^3\mathrm{d}x\int_0^{\frac{x+1}{2}} f(x,y)\,\mathrm{d}y$.

3. $I=\int_1^2\mathrm{d}x\int_x^{2x} f(x,y)\,\mathrm{d}y$.

五、计算下列二重积分:

1. $\iint\limits_{D} \mathrm{e}^{x+y}\,\mathrm{d}x\mathrm{d}y$,其中 $D=\{(x,y)\mid 0\leqslant x\leqslant 1, 0\leqslant y\leqslant 1\}$.

2. $\iint\limits_{D} \cos(x+y)\,\mathrm{d}x\mathrm{d}y$,其中 $D=\{(x,y)\mid 0\leqslant x\leqslant y, 0\leqslant y\leqslant \pi\}$.

3. $\iint\limits_{D} (2x+3y)\,\mathrm{d}x\mathrm{d}y$,其中 D 是由抛物线 $y=1-x^2$ 与 $y=x^2$ 所围成的有界闭区域.

4. $\iint\limits_{D} \sqrt{a^2-x^2}\,\mathrm{d}x\mathrm{d}y$,其中 $D=\{(x,y)\mid x^2+y^2\leqslant a^2\}$, $a>0$.

六、计算下列二次积分:

1. $\int_0^a\mathrm{d}x\int_x^a \mathrm{e}^{y^2}\mathrm{d}y$, $a>0$.

2. $\int_0^1\mathrm{d}x\int_x^{\sqrt{x}} \frac{\sin y}{y}\,\mathrm{d}y$.

七、在极坐标系下计算下列二重积分:

1. $\iint\limits_{D} \sin\sqrt{x^2+y^2}\,\mathrm{d}\sigma$,其中 $D=\{(x,y)\mid \pi^2\leqslant x^2+y^2\leqslant 4\pi^2\}$.

2. $\iint\limits_{D} \sqrt{x^2+y^2}\,\mathrm{d}\sigma$,其中 $D=\{(x,y)\mid x^2+y^2\leqslant 2x\}$.

3. $\iint\limits_{D} \frac{1}{\sqrt{x^2+y^2}}\,\mathrm{d}x\mathrm{d}y$,其中 $D=\left\{(r,\theta)\,\middle|\, 0<a\leqslant r\leqslant a(1+\cos\theta), 0\leqslant\theta\leqslant\frac{\pi}{2}\right\}$.

4. $\iint\limits_{D} \sqrt{1-x^2-y^2}\,\mathrm{d}x\mathrm{d}y$,其中 $D=\{(x,y)\mid x^2+y^2\leqslant 1, x\geqslant 0, y\geqslant 0\}$.

5. $\iint\limits_{D} x^2\,\mathrm{d}x\mathrm{d}y$,其中 $D=\{(x,y)\mid 1\leqslant x^2+y^2\leqslant 4\}$.

(B)

一、1. 设函数 $f(x,y)$ 连续,则二次积分 $\int_{\frac{\pi}{2}}^{\pi}\mathrm{d}x\int_{\sin x}^{1} f(x,y)\,\mathrm{d}y$ 等于(　　).

A. $\int_0^1\mathrm{d}y\int_{\pi+\arcsin y}^{\pi} f(x,y)\,\mathrm{d}x$

B. $\int_0^1\mathrm{d}y\int_{\pi-\arcsin y}^{\pi} f(x,y)\,\mathrm{d}x$

C. $\int_0^1 dy\int_{\frac{\pi}{2}}^{\pi+\arcsin y} f(x,y)dx$　　D. $\int_0^1 dy\int_{\frac{\pi}{2}}^{\pi-\arcsin y} f(x,y)dx$

2. 二次积分 $\int_0^{\frac{\pi}{2}} d\theta\int_0^{\cos\theta} f(r\cos\theta,r\sin\theta)\,rdr$ 可以写成（　　）.

A. $\int_0^1 dy\int_0^{\sqrt{y-y^2}} f(x,y)dx$　　B. $\int_0^1 dy\int_0^{\sqrt{1-y^2}} f(x,y)dx$

C. $\int_0^1 dx\int_0^1 f(x,y)dy$　　D. $\int_0^1 dx\int_0^{\sqrt{x-x^2}} f(x,y)dy$

3. 设函数 $f(u)$ 连续，区域 $D=\{(x,y)\mid x^2+y^2\leqslant 2y\}$，则 $\iint\limits_D f(xy)dxdy$ 等于（　　）.

A. $\int_{-1}^1 dx\int_{-\sqrt{1-x^2}}^{\sqrt{1-x^2}} f(xy)dy$　　B. $2\int_0^2 dy\int_0^{\sqrt{2y-y^2}} f(xy)dx$

C. $\int_0^{\pi} d\theta\int_0^{2\sin\theta} f(r^2\sin\theta\cos\theta)dr$　　D. $\int_0^{\pi} d\theta\int_0^{2\sin\theta} f(r^2\sin\theta\cos\theta)rdr$

4. 设函数 $f(x,y)$ 连续，则 $\int_1^2 dx\int_x^2 f(x,y)dy+\int_1^2 dy\int_y^{4-y} f(x,y)dx=$（　　）.

A. $\int_1^2 dx\int_1^{4-x} f(x,y)dy$　　B. $\int_1^2 dx\int_x^{4-x} f(x,y)dy$

C. $\int_1^2 dy\int_1^{4-y} f(x,y)dx$　　D. $\int_1^2 dy\int_y^2 f(x,y)dx$

5. 设 $I_1=\iint\limits_D \cos\sqrt{x^2+y^2}\,d\sigma$，$I_2=\iint\limits_D \cos(x^2+y^2)\,d\sigma$，$I_3=\iint\limits_D \cos(x^2+y^2)^2 d\sigma$，其中 $D=\{(x,y)\mid x^2+y^2\leqslant 1\}$，则（　　）.

A. $I_3>I_2>I_1$　　B. $I_1>I_2>I_3$　　C. $I_2>I_1>I_3$　　D. $I_3>I_1>I_2$

6. 设 $f(x,y)$ 为连续函数，且 $f(x,y)=xy+\iint\limits_D f(u,v)dudv$，其中 D 是由 $y=0,y=x^2,x=1$ 围成的区域，则 $f(x,y)$ 等于（　　）.

A. xy　　B. $2xy$　　C. $xy+\frac{1}{8}$　　D. $xy+1$

7. 设 $f(x)$ 是连续的奇函数，$g(x)$ 是连续的偶函数，区域 $D=\{(x,y)\mid 0\leqslant x\leqslant 1,-\sqrt{x}\leqslant y\leqslant\sqrt{x}\}$，则以下结论正确的是（　　）.

A. $\iint\limits_D f(y)g(x)dxdy=0$　　B. $\iint\limits_D f(x)g(y)dxdy=0$

C. $\iint\limits_D [f(x)+g(y)]dxdy=0$　　D. $\iint\limits_D [f(y)+g(x)]dxdy=0$

8. 设函数 f 连续，若 $F(u,v)=\iint\limits_{D_{uv}}\frac{f(x^2+y^2)}{\sqrt{x^2+y^2}}dxdy$，其中 D_{uv} 如图 6.29 中阴影部分，则 $\frac{\partial F}{\partial u}=$（　　）.

A. $vf(u^2)$　　B. $\frac{v}{u}f(u^2)$　　C. $vf(u)$　　D. $\frac{v}{u}f(u)$

9. 如图 6.30 所示，正方形 $\{(x,y)\mid |x|\leqslant 1,|y|\leqslant 1\}$ 被其对角线划分为四个区域 $D_i(i=1,2,3,4)$，$I_k=\iint\limits_{D_k} y\cos x\,dxdy$，则 $\max\limits_{1\leqslant k\leqslant 4}\{I_k\}=$（　　）.

A. I_1　　B. I_2　　C. I_3　　D. I_4

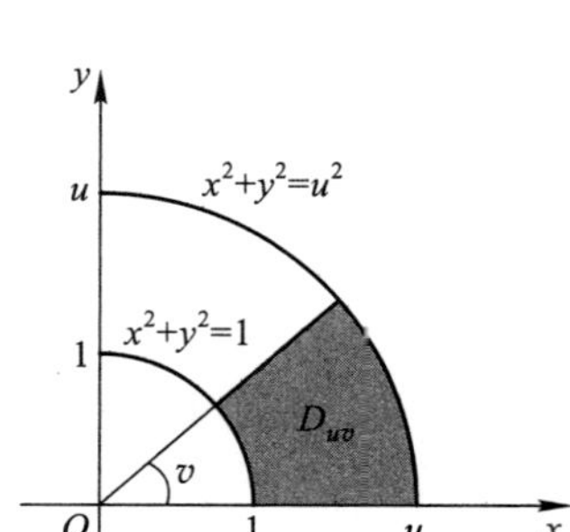

图 6.29

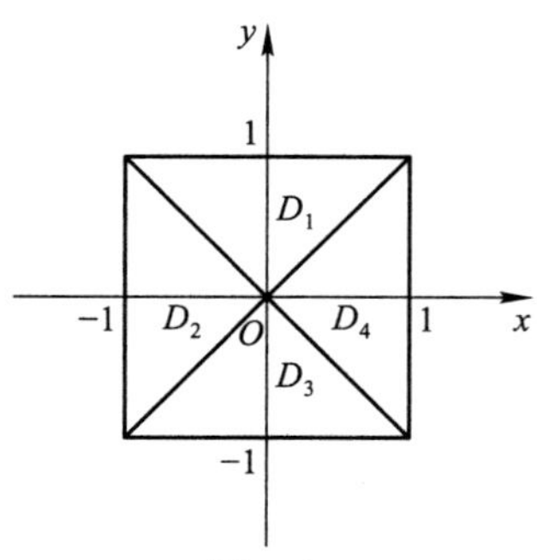

图 6.30

10. 设区域 $D=\{(x,y)\mid x^2+y^2\leqslant 4, x\geqslant 0, y\geqslant 0\}$，$f(x)$ 是正值连续函数，a,b 为常数，则 $\iint\limits_D \frac{a\sqrt{f(x)}+b\sqrt{f(y)}}{\sqrt{f(x)}+\sqrt{f(y)}}\mathrm{d}\sigma=$(　　).

A. $ab\pi$　　B. $\frac{ab}{2}\pi$　　C. $(a+b)\pi$　　D. $\frac{a+b}{2}\pi$

二、1. 设 $D=\{(x,y)\mid x^2+y^2\leqslant 1\}$，则 $\iint\limits_D (x^2-y)\mathrm{d}x\mathrm{d}y=$ ________.

2. $\int_1^2 \mathrm{d}x\int_0^1 x^y\ln x\mathrm{d}y=$ ________.

3. 设 $a>0$，$f(x)=g(x)=\begin{cases}a, & 0\leqslant x\leqslant 1,\\ 0, & \text{其他},\end{cases}$ D 表示全平面，则 $I=\iint\limits_D f(x)g(y-x)\mathrm{d}x\mathrm{d}y=$ ________.

4. 交换二次积分的积分次序：$\int_{-1}^0 \mathrm{d}y\int_2^{1-y} f(x,y)\mathrm{d}x=$ ________.

5. 交换积分次序：$\int_0^{\frac{1}{4}}\mathrm{d}y\int_y^{\sqrt{y}} f(x,y)\mathrm{d}x+\int_{\frac{1}{4}}^{\frac{1}{2}}\mathrm{d}y\int_y^{\frac{1}{2}} f(x,y)\mathrm{d}x=$ ________.

三、1. 求二重积分 $\iint\limits_D y\left[1+x\mathrm{e}^{\frac{1}{2}(x^2+y^2)}\right]\mathrm{d}x\mathrm{d}y$ 的值，其中 D 是由直线 $y=x, y=-1$ 及 $x=1$ 围成的平面区域.

2. 计算二重积分 $\iint\limits_D \sqrt{y^2-xy}\,\mathrm{d}x\mathrm{d}y$，其中 D 是由直线 $y=x, y=1, x=0$ 所围成的平面区域.

3. 设 D 是以点 $O(0,0)$，$A(1,2)$ 和 $B(2,1)$ 为顶点的三角形区域，求 $\iint\limits_D x\mathrm{d}x\mathrm{d}y$.

4. 设 $D=\{(x,y)\mid x^2+y^2\leqslant x\}$，求 $\iint\limits_L \sqrt{x}\,\mathrm{d}x\mathrm{d}y$.

5. 求 $\iint\limits_D (x^2+y^2+y)\mathrm{d}\sigma$，其中 D 是由圆 $x^2+y^2=4$ 和 $(x+1)^2+y^2=1$ 所围成的平面区域，如图 6.31 所示.

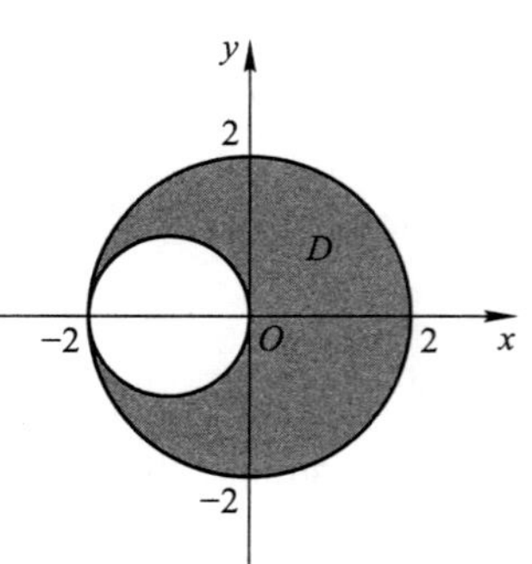

图 6.31

6. 计算二重积分

$$I=\iint\limits_D \mathrm{e}^{-(x^2+y^2-\pi)}\sin(x^2+y^2)\mathrm{d}x\mathrm{d}y,$$

其中积分区域 $D=\{(x,y)\mid x^2+y^2\leqslant \pi\}$.

7. 计算二重积分 $\iint\limits_D y\mathrm{d}x\mathrm{d}y$，其中 D 是由直线 $x=-2, y=0, y=2$ 及曲线 $x=-\sqrt{2y-y^2}$ 所围成的平面区域.

8. 计算二重积分 $\iint\limits_D \frac{\sqrt{x^2+y^2}}{\sqrt{4a^2-x^2-y^2}}\mathrm{d}\sigma$，其中 D 是由曲线 $y=-a+\sqrt{a^2-x^2}\ (a>0)$ 和直线 $y=-x$ 围成的区域.

9. 计算二重积分 $\iint\limits_D |x^2+y^2-1|\mathrm{d}\sigma$，其中 $D=\{(x,y)\mid 0\leqslant x\leqslant 1, 0\leqslant y\leqslant 1\}$.

10. 计算 $\iint\limits_D \max\{xy,1\}\mathrm{d}x\mathrm{d}y$，其中 $D=\{(x,y)\mid 0\leqslant x\leqslant 2, 0\leqslant y\leqslant 2\}$.

11. 设二元函数

$$f(x,y)=\begin{cases} x^2, & |x|+|y|\leqslant 1, \\ \dfrac{1}{\sqrt{x^2+y^2}}, & 1<|x|+|y|\leqslant 2. \end{cases}$$

计算二重积分 $\iint\limits_D f(x,y)\mathrm{d}\sigma$，其中 $D=\{(x,y)\mid |x|+|y|\leqslant 2\}$.

12. 计算二重积分 $I=\iint\limits_D r^2\sin\theta\sqrt{1-r^2\cos 2\theta}\,\mathrm{d}r\mathrm{d}\theta$，其中 $D=\left\{(r,\theta)\,\middle|\, 0\leqslant r\leqslant \sec\theta, 0\leqslant\theta\leqslant\frac{\pi}{4}\right\}$.

13. 设 $D=\{(x,y)\mid x^2+y^2\leqslant\sqrt{2}, x\geqslant 0, y\geqslant 0\}$，$[1+x^2+y^2]$ 表示不超过 $1+x^2+y^2$ 的最大整数，计算 $\iint\limits_D xy[1+x^2+y^2]\mathrm{d}x\mathrm{d}y$.

14. 计算二重积分 $\iint\limits_D (x-y)\mathrm{d}x\mathrm{d}y$，其中 $D=\{(x,y)\mid (x-1)^2+(y-1)^2\leqslant 2, y\geqslant x\}$.

第六章典型选择题及分析

第六章典型例题讲解 1

第六章典型例题讲解 2

第六章典型例题讲解 3

第六章典型例题讲解 4

第六章典型例题讲解 5

第六章自测题

第七章　无穷级数

无穷级数又简称为级数，它是高等数学课程的主要内容之一.在历史上，级数是出于实际计算的需要，随着极限概念的完善而形成的.级数也是表示数或函数、研究函数的性质及进行数值计算的重要工具.

本章先介绍数项级数的概念及敛散性的判别方法，然后再讨论函数项级数中的幂级数，并着重讨论如何把函数展开成幂级数的问题.

第一节　数项级数的基本概念与性质

一、数项级数的基本概念

定义 1　设$\{a_n, n=1,2,\cdots\}$为一个数列，则称

$$\sum_{n=1}^{\infty} a_n = a_1+a_2+\cdots+a_n+\cdots \tag{1}$$

为**常数项无穷级数**，简称为**数项级数**或**级数**.

仿照数列中的名称，按照下标，称 a_1 为级数(1)的第 1 项，a_2 为级数(1)的第 2 项……a_n 为级数(1)的第 n 项.一般地，称 a_n 为级数(1)的**一般项**或**通项**.

在中学的数学课程中，我们就接触过级数，例如无穷位小数就可以用级数表示.

$$\frac{1}{3}=0.\dot{3}=\sum_{n=1}^{\infty}\frac{3}{10^n}=\frac{3}{10}+\frac{3}{10^2}+\cdots+\frac{3}{10^n}+\cdots;$$

$$\sqrt{2}=1.414\,2\cdots=1+\frac{4}{10}+\frac{1}{10^2}+\frac{4}{10^3}+\frac{2}{10^4}+\cdots.$$

另外，由等比数列构成的等比级数(或几何级数)

$$\sum_{n=1}^{\infty} aq^{n-1}=a+aq+\cdots+aq^{n-1}+\cdots$$

都是我们曾经见过的级数.

在级数(1)中,前 n 项的和称为该级数的前 n 项部分和,简称部分和,用 s_n 来表示,即

$$s_n=a_1+a_2+\cdots+a_n=\sum_{k=1}^{n} a_k.$$

定义 2　若级数 $\sum\limits_{n=1}^{\infty} a_n$ 的部分和数列 $\{s_n,n=1,2,\cdots\}$ 的极限存在,即 $\lim\limits_{n\to\infty}s_n=s$,则称级数 $\sum\limits_{n=1}^{\infty} a_n$ **收敛**,并称 s 为此级数的**和**,即

$$s=\sum_{n=1}^{\infty} a_n=a_1+a_2+\cdots+a_n+\cdots.$$

若 s_n 没有极限(包括不存在有限极限或极限为无穷),则称级数 $\sum\limits_{n=1}^{\infty} a_n$ **发散**.

当数项级数 $\sum\limits_{n=1}^{\infty} a_n$ 收敛时,可以把级数的部分和 s_n 看成级数和 s 的近似值,则 s 与 s_n 的差 r_n 为

$$r_n=s-s_n=a_{n+1}+a_{n+2}+\cdots.$$

通常把 r_n 称为级数的余项.显然,用 s_n 作为近似值代替 s 所产生的误差就是 $|r_n|$.

当数项级数 $\sum\limits_{n=1}^{\infty} a_n$ 发散时,由于 $\lim\limits_{n\to\infty}s_n$ 不存在,级数的和就无法确定.因此研究数项级数的首要问题就是要判定所给级数的敛散性,也就是说要知道级数是收敛的还是发散的.

例 1　判定级数 $\sum\limits_{n=1}^{\infty} \dfrac{1}{n(n+1)}$ 的敛散性.

解　因为 $a_n=\dfrac{1}{n(n+1)}(n=1,2,\cdots)$,且

$$a_k=\frac{1}{k(k+1)}=\frac{1}{k}-\frac{1}{k+1},\quad k=1,2,\cdots,n,$$

所以

$$\begin{aligned} s_n &= \sum_{k=1}^{n} a_k=\left(1-\frac{1}{2}\right)+\left(\frac{1}{2}-\frac{1}{3}\right)+\cdots+\left(\frac{1}{n}-\frac{1}{n+1}\right)\\ &=1-\frac{1}{n+1}, \end{aligned}$$

故有

$$\lim_{n\to\infty}s_n=\lim_{n\to\infty}\left(1-\frac{1}{n+1}\right)=1,$$

即级数 $\sum\limits_{n=1}^{\infty} \dfrac{1}{n(n+1)}$ 收敛且和为 1.

例 2　判定级数 $\sum\limits_{n=1}^{\infty} \ln\left(1+\dfrac{1}{n}\right)$ 的敛散性.

解 因为 $a_n=\ln\left(1+\frac{1}{n}\right)(n=1,2,\cdots)$,且

$$\begin{aligned}s_n&=a_1+a_2+\cdots+a_n\\&=\ln(1+1)+\ln\left(1+\frac{1}{2}\right)+\cdots+\ln\left(1+\frac{1}{n}\right)\\&=\ln 2+\ln\frac{3}{2}+\cdots+\ln\frac{n+1}{n}\\&=\ln\left(2\cdot\frac{3}{2}\cdot\cdots\cdot\frac{n+1}{n}\right)=\ln(n+1),\end{aligned}$$

所以

$$\lim_{n\to\infty}s_n=\lim_{n\to\infty}\ln(n+1)=+\infty.$$

故知级数 $\sum_{n=1}^{\infty}\ln\left(1+\frac{1}{n}\right)$ 发散.

例 3 证明:调和级数 $\sum_{n=1}^{\infty}\frac{1}{n}$ 是发散的.

证 用反证法.设调和级数 $\sum_{n=1}^{\infty}\frac{1}{n}$ 是收敛的,则有 $\sum_{n=1}^{\infty}\frac{1}{n}=s$,且 s 是唯一的.可知

$$\lim_{n\to\infty}(s_{2n}-s_n)=s-s=0.$$

另一方面,当 n 任意取定时,

$$\begin{aligned}s_{2n}-s_n&=\left(1+\frac{1}{2}+\cdots+\frac{1}{n}+\frac{1}{n+1}+\cdots+\frac{1}{2n}\right)-\left(1+\frac{1}{2}+\cdots+\frac{1}{n}\right)\\&=\frac{1}{n+1}+\frac{1}{n+2}+\cdots+\frac{1}{2n}\\&>\frac{1}{2n}+\frac{1}{2n}+\cdots+\frac{1}{2n}=\frac{1}{2},\end{aligned}$$

这与

$$\lim_{n\to\infty}(s_{2n}-s_n)=s-s=0$$

矛盾,故调和级数 $\sum_{n=1}^{\infty}\frac{1}{n}$ 是发散的.

例 3 的结论很重要,应当记住.

例 4 讨论等比级数 $\sum_{n=1}^{\infty}aq^{n-1}$(这里 a 为非零常数,公比 $q\neq 0$)的敛散性.

解 因为 $a_n=aq^{n-1}(n=1,2,\cdots)$,所以

$$s_n=a+aq+\cdots+aq^{n-1}=a(1+q+\cdots+q^{n-1}).$$

(1) 当 $|q|\neq 1$ 时,等比级数的部分和

$$s_n=a(1+q+\cdots+q^{n-1})=\frac{a(1-q^n)}{1-q}.$$

① 若 $|q|<1$，则由 $\lim\limits_{n\to\infty}q^n=0$，有

$$\lim_{n\to\infty}s_n=\lim_{n\to\infty}\frac{a(1-q^n)}{1-q}=\frac{a}{1-q}.$$

这时等比级数 $\sum\limits_{n=1}^{\infty}aq^{n-1}$ 收敛且和为$\frac{a}{1-q}$.

② 若 $|q|>1$，则由 $\lim\limits_{n\to\infty}q^n=\infty$，有

$$\lim_{n\to\infty}s_n=\lim_{n\to\infty}\frac{a(1-q^n)}{1-q}=\infty.$$

这时等比级数 $\sum\limits_{n=1}^{\infty}aq^n$ 发散.

(2) 当 $|q|=1$ 时，$q=\pm1$.

① 若 $q=1$，则

$$s_n=a(1+q+\cdots+q^{n-1})=a(\overbrace{1+1+\cdots+1}^{n\text{个}1})=na,$$

$$\lim_{n\to\infty}s_n=\lim_{n\to\infty}na=\infty.$$

这时等比级数 $\sum\limits_{n=1}^{\infty}aq^{n-1}$ 发散.

② 若 $q=-1$，显然，由 a 为非零常数，有

$$s_n=\begin{cases}a, & n\text{ 为正奇数},\\0, & n\text{ 为正偶数}.\end{cases}$$

因此，$\lim\limits_{n\to\infty}s_n$ 不存在.这时等比级数 $\sum\limits_{n=1}^{\infty}aq^{n-1}$ 发散.

综上所述，可知

当 $|q|<1$ 时，等比级数 $\sum\limits_{n=1}^{\infty}aq^{n-1}$ 收敛且和为 $\frac{a}{1-q}$；

当 $|q|\geqslant1$ 时，等比级数 $\sum\limits_{n=1}^{\infty}aq^{n-1}$ 发散.

由例 4 可知，级数 $\sum\limits_{n=1}^{\infty}\frac{1}{2^{n-1}}$，$\sum\limits_{n=1}^{\infty}\frac{1}{10^n}$都是收敛的，且有

$$\sum_{n=1}^{\infty}\frac{1}{2^{n-1}}=1+\frac{1}{2}+\cdots+\frac{1}{2^{n-1}}+\cdots=2,$$

$$\sum_{n=1}^{\infty}\frac{1}{10^n}=\frac{1}{10}+\frac{1}{10^2}+\cdots+\frac{1}{10^n}+\cdots=\frac{1}{9}.$$

一般地，在等比级数 $\sum\limits_{n=1}^{\infty} x^{n-1}$ 中，公比 $q=x$，当满足 $|x|<1$ 时，有

$$\sum_{n=1}^{\infty} x^{n-1}=1+x+x^2+\cdots+x^{n-1}+\cdots=\frac{1}{1-x}, \tag{2}$$

这也是在本章中经常要用到的结果.

二、数项级数的基本性质

性质 1 若级数 $\sum\limits_{n=1}^{\infty} a_n$ 收敛且和为 s，对常数 k，则级数 $\sum\limits_{n=1}^{\infty} ka_n$ 收敛且和为 ks.

证 设级数 $\sum\limits_{n=1}^{\infty} a_n$ 与 $\sum\limits_{n=1}^{\infty} ka_n$ 的部分和分别为 s_n 与 σ_n，则

$$\sigma_n=ka_1+ka_2+\cdots+ka_n=k(a_1+a_2+\cdots+a_n)=ks_n,$$

于是

$$\lim_{n\to\infty}\sigma_n=\lim_{n\to\infty}ks_n=k\lim_{n\to\infty}s_n=ks.$$

这就证明了级数 $\sum\limits_{n=1}^{\infty} ka_n$ 收敛且和为 ks.

推论 1 级数 $\sum\limits_{n=1}^{\infty} a_n$ 与 $\sum\limits_{n=1}^{\infty} ka_n$（常数 $k\neq 0$）具有相同的敛散性.

性质 2 设有两个收敛的级数 $\sum\limits_{n=1}^{\infty} a_n=s$，$\sum\limits_{n=1}^{\infty} b_n=\sigma$，则级数 $\sum\limits_{n=1}^{\infty}(a_n\pm b_n)=s\pm\sigma$.（仿性质 1 可证.）

推论 2 若级数 $\sum\limits_{n=1}^{\infty} a_n$ 与 $\sum\limits_{n=1}^{\infty} b_n$ 均收敛，则对于常数 A,B，级数 $\sum\limits_{n=1}^{\infty}(Aa_n\pm Bb_n)$ 收敛.

性质 3 在级数 $\sum\limits_{n=1}^{\infty} a_n$ 的前面加上或者去掉有限项，不改变级数的敛散性（不过对收敛级数而言，加上或者去掉有限项之后，级数的和一般是要改变的）.

性质 4 对收敛级数 $\sum\limits_{n=1}^{\infty} a_n$ 的项（保持原来的顺序）任意添加括号后得到的新级数，仍然收敛于原来的和.

应当说明的是，收敛级数去掉括号之后，所成的级数就不一定是收敛的. 例如级数

$$\sum_{n=1}^{\infty}(1-1)=(1-1)+(1-1)+\cdots+(1-1)+\cdots$$

收敛于 0. 这是因为 $a_n=(1-1)=0$，$s_n=0(n=1,2,3,\cdots)$. 但是这个级数的各项去掉括号之后，就成为

$$1-1+1-1+\cdots+1-1+\cdots=\sum_{n=1}^{\infty}(-1)^{n-1}.$$

这个级数就是首项 $a_1=1$,公比为 $q=-1$ 的等比级数,它显然是发散的.

性质 5(级数收敛的必要条件)　若级数 $\sum\limits_{n=1}^{\infty} a_n$ 收敛,则必有 $\lim\limits_{n\to\infty} a_n=0$.

证　因为 $a_n=s_n-s_{n-1}(n=2,3,\cdots)$,所以

$$\begin{aligned}\lim_{n\to\infty} a_n &= \lim_{n\to\infty}(s_n-s_{n-1})=\lim_{n\to\infty} s_n-\lim_{n\to\infty} s_{n-1}\\&=s-s=0.\end{aligned}$$

应当指出的是,性质 5 只是级数收敛的必要条件.而满足条件 $\lim\limits_{n\to\infty} a_n=0$ 的级数 $\sum\limits_{n=1}^{\infty} a_n$ 既可能是收敛的,也可能是发散的.我们绝不能由 $\lim\limits_{n\to\infty} a_n=0$ 推出级数 $\sum\limits_{n=1}^{\infty} a_n$ 是收敛的结论.由例 3 可知,调和级数 $\sum\limits_{n=1}^{\infty} \frac{1}{n}$ 满足 $\lim\limits_{n\to\infty} a_n=\lim\limits_{n\to\infty} \frac{1}{n}=0$,但是它却是发散的.

推论 3　若 $\lim\limits_{n\to\infty} a_n=A\neq 0$(或 $\lim\limits_{n\to\infty} a_n$ 不存在),则级数 $\sum\limits_{n=1}^{\infty} a_n$ 必定发散.

例 5　判定级数 $\sum\limits_{n=1}^{\infty} \frac{n}{n+1}$ 的敛散性.

解　因为 $a_n=\frac{n}{n+1}(n=1,2,\cdots)$,且

$$\lim_{n\to\infty} a_n=\lim_{n\to\infty} \frac{n}{n+1}=1\neq 0,$$

所以由推论 3 知,级数 $\sum\limits_{n=1}^{\infty} \frac{n}{n+1}$ 是发散的.

类似地,对级数 $\sum\limits_{n=1}^{\infty} \left(1+\frac{1}{n}\right)^n$, $\sum\limits_{n=1}^{\infty} (-1)^{n-1}$ 及 $\sum\limits_{n=1}^{\infty} n$,由推论 3 知它们都是发散的.

习题 7-1

(A)

一、写出下列级数的前 4 项:

1. $\sum\limits_{n=1}^{\infty} \frac{2n}{n+1}$.

2. $\sum\limits_{n=1}^{\infty} \frac{2n-1}{3^n}$.

3. $\sum\limits_{n=1}^{\infty} \frac{n}{n^2+1}$.

4. $\sum\limits_{n=1}^{\infty} \frac{(-1)^{n-1}}{n}$.

二、写出下列级数的一个通项公式:

1. $\frac{1}{1\cdot 4}+\frac{1}{2\cdot 5}+\frac{1}{3\cdot 6}+\cdots$.

2. $\frac{1}{2}+\frac{3}{5}+\frac{5}{10}+\frac{7}{17}+\cdots$.

3. $\frac{1}{3}-\frac{1}{5}+\frac{1}{7}-\frac{1}{9}+\cdots$.

4. $1-\frac{1}{4}+\frac{1}{9}-\frac{1}{16}+\cdots$.

三、判定下列级数的敛散性：

1. $\sum\limits_{n=1}^{\infty} \dfrac{1}{(2n-1)(2n+1)}$.

2. $\sum\limits_{n=1}^{\infty} \dfrac{1}{\left(1+\dfrac{1}{n}\right)^{n}}$.

3. $\sum\limits_{n=1}^{\infty} \left(\dfrac{9}{10}\right)^{n}$.

4. $\sum\limits_{n=1}^{\infty} \dfrac{1}{\sqrt[n]{3}}$.

5. $\sum\limits_{n=1}^{\infty} \dfrac{(-1)^{n-1}}{2^{n-1}}$.

(B)

一、1. 已知 $\sum\limits_{n=1}^{\infty}(-1)^{n-1}a_n=2$，$\sum\limits_{n=}^{\infty}a_{2n-1}=5$，则 $\sum\limits_{n=1}^{\infty}a_n=$(　　).

A. 3　　B. 7　　C. 8　　D. 9

二、1. 设有两条抛物线 $y=nx^2+\dfrac{1}{n}$ 和 $y=(n+1)x^2+\dfrac{1}{n+1}$，并设它们交点的横坐标的绝对值为 a_n.

(1) 求这两条抛物线所围成的平面图形面积 S_n；

(2) 求级数 $\sum\limits_{n=1}^{\infty}\dfrac{s_n}{a_n}$ 的和.

2. 从点 $P_1(1,0)$ 作 x 轴的垂线，交抛物线 $y=x^2$ 于点 $Q_1(1,1)$；再从 Q_1 作这条抛物线的切线交 x 轴于 P_2，然后又从 P_2 作 x 轴的垂线，交抛物线于点 Q_2. 依次重复上述过程得到一系列的点 $P_1,Q_1,P_2,Q_2,\cdots,P_n,Q_n,\cdots$.

(1) 求 $\overline{OP_n}$；

(2) 求级数 $\overline{Q_1P_1}+\overline{Q_2P_2}+\cdots+\overline{Q_nP_n}+\cdots$ 的和，其中 $n(n\geqslant 1)$ 为正整数，而 $\overline{Q_iP_i}$ 表示点 Q_i 与 P_i 之间的距离.

第二节　正项级数敛散性的判别法

定义 1　在数项级数 $\sum\limits_{n=1}^{\infty}u_n$ 中，若 $u_n\geqslant 0$，则称级数 $\sum\limits_{n=1}^{\infty}u_n$ 为正项级数.

正项级数是数项级数中的一种，它除了具备在第一节中所列的级数的基本性质之外，还应当强调：对正项级数 $\sum\limits_{n=1}^{\infty}u_n$ 而言，无论加括号或者去掉括号，都不会影响级数的敛散性.

定理 1(基本定理)　正项级数 $\sum\limits_{n=1}^{\infty}u_n$ 收敛的充要条件是级数的部分和数列 $\{s_n,n=1,2,\cdots\}$ 有界.

证　必要性. 设正项级数 $\sum\limits_{n=1}^{\infty}u_n$ 收敛，则有

$$\lim_{n\to\infty} s_n = s.$$

根据收敛数列$\{s_n, n=1,2,\cdots\}$的有界性知,存在常数M,使

$$s_n \leqslant M \quad (n=1,2,\cdots).$$

充分性.在正项级数$\sum_{n=1}^{\infty} u_n$中,由于$u_n \geqslant 0$,故$\{s_n, n=1,2,\cdots\}$是单调增加且有上界的数列,显然,$\lim_{n\to\infty} s_n = s$.从而正项级数$\sum_{n=1}^{\infty} u_n$是收敛的.

由定理1不难得出下面的推论:

推论1　正项级数$\sum_{n=1}^{\infty} u_n$发散的充要条件是部分和数列$\{s_n, n=1,2,\cdots\}$无界.

例1　判定正项级数$\sum_{n=1}^{\infty} \dfrac{\sin\frac{\pi}{2n}}{2^n}$的敛散性.

解　所给的正项级数的通项为$u_n = \dfrac{\sin\frac{\pi}{2n}}{2^n}(n=1,2,\cdots)$.级数的部分和

$$\begin{aligned} s_n &= \frac{1}{2} + \frac{\sin\frac{\pi}{4}}{2^2} + \cdots + \frac{\sin\frac{\pi}{2n}}{2^n} \\ &\leqslant \frac{1}{2} + \frac{1}{2^2} + \cdots + \frac{1}{2^n} \\ &= \frac{\frac{1}{2}\left(1 - \frac{1}{2^n}\right)}{1 - \frac{1}{2}} = 1 - \frac{1}{2^n} < 1. \end{aligned}$$

可知$\{s_n, n=1,2,\cdots\}$有界.由定理1知正项级数$\sum_{n=1}^{\infty} \dfrac{\sin\frac{\pi}{2n}}{2^n}$收敛.

定理2(比较判别法)　若$\sum_{n=1}^{\infty} u_n$,$\sum_{n=1}^{\infty} v_n$均为正项级数,且$u_n \leqslant v_n (n=1,2,\cdots)$,则

(1) 当级数$\sum_{n=1}^{\infty} v_n$收敛时,级数$\sum_{n=1}^{\infty} u_n$也收敛;

(2) 当级数$\sum_{n=1}^{\infty} u_n$发散时,级数$\sum_{n=1}^{\infty} v_n$也发散.

证　分别用s_n与σ_n表示正项级数$\sum_{n=1}^{\infty} u_n$与$\sum_{n=1}^{\infty} v_n$的部分和.

(1) 由于$u_n \leqslant v_n (n=1,2,\cdots)$,故有

$$s_n=u_1+u_2+\cdots+u_n\leqslant v_1+v_2+\cdots+v_n=\sigma_n,$$

当正项级数 $\sum_{n=1}^{\infty} v_n$ 收敛时，由定理 1 知 $\sigma_n\leqslant M$（有界），因此 $s_n\leqslant M$，故正项级数 $\sum_{n=1}^{\infty} u_n$ 收敛.

(2) 若正项级数 $\sum_{n=1}^{\infty} u_n$ 发散，可知 $\{s_n,n=1,2,\cdots\}$ 必定无界，由 $s_n\leqslant\sigma_n$，知 $\{\sigma_n,n=1,2,\cdots\}$ 亦无界. 由推论 1 得正项级数 $\sum_{n=1}^{\infty} v_n$ 是发散的.

例 2　判定正项级数 $\sum_{n=1}^{\infty}\frac{1}{n^{\frac{1}{2}}}$ 的敛散性.

解　正项级数的通项 $v_n=\frac{1}{n^{\frac{1}{2}}}(n=1,2,\cdots)$，取定发散的调和级数

$$\sum_{n=1}^{\infty} u_n=\sum_{n=1}^{\infty}\frac{1}{n}.$$

因为当 $n>1$ 时，$n>n^{\frac{1}{2}}>0$，所以 $\frac{1}{n}=u_n<\frac{1}{n^{\frac{1}{2}}}=v_n$. 而正项级数 $\sum_{n=1}^{\infty}\frac{1}{n}$ 是发散的，由比较判别法知，正项级数 $\sum_{n=1}^{\infty}\frac{1}{n^{\frac{1}{2}}}$ 也发散.

例 3　讨论 p-级数 $\sum_{n=1}^{\infty}\frac{1}{n^p}$（$p>0$ 为常数）的敛散性.

解　(1) 当 $p=1$ 时，所给的 p-级数为调和级数 $\sum_{n=1}^{\infty}\frac{1}{n}$，由第一节中例 3 已经证明，它是发散的.

(2) 当 $0<p<1$ 时，所给的 p-级数与调和级数的对应项满足

$$\frac{1}{n^p}>\frac{1}{n}\quad(n=2,3,\cdots).$$

由定理 2（比较判别法）知，级数 $\sum_{n=1}^{\infty}\frac{1}{n^p}$ 发散.

(3) 当 $p>1$ 时，我们引入单调减少的辅助函数 $f(x)=\frac{1}{x^p}(x>0,p>1)$.

对 $x\leqslant n$，有 $\frac{1}{n^p}\leqslant\frac{1}{x^p}$. 对此不等式作定积分（考虑到 $x\leqslant n$），有

$$\frac{1}{n^p}=\int_{n-1}^{n}\frac{1}{n^p}\mathrm{d}x\leqslant\int_{n-1}^{n}\frac{1}{x^p}\mathrm{d}x=\frac{1}{p-1}\left[\frac{1}{(n-1)^{p-1}}-\frac{1}{n^{p-1}}\right]\quad(n=2,3,\cdots),$$

就得到不等式

$$\frac{1}{n^p}\leqslant\frac{1}{p-1}\left[\frac{1}{(n-1)^{p-1}}-\frac{1}{n^{p-1}}\right]\quad(n=2,3,\cdots).$$

考虑正项级数 $\sum_{n=2}^{\infty}\frac{1}{p-1}\left[\frac{1}{(n-1)^{p-1}}-\frac{1}{n^{p-1}}\right]$，由于此级数的部分和

$$\sigma_n=\frac{1}{p-1}\left[\left(1-\frac{1}{2^{p-1}}\right)+\left(\frac{1}{2^{p-1}}-\frac{1}{3^{p-1}}\right)+\cdots+\left(\frac{1}{n^{p-1}}-\frac{1}{(n+1)^{p-1}}\right)\right]$$

$$=\frac{1}{p-1}\left[1-\frac{1}{(n+1)^{p-1}}\right]\leqslant\frac{1}{p-1},$$

即它是有界的，故正项级数 $\sum_{n=2}^{\infty}\frac{1}{p-1}\left[\frac{1}{(n-1)^{p-1}}-\frac{1}{n^{p-1}}\right]$ 收敛. 由定理 2 知 $\sum_{n=2}^{\infty}\frac{1}{n^p}$ 收敛，从而级数 $\sum_{n=1}^{\infty}\frac{1}{n^p}$ 收敛.

综上所述，可知

当 $0<p\leqslant 1$ 时，p -级数 $\sum_{n=1}^{\infty}\frac{1}{n^p}$ 发散；

当 $p>1$ 时，p -级数 $\sum_{n=1}^{\infty}\frac{1}{n^p}$ 收敛.

由例 3 不难得出：级数 $\sum_{n=1}^{\infty}\frac{1}{\sqrt{n}}$，$\sum_{n=1}^{\infty}\frac{1}{\sqrt[3]{n}}$ 都是发散的，而级数 $\sum_{n=1}^{\infty}\frac{1}{n^{\frac{3}{2}}}$，$\sum_{n=1}^{\infty}\frac{1}{n^2}$ 及 $\sum_{n=1}^{\infty}\frac{1}{n^3}$ 都是收敛的.

定理 3（比较判别法的极限形式）　设正项级数 $\sum_{n=1}^{\infty}u_n$，$\sum_{n=1}^{\infty}v_n\,(v_n>0)$ 满足

$$\lim_{n\to\infty}\frac{u_n}{v_n}=l\quad(0<l<+\infty),$$

则正项级数 $\sum_{n=1}^{\infty}u_n$ 与 $\sum_{n=1}^{\infty}v_n$ 具有相同的敛散性.

* **证**　任取 $\varepsilon=\frac{l}{2}>0$，存在自然数 N，当 $n>N$ 时，有不等式

$$\left|\frac{u_n}{v_n}-l\right|<\frac{l}{2}=\varepsilon,$$

即

$$\frac{l}{2}v_n<u_n<\frac{3l}{2}v_n. \tag{1}$$

由(1)式知，

(1) 若 $\sum_{n=1}^{\infty}u_n$ 收敛，则 $\sum_{n=1}^{\infty}\frac{l}{2}v_n$ 也收敛，从而 $\sum_{n=1}^{\infty}v_n$ 也收敛；若 $\sum_{n=1}^{\infty}u_n$ 发散，则 $\sum_{n=1}^{\infty}\frac{3l}{2}v_n$ 也发散，可知 $\sum_{n=1}^{\infty}v_n$ 也发散；

（2）若 $\sum_{n=1}^{\infty} v_n$ 收敛，则 $\sum_{n=1}^{\infty} \frac{3l}{2} v_n$ 也收敛，从而 $\sum_{n=1}^{\infty} u_n$ 收敛；若 $\sum_{n=1}^{\infty} v_n$ 发散，则 $\sum_{n=1}^{\infty} \frac{l}{2} v_n$ 也发散．可知 $\sum_{n=1}^{\infty} u_n$ 也发散．

例 4　判定级数 $\sum_{n=1}^{\infty} \sin \frac{1}{n}$ 的敛散性．

解　由于 $0<\frac{1}{n}<\frac{\pi}{2}(n=1,2,\cdots)$，故知级数 $\sum_{n=1}^{\infty} \sin \frac{1}{n}$ 是正项级数．考虑发散的调和级数 $\sum_{n=1}^{\infty} \frac{1}{n}$，由于有

$$\lim_{n\to\infty} \frac{\sin \frac{1}{n}}{\frac{1}{n}} = 1,$$

由定理 3 知，级数 $\sum_{n=1}^{\infty} \sin \frac{1}{n}$ 是发散的．

定理 4（比值判别法）　设正项级数 $\sum_{n=1}^{\infty} u_n$ 满足

$$\lim_{n\to\infty} \frac{u_{n+1}}{u_n} = \rho,$$

则

（1）当 $\rho<1$ 时，级数 $\sum_{n=1}^{\infty} u_n$ 收敛；

（2）当 $\rho>1$ 时，级数 $\sum_{n=1}^{\infty} u_n$ 发散；

（3）当 $\rho=1$ 时，级数 $\sum_{n=1}^{\infty} u_n$ 可能收敛，也可能发散．

定理 4 的证明从略．

应当指出的是，当我们用比值判别法去判定级数的敛散性时，只要出现 $\rho=1$ 时，说明此时比值判别法已经不起作用，而应当换用别的方法来帮助我们判定．

例 5　判定正项级数 $\sum_{n=1}^{\infty} \frac{2^n \cdot n!}{n^n}$ 的敛散性．

解　因为 $u_n=\frac{2^n \cdot n!}{n^n}(n=1,2,\cdots)$，且

$$\lim_{n\to\infty} \frac{u_{n+1}}{u_n} = \lim_{n\to\infty} \frac{2^{n+1} \cdot (n+1)!}{(n+1)^{n+1}} \cdot \frac{n^n}{2^n \cdot n!}$$

$$=\lim_{n\to\infty}\frac{2}{\left(1+\frac{1}{n}\right)^n}=\frac{2}{\mathrm{e}}<1,$$

所以,由比值判别法知正项级数 $\sum\limits_{n=1}^{\infty}\frac{2^n\cdot n!}{n^n}$收敛.

思考与扩展 30

由级数的定义及敛散性定义可以得到什么启示?

习题 7-2

(A)

一、判定下列级数的敛散性:

1. $\sum\limits_{n=1}^{\infty}\sin\frac{\pi}{2^n}$.

2. $\sum\limits_{n=1}^{\infty}\frac{1}{n}(\sqrt{n+1}-\sqrt{n})$.

3. $\sum\limits_{n=1}^{\infty}\frac{1}{n+1}\sin\frac{1}{n}$.

二、判定下列级数的敛散性:

1. $\sum\limits_{n=1}^{\infty}\ln\left(1+\frac{1}{n^3}\right)$.

2. $\sum\limits_{n=1}^{\infty}n\tan\frac{\pi}{2^{n+1}}$.

3. $\sum\limits_{n=1}^{\infty}\frac{1}{\sqrt{n^2+n}}$.

4. $\sum\limits_{n=1}^{\infty}\frac{1}{n}\sin\frac{1}{\sqrt{n}}$.

三、判定下列级数的敛散性:

1. $\sum\limits_{n=1}^{\infty}\frac{2n}{2^{\frac{n}{2}}}$.

2. $\sum\limits_{n=1}^{\infty}\frac{1}{n!}$.

3. $\sum\limits_{n=1}^{\infty}\frac{3^n}{n^2}$.

4. $\sum\limits_{n=1}^{\infty}\frac{n^2}{2^n}$.

5. $\sum\limits_{n=1}^{\infty}\frac{7^n}{5^n+6^n}$;

6. $\sum\limits_{n=1}^{\infty}\frac{6^n}{7^n-5^n}$.

(B)

一、1. 级数 $\sum\limits_{n=0}^{\infty}\frac{(\ln 3)^n}{2^n}$的和为________.

二、1. 设 $a_n=\int_0^{\frac{\pi}{4}}\tan^n x\mathrm{d}x$.

(1) 求 $\sum_{n=1}^{\infty}\frac{1}{n}(a_n+a_{n+2})$ 的值；

(2) 试证：对任意的常数 $\lambda>0$，级数 $\sum_{n=1}^{\infty}\frac{a_n}{n^{\lambda}}$ 收敛.

2. 设 $a_1=2, a_{n+1}=\frac{1}{2}\left(a_n+\frac{1}{a_n}\right), n=1,2,\cdots$. 证明：

(1) $\lim_{n\to\infty}a_n$ 存在；

(2) 级数 $\sum_{n=1}^{\infty}\left(\frac{a_n}{a_{n+1}}-1\right)$ 收敛.

第三节 交错级数

一、任意项级数与交错级数

定义 1 设数项级数 $\sum_{n=1}^{\infty}a_n$，在它的各项中若既有无穷多项取正值，又有无穷多项取负值，则称此数项级数 $\sum_{n=1}^{\infty}a_n$ 为**任意项级数**.

任意项级数也称为一般项级数. 应当指出，在数项级数 $\sum_{n=1}^{\infty}a_n$ 中，如果它的各项全取负值，或者它的各项中至多含有有限项取正值（或取负值），而其余的无穷多项均取负值（或取正值），都可以把它们化为正项级数来处理，此时不属于任意项级数讨论的内容.

对于任意项级数的敛散性，除了特殊的情况之外，判定其敛散性的一般方法还不多，下面我们仅讨论任意项级数中的一种特殊情形——交错级数.

定义 2 若 $u_n>0$，则称级数 $\sum_{n=1}^{\infty}(-1)^{n-1}u_n$ $\left(\text{或}\sum_{n=1}^{\infty}(-1)^n u_n\right)$ 为**交错级数**.

交错级数实际上就是正、负项相间的级数. 对于一般项的绝对值单调减少的交错级数敛散性的判定，可使用莱布尼茨定理.

二、莱布尼茨定理

定理 1（莱布尼茨定理） 若交错级数 $\sum_{n=1}^{\infty}(-1)^{n-1}u_n$ 满足：

(1) $u_n\geqslant u_{n+1}(n=1,2,\cdots)$；

(2) $\lim_{n\to\infty}u_n=0$，

则交错级数 $\sum_{n=1}^{\infty}(-1)^{n-1}u_n$ 收敛，且其和 s 介于 0 与 u_1 之间，即 $0\leqslant s\leqslant u_1$.

证　考虑交错级数的部分和

$$\begin{aligned}s_{2n}&=u_1-u_2+u_3-u_4+\cdots+u_{2n-1}-u_{2n}\\&=(u_1-u_2)+(u_3-u_4)+\cdots+(u_{2n-1}-u_{2n}),\end{aligned}\tag{1}$$

可知 $\{s_{2n}\}$ 是一个单调增加的数列.另一方面

$$\begin{aligned}s_{2n}&=u_1-u_2+u_3-u_4+\cdots+u_{2n-1}-u_{2n}\\&=u_1-(u_2-u_3)-(u_4-u_5)-\cdots-(u_{2n-2}-u_{2n-1})-u_{2n}\\&<u_1,\end{aligned}\tag{2}$$

于是 $\{s_{2n}\}$ 是一个单调增加且有上界的数列，存在 s 使得

$$\lim_{n\to\infty}s_{2n}=s.$$

另外，考虑部分和 $s_{2n+1}=s_{2n}+u_{2n+1}$.取极限，

$$\lim_{n\to\infty}s_{2n+1}=\lim_{n\to\infty}(s_{2n}+u_{2n+1})=\lim_{n\to\infty}s_{2n}+\lim_{n\to\infty}u_{2n+1}=s.$$

综上所述，可知交错级数 $\sum_{n=1}^{\infty}(-1)^{n-1}u_n$ 收敛且和为 s.

另一方面，因为 $\lim\limits_{n\to\infty}s_n=\lim\limits_{n\to\infty}s_{2n}=s$.由（1）式、（2）式可知

$$0\leqslant s=\lim_{n\to\infty}s_n=\lim_{n\to\infty}s_{2n}\leqslant u_1,$$

所以有

$$0\leqslant s\leqslant u_1.$$

推论 1　对满足莱布尼茨条件的交错级数 $\sum_{n=1}^{\infty}(-1)^{n-1}u_n=s$，当余项 $r_n=s-s_n=\sum_{k=n+1}^{\infty}(-1)^{k-1}u_k$ 时，有

$$|r_n|=|s-s_n|<u_{n+1}.$$

例 1　判定交错级数 $\sum_{n=1}^{\infty}(-1)^{n-1}\dfrac{1}{n}$ 的敛散性.

解　所给的交错级数中 $u_n=\dfrac{1}{n}(n=1,2,\cdots)$，并满足

（1）$u_n=\dfrac{1}{n}\geqslant\dfrac{1}{n+1}=u_{n+1}(n=1,2,\cdots)$；

（2）$\lim\limits_{n\to\infty}u_n=\lim\limits_{n\to\infty}\dfrac{1}{n}=0$，

由定理 1（莱布尼茨定理）知，交错级数 $\sum_{n=1}^{\infty}(-1)^{n-1}\dfrac{1}{n}$ 是收敛的.

需要当作公式记住的常见级数.

三、数项级数的绝对收敛与条件收敛

定理 2 若级数 $\sum_{n=1}^{\infty} |a_n|$ 收敛,则任意项级数 $\sum_{n=1}^{\infty} a_n$ 也收敛.

证 令 $v_n=\frac{1}{2}(|a_n|+a_n)(n=1,2,\cdots)$,则 $v_n\geqslant 0$,级数 $\sum_{n=1}^{\infty} v_n$ 为正项级数.由于 $v_n\leqslant |a_n|$,且级数 $\sum_{n=1}^{\infty} |a_n|$ 收敛.由正项级数的比较判别法知,正项级数 $\sum_{n=1}^{\infty} v_n$ 收敛.从而级数 $\sum_{n=1}^{\infty} 2v_n$ 也收敛.

因为 $a_n=2v_n-|a_n|(n=1,2,\cdots)$,所以

$$\sum_{n=1}^{\infty} a_n=\sum_{n=1}^{\infty}(2v_n-|a_n|).$$

而级数 $\sum_{n=1}^{\infty} 2v_n$ 与 $\sum_{n=1}^{\infty} |a_n|$ 都是收敛的级数,由第一节中数项级数的基本性质(性质 2)知,级数 $\sum_{n=1}^{\infty} a_n$ 收敛.

定义 3 若级数 $\sum_{n=1}^{\infty} |a_n|$ 收敛,则称级数 $\sum_{n=1}^{\infty} a_n$ 是**绝对收敛**的.

定义 4 若级数 $\sum_{n=1}^{\infty} a_n$ 收敛,但是级数 $\sum_{n=1}^{\infty} |a_n|$ 发散,则称级数 $\sum_{n=1}^{\infty} a_n$ 是**条件收敛**的.

由例 1 知道交错级数 $\sum_{n=1}^{\infty}(-1)^{n-1}\frac{1}{n}$ 是收敛的.但是 $\sum_{n=1}^{\infty}\left|(-1)^{n-1}\frac{1}{n}\right|=\sum_{n=1}^{\infty}\frac{1}{n}$ 却是发散的调和级数,可知交错级数 $\sum_{n=1}^{\infty}(-1)^{n-1}\frac{1}{n}$ 是条件收敛的.

例 2 判定级数 $\sum_{n=1}^{\infty}(-1)^{n-1}\frac{1}{n\cdot 2^n}$ 的敛散性,如果收敛,指出是绝对收敛还是条件收敛.

解 因为所给的级数为交错级数,且

$$a_n=(-1)^{n-1}\frac{1}{n\cdot 2^n}\quad(n=1,2,\cdots).$$

考虑正项级数

$$\sum_{n=1}^{\infty} u_n=\sum_{n=1}^{\infty}\frac{1}{n\cdot 2^n}=\sum_{n=1}^{\infty}|a_n|.$$

由比值判别法，由于

$$\lim_{n\to\infty}\frac{u_{n+1}}{u_n}=\lim_{n\to\infty}\frac{\frac{1}{(n+1)\cdot 2^{n+1}}}{\frac{1}{n\cdot 2^n}}=\frac{1}{2}<1,$$

知正项级数 $\sum_{n=1}^{\infty}u_n=\sum_{n=1}^{\infty}\frac{1}{n\cdot 2^n}$ 收敛.由定义 3 可得，交错级数 $\sum_{n=1}^{\infty}(-1)^{n-1}\frac{1}{n\cdot 2^n}$ 绝对收敛.

例 3 判定级数 $\sum_{n=1}^{\infty}(-1)^{n-1}\sin\frac{1}{n}$ 的敛散性.如果收敛，指出是绝对收敛还是条件收敛.

解 所给的级数为交错级数，且

$$a_n=(-1)^{n-1}u_n=(-1)^{n-1}\sin\frac{1}{n}\quad(n=1,2,\cdots),$$

并且 $u_n=\sin\frac{1}{n}$ 满足

(1) $u_n=\sin\frac{1}{n}\geqslant\sin\frac{1}{n+1}=u_{n+1}$;

(2) $\lim\limits_{n\to\infty}u_n=\lim\limits_{n\to\infty}\sin\frac{1}{n}=0$,

由莱布尼茨定理知，交错级数 $\sum_{n=1}^{\infty}(-1)^{n-1}\sin\frac{1}{n}$ 是收敛的.

另一方面，由第二节的例 4，我们知道级数 $\sum_{n=1}^{\infty}\left|(-1)^{n-1}\sin\frac{1}{n}\right|=\sum_{n=1}^{\infty}\sin\frac{1}{n}$ 却是发散的，从而得到交错级数 $\sum_{n=1}^{\infty}(-1)^{n-1}\sin\frac{1}{n}$ 是条件收敛的.

习题 7-3

(A)

一、判定下列级数的敛散性，若级数收敛，指出是绝对收敛的还是条件收敛的：

1. $\sum_{n=2}^{\infty}(-1)^n\cdot\frac{1}{\ln n}$.

2. $\sum_{n=1}^{\infty}(-1)^{n-1}\frac{1}{\sqrt[n]{n}}$.

3. $\sum_{n=1}^{\infty}(-1)^{n-1}\frac{1}{\sqrt{n^3+1}}$.

4. $\sum_{n=1}^{\infty}(-1)^{n-1}\frac{n}{3^n}$.

5. $\sum_{n=1}^{\infty}(-1)^{n-1}\left(\frac{3}{n}\right)^n$.

6. $\sum_{n=1}^{\infty}(-1)^{n-1}\left(\frac{2}{3}\right)^n$.

7. $\sum_{n=1}^{\infty}(-1)^{n-1}\left(\frac{4}{3}\right)^n$.

8. $\sum_{n=1}^{\infty}(-1)^{n-1}\sin\frac{\pi}{2n}$.

(B)

一、1. 设 a 为常数,则 $\sum_{n=1}^{\infty}\left(\frac{\sin(na)}{n^2}-\frac{1}{\sqrt{n}}\right)$ ( ).

A. 绝对收敛　　B. 条件收敛

C. 发散　　D. 敛散性与 a 有关

2. 设 $a>0$ 为常数,则 $\sum_{n=1}^{\infty}(-1)^n\left(1-\cos\frac{a}{n}\right)$ ( ).

A. 绝对收敛　　B. 条件收敛

C. 发散　　D. 敛散性与 a 有关

3. 设 $a_n>0$, $\sum_{n=1}^{\infty}a_n$ 收敛,且常数 $\lambda\in\left(0,\frac{\pi}{2}\right)$,则 $\sum_{n=1}^{\infty}(-1)^n\left(n\tan\frac{\lambda}{n}\right)a_{2n}$( ).

A. 绝对收敛　　B. 条件收敛

C. 发散　　D. 敛散性与 λ 有关

4. 已知 $\sum_{n=1}^{\infty}a_n^2$ 收敛,λ 为正常数,则 $\sum_{n=1}^{\infty}(-1)^n\frac{|a_n|}{\sqrt{n^2+\lambda}}$( ).

A. 绝对收敛　　B. 条件收敛

C. 发散　　D. 敛散性与 λ 有关

5. 设级数 $\sum_{n=1}^{\infty}u_n$ 收敛,则必收敛的级数为( ).

A. $\sum_{n=1}^{\infty}(-1)^n\frac{u_n}{n}$　　B. $\sum_{n=1}^{\infty}u_n^2$

C. $\sum_{n=1}^{\infty}(u_{2n-1}-u_{2n})$　　D. $\sum_{n=1}^{\infty}(u_n+u_{n+1})$

6. 设 $a_n>0(n=1,2,\cdots)$.若 $\sum_{n=1}^{\infty}a_n$ 发散, $\sum_{n=1}^{\infty}(-1)^{n-1}a_n$ 收敛,则下列结论正确的是( ).

A. $\sum_{n=1}^{\infty}a_{2n-1}$ 收敛, $\sum_{n=1}^{\infty}a_{2n}$ 发散　　B. $\sum_{n=1}^{\infty}a_{2n}$ 收敛, $\sum_{n=1}^{\infty}a_{2n-1}$ 发散

C. $\sum_{n=1}^{\infty}(a_{2n-1}+a_{2n})$收敛　　D. $\sum_{n=1}^{\infty}(a_{2n-1}-a_{2n})$收敛

7. 若级数 $\sum_{n=1}^{\infty}a_n$ 收敛,则级数( ).

A. $\sum_{n=1}^{\infty}|a_n|$ 收敛　　B. $\sum_{n=1}^{\infty}(-1)^na_n$ 收敛

C. $\sum_{n=1}^{\infty}a_na_{n+1}$ 收敛　　D. $\sum_{n=1}^{\infty}\frac{a_n+a_{n+1}}{2}$收敛

8. 设 $u_n\neq0(n=1,2,\cdots)$且 $\lim_{n\to\infty}\frac{n}{u_n}=1$,则级数 $\sum_{n=1}^{\infty}(-1)^{n+1}\left(\frac{1}{u_n}+\frac{1}{u_{n+1}}\right)$ ( ).

A. 发散　　B. 绝对收敛

C. 条件收敛　　D. 敛散性根据所给条件不能判定

二、1. 设正项数列$\{a_n\}$单调减少，且级数$\sum\limits_{n=1}^{\infty}(-1)^n a_n$发散，试判定$\sum\limits_{n=1}^{\infty}\left(\dfrac{1}{a_n+1}\right)^n$的敛散性.

第四节　幂级数的收敛区间

一、函数项级数的概念

定义 1　设$\{u_n(x),n=1,2,\cdots\}$是定义在区间(a,b)内的函数序列，则称

$$\sum_{n=1}^{\infty}u_n(x)=u_1(x)+u_2(x)+\cdots+u_n(x)+\cdots \tag{1}$$

为定义在区间(a,b)内的**函数项级数**.

对于每一个确定的数值$x_0\in(a,b)$，函数项级数(1)对应于一个数项级数$\sum\limits_{n=1}^{\infty}u_n(x_0)$，若数项级数$\sum\limits_{n=1}^{\infty}u_n(x_0)$收敛，则点$x_0$就称为函数项级数(1)的收敛点；若数项级数$\sum\limits_{n=1}^{\infty}u_n(x_0)$发散，则称点$x_0$为函数项级数(1)的发散点.

对函数项级数$\sum\limits_{n=1}^{\infty}u_n(x)$而言，区间$(a,b)$内的每一个点$x$不是收敛点就是发散点.通常把函数项级数$\sum\limits_{n=1}^{\infty}u_n(x)$的全体收敛点的集合称为它的**收敛域**；而把函数项级数$\sum\limits_{n=1}^{\infty}u_n(x)$的所有发散点的集合称为它的**发散域**.

若把函数项级数(1)的前n项和记为$s_n(x)$，即

$$s_n(x)=u_1(x)+u_2(x)+\cdots+u_n(x),$$

则称$s_n(x)$为函数项级数(1)的前n项部分和，简称为**部分和**.

对应于函数项级数$\sum\limits_{n=1}^{\infty}u_n(x)$收敛域内的任意一个实数$x$，函数项级数收敛于一个与$x$有关的和$s$.而对于这个$x$，函数项级数$\sum\limits_{n=1}^{\infty}u_n(x)$的和事实上构成了一个$x$的函数$s(x)$($s(x)$也称为和函数).显然有

$$s(x)=\sum_{n=1}^{\infty}u_n(x)=u_1(x)+u_2(x)+\cdots+u_n(x)+\cdots,$$

且$s(x)$的定义域应为函数项级数的收敛域，并有

$$\lim_{n\to\infty}s_n(x)=s(x).$$

在函数项级数(1)中，若记$r_n(x)=s(x)-s_n(x)$，则称$r_n(x)$为函数项级数(1)的**余项**，并且在函数项级数(1)的收敛域内，有

$$\lim_{n\to\infty} r_n(x)=\lim_{n\to\infty}[s(x)-s_n(x)]=0. \tag{2}$$

如果 x 不在函数项级数(1)的收敛域内,上面的(2)式就不成立.

由于一般的函数项级数的收敛域讨论起来十分复杂,我们只讨论收敛域比较简单、应用上比较方便的特殊的函数项级数——幂级数.

二、幂级数的收敛区间

定义 2 若 $x_0, a_i(i=0,1,2,\cdots)$ 均为常数,则称函数项级数

$$\sum_{n=0}^{\infty} a_n(x-x_0)^n=a_0+a_1(x-x_0)+\cdots+a_n(x-x_0)^n+\cdots \tag{3}$$

为 $(x-x_0)$ 的**幂级数**.

当 $x_0=0$ 时,$(x-x_0)$ 的幂级数(3)有更简单的形式

$$\sum_{n=0}^{\infty} a_n x^n=a_0+a_1x+\cdots+a_nx^n+\cdots. \tag{4}$$

习惯上将级数(4)称为 x 的幂级数.

定理 1(阿贝尔定理) 若幂级数 $\sum\limits_{n=0}^{\infty} a_nx^n$ 在点 $x_0\neq 0$ 处收敛,则当 $|x|<|x_0|$ 时,$\sum\limits_{n=0}^{\infty} a_nx^n$ 绝对收敛;若 $\sum\limits_{n=0}^{\infty} a_nx^n$ 在点 $x_0\neq 0$ 处发散,则当 $|x|>|x_0|$ 时,$\sum\limits_{n=0}^{\infty} a_nx^n$ 发散.

证 设点 $x_0\neq 0$ 是幂级数 $\sum\limits_{n=0}^{\infty} a_nx^n$ 的收敛点,则由数项级数

$$a_0+a_1x_0+a_2x_0^2+\cdots+a_nx_0^n+\cdots$$

收敛,可知

$$\lim_{n\to\infty} a_nx_0^n=0,$$

于是存在常数 $M>0$,使得

$$|a_nx_0^n|\leqslant M \quad (n=0,1,2,\cdots).$$

下面考虑幂级数 $\sum\limits_{n=0}^{\infty} a_nx^n$ 通项的绝对值

$$|a_nx^n|=\left|a_nx_0^n\left(\frac{x}{x_0}\right)^n\right|\leqslant M\left|\frac{x}{x_0}\right|^n.$$

因为当 $|x|<|x_0|$ 时,等比级数 $\sum\limits_{n=0}^{\infty} M\left|\dfrac{x}{x_0}\right|^n$ 收敛$\left(公比 |q|=\left|\dfrac{x}{x_0}\right|<1\right)$,所以级数 $\sum\limits_{n=0}^{\infty}|a_nx^n|$ 收敛,即幂级数 $\sum\limits_{n=0}^{\infty} a_nx^n$ 绝对收敛.

当点 $x=x_0$ 是 $\sum\limits_{n=0}^{\infty} a_nx^n$ 的发散点时,利用反证法,若存在点 x_1 满足 $|x_1|>|x_0|$ 使级数

$\sum_{n=0}^{\infty} a_n x_1^n$ 收敛,则根据刚才证明的定理的前半部分结论,知 $\sum_{n=0}^{\infty} a_n x_0^n$ 收敛,这与 x_0 是发散点矛盾,故定理得证.

阿贝尔定理告诉我们,若幂级数 $\sum_{n=0}^{\infty} a_n x^n$ 在点 $x=x_0\neq 0$ 处收敛,则对于开区间 $(-|x_0|,|x_0|)$ 内的任何 x,幂级数 $\sum_{n=0}^{\infty} a_n x^n$ 绝对收敛;若幂级数 $\sum_{n=0}^{\infty} a_n x^n$ 在点 $x=x_0$ 处发散,则对于闭区间 $[-|x_0|,|x_0|]$ 以外的任何点 x,幂级数 $\sum_{n=0}^{\infty} a_n x^n$ 发散.

推论 1　若幂级数 $\sum_{n=0}^{\infty} a_n x^n$ 既有发散点,又有异于原点的收敛点,则必有一个完全确定的正数 R 存在,它具有下列性质:

(1) 当 $|x|<R$ 时,幂级数 $\sum_{n=0}^{\infty} a_n x^n$ 绝对收敛;

(2) 当 $|x|>R$ 时,幂级数 $\sum_{n=0}^{\infty} a_n x^n$ 发散;

(3) 当 $x=\pm R$ 时,幂级数 $\sum_{n=0}^{\infty} a_n x^n$ 可能收敛,也可能发散.

这个正数 R 通常叫做幂级数 $\sum_{n=0}^{\infty} a_n x^n$ 的收敛半径,而开区间 $(-R,R)$ 称为幂级数 $\sum_{n=0}^{\infty} a_n x^n$ 的收敛区间.

若幂级数 $\sum_{n=0}^{\infty} a_n x^n$ 仅在点 $x=0$ 处收敛,则规定此幂级数的收敛半径 $R=0$;若对于一切 $x\in(-\infty,+\infty)$,幂级数 $\sum_{n=0}^{\infty} a_n x^n$ 均收敛,则规定此幂级数的收敛半径 $R=+\infty$.

当幂级数 $\sum_{n=0}^{\infty} a_n x^n$ 的收敛半径 R 为一个正的常数时,它的收敛区间为 $(-R,R)$. 再讨论幂级数在点 $x=\pm R$ 处的敛散性,就可以确定出幂级数的收敛域是下面的四个区间之一:$(-R,R)$,$[-R,R)$,$(-R,R]$ 及 $[-R,R]$. 当 $R=+\infty$ 时,幂级数 $\sum_{n=0}^{\infty} a_n x^n$ 的收敛域为 $(-\infty,+\infty)$.

事实上,幂级数在收敛区间的端点处即使收敛,收敛的速度也很慢. 为了应用上方便,作为经济管理类的教材,我们把幂级数的收敛区间当作重点内容来讨论.

关于幂级数收敛半径的求法,有下面的定理 2.

定理 2　在幂级数 $\sum_{n=0}^{\infty} a_n x^n$ 中,若

$$\lim_{n\to\infty}\left|\frac{a_{n+1}}{a_n}\right|=\rho,$$

则此幂级数的收敛半径 R 由 ρ 决定:

（1）当 $\rho\neq 0$ 时，$R=\dfrac{1}{\rho}$；

（2）当 $\rho=0$ 时，$R=+\infty$；

（3）当 $\rho=+\infty$ 时，$R=0$.

证 考察 $\sum\limits_{n=0}^{\infty}a_nx^n$ 各项的绝对值构成的幂级数

$$|a_0|+|a_1x|+\cdots+|a_nx^n|+\cdots \tag{5}$$

相邻两项的比值

$$\frac{|a_{n+1}x^{n+1}|}{|a_nx^n|}=\left|\frac{a_{n+1}}{a_n}\right|\cdot|x|.$$

（1）如果 $\lim\limits_{n\to\infty}\left|\dfrac{a_{n+1}}{a_n}\right|=\rho\neq 0$ 存在，根据正项级数的比值判别法，知

当 $\rho\cdot|x|<1$，即 $|x|<\dfrac{1}{\rho}$ 时，幂级数(5)收敛，从而 $\sum\limits_{n=0}^{\infty}a_nx^n$ 绝对收敛.

当 $\rho\cdot|x|>1$，即 $|x|>\dfrac{1}{\rho}$ 时，幂级数(5)发散，并且存在正整数 N，当 $n>N$ 时，有

$$|a_{n+1}x^{n+1}|>|a_nx^n|,$$

则有

$$\lim_{n\to\infty}a_nx^n\neq 0.$$

从而知幂级数 $\sum\limits_{n=0}^{\infty}a_nx^n$ 发散.

于是证得幂级数 $\sum\limits_{n=0}^{\infty}a_nx^n$ 的收敛半径 $R=\dfrac{1}{\rho}$.

（2）若 $\rho=0$，则对任何 $x\neq 0$，有

$$\lim_{n\to\infty}\frac{|a_{n+1}x^{n+1}|}{|a_nx^n|}=\lim_{n\to\infty}\left|\frac{a_{n+1}}{a_n}\right|\cdot|x|=0,$$

可知幂级数(5)收敛，从而 $\sum\limits_{n=0}^{\infty}a_nx^n$ 绝对收敛，于是幂级数的收敛半径 $R=+\infty$.

（3）若 $\rho=+\infty$，则除了 $x=0$ 外，对一切的 $x\neq 0$，均有

$$\lim_{n\to\infty}\frac{|a_{n+1}x^{n+1}|}{|a_nx^n|}=\lim_{n\to\infty}\left|\frac{a_{n+1}}{a_n}\right|\cdot|x|=+\infty.$$

根据正项级数的比值判别法，知幂级数(5)发散，且通项的极限 $\lim\limits_{n\to\infty}|a_nx^n|\neq 0$. 可知幂级数 $\sum\limits_{n=0}^{\infty}a_nx^n$ 除 $x=0$ 外，在其余的点 $x\neq 0$ 处均发散，于是 $R=0$.

推论 2 幂级数 $\sum\limits_{n=0}^{\infty}a_nx^n$ 的收敛半径为

$$R=\lim_{n\to\infty}\left|\frac{a_n}{a_{n+1}}\right|.$$

应当指出的是,定理 2 及推论 2 是针对不缺项或仅缺有限项的幂级数 $\sum\limits_{n=0}^{\infty}a_nx^n$ 而言的.对于缺无穷多项的幂级数,结论并不一定成立.

例 1　求幂级数 $\sum\limits_{n=1}^{\infty}\frac{(-1)^{n-1}}{n}x^n$ 的收敛半径及收敛区间.

解　所给的幂级数是一个仅缺常数项的幂级数,且 $a_n=\frac{(-1)^{n-1}}{n}(n=1,2,\cdots)$.由定理 2 知

$$\lim_{n\to\infty}\left|\frac{a_{n+1}}{a_n}\right|=\lim_{n\to\infty}\frac{\frac{1}{n+1}}{\frac{1}{n}}=1=\rho,\quad 即\quad R=\frac{1}{\rho}=1,$$

故幂级数 $\sum\limits_{n=1}^{\infty}\frac{(-1)^{n-1}}{n}x^n$ 的收敛半径为 $R=1$,收敛区间为 $(-1,1)$.

例 2　求幂级数 $\sum\limits_{n=0}^{\infty}\frac{1}{n!}x^n$(按规定 $0!=1$)的收敛半径与收敛区间.

解　所给的幂级数是一个不缺项的幂级数,且 $a_n=\frac{1}{n!}(n=0,1,2,\cdots)$.由推论 2 有

$$R=\lim_{n\to\infty}\left|\frac{a_n}{a_{n+1}}\right|=\lim_{n\to\infty}\frac{\frac{1}{n!}}{\frac{1}{(n+1)!}}=+\infty,$$

故幂级数 $\sum\limits_{n=0}^{\infty}\frac{1}{n!}x^n$ 的收敛半径为 $R=+\infty$,其收敛区间为 $(-\infty,+\infty)$.

例 3　求幂级数 $\sum\limits_{n=0}^{\infty}3^{n+1}x^{2(n+1)}$ 的收敛半径及收敛区间.

解　所给幂级数是一个缺奇数次幂的幂级数.考虑幂级数 $\sum\limits_{n=0}^{\infty}|3^{n+1}x^{2(n+1)}|$,我们用正项级数的比值判别法来求其收敛半径,可知

$$\lim_{n\to\infty}\frac{|3^{n+1}\cdot x^{2(n+1)}|}{|3^n\cdot x^{2n}|}=3\cdot|x|^2<1$$

时级数收敛,此时 $|x|^2<\frac{1}{3}$,$|x|<\frac{\sqrt{3}}{3}$.当 $|x|>\frac{\sqrt{3}}{3}$ 时,所给幂级数发散,故所求的幂级数的收敛半径 $R=\frac{\sqrt{3}}{3}$,于是收敛区间为 $\left(-\frac{\sqrt{3}}{3},\frac{\sqrt{3}}{3}\right)$.

对于例 3,如果不判定所给级数是否缺项,而直接由 $a_n=3^{n+1}$,用定理 2 得出 $R=\frac{1}{3}$,则显然是错误的.

*例 4 求幂级数 $\sum_{n=1}^{\infty}\frac{1}{n\cdot 2^n}(x+1)^n$ 的收敛区间及收敛域.

解 令 $t=x+1$,则所给的幂级数变为 $\sum_{n=1}^{\infty}\frac{1}{n\cdot 2^n}t^n$.这是一个仅缺常数项的关于 t 的幂级数.由于 $a_n=\frac{1}{n\cdot 2^n}(n=1,2,\cdots)$,由推论 2 可知

$$R=\lim_{n\to\infty}\left|\frac{a_n}{a_{n+1}}\right|=\lim_{n\to\infty}\frac{(n+1)\cdot 2^{n+1}}{1}\cdot\frac{1}{n\cdot 2^n}=2.$$

于是求得关于 t 的收敛区间 $t\in(-2,2)$.由于 $t=x+1$,得关于 x 的收敛区间是 $(-3,1)$.

另外,当 $x=-3$ 时,原级数变为 $\sum_{n=1}^{\infty}\frac{1}{n\cdot 2^n}(-2)^n=\sum_{n=1}^{\infty}\frac{(-1)^n}{n}$,它是收敛的;当 $x=1$ 时,原级数变为 $\sum_{n=1}^{\infty}\frac{1}{n\cdot 2^n}\cdot 2^n=\sum_{n=1}^{\infty}\frac{1}{n}$,它是发散的.

故级数 $\sum_{n=1}^{\infty}\frac{1}{n\cdot 2^n}(x+1)^n$ 的收敛域为 $x\in[-3,1)$.

三、幂级数的运算性质

设幂级数 $\sum_{n=0}^{\infty}a_nx^n$ 与 $\sum_{n=0}^{\infty}b_nx^n$ 的收敛区间分别是 $(-R_1,R_1)$ 与 $(-R_2,R_2)$.这里 $R_1>0,R_2>0$.令 $R=\min\{R_1,R_2\}$,则幂级数 $\sum_{n=0}^{\infty}a_nx^n$ 与 $\sum_{n=0}^{\infty}b_nx^n$ 不仅在区间 $(-R,R)$ 内收敛,而且还绝对收敛.

若幂级数 $\sum_{n=0}^{\infty}a_nx^n=s(x),x\in(-R,R)$, $\sum_{n=0}^{\infty}b_nx^n=\sigma(x),x\in(-R,R)$,则有下面的运算性质:

(1) 加减法

$$\sum_{n=0}^{\infty}a_nx^n\pm\sum_{n=0}^{\infty}b_nx^n=\sum_{n=0}^{\infty}(a_n\pm b_n)x^n=s(x)\pm\sigma(x),\quad x\in(-R,R).$$

(2) 乘法

$$\left(\sum_{n=0}^{\infty}a_nx^n\right)\cdot\left(\sum_{n=0}^{\infty}b_nx^n\right)=\sum_{n=0}^{\infty}(a_0b_n+a_1b_{n-1}+\cdots+a_nb_0)x^n$$
$$=s(x)\cdot\sigma(x),\quad x\in(-R,R).$$

（3）除法

$$\frac{\sum_{n=0}^{\infty} a_n x^n}{\sum_{n=0}^{\infty} b_n x^n}=\frac{s(x)}{\sigma(x)}=\sum_{n=0}^{\infty} c_n x^n \quad (\sigma(x)\neq 0).$$

必须说明的是，收敛区间为$(-R,R)$的两个幂级数$\sum_{n=0}^{\infty} a_n x^n$，$\sum_{n=0}^{\infty} b_n x^n$相除所得到的幂级数$\sum_{n=0}^{\infty} c_n x^n$的收敛区间有可能要比$(-R,R)$小得多.

（4）若$\sum_{n=0}^{\infty} a_n x^n=s(x)$，$x\in(-R,R)$，则$s(x)$在$x\in(-R,R)$内是连续的.

（5）若$\sum_{n=0}^{\infty} a_n x^n=s(x)$，$x\in(-R,R)$，则$s(x)$在$x\in(-R,R)$内是可导的，且有

$$\begin{aligned} s'(x)&=\Big(\sum_{n=0}^{\infty} a_n x^n\Big)'=(a_0+a_1x+\cdots+a_nx^n+\cdots)' \\ &=\sum_{n=1}^{\infty} na_nx^{n-1}, \quad x\in(-R,R). \end{aligned}$$

幂级数的这一条性质实际上说明了幂级数$\sum_{n=0}^{\infty} a_n x^n$在收敛区间$(-R,R)$内，其和函数$s(x)$具有任意阶的导数.

（6）若$\sum_{n=0}^{\infty} a_n x^n=s(x)$，$x\in(-R,R)$，则

$$\begin{aligned} \int_0^x s(x)\,\mathrm{d}x&=\int_0^x\Big(\sum_{n=0}^{\infty} a_n x^n\Big)\,\mathrm{d}x=\sum_{n=0}^{\infty}\int_0^x a_n x^n \mathrm{d}x \\ &=\sum_{n=0}^{\infty}\frac{a_n}{n+1}x^{n+1}, \quad x\in(-R,R). \end{aligned}$$

习题 7-4

(A)

一、求下列幂级数的收敛区间：

1. $\sum_{n=0}^{\infty} nx^n$.

2. $\sum_{n=1}^{\infty}\frac{(-1)^{n-1}}{n^2}x^{n-1}$.

3. $\sum_{n=0}^{\infty}\frac{2^n}{n^2+1}x^n$.

4. $\sum_{n=1}^{\infty}\frac{1}{n\cdot 3^n}x^n$.

5. $\sum_{n=1}^{\infty}\frac{1}{(2n)!!}x^n$.

6. $\sum_{n=0}^{\infty}\frac{1}{2n+1}x^{2n+1}$.

7. $\sum\limits_{n=1}^{\infty}\frac{2n+1}{n!}x^n$.

8. $\sum\limits_{n=1}^{\infty}\frac{1}{n\cdot 2^n}x^{2n-1}$.

9. $\sum\limits_{n=1}^{\infty}\frac{(-1)^{n-1}\cdot 3^n}{n\cdot 4^n}x^n$.

10. $\sum\limits_{n=1}^{\infty}\frac{1}{n}(x+1)^n$.

(B)

一、1. 已知幂级数 $\sum\limits_{n=1}^{\infty}a_nx^n$ 的收敛半径为3,则幂级数 $\sum\limits_{n=1}^{\infty}na_n(x-1)^{n+1}$ 的收敛区间为________.

2. 已知幂级数 $\sum\limits_{n=1}^{\infty}a_n(x+2)^n$ 在点 $x=0$ 处收敛,在点 $x=-4$ 处发散,则幂级数 $\sum\limits_{n=1}^{\infty}a_n(x-3)^n$ 的收敛域为________.

3. 幂级数 $\sum\limits_{n=1}^{\infty}\frac{(x-2)^{2n}}{n4^n}$ 的收敛域为________.

4. 幂级数 $\sum\limits_{n=1}^{\infty}\frac{n}{2^n+(-3)^n}x^{2n-1}$ 的收敛半径为________.

第五节 函数展开为幂级数

从应用的角度出发,对一个已知的函数 $f(x)$,是否可以找到一个幂级数,在幂级数的收敛域或收敛域的某一个子区间中,以 $f(x)$ 为和函数呢?如果可以,相当多的函数就可以展开为幂级数,我们也可以把函数转化为幂级数来研究,这在理论上和计算上都有十分重要的意义.

一、泰勒级数

定义 1 设函数 $f(x)$ 及幂级数 $\sum\limits_{n=0}^{\infty}a_n(x-x_0)^n$,在点 x_0 的某一邻域内,有

$$f(x)=\sum_{n=0}^{\infty}a_n(x-x_0)^n,$$

则称 **$f(x)$ 在点 x_0 处可以展开为幂级数**.

人们自然会问,$f(x)$ 满足什么条件才可以展开为幂级数呢?定理 1 给出了必要条件.

定理 1 若 $f(x)$ 在点 x_0 处可以展开成幂级数 $\sum\limits_{n=0}^{\infty}a_n(x-x_0)^n$,则 $f(x)$ 在点 x_0 的某一邻域内具有任意阶的导数,且 $a_n=\frac{f^{(n)}(x_0)}{n!}(n=0,1,2,\cdots)$.

证 设 $f(x)=\sum\limits_{n=0}^{\infty}a_n(x-x_0)^n$ 在点 x_0 的某一邻域内成立.根据幂级数在收敛区间内可以逐

项求导的性质，有

$$f(x)=a_0+a_1(x-x_0)+\cdots+a_n(x-x_0)^n+\cdots,$$

$$f'(x)=a_1+2a_2(x-x_0)+\cdots+na_n(x-x_0)^{n-1}+\cdots,$$

$$f''(x)=2!a_2+3\cdot 2a_3(x-x_0)+\cdots+n(n-1)a_n(x-x_0)^{n-2}+\cdots,$$

$$f'''(x)=3!a_3+4\cdot 3\cdot 2a_4(x-x_0)+\cdots+n(n-1)(n-2)a_n(x-x_0)^{n-3}+\cdots,$$

$$\cdots,$$

$$f^{(n)}(x)=n!a_n+(n+1)n(n-1)\cdots 2a_{n+1}(x-x_0)+\cdots.$$

把 $x=x_0$ 依次代入上面的各式，有

$$a_0=f(x_0),\quad a_1=\frac{f'(x_0)}{1!},\quad a_2=\frac{f''(x_0)}{2!},\quad \cdots,\quad a_n=\frac{f^{(n)}(x_0)}{n!}.$$

由定理 1 可知，若 $f(x)$ 在点 x_0 处可以展开成幂级数，则 $f(x)$ 以幂级数 $\sum\limits_{n=0}^{\infty}\dfrac{f^{(n)}(x_0)}{n!}(x-x_0)^n$ 为唯一展开式，我们称这个幂级数为 $f(x)$ 在点 x_0 处的泰勒级数，并称其系数 $a_n=\dfrac{f^{(n)}(x_0)}{n!}$ 为泰勒系数.

在泰勒级数 $\sum\limits_{n=0}^{\infty}\dfrac{f^{(n)}(x_0)}{n!}(x-x_0)^n$ 中，令 $x_0=0$，有

$$\sum_{n=0}^{\infty}\frac{f^{(n)}(0)}{n!}x^n=f(0)+\frac{f'(0)}{1!}x+\frac{f''(0)}{2!}x^2+\cdots+\frac{f^{(n)}(0)}{n!}x^n+\cdots,$$

这就是函数 $f(x)$ 的麦克劳林级数.

定理 1 是函数 $f(x)$ 能在点 x_0 处展开成幂级数的必要条件，但是这个条件并不是充分的. 定理 2 给出了函数 $f(x)$ 在点 x_0 处能展开成泰勒级数的充要条件.

定理 2　设函数 $f(x)$ 在点 x_0 的某邻域内具有任意阶导数，则在此邻域内 $f(x)$ 能展开成泰勒级数的充要条件是：$f(x)$ 在点 x_0 处的泰勒公式的余项 $R_n(x)$ 当 $n\to\infty$ 时的极限为零.

证　必要性. 设 $f(x)$ 在点 x_0 的某一邻域内可以展开为泰勒级数

$$f(x)=\sum_{n=0}^{\infty}\frac{f^{(n)}(x_0)}{n!}(x-x_0)^n, \tag{1}$$

则 $f(x)$ 在此邻域内的 n 阶泰勒公式为

$$f(x)=\sum_{k=0}^{n}\frac{f^{(k)}(x_0)}{k!}(x-x_0)^k+R_n(x), \tag{2}$$

而级数(1)的前 $n+1$ 项的和为

$$s_n(x)=\sum_{k=0}^{n}\frac{f^{(k)}(x_0)}{k!}(x-x_0)^k,$$

且

$$\lim_{n\to\infty} s_n(x)=f(x),$$

故有

$$f(x)=s_n(x)+R_n(x), \tag{3}$$

于是

$$\lim_{n\to\infty} R_n(x)=\lim_{n\to\infty}[f(x)-s_n(x)]=f(x)-f(x)=0.$$

充分性.设 $\lim\limits_{n\to\infty} R_n(x)=0$ 对一切属于点 x_0 某邻域内的点 x 成立.由 $f(x)$ 在点 x_0 处的 n 阶泰勒公式(2)有

$$s_n(x)=f(x)-R_n(x), \tag{4}$$

令 $n\to\infty$,对(4)式求极限,得

$$\lim_{n\to\infty} s_n(x)=\lim_{n\to\infty}[f(x)-R_n(x)]=f(x).$$

这就是说,$f(x)$ 在点 x_0 处的泰勒级数(1)在点 x_0 的某邻域内收敛,且以 $f(x)$ 为和函数.

二、函数展开成幂级数

根据上面关于函数展开为泰勒级数的讨论可知,要将函数 $f(x)$ 展开成 $x-x_0$ 的幂级数(即泰勒级数),可以按直接展开法和间接展开法的步骤进行.

为了简单起见,我们只在收敛区间内考虑展开式,不考虑级数在收敛区间端点的敛散性.

1. 直接展开法

第一步求出 $f(x)$ 的各阶导数 $f'(x), f''(x), \cdots, f^{(n)}(x), \cdots$,并求出 $f(x)$ 及其各阶导数在点 x_0 处的值:$f(x_0), f'(x_0), f''(x_0), \cdots, f^{(n)}(x_0), \cdots$.如果在点 x_0 处函数 $f(x)$ 的某阶导数不存在,则函数 $f(x)$ 就不能展开成 $(x-x_0)$ 的幂级数.

第二步写出幂级数

$$\sum_{n=0}^{\infty}\frac{f^{(n)}(x_0)}{n!}(x-x_0)^n=f(x_0)+\frac{f'(x_0)}{1!}(x-x_0)+\frac{f''(x_0)}{2!}(x-x_0)^2+\cdots+\frac{f^{(n)}(x_0)}{n!}(x-x_0)^n+\cdots,$$

并求出其收敛区间.

第三步考察当 x 在其收敛区间内时,函数的泰勒余项 $R_n(x)$ 的极限:$\lim\limits_{n\to\infty} R_n(x)$ 是否为零.如果为零,则在此收敛区间内,幂级数 $\sum\limits_{n=0}^{\infty}\frac{f^{(n)}(x_0)}{n!}(x-x_0)^n$ 就收敛于 $f(x)$.

对于把函数 $f(x)$ 展开成为 x 的幂级数(这时,$x_0=0$,级数又称为麦克劳林级数),可以按照上面讲的三个步骤进行,只不过 $x_0=0$ 而已.

例 1　将函数 $f(x)=\mathrm{e}^x$ 展开成 x 的幂级数.

解　由于 $x_0=0$，而 $f(x)=\mathrm{e}^x$，$f^{(n)}(x)=\mathrm{e}^x(n=1,2,\cdots)$，有

$$f(0)=f^{(n)}(0)=1\quad(n=1,2,\cdots),$$

写出 $f(x)=\mathrm{e}^x$ 的麦克劳林级数

$$1+x+\frac{1}{2!}x^2+\cdots+\frac{1}{n!}x^n+\cdots,$$

它的收敛半径为 $R=+\infty$.

$|R_n(x)|$ 满足不等式

$$|R_n(x)|=\left|\frac{\mathrm{e}^{\xi}}{(n+1)!}x^{n+1}\right|<\mathrm{e}^{|x|}\frac{|x|^{n+1}}{(n+1)!},$$

其中 ξ 介于 0 与 x 之间，这里 $\mathrm{e}^{|x|}$ 是有限的，而 $\dfrac{|x|^{n+1}}{(n+1)!}$ 是收敛级数 $\sum\limits_{n=0}^{\infty}\dfrac{|x|^{n+1}}{(n+1)!}$ 的通项，当 $n\to\infty$ 时，有

$$\lim_{n\to\infty}|R_n(x)|\leqslant\lim_{n\to\infty}\mathrm{e}^{|x|}\frac{|x|^{n+1}}{(n+1)!}=0,$$

即当 $n\to\infty$ 时，有 $|R_n(x)|\to 0$，于是得展开式

$$f(x)=\mathrm{e}^x=\sum_{n=0}^{\infty}\frac{1}{n!}x^n=1+x+\frac{1}{2!}x^2+\cdots+\frac{1}{n!}x^n+\cdots,\quad x\in(-\infty,+\infty).$$

注意，规定 $0!=1$.

例 2　将 $f(x)=\sin x$ 展开成 x 的幂级数.

解　因为

$$f^{(n)}(x)=\sin\left(x+n\cdot\frac{\pi}{2}\right)\quad(n=1,2,\cdots),$$

所以 $f(0)=0$，$f'(0)=1$，$f''(0)=0$，$f'''(0)=-1$，$f^{(4)}(0)=0$，$\cdots$，即

$$f^{(2k)}(0)=0,\quad f^{(2k+1)}(0)=(-1)^k\quad(k=1,2,\cdots),$$

于是得到 $f(x)=\sin x$ 的麦克劳林级数

$$\sum_{n=0}^{\infty}\frac{(-1)^n}{(2n+1)!}x^{2n+1}=x-\frac{1}{3!}x^3+\frac{1}{5!}x^5-\frac{1}{7!}x^7+\cdots+\frac{(-1)^n}{(2n+1)!}x^{2n+1}+\cdots,\quad x\in(-\infty,+\infty).$$

再考察 $|R_n(x)|$. 由于 $n\to\infty$ 时，

$$|R_n(x)|=\left|\frac{\sin\left(\xi+\dfrac{n+1}{2}\pi\right)}{(n+1)!}x^{n+1}\right|\leqslant\frac{|x|^{n+1}}{(n+1)!}\to 0,$$

故得展开式

$$\sin x=\sum_{n=0}^{\infty}\frac{(-1)^n}{(2n+1)!}x^{2n+1}$$

$$=x-\frac{1}{3!}x^3+\frac{1}{5!}x^5-\cdots+\frac{(-1)^n}{(2n+1)!}x^{2n+1}+\cdots,$$

$$x\in(-\infty,+\infty).$$

2. 间接展开法

利用已知的幂级数展开式及幂级数的运算性质(包括四则运算、逐项微分、逐项积分等)或采用变量代换及恒等变形等方法,将所给的函数展开成幂级数,这种方法通常称为间接展开法.下面举例加以说明.

例 3 将函数 $f(x)=\cos x$ 展开为 x 的幂级数.

解 由于 $\cos x=\frac{\mathrm{d}}{\mathrm{d}x}(\sin x)$,又已知

$$\sin x=\sum_{n=0}^{\infty}\frac{(-1)^n}{(2n+1)!}x^{2n+1},\quad x\in(-\infty,+\infty),$$

故

$$\cos x=(\sin x)'=\sum_{n=0}^{\infty}\frac{(-1)^n}{(2n+1)!}(x^{2n+1})'=\sum_{n=0}^{\infty}\frac{(-1)^n}{(2n)!}x^{2n}$$

$$=1-\frac{1}{2!}x^2+\frac{1}{4!}x^4-\cdots+\frac{(-1)^n}{(2n)!}x^{2n}+\cdots,\quad x\in(-\infty,+\infty).$$

例 4 将函数 $f(x)=\ln(1+x)$ 展开为 x 的幂级数.

解 由第一节中的(2)式,有

$$\sum_{n=1}^{\infty}x^{n-1}=\frac{1}{1-x},\quad x\in(-1,1).$$

令 $x=-t$,有

$$\sum_{n=0}^{\infty}(-t)^n=\frac{1}{1-(-t)}=\frac{1}{1+t},\quad t\in(-1,1),$$

积分有

$$\int_0^x\frac{1}{1+t}\mathrm{d}t=\int_0^x\sum_{n=0}^{\infty}(-1)^n\cdot t^n\mathrm{d}t=\sum_{n=0}^{\infty}\int_0^x(-1)^n\cdot t^n\mathrm{d}t,$$

$$\ln(1+x)=\sum_{n=0}^{\infty}\frac{(-1)^n}{n+1}x^{n+1},\quad x\in(-1,1].$$

例 5 将函数 $f(x)=\arctan x$ 展开为 x 的幂级数.

解 由例 4 知道

$$\sum_{n=0}^{\infty}(-t)^n=\sum_{n=0}^{\infty}(-1)^n\cdot t^n=\frac{1}{1+t},\quad t\in(-1,1).$$

令 $t=u^2$，有

$$\sum_{n=0}^{\infty}(-1)^n(u^2)^n=\sum_{n=0}^{\infty}(-1)^n u^{2n}=\frac{1}{1+u^2},\quad u\in(-1,1),$$

积分有

$$\int_0^x \frac{1}{1+u^2}\mathrm{d}u=\int_0^x \sum_{n=0}^{\infty}(-1)^n\cdot u^{2n}\mathrm{d}u,$$

$$\arctan x=\sum_{n=0}^{\infty}\frac{(-1)^n}{2n+1}x^{2n+1},\quad x\in[-1,1].$$

例 6　将函数 $f(x)=\dfrac{1}{x}$ 展开为 $(x-2)$ 的幂级数.

解

$$f(x)=\frac{1}{x}=\frac{1}{2+(x-2)}=\frac{1}{2}\cdot\frac{1}{1+\left(\dfrac{x-2}{2}\right)}$$

$$=\frac{1}{2}\sum_{n=0}^{\infty}(-1)^n\left(\frac{x-2}{2}\right)^n$$

$$=\sum_{n=0}^{\infty}\frac{(-1)^n}{2^{n+1}}(x-2)^n,\quad x\in(0,4).$$

为了便于读者掌握“间接展开法”，我们把常用的几个函数的幂级数展开式列在下面：

(1) $\dfrac{1}{1+x}=\sum\limits_{n=0}^{\infty}(-1)^n x^n=1-x+x^2-x^3+\cdots+(-1)^n x^n+\cdots,\quad x\in(-1,1).$

(2) $\mathrm{e}^x=\sum\limits_{n=0}^{\infty}\dfrac{1}{n!}x^n=1+x+\dfrac{1}{2!}x^2+\cdots+\dfrac{1}{n}x^n+\cdots,\quad x\in(-\infty,+\infty).$

(3) $\sin x=\sum\limits_{n=0}^{\infty}\dfrac{(-1)^n}{(2n+1)!}x^{2n+1}=x-\dfrac{1}{3!}x^3+\dfrac{1}{5!}x^5-\cdots+\dfrac{(-1)^n}{(2n+1)!}x^{2n+1}+\cdots,\quad x\in(-\infty,+\infty).$

(4) $\cos x=\sum\limits_{n=0}^{\infty}\dfrac{(-1)^n}{(2n)!}x^{2n}=1-\dfrac{1}{2!}x^2+\dfrac{1}{4!}x^4-\cdots+\dfrac{(-1)^n}{(2n)!}x^{2n}+\cdots,\quad x\in(-\infty,+\infty).$

(5) $\ln(1+x)=\sum\limits_{n=0}^{\infty}\dfrac{(-1)^n}{n+1}x^{n+1}=x-\dfrac{1}{2}x^2+\dfrac{1}{3}x^3-\cdots+\dfrac{(-1)^n}{n+1}x^{n+1}+\cdots,\quad x\in(-1,1].$

(6) $(1+x)^{\alpha}=1+\sum\limits_{n=1}^{\infty}\dfrac{\alpha(\alpha-1)\cdots(\alpha-n+1)}{n!}x^n$

$$=1+\alpha x+\frac{\alpha(\alpha-1)}{2!}x^2+\cdots+\frac{\alpha(\alpha-1)\cdots(\alpha-n+1)}{n!}x^n+\cdots,$$

$x\in(-1,1).$

三、求幂级数的和函数

例 7　求幂级数 $\sum\limits_{n=0}^{\infty}(n+1)x^n$ 的和函数.

解 设 $s(x)=\sum_{n=0}^{\infty}(n+1)x^n, x\in(-1,1)$.因为

$$\int_0^x s(x)\mathrm{d}x=\int_0^x\sum_{n=0}^{\infty}(n+1)x^n\mathrm{d}x=\sum_{n=0}^{\infty}x^{n+1}$$
$$=x\sum_{n=0}^{\infty}x^n=\frac{x}{1-x},\quad x\in(-1,1),$$

所以

$$s(x)=\left(\int_0^x s(x)\mathrm{d}x\right)'=\left(\frac{x}{1-x}\right)'=\frac{1}{(1-x)^2},$$

即

$$\sum_{n=0}^{\infty}(n+1)x^n=\frac{1}{(1-x)^2},\quad x\in(-1,1).$$

例 8 求幂级数 $\sum_{n=1}^{\infty}\frac{1}{2n-1}x^{2n-1}$ 的和函数.

解 设 $s(x)=\sum_{n=1}^{\infty}\frac{1}{2n-1}x^{2n-1}, x\in(-1,1)$.因为

$$s'(x)=\sum_{n=1}^{\infty}x^{2n-2}=\sum_{n=0}^{\infty}x^{2n}=\frac{1}{1-x^2},\quad x\in(-1,1),$$

所以

$$s(x)-s(0)=\int_0^x s'(x)\mathrm{d}x,$$

即

$$s(x)=\int_0^x\frac{1}{1-x^2}\mathrm{d}x+s(0)=\int_0^x\frac{\mathrm{d}x}{1-x^2}$$
$$=\frac{1}{2}\ln\frac{1+x}{1-x},\quad x\in(-1,1).$$

*四、幂级数的应用举例

函数的幂级数(或泰勒级数)展开式可以用来做近似计算.在幂级数展开式成立的区间上,函数值可以用幂级数的前若干项的和作为近似值,而且可以达到预先要求的精确度,下面举例说明.

例 9 计算 sin 10°的近似值,要求精确到 10^{-5}.

解

$$\sin 10^\circ=\sin\frac{\pi}{18}=\sum_{n=0}^{\infty}\frac{(-1)^n}{(2n+1)!}\left(\frac{\pi}{18}\right)^{2n+1}$$
$$\approx\frac{\pi}{18}-\frac{1}{3!}\left(\frac{\pi}{18}\right)^3+\cdots+\frac{(-1)^n}{(2n+1)!}\left(\frac{\pi}{18}\right)^{2n+1}.$$

由于交错级数的截断误差

$$|r_n|<\left|\frac{(-1)^n}{(2n-1)!}\left(\frac{\pi}{18}\right)^{2n+1}\right|<\frac{1}{(2n+1)!}\left(\frac{3.6}{18}\right)^{2n+1}$$

$$=\frac{1}{(2n+1)!}\frac{1}{5^{2n+1}};$$

若要 $|r_n|<10^{-5}$,即要 $(2n+1)!5^{2n+1}>10^5$,可知只要取 $n=2$ 即可,于是

$$\sin 10°=\sin\frac{\pi}{18}\approx\frac{\pi}{18}-\frac{1}{3!}\left(\frac{\pi}{18}\right)^3+\frac{1}{5!}\left(\frac{\pi}{18}\right)^5$$

$$\approx 0.174\ 533-0.000\ 886+0.000\ 000$$

$$\approx 0.173\ 65.$$

习题 7-5

(A)

一、把下列函数展开为 x 的幂级数:

1. $f(x)=\cos^2 x$.　　2. $f(x)=x\arctan x$.

3. $f(x)=(1+x)\ln(1+x)$.

二、把下列函数在指定点 x_0 处展开为 $(x-x_0)$ 的泰勒级数:

1. $f(x)=\dfrac{1}{x}$,在点 $x_0=1$ 处.　　2. $f(x)=\dfrac{1}{x}$,在点 $x_0=3$ 处.

3. $f(x)=\ln x$,在点 $x_0=2$ 处.

三、1. 将函数 $f(x)=\dfrac{1}{(1-x^2)^2}$ 展开为 x 的幂级数,并指出其收敛区间.

2. 将函数 $f(x)=\ln(3+x)$ 展开为 x 的幂级数,并指出其收敛区间.

四、求下列级数的和函数:

1. $\sum\limits_{n=1}^{\infty} n(n+1)x^n$.　　2. $\sum\limits_{n=1}^{\infty}\dfrac{2n+1}{n!}x^{2n}$.

3. $\sum\limits_{n=0}^{\infty}\dfrac{(n+1)^2}{n!}x^n$.　　4. $\sum\limits_{n=1}^{\infty}\dfrac{1}{(2n-1)}x^{2n-1}$.

(B)

一、1. $\sum\limits_{n=1}^{\infty} n\left(\dfrac{1}{2}\right)^{n-1}=$________.

二、1. 求幂级数 $1+\sum\limits_{n=1}^{\infty}(-1)^n\dfrac{x^{2n}}{2n}(|x|<1)$ 的和函数 $f(x)$ 及其极值.

2. 求幂级数 $\sum\limits_{n=1}^{\infty}\left(\dfrac{1}{2n+1}-1\right)x^{2n}$ 在区间 $(-1,1)$ 内的和函数.

3. 求幂级数 $\sum\limits_{n=1}^{\infty}\dfrac{(-1)^{n-1}x^{2n+1}}{n(2n-1)}$的收敛域与和函数.

4. 求 $\sum\limits_{n=1}^{\infty}(2n+1)x^n$ 的收敛域与和函数.

5. 求 $\sum\limits_{n=1}^{\infty}\dfrac{(-1)^n(n^2-n+1)}{2^n}$之和.

6. 求 $\sum\limits_{n=2}^{\infty}\dfrac{1}{(n^2-1)2^n}$之和.

7. 求幂级数 $\sum\limits_{n=1}^{\infty}(-1)^{n-1}\left[1+\dfrac{1}{n(2n-1)}\right]x^{2n}$的收敛域与和函数$f(x)$.

8. 设 a_n 为曲线 $y=x^n$ 与 $y=x^{n+1}(n=1,2,\cdots)$所围成的区域的面积,记 $S_1=\sum\limits_{n=1}^{\infty}a_n$,$S_2=\sum\limits_{n=1}^{\infty}a_{2n-1}$,求 S_1 和 S_2.

三、1. 将函数$f(x)=\ln(1+x-2x^2)$展开为麦克劳林级数.

2. 将函数$f(x)=\dfrac{1}{x^2-3x-4}$展开为$(x-1)$的幂级数.并指出其收敛区间.

3. 将函数$f(x)=\dfrac{x}{2+x-x^2}$展开为 x 的幂级数.

4. 将函数$f(x)=\dfrac{1}{4}\ln\dfrac{1+x}{1-x}+\dfrac{1}{2}\arctan x-x$ 展开为 x 的幂级数.

5. 将函数$f(x)=\arctan\dfrac{1-2x}{1+2x}$展开为 x 的幂级数,并求级数 $\sum\limits_{n=0}^{\infty}\dfrac{(-1)^n}{2n+1}$的和.

第七章典型选择题及分析

第七章典型例题讲解 1

第七章典型例题讲解 2

第七章自测题

第八章 常微分方程和差分方程

微分方程与差分方程不但具有悠久的历史,而且具有持续发展的生命力,因为它在许多应用领域扎了根.历史上,数学家和物理学家对常微分方程的理论发展和重要应用曾留下不少佳话.比如借助常微分方程的研究和计算证实了地球绕太阳运行的轨道是椭圆,通过常微分方程的近似计算发现了海王星等.在当代,常微分方程的应用范围不断扩大.在电讯、化工、生物科学、各种工程技术科学和经济学等领域中,常微分方程成功应用的实例层出不穷.常微分方程已成为许多领域中科技工作者的重要工具.本章将介绍几类常见的微分方程与差分方程的求解方法.

第一节 微分方程概述

这里简单介绍常微分方程的一些基本概念、原理和解法.

一、微分方程的基本概念

首先考察两个实例.

例 1 已知曲线过点(0,1),且在每点处的切线斜率等于该点的纵坐标,求该曲线的方程.

解 设所求曲线的方程为 $y=y(x)$,由导数的几何意义可知,该曲线应满足方程

$$\frac{\mathrm{d}y}{\mathrm{d}x}=y. \tag{1}$$

而且由题意,还应该满足条件

$$y(0)=1 \quad (\text{即 } y|_{x=0}=1). \tag{2}$$

这样,例 1 中的问题可归结为求解(1)和(2).不难验证,对任意常数 C,函数

$$y=C\mathrm{e}^{x} \tag{3}$$

满足方程(1).而

$$y=e^{x} \tag{4}$$

满足方程(1)和(2)式.

例 2 质量为 m 的物体从空中某处下落,其初速度为 v_0.不计空气阻力,试确定该物体运动的位移 S 与时间变量 t 的函数关系.

解 设物体下落初始位置为坐标原点,垂直向下为坐标轴正向,并设所求函数关系为 $S=S(t)$,其一阶导数为物体运动的速度,二阶导数为加速度.已知重力加速度为 g.于是未知函数 $S=S(t)$应满足方程

$$S''=g, \tag{5}$$

且

$$S'\big|_{t=0}=v_0,\quad S\big|_{t=0}=0. \tag{6}$$

对方程(5)逐次积分两次,分别得到

$$S'(t)=gt+C_1,\quad S(t)=\frac{1}{2}gt^2+C_1t+C_2. \tag{7}$$

将条件(6)代入(7)式可确定任意常数 C_1 和 C_2 的值:

$$C_1=v_0,\quad C_2=0.$$

最后得到所求的运动方程

$$S(t)=\frac{1}{2}gt^2+v_0t. \tag{8}$$

上述欲求解的实际问题(几何的或物理的),都归结为求解一个方程((1)或(5)),方程中含有未知函数的导数,此外还有附加条件.下面,作为本章的前导,先阐明微分方程的基本概念.

含有未知函数的导数或微分的方程称为**微分方程**(有时根据上下文的关系,简称为方程).如(1)式和(5)式都是微分方程.

所含未知函数为一元函数的微分方程称为**常微分方程**.不难看出(1)式和(5)式都是常微分方程.所含未知函数为多元函数的微分方程称为**偏微分方程**(其中应该含有未知函数的偏导数).如

$$\frac{\partial u}{\partial t}=\frac{\partial^2 u}{\partial x^2}+\frac{\partial^2 u}{\partial y^2}$$

为偏微分方程,其中的未知函数为 $u=u(t,x,y)$.

本章内容只讨论常微分方程,以下简称为微分方程,有时就称方程.

微分方程中所含未知函数导数的最高阶数称为**微分方程的阶**.如,(1)式为一阶微分方程,(5)式为二阶微分方程,n 阶微分方程的一般形式为

$$F(x,y,y',y'',\cdots,y^{(n)})=0.$$

有时 n 阶微分方程可解出其中的最高阶导数而成为

$$y^{(n)}=f(x,y,y',y'',\cdots,y^{(n-1)}).$$

如方程

$$y^{(4)}=y$$

含有未知函数 y 及其四阶导数，就是一个四阶微分方程.以后，我们称二阶及二阶以上的微分方程为高阶微分方程.

对于一个确定的方程，若将某函数 $y=y(x)$ 代入其中使之成为恒等式，则称这个函数 $y=y(x)$ 为方程的解.如(3)式和(4)式都是方程(1)的解，(3)式中含有任意常数 C，当取 $C=1$ 时得到了(4)式.若方程的解中含有彼此独立的任意常数的个数等于其阶数，这样的解称为方程的通解.这里“彼此独立”意味着它们不能经合并而减少其个数.这样，(3)式和(7)式分别是方程(1)和方程(5)的通解，而

$$S=\frac{1}{2}gt^2+C_1t+C_2t \tag{9}$$

虽然也是方程(5)的解，但不是通解.因为其中的 C_1 和 C_2 不是彼此独立的，它们可以合并为 $C=C_1+C_2$，使得(9)式中只含一个任意常数.而含一个任意常数的解不是二阶微分方程的通解.依据某些条件能由通解确定出的、不含任意常数的解称为微分方程的特解.如，(4)式和(8)式分别是方程(1)和方程(5)的特解.显然，特解是一个确定的解，而通解则表示一族解.对于已知方程的通解，附加一定的条件(如(2)式或(6)式)则可求得所含常数的值，从而确定方程的一个特解.这样，(4)式和(8)式分别是方程(1)和方程(5)满足条件(2)或条件(6)的特解.此处，为确定通解中的任意常数而附加的条件(形如(2)式或(6)式)称为定解条件.若定解条件是在自变量的一个值处给出的，则称其为初值条件.如(2)式和(6)式分别是方程(1)和方程(5)的初值条件.求解带有初值条件的微分方程，这样的问题称为**初值问题**.如

$$\begin{cases}S''=g,\\ S'\big|_{t=0}=v_0,\quad S\big|_{t=0}=S_0\end{cases}$$

就是一个二阶微分方程的初值问题，其中的定解条件是在 $t=0$ 处给出的.初值问题中的条件个数一般应该等于方程的阶数.

如果微分方程中所含有的未知函数及其各阶导数均为一次方的，这样的方程叫做线性微分方程.如

$$y''-\frac{1}{x}y'=xe^x$$

就是一个二阶线性微分方程，而

$$y''-\frac{1}{x}(y')^2=xe^x$$

为二阶非线性微分方程.

如果微分方程中未知函数及其各阶导数的系数均为常数，这样的方程叫做常系数微分方程.

$$2y''=x+y'$$

就是一个常系数微分方程,而

$$2y''=x+xy' \quad 及 \quad 2\sin x\cdot y''=x+xy'$$

等则不是常系数微分方程.

几何上,微分方程的解是曲线,称为积分曲线.通解为积分曲线族,而特解就是满足已知条件的曲线.如,(4)式为过指定点(0,1)的曲线,而(8)式为过指定点(0,0)且在该点处切线斜率等于 v_0 的曲线.

例 3　验证 $x^2+y^2=C$ 是 $y'=-\dfrac{x}{y}$ 的通解.

解　对 $x^2+y^2=C$ 用隐函数求导法求其导数得 $y'=-\dfrac{x}{y}$,故 $x^2+y^2=C$ 是方程的解,因含有一个任意常数,所以是方程的通解.

思考与扩展 32

微分方程的通解包含了方程的所有解吗?

思考与扩展 33

可以将微分方程的特解定义为"微分方程的不含任意常数的解为其特解"吗?

*二、线性微分方程解的结构

线性微分方程中,未知函数及其各阶导数均为一次方的,因此 n 阶线性微分方程的一般形式可表示为

$$y^{(n)}+p_1(x)y^{(n-1)}+p_2(x)y^{(n-2)}+\cdots+p_n(x)y=f(x), \tag{10}$$

其中各项系数 $p_1(x),p_2(x),\cdots,p_n(x)$ 及右端项 $f(x)$ 为已知函数.

当 $f(x)\neq 0$ 时,称(10)式为 n 阶非齐次线性方程,当 $f(x)\equiv 0$ 时,则(10)式化为与其相应的齐次方程

$$y^{(n)}+p_1(x)y^{(n-1)}+p_2(x)y^{(n-2)}+\cdots+p_n(x)y=0.$$

这里的"齐次"是指方程的右端项为 0.

本章所涉及的微分方程中的系数和右端项(或称为自由项)都是连续函数,以后不再一一说明.

下面以二阶方程为例，讨论 n 阶线性微分方程解的结构特点，所述结果可以推广到任意阶的情形.

二阶非齐次线性方程一般形式为

$$y''+p(x)y'+q(x)y=f(x). \tag{11}$$

相应的齐次方程为

$$y''+p(x)y'+q(x)y=0. \tag{12}$$

显然，$y=0$ 是(12)式的解(平凡解)，以后仅讨论非平凡解.

定理 1 如果 $y_1=y_1(x)$，$y_2=y_2(x)$ 是(12)式的两个解，则 $y=C_1y_1(x)+C_2y_2(x)$ 也是(12)式的解，其中 C_1，C_2 为任意常数.

将 $y=C_1y_1(x)+C_2y_2(x)$ 代入(12)式易证.

本定理的一个特例：当 $C_2=0$ 时，$y=C_1y_1$ 为(12)式的解.

应该注意，$y=C_1y_1(x)+C_2y_2(x)$ 未必是通解，因为其中的 C_1 和 C_2 这两个常数未必是彼此独立的.例如若 y_1 是(12)式的解，则 $y_2=-y_1$ 也是(12)式的解.此时有

$$y=C_1y_1+C_2y_2=(C_1-C_2)y_1=Cy_1,$$

即 $y=C_1y_1(x)+C_2y_2(x)$ 中其实只含一个任意常数，这显然不是通解.

为了进一步揭示解结构的特征，有必要介绍函数组的线性相关性的概念.

设 $y_1,y_2,\cdots,y_n$ 为定义在区间 I 上的 n 个函数，如果存在 n 个不全为零的常数 $\alpha_1,\alpha_2,\cdots,\alpha_n$，使得

$$\alpha_1y_1+\alpha_2y_2+\cdots+\alpha_ny_n\equiv 0,$$

则称函数组 $y_1,y_2,\cdots,y_n$ 线性相关，否则称函数组 $y_1,y_2,\cdots,y_n$ 线性无关.如函数组 $1,x,x^2,x^3$ 线性无关，因为当且仅当 $C_0=C_1=C_2=C_3=0$ 时，

$$C_0+C_1x+C_2x^2+C_3x^3\equiv 0.$$

函数组 $x,-x,x^2$ 和函数组 $1,\cos^2x,\sin^2x$ 都线性相关，因为

$$x-x+0\cdot x^2=0,\quad 1-\cos^2x-\sin^2x=0.$$

同理可以看出，$1,\tan^2x,\sec^2x$ 也线性相关.

特别地，两个函数 $f(x)$，$g(x)$ 构成的函数组线性相关的充要条件是其比值为常数：

$$\frac{f(x)}{g(x)}=C,$$

即 $f(x)-Cg(x)=0$，其中 $f(x)$ 的系数为 1(非 0).由此可知，当

$$\frac{f(x)}{g(x)}\neq C$$

时，这两个函数线性无关.比如，函数 e^x 和 e^{-x} 线性无关，e^x 和 $x\mathrm{e}^x$ 也线性无关，x 和 $-3x$ 则线性相关.

定理 2 若 $y_1=y_1(x)$，$y_2=y_2(x)$ 是(12)式的两个线性无关的特解，则

$$y=C_1y_1+C_2y_2$$

是(12)式的通解,其中 C_1,C_2 为任意常数.

首先由定理 1,$y=C_1y_1+C_2y_2$ 为(12)式的解.其次,C_1 与 C_2 不能合并为一,它们是独立的.含有两个独立任意常数的解就是二阶微分方程的通解.

例如,二阶齐次线性方程 $y''-y=0$ 有两个线性无关的特解

$$y_1=\mathrm{e}^x,\quad y_2=\mathrm{e}^{-x},$$

则其通解为

$$y=C_1\mathrm{e}^x+C_2\mathrm{e}^{-x}.$$

下面给出二阶非齐次线性方程(11)之解的结构特点.

定理 3 若 $y_1=y_1(x),y_2=y_2(x)$ 是方程(11)的两个解,则

$$y=y_1-y_2$$

是方程(12)的解.

只需将 $y=y_1-y_2$ 代入方程(12)可证.

定理 4 若 $\overline{y}$ 是(11)的一个特解,$Y=C_1y_1+C_2y_2$ 是与方程(11)对应的齐次方程(12)的通解,则 $y=Y+\overline{y}$ 是方程(11)的通解.

证 仿照定理 1 的证明过程,将 $y=Y+\overline{y}$ 代入方程(11)便可看出它是方程(11)的解.又因为 $Y=C_1y_1+C_2y_2$ 是方程(12)的通解,其中的 C_1 与 C_2 彼此独立,即方程(11)的解 $y=Y+\overline{y}$ 中含有彼此独立的两个任意常数,当然它就是方程(11)的通解了.

前面曾指出,一般线性方程解的结构都有如定理 4 描述的特点.由此,在求解 n 阶线性微分方程时,只要求得了非齐次方程的一个特解及相应齐次方程 n 个线性无关的通解,就可以得到非齐次方程的通解.可见定理 4 对求解线性方程具有重要意义.

习题 8-1

(A)

一、1. 一阶非齐次线性方程 $y'+p(x)y=q(x)$ 有两个不同的特解 $y_1=y_1(x),y_2=y_2(x)$,$C_i(i=1,2)$ 为任意常数,则该方程的通解是(　　).

A. $y=C(y_1-y_2)$　　B. $y=y_1+C(y_1-y_2)$

C. $y=C(y_1+y_2)$　　D. $y=y_1+C(y_1+y_2)$

2. 设线性无关的函数 $y_1(x),y_2(x),y_3(x)$ 都是方程 $y''+p(x)y'+q(x)y=f(x)$ 的解,C_1,C_2 为任意常数,则该方程的通解是(　　).

A. $C_1y_1+C_2y_2+y_3$　　B. $C_1y_1+C_2y_2-(C_1+C_2)y_3$

C. $C_1y_1+C_2y_2-(1-C_1-C_2)y_3$　　D. $C_1y_1+C_2y_2+(1-C_1-C_2)y_3$

3. 过原点的曲线,其上任一点 $M(x,y)$ 处的切线斜率等于弦 OM 斜率的倒数,则该曲线方程满足微分方程(　　).

A. $y'-xy=0$　　B. $y'-\dfrac{y}{x}=0$

C. $y'+\dfrac{x}{y}=0$　　D. $y'-\dfrac{x}{y}=0$

二、1. 微分方程 $xyy''+x(y')^2-y^4(y')^5=0$ 的阶数是________.

2. 已知 Y 是 $y''+p(x)y'+q(x)y=0$ 的通解，y_1 是 $y''+p(x)y'+q(x)y=f(x)$ 的特解，则后者的通解为________.

3. 微分方程 $y''+y'-x^2=0$ 的通解所含任意常数的个数为________.

第二节　几种常见的一阶微分方程

一阶微分方程的一般形式为

$$F(x,y,y')=0. \tag{1}$$

本节介绍几种常见类型的一阶微分方程的求解方法.

一、可分离变量的方程

若一个一阶微分方程可化为

$$g(y)\mathrm{d}y=f(x)\mathrm{d}x \tag{2}$$

的形式，则称原方程为**可分离变量的方程**.(2)式具有已分离变量的形式：其一端只含 x 的表达式 $f(x)$ 和 $\mathrm{d}x$，而另一端只含 y 的表达式 $g(y)$ 和 $\mathrm{d}y$.

求解可分离变量的方程其步骤为：

(1) 分离变量，即将要求解的方程写成(2)式的形式；

(2) 两边积分

$$\int g(y)\mathrm{d}y=\int f(x)\mathrm{d}x;$$

(3) 求得通解

$$G(y)=F(x)+C.$$

例 1　求方程 $\dfrac{\mathrm{d}y}{\mathrm{d}x}=y\sin x$ 的通解.

解　原方程分离变量后成为

$$\frac{1}{y}\mathrm{d}y=\sin x\mathrm{d}x, \tag{3}$$

两边积分得

$$\ln|y|=-\cos x+C_1,$$

$$|y| = e^{C_1}e^{-\cos x},$$

$$y = \pm e^{C_1}e^{-\cos x}.$$

令 $C=\pm e^{C_1}$，得到所求方程的通解 $y=Ce^{-\cos x}$，其中 C 为任意常数.

在对微分方程积分时有时遇到与(3)式类似的情形，为简化计算，对数中的真数可不加绝对值符号.如对(3)式积分可直接得

$$\ln y = -\cos x + C_1, \tag{4}$$

$$y = e^{C_1}e^{-\cos x}.$$

令 $C=e^{C_1}$，则通解为

$$y = Ce^{-\cos x}.$$

例 2 求解微分方程

$$y' = \frac{x+xy^2}{y+x^2y}, \quad y\big|_{x=0} = 1. \tag{5}$$

解 原方程分离变量后成为

$$\frac{y}{1+y^2}dy = \frac{x}{1+x^2}dx.$$

两边积分

$$\int \frac{y}{1+y^2}dy = \int \frac{x}{1+x^2}dx,$$

得

$$\frac{1}{2}\ln(1+y^2) = \frac{1}{2}\ln(1+x^2) + \frac{1}{2}\ln C,$$

$$\ln(1+y^2) = \ln(1+x^2) + \ln C,$$

则所求方程的通解为

$$1+y^2 = C(1+x^2).$$

代入初值条件求得 $C=2$，所求特解为

$$1+y^2 = 2(1+x^2).$$

二、齐次方程

若一阶微分方程可化为如

$$\frac{dy}{dx} = f\left(\frac{y}{x}\right) \tag{6}$$

的形式，则该方程称为**齐次方程**.这里的“齐次”是指表达式 $f\left(\frac{y}{x}\right)$ 为变量 x 和 y 的 0 次齐次函

数:若 $f(tx,ty)=t^k f(x,y)$,则称 $f(x,y)$ 为 k 次齐次函数,记 $f\left(\frac{y}{x}\right)=\bar{f}(x,y)$,则

$$f\left(\frac{ty}{tx}\right)=f\left(\frac{y}{x}\right)=\bar{f}(x,y)=t^0\bar{f}(x,y)=t^0 f\left(\frac{y}{x}\right),$$

可知 $f\left(\frac{y}{x}\right)$ 为 0 次齐次函数.

求解齐次方程(6)时,引入变量 u,令 $u=\frac{y}{x}$,对 $y=ux$ 求导

$$\frac{\mathrm{d}y}{\mathrm{d}x}=u+x\frac{\mathrm{d}u}{\mathrm{d}x}.$$

将此式代入(6)式,得到可分离变量的方程

$$u+x\frac{\mathrm{d}u}{\mathrm{d}x}=f(u),$$

分离变量后成为

$$\frac{\mathrm{d}u}{f(u)-u}=\frac{1}{x}\mathrm{d}x.$$

求得积分后,再将 u 代换为 $\frac{y}{x}$,便得到原方程的解.

例 3　求微分方程 $xy'-y+\frac{y^2}{x}=0$ 的通解.

解　将方程变形为

$$y'-\frac{y}{x}+\frac{y^2}{x^2}=0.$$

这是一个齐次微分方程.令 $u=\frac{y}{x}$,则上述方程可化为

$$x\frac{\mathrm{d}u}{\mathrm{d}x}+u^2=0,\quad -\frac{\mathrm{d}u}{u^2}=\frac{\mathrm{d}x}{x}.$$

两端分别积分可得

$$\frac{1}{u}=\ln x+C,$$

代入 $u=\frac{y}{x}$ 后可得通解

$$\frac{x}{y}=\ln x+C.$$

三、一阶线性方程

一阶线性微分方程的一般形式为

$$\frac{\mathrm{d}y}{\mathrm{d}x}+p(x)y=q(x). \tag{7}$$

当 $q(x)\neq0$ 时称其为**一阶非齐次线性方程**，当 $q(x)\equiv0$ 时有

$$\frac{\mathrm{d}y}{\mathrm{d}x}+p(x)y=0, \tag{8}$$

称为与非齐次方程相对应的**齐次方程**.将(8)式分离变量

$$\frac{\mathrm{d}y}{y}=-p(x)\mathrm{d}x,$$

可求得其通解为

$$y=C\mathrm{e}^{-\int p(x)\mathrm{d}x}. \tag{9}$$

下面在此基础上用常数变易法求方程(7)的通解.

将(9)式中的任意常数 C 变易为 x 的未知待定函数 $C(x)$，

$$y=C(x)\mathrm{e}^{-\int p(x)\mathrm{d}x}. \tag{10}$$

为了使它成为方程(7)的解，对其求导数，

$$y'=C'(x)\ \mathrm{e}^{-\int p(x)\mathrm{d}x}-C(x)p(x)\mathrm{e}^{-\int p(x)\mathrm{d}x},$$

代入方程(7)得到

$$C'(x)=q(x)\mathrm{e}^{\int p(x)\mathrm{d}x},$$

积分可得

$$C(x)=\int q(x)\mathrm{e}^{\int p(x)\mathrm{d}x}\mathrm{d}x+\overline{C}.$$

这就是要确定的那个未知函数.将其代入(10)式，并且将任意常数仍记为 C，便得到

$$y=\mathrm{e}^{-\int p(x)\mathrm{d}x}\left(\int q(x)\mathrm{e}^{\int p(x)\mathrm{d}x}\mathrm{d}x+C\right). \tag{11}$$

此处约定式中的不定积分不再含有任意常数.(11)式又可写成

$$y=C\mathrm{e}^{-\int p(x)\mathrm{d}x}+\mathrm{e}^{-\int p(x)\mathrm{d}x}\int q(x)\mathrm{e}^{\int p(x)\mathrm{d}x}\mathrm{d}x,$$

其中的

$$y=C\mathrm{e}^{-\int p(x)\mathrm{d}x} \tag{12}$$

为方程(8)的通解.容易验证

$$y=\mathrm{e}^{-\int p(x)\mathrm{d}x}\int q(x)\mathrm{e}^{\int p(x)\mathrm{d}x}\mathrm{d}x \tag{13}$$

为方程(7)的特解，从而(11)式为方程(7)的通解.

至此，使用常数变易法求得(11)式为方程(7)的通解.应用常数变易法求解一阶非齐次线性

方程的通解时,可以直接积分(12)式和(13)式并代入公式(11)而完成求解,也可以由常数变易法的原理逐步计算.当计算(12)式和(13)式时应该注意,其中的$p(x)$和$q(x)$分别是一阶非齐次线性方程一般形式(7)中y的系数和右端项,而(7)式中y'的系数为1.

例4　求方程$\dfrac{dy}{dx}-2xy=e^{x^2}\cos x$的通解.

解　这是一个一阶非齐次线性方程,其中

$$p(x)=-2x,\quad q(x)=e^{x^2}\cos x.$$

由公式(11)得

$$\begin{aligned}y&=e^{\int 2x dx}\left(\int e^{x^2}\cos x\cdot e^{-\int 2x dx}dx+C\right)\\&=e^{x^2}\left(\int\cos x dx+C\right)=e^{x^2}(\sin x+C),\end{aligned}$$

即方程的通解为

$$y=e^{x^2}(\sin x+C).$$

例5　求方程

$$x\frac{dy}{dx}-y=-ax\ln x$$

的通解.

解　这是一个线性方程,先将其改写为(7)式的形式

$$\frac{dy}{dx}-\frac{y}{x}=-a\ln x,$$

其通解为

$$\begin{aligned}y&=e^{\int\frac{1}{x}dx}\left(-\int a\ln x e^{-\int\frac{1}{x}dx}dx+C\right)\\&=x\left(-\int\frac{a\ln x}{x}dx+C\right)\\&=x\left[C-\frac{a}{2}(\ln x)^2\right].\end{aligned}$$

例6　求方程$(x+y^2)\dfrac{dy}{dx}=y$满足初值条件$y|_{x=3}=1$的特解.

解　这显然不是一阶线性方程.若将y视为自变量,所求解的方程可以化为关于未知函数x的线性方程

$$\frac{dx}{dy}-\frac{1}{y}x=y,$$

其中的$p(y)=-\dfrac{1}{y}$,$q(y)=y$.由(11)式有

$$x=\mathrm{e}^{\int\frac{1}{y}\mathrm{d}y}\left(\int y\mathrm{e}^{-\int\frac{1}{y}\mathrm{d}y}\mathrm{d}y+C\right)=y(y+C).$$

由初值条件 $y\big|_{x=3}=1$ 得到 $C=2$,所求特解为

$$x=y(y+2).$$

习题 8-2

(A)

一、求下列微分方程的通解或给定条件下的特解:

1. $xy'-y\ln y=0$.

2. $\dfrac{\mathrm{e}^y}{1+\mathrm{e}^y}\mathrm{d}y=\dfrac{2x}{1+x^2}\mathrm{d}x$.

3. $\dfrac{1}{y+3}\mathrm{d}y=2x\mathrm{d}x$.

4. $y'=\dfrac{1+y^2}{xy+x^3y}$.

5. $(1+x)y\mathrm{d}x+(1-y)x\mathrm{d}y=0$.

6. $y'=\mathrm{e}^{x-y}$.

7. $x(y^2-1)\mathrm{d}x+y(x^2-1)\mathrm{d}y=0$.

8. $y'=(1+x^2)(1+y^2)$.

9. $y'=2xy, y\big|_{x=0}=1$.

10. $x\dfrac{\mathrm{d}y}{\mathrm{d}x}=2(y-1), y\big|_{x=1}=2$.

二、求下列微分方程的通解或给定条件下的特解:

1. $xy'-y=x\tan\dfrac{y}{x}$.

2. $y^2+x^2y'=xyy'$.

3. $(x\mathrm{e}^{\frac{y}{x}}+y)\mathrm{d}x=x\mathrm{d}y, y\big|_{x=1}=0$.

4. $y'-\dfrac{2}{x}y=x^2\cos x$.

5. $xy'+y=x^2+3x+2$.

6. $xy'+y=x^3$.

7. $y'=-2xy+4x$.

8. $y'=y+\sin x, y\big|_{x=0}=1$.

9. $y'\sin x-y\cos x=0, y\big|_{x=\frac{\pi}{2}}=1$.

10. $\cos y\mathrm{d}x+(1+\mathrm{e}^{-x})\sin y\mathrm{d}y=0, y\big|_{x=0}=\dfrac{\pi}{4}$.

三、1. 求微分方程的通解:

$$xy'=y+x\cos^2\frac{y}{x}.$$

2. 求微分方程的通解:

$$y'-\frac{1}{x\ln x}y=3x^2\ln x.$$

四、1. 设 $f(x)$ 可导且满足

$$x^2f(x)-\int_1^x(1-t)f(t)\mathrm{d}t=1,$$

求 $f(x)$.(提示:题目隐含条件 $f(1)=1$.)

2. 设连续函数 $f(x)$ 满足

$$f(x)+2\int_0^x f(t)\mathrm{d}t=x^2,$$

求 $f(x)$.

3. 设连续函数 $y(x)$ 满足

$$y(x)=\int_0^x y(t)\,\mathrm{d}t+\mathrm{e}^x,$$

求 $y(x)$.

(B)

一、1. 设 y_1,y_2 是一阶非齐次微分方程 $y'-p(x)y=q(x)$ 的两个解,若常数 λ,μ 使 $\lambda y_1+\mu y_2$ 是该方程的解,$\lambda y_1-\mu y_2$ 是该方程对应的齐次方程的解,则(　　).

A. $\lambda=\dfrac{1}{2},\mu=\dfrac{1}{2}$　　B. $\lambda=-\dfrac{1}{2},\mu=\dfrac{1}{2}$

C. $\lambda=\dfrac{2}{3},\mu=\dfrac{1}{3}$　　D. $\lambda=\dfrac{2}{3},\mu=\dfrac{2}{3}$

2. 若 $f(x)$ 为连续函数,且 $f(x)=\displaystyle\int_0^{2x}f\left(\frac{t}{2}\right)\mathrm{d}t+\ln 2$,则 $f(x)=$(　　).

A. $\mathrm{e}^x\ln 2$　　B. $\mathrm{e}^{2x}\ln 2$　　C. $\mathrm{e}^x+\ln 2$　　D. $\mathrm{e}^{2x}+\ln 2$

3. 已知 $y=y(x)$ 在任意点 x 处的增量 $\Delta y=\dfrac{y\Delta x}{1+x^2}+\alpha$,且当 $\Delta x\to 0$ 时,α 是 Δx 的高阶无穷小量,$y(0)=\pi$,则 $y(1)=$(　　).

A. 2π　　B. π　　C. $\mathrm{e}^{\frac{\pi}{4}}$　　D. $\pi\mathrm{e}^{\frac{\pi}{4}}$

4. 已知 $y=\dfrac{x}{\ln x}$ 是微分方程 $y'=\dfrac{y}{x}+\varphi\left(\dfrac{x}{y}\right)$ 的解,则 $\varphi\left(\dfrac{x}{y}\right)$ 的表达式为(　　)

A. $-\dfrac{y^2}{x^2}$　　B. $\dfrac{y^2}{x^2}$　　C. $-\dfrac{x^2}{y^2}$　　D. $\dfrac{x^2}{y^2}$

二、1. 微分方程 $y'=\dfrac{y(1-x)}{x}$ 的通解是________.

2. 微分方程 $x^2y'+xy=y^2$ 满足 $y\big|_{x=1}=1$ 的特解是________.

3. 微分方程 $\dfrac{\mathrm{d}y}{\mathrm{d}x}=\dfrac{y}{x}-\dfrac{1}{2}\left(\dfrac{y}{x}\right)^3$ 满足 $y\big|_{x=1}=1$ 的特解是________.

4. 微分方程 $(y+\sqrt{x^2+y^2})\,\mathrm{d}x-x\mathrm{d}y=0$ 满足 $y\big|_{x=1}=0$ 的特解是________.

5. 微分方程 $(x\ln x)\mathrm{d}y+(y-\ln x)\mathrm{d}x=0$ 满足 $y\big|_{x=\mathrm{e}}=1$ 的特解是________.

6. 微分方程 $xy'+2y=x\ln x$ 满足 $y(1)=-\dfrac{1}{9}$ 的特解是________.

7. 微分方程 $(y+x^2\mathrm{e}^{-x})\mathrm{d}x-x\mathrm{d}y=0$ 的通解为________.

三、1. 设函数 $f(t)$ 在区间 $[0,+\infty)$ 上连续,且满足方程

$$f(t)=\mathrm{e}^{4\pi t^2}+\iint_{x^2+y^2\leqslant 4t^2}f\left(\frac{1}{2}\sqrt{x^2+y^2}\right)\mathrm{d}x\mathrm{d}y,$$

求 $f(t)$.

2. 设级数 $\dfrac{x^4}{2\cdot 4}+\dfrac{x^6}{2\cdot 4\cdot 6}+\dfrac{x^8}{2\cdot 4\cdot 6\cdot 8}+\cdots(-\infty<x<+\infty)$ 的和函数为 $s(x)$,求

(1) $s(x)$所满足的微分方程;

(2) $s(x)$的表达式.

*第三节 可降阶的高阶微分方程

有些特殊类型的高阶微分方程,可以通过适当的变量代换降低其阶数,化为较低阶的微分方程,这样可使微分方程的求解问题前进一步.本节介绍三种可降阶的高阶微分方程,并指出其求解的一般途径.

一、$y^{(n)}=f(x)$型微分方程

这种类型的微分方程的右端仅含自变量 x.令 $p=y^{(n-1)}$可实现降阶.一般地可直接对该方程逐次积分,不断降低其阶数最终求得其解.如对方程

$$y^{(n)}=f(x)$$

两边积分得到

$$y^{(n-1)}=\int f(x)\,\mathrm{d}x+C_1,$$

再积分得到

$$y^{(n-2)}=\int\left(\int f(x)\,\mathrm{d}x+C_1\right)\mathrm{d}x+C_2.$$

连续积分 n 次便可求出含有 n 个任意常数的通解.

例 1 求解方程 $y^{(3)}=\sin x+x$.

解 对方程连续积分三次得

$$y''=\int(\sin x+x)\,\mathrm{d}x=-\cos x+\frac{x^2}{2}+C_1,$$

$$y'=\int\left(-\cos x-\frac{x^2}{2}+C_1\right)\mathrm{d}x=-\sin x+\frac{x^3}{6}+C_1x+C_2,$$

$$y=\int\left(-\sin x+\frac{x^3}{6}+C_1x+C_2\right)\mathrm{d}x=\cos x+\frac{x^4}{24}+\frac{C_1}{2}x^2+C_2x+C_3.$$

这就是所求方程的通解.

二、$y''=f(x,y')$型微分方程

这种类型的二阶微分方程,其右端不显含未知函数 y.为了降低其阶数,设 $y'=p(x)$,则

$$y''=\frac{\mathrm{d}p}{\mathrm{d}x}=p',$$

将其代入原方程,得到关于未知函数 $p(x)$ 的一阶方程

$$p'=f(x,p),\tag{1}$$

设其通解为

$$p=\varphi(x,C_1),$$

则又得到关于未知函数 y 的一阶方程

$$y'=\varphi(x,C_1).\tag{2}$$

再积分便得到原方程的通解

$$y=\int\varphi(x,C_1)\mathrm{d}x+C_2.$$

上述关于 $y''=f(x,y')$ 型的微分方程,是通过降阶后相继化成了两个一阶方程(即(1)式,(2)式)而实现求解的.

例 2　求解方程 $xy''=y'\ln y'$.

解　该方程中不显含 y,属于 $y''=f(x,y')$ 型微分方程.

令 $y'=p(x)$ 并对其求导数,$y''=\frac{\mathrm{d}p}{\mathrm{d}x}$,将其代入原方程得到

$$x\frac{\mathrm{d}p}{\mathrm{d}x}=p\ln p.$$

这是一个关于未知函数 $p(x)$ 一阶可分离变量的方程,分离变量后可得

$$\frac{\mathrm{d}p}{p\ln p}=\frac{1}{x}\mathrm{d}x,$$

两边积分,得

$$p=\mathrm{e}^{C_1x},\quad 即\quad y'=\mathrm{e}^{C_1x}.$$

再积分就得到了所求之解 $y=\frac{1}{C_1}\mathrm{e}^{C_1x}+C_2$.

例 3　求解

$$(1+x^2)y''=2xy',$$
$$y\big|_{x=0}=1,\quad y'\big|_{x=0}=3.$$

解　该方程不显含未知函数 y.令 $y'=p(x)$,并对其求导可得 $y''=\frac{\mathrm{d}p}{\mathrm{d}x}$,代入所求解的方程得到

$$(1+x^2)\frac{\mathrm{d}p}{\mathrm{d}x}=2xp,$$

分离变量后化为

$$\frac{\mathrm{d}p}{p}=\frac{2x}{1+x^2}\mathrm{d}x,$$

两边积分得

$$\ln p=\int\frac{2x}{1+x^2}\mathrm{d}x=\ln(1+x^2)+\ln C_1,$$

进一步得到

$$y'=p=C_1(1+x^2).$$

由初值条件 $y'|_{x=0}=3$ 解出 $C_1=3$，代入上式得

$$y'=3(1+x^2),$$

再积分，

$$y=\int(3x^2+3)\mathrm{d}x=x^3+3x+C_2.$$

由初值条件 $y|_{x=0}=1$，解出 $C_2=1$，最后得到所求特解

$$y=x^3+3x+1.$$

三、$y''=f(y,y')$ 型微分方程

这类方程的右端不显含自变量 x，为降低其阶数，令 $y'=p(y)$ 并求导

$$y''=\frac{\mathrm{d}p}{\mathrm{d}x}=\frac{\mathrm{d}p}{\mathrm{d}y}\cdot\frac{\mathrm{d}y}{\mathrm{d}x}=p\frac{\mathrm{d}p}{\mathrm{d}y}.$$

将其代入原方程，得到关于未知函数 $p(y)$ 的一阶方程

$$p\frac{\mathrm{d}p}{\mathrm{d}y}=f(y,p),\tag{3}$$

设其通解为

$$p=\varphi(y,C_1),$$

则又得到关于未知函数 y 的一阶方程

$$y'=\varphi(y,C_1),\tag{4}$$

由此可得到原方程的通解

$$\int\frac{\mathrm{d}y}{\varphi(y,C_1)}=x+C_2.$$

这样，使用降阶法，通过相继求解一阶方程(3)和(4)而完成了 $y''=f(y,y')$ 型方程的求解.

例 4 求解微分方程

$$yy''+2y'^2=0.$$

解 该方程不显含 x，属于 $y''=f(y,y')$ 型微分方程.

令 $y'=p(y)$，则 $y''=p\frac{\mathrm{d}p}{\mathrm{d}y}$，代入原方程得到关于 p 的一阶方程

$$yp\frac{\mathrm{d}p}{\mathrm{d}y}+2p^2=0,$$

分离变量后成为

$$\frac{\mathrm{d}p}{p}=-2\frac{\mathrm{d}y}{y},$$

两边积分得

$$py^2=\overline{C}_1.$$

代入 $y'=p$,又得到关于 y 的一阶方程

$$y^2\frac{\mathrm{d}y}{\mathrm{d}x}=\overline{C}_1,$$

由此再积分,就得到原方程的解

$$y^3=C_1x+C_2,$$

其中 $C_1=3\overline{C}_1$.

例 5　求解微分方程

$$y''=y'^2+1.$$

解　该方程既不显含自变量 x,也不显含未知函数 y.以下按不显含未知函数 y 求解.令 $y'=p(x)$,则 $y''=\frac{\mathrm{d}p}{\mathrm{d}x}$,代入原方程,

$$\frac{\mathrm{d}p}{\mathrm{d}x}=p^2+1,$$

分离变量后成为

$$\frac{\mathrm{d}p}{p^2+1}=\mathrm{d}x,$$

积分并整理可得

$$p=\tan(x+C_1).$$

由 $p=y'$又得到

$$y'=\tan(x+C_1),$$

最后得到

$$\begin{aligned}y&=\int\tan(x+C_1)\,\mathrm{d}x\\&=-\ln|\cos(x+C_1)|+C_2.\end{aligned}$$

习题 8-3

(A)

一、求下列微分方程的通解或满足指定条件的特解:

1. $y''=\sin x-\cos x, y\big|_{x=\frac{\pi}{2}}=\pi, y'\big|_{x=\frac{\pi}{2}}=1$.

2. $y^{(3)}=e^{2x}-\cos x$.

3. $yy''-(y')^2=0$.

4. $y''=e^{2y}, y\big|_{x=0}=0, y'\big|_{x=0}=1$.

5. $y'y''-x=0, y\big|_{x=1}=2, y'\big|_{x=1}=1$.

6. $xy''-2y'=x^3+x$.

7. $y''=x+y'$.

8. $yy''+(y')^2=0$.

9. $yy''=2((y')^2-y'), y\big|_{x=0}=1, y'\big|_{x=0}=2$.

(B)

一、1. 微分方程 $xy''+3y'=0$ 的通解为________.

2. 微分方程 $yy''+y'^2=0$ 满足初值条件 $y\big|_{x=0}=1, y'\big|_{x=0}=\frac{1}{2}$ 的特解为________.

3. 微分方程 $y''(x+y'^2)=y'$ 满足初值条件 $y(1)=y'(1)=1$ 的特解为________.

二、1. 设对任意 $x>0$,曲线 $y=f(x)$ 上点 $(x, f(x))$ 处的切线在 y 轴上的截距等于 $\frac{1}{x}\int_0^x f(t)\,dt$,求 $f(x)$ 的一般表达式.

第四节 二阶常系数线性微分方程

这节主要介绍二阶常系数线性方程的解法,其方法可推广到一般高阶常系数线性微分方程.

一、求解二阶常系数齐次线性方程

二阶常系数齐次线性方程的一般形式为

$$y''+py'+qy=0, \tag{1}$$

其中 p,q 为常数.

由方程的特点可看出,y,y',y'' 为同一类型函数,它们之间相差常数因子倍数,被常系数 1,p,q 组合后成为 0.因此,对方程(1)可以考虑形如 $y=e^{rx}$ 的解.为了确定参数 r,使 $y=e^{rx}$ 成为方程(1)的解,将其代入方程(1)得到

$$r^2e^{rx}+re^{rx}p+e^{rx}q=0,$$

$$(r^2+pr+q)e^{rx}=0,$$

由此又得到

$$r^2+pr+q=0. \tag{2}$$

容易证明，$y=\mathrm{e}^{rx}$ 为方程(1)的解当且仅当 r 为方程(2)的解.因此可以把微分方程(1)的求解转化为代数方程(2)的求解问题.故称方程(2)为方程(1)的特征方程，其根为特征根.二次代数方程在复数域内有且只有两个根(重根按其重数计算).现在方程(2)的求根公式为

$$r_{1,2}=\frac{-p\pm\sqrt{p^2-4q}}{2}, \tag{3}$$

以下根据特征根 r_1,r_2 的三种不同情形，讨论方程(1)通解的三种状态.

1. 当 $p^2-4q>0$ 时有两个互异的特征根

$$r_1=\frac{-p+\sqrt{p^2-4q}}{2},\quad r_2=\frac{-p-\sqrt{p^2-4q}}{2}.$$

此时 $y_1=\mathrm{e}^{r_1x}$，$y_2=\mathrm{e}^{r_2x}$ 是方程(1)的两个线性无关的特解，方程(1)的通解为

$$y=C_1\mathrm{e}^{r_1x}+C_2\mathrm{e}^{r_2x}.$$

2. 当 $p^2-4q=0$ 时有二重特征根

$$r_1=r_2=-\frac{p}{2},$$

此时有

$$r_1^2+pr_1+q=0,\quad 且\quad 2r_1+p=0,$$

现在 $y_1=\mathrm{e}^{r_1x}$ 是方程(1)的一个解.可以证明 $y_2=x\mathrm{e}^{r_1x}$ 也是方程(1)的解，而且二者线性无关，则方程(1)的通解为

$$y=C_1\mathrm{e}^{r_1x}+C_2x\mathrm{e}^{r_1x}=(C_1+C_2x)\mathrm{e}^{r_1x}.$$

3. 当 $p^2-4q<0$ 时有一对共轭复特征根

$$r_1=\alpha+\mathrm{i}\beta,\quad r_2=\alpha-\mathrm{i}\beta\quad(\beta\neq0),$$

其中实部为 $\alpha=-\frac{p}{2}$，虚部为 $\beta=\frac{\sqrt{4q-p^2}}{2}$，$\mathrm{i}=\sqrt{-1}$ 为虚数单位.此时可以验证

$$y_1=\mathrm{e}^{\alpha x}\cos\beta x,\quad y_2=\mathrm{e}^{\alpha x}\sin\beta x$$

是方程(1)的两个线性无关的特解.于是得到方程(1)的通解

$$y=\mathrm{e}^{\alpha x}(C_1\cos\beta x+C_2\sin\beta x).$$

至此已说明：

若 r_1,r_2 为互异实特征根，则方程(1)有通解

$$y=C_1\mathrm{e}^{r_1x}+C_2\mathrm{e}^{r_2x};$$

若 r_1,r_2 为二重实特征根，则方程(1)有通解

$$y=(C_1+C_2x)\mathrm{e}^{r_1x};$$

若 r_1,r_2 为一对共轭复特征根 $\alpha\pm\mathrm{i}\beta$，则方程(1)有通解

$$y=e^{\alpha x}(C_1\cos\beta x+C_2\sin\beta x).$$

例 1 求解方程 $y''-3y'+2y=0$.

解 特征方程为 $r^2-3r+2=0$,有互异特征根 $r_1=1,r_2=2$,则方程的通解为

$$y=C_1e^x+C_2e^{2x}.$$

例 2 求解初值问题

$$y''+2y'+y=0,$$

$$y\big|_{x=0}=4,\quad y'\big|_{x=0}=-2.$$

解 特征方程为

$$r^2+2r+1=0,$$

有二重实特征根

$$r_1=r_2=-1,$$

于是通解为

$$y=(C_1+C_2x)e^{-x}.$$

求其导数

$$y'=((C_2-C_1)-C_2x)e^{-x}.$$

在 y 及 y' 中代入初值条件 $y\big|_{x=0}=4,y'\big|_{x=0}=-2$ 得 $C_1=4,C_2=2$,于是求得特解

$$y=(4+2x)e^{-x}.$$

例 3 求解方程 $y''-2y'+3y=0$.

解 特征方程为

$$r^2-2r+3=0,$$

有一对共轭复特征根

$$r_1=1+\sqrt{2}\,i,\quad r_2=1-\sqrt{2}\,i,$$

其中实部 $\alpha=1$,虚部 $\beta=\sqrt{2}$,则通解为

$$y=e^x(C_1\cos\sqrt{2}x+C_2\sin\sqrt{2}x).$$

二、求解二阶常系数非齐次线性方程

二阶常系数非齐次线性方程的一般形式为

$$y''+py'+qy=f(x),\tag{4}$$

其中系数 p,q 为常数.

下面介绍求解方程(4)的待定系数法.

若与方程(4)相应的齐次方程的通解为 Y,方程(4)的一个特解为 $\bar{y}$,由线性方程解的结构特性可知,$y=Y+\bar{y}$ 为方程(4)的通解.上一段已经介绍了二阶常系数齐次线性方程通解的求解方

法,下面只就右端项形如

$$f(x)=\mathrm{e}^{\alpha x}P_n(x)$$

的二阶常系数非齐次线性方程

$$y''+py'+qy=\mathrm{e}^{\alpha x}P_n(x) \tag{4}'$$

介绍求其特解的待定系数法,其中 α 为已知常数,$P_n(x)$ 为已知 n 次多项式.

观察方程(4)′的特点可以发现,这种特殊类型的右端项是一个多项式函数与一个指数函数的乘积.而多项式函数与指数函数之积的导数仍然是多项式函数与指数函数之积,因此,有理由假设方程(4)′有形如

$$\bar{y}=\mathrm{e}^{\alpha x}Q(x)$$

的特解,其中 $Q(x)$ 为待定多项式.将 $\bar{y}$ 代入方程(4)′得到

$$Q''+(2\alpha+p)Q'+(\alpha^2+p\alpha+q)Q=P_n(x). \tag{5}$$

以下分三种情形讨论 $Q(x)$ 的具体形式.

1. 当 α 不是特征根时,必有 $\alpha^2+p\alpha+q\neq 0$.由(5)式易知 $Q(x)$ 为 n 次多项式,设其为

$$Q_n(x)=b_0x^n+b_1x^{n-1}+\cdots+b_{n-1}x+b_n.$$

因此可设方程(4)′具有形如

$$\bar{y}=Q_n(x)\mathrm{e}^{\alpha x} \tag{6}$$

的特解,其中多项式 $Q(x)=Q_n(x)$ 的 $n+1$ 个系数 $b_0,b_1,b_2,\cdots,b_n$ 待定.

2. 当 α 是单特征根时,必有 $\alpha^2+p\alpha+q=0,2\alpha+p\neq 0$.由(5)式易知 $Q'(x)$ 为 n 次多项式,而 $Q(x)$ 是 $n+1$ 次多项式,此时可设

$$Q(x)=xQ_n(x).$$

而方程(4)′具有形如

$$\bar{y}=x\mathrm{e}^{\alpha x}Q_n(x) \tag{7}$$

的特解,其中多项式 $Q_n(x)$ 的系数待定.

3. 当 α 是二重特征根时,必有

$$\alpha^2+p\alpha+q=0,\quad 2\alpha+p=0.$$

因此由方程(5)可知 $Q''(x)$ 是 n 次多项式,而 $Q(x)$ 是 $n+2$ 次多项式,故可设

$$Q(x)=x^2Q_n(x).$$

而方程(4)′具有形如

$$\bar{y}=x^2\mathrm{e}^{\alpha x}Q_n(x) \tag{8}$$

的特解,其中多项式 $Q_n(x)$ 的系数待定.

确定了特解的形式为(6)式—(8)式之后,将相应的 $Q(x)$(含有 $n+1$ 个待定系数)代入方程(5)(或将 $\bar{y}=\mathrm{e}^{\alpha x}Q(x)$ 代入原方程)并比较其两边各同类项的系数,得到 $n+1$ 个代数方程,由此可以确定待定多项式 $Q_n(x)$ 的系数,从而得到方程(4)′的特解.

例 4　求方程 $y''-2y'-3y=3x+1$ 的一个特解.

解　方程右端项具有

$$f(x)=e^{\alpha x}P_n(x)$$

的形式，其中 $\alpha=0, P_n(x)=3x+1, n=1$. 特征方程为

$$r^2-2r-3=0,$$

有特征根 $r_1=3, r_2=-1$. 由于 $\alpha=0$ 不是特征根，可设

$$\bar{y}=Q(x)=ax+b,$$

将其代入原方程得到

$$-3ax-2a-3b=3x+1.$$

分别比较该式两边 x 与常数项的系数可得 $a=-1, b=\frac{1}{3}$，则所求特解为

$$\bar{y}=-x+\frac{1}{3}.$$

例 5　求方程

$$y''-5y'+6y=xe^{2x}$$

的通解.

解　该方程的特征方程为

$$r^2-5r+6=0,$$

由此解出特征根 $r_1=2, r_2=3$，则对应的齐次方程的通解为

$$y=C_1e^{2x}+C_2e^{3x}.$$

方程的右端项为

$$e^{\alpha x}P_n(x)=xe^{2x},$$

其中 $\alpha=2$ 为单特征根，并且 $n=1$，故可设方程有特解

$$y=x(ax+b)e^{2x},$$

即

$$Q(x)=x(ax+b).$$

将其代入方程(5)得

$$-2ax+2a-b=x.$$

分别比较该式两边 x 的系数与常数项，可以解出 $a=-\frac{1}{2}, b=-1$，则一个特解为

$$y=x\left(-\frac{1}{2}x-1\right)e^{2x},$$

因此通解为

$$y=C_1e^{2x}+C_2e^{3x}-\left(\frac{x^2}{2}+x\right)e^{2x}.$$

例 6 解微分方程 $y''-a^2y=x+1$.

解 特征方程 $r^2-a^2=0$ 有根 $r_1=a, r_2=-a$.

当 $a\neq 0$ 时,齐次线性方程的通解为 $y=C_1\mathrm{e}^{ax}+C_2\mathrm{e}^{-ax}$.设非齐次方程的特解为 $\bar{y}=d+cx$,其中 c,d 为待定系数.将其代入原方程解出

$$c=d=-\frac{1}{a^2},$$

故通解为

$$y=C_1\mathrm{e}^{ax}+C_2\mathrm{e}^{-ax}-\frac{1}{a^2}(x+1).$$

当 $a=0$ 时,设非齐次方程的特解为 $\bar{y}=x^2(d+cx)$,代入原方程解出

$$d=\frac{1}{2},\quad c=\frac{1}{6},$$

故通解为 $y=C_1+C_2x+\dfrac{1}{6}x^2(x+3)$.

现在对求解方程(4)的待定系数法做一简单总结:

设方程(4)的右端项形如

$$f(x)=\mathrm{e}^{\alpha x}P_n(x).$$

引入参数 s:

$$s=\begin{cases}0, & \alpha\text{ 不是特征根},\\ 1, & \alpha\text{ 是单特征根},\\ 2, & \alpha\text{ 是二重实特征根}.\end{cases}$$

设 $Q_n(x)$ 为 n 次待定多项式,$Q_n(x)$ 有 $n+1$ 个待定系数,它与 $f(x)$ 中的 $P_n(x)$ 次数相同.设方程(4)有形如

$$\bar{y}=x^sQ_n(x)\mathrm{e}^{\alpha x}$$

的特解.将其代入方程(4)或将 $\bar{y}=x^sQ_n(x)$ 代入方程(5),在得到的关系式中比较同类项的系数得到 $n+1$ 个代数方程,可求得 $Q_n(x)$,进而得到方程(4)的特解.

习题 8-4

(A)

一、求下列微分方程的通解:

1. $y''+y'-2y=0$.
2. $y''+4y=0$.
3. $y''+4y'+4y=0$.
4. $y''+2y'-3y=0$.
5. $y''-3y'-10y=0$.
6. $y''-4y'+4y=0$.
7. $y''-4y'+13y=0$.

二、求下列微分方程的通解：

1. $y''-8y'+12y=x$.

2. $y''-8y'+16y=x$.

3. $2y''+5y'=5x^2-2x-1$.

4. $y''+5y'+6y=2e^{-x}$.

5. $y''+2y'-3y=e^{-3x}$.

6. $y''-2y'+2y=e^x$.

三、求满足方程

$$y''+4y'+29y=0,\quad y\Big|_{x=0}=0,\quad y'\Big|_{x=0}=15$$

的特解.

(B)

一、1. 函数 $y=C_1e^x+C_2e^{-2x}+xe^x$ 满足的一个微分方程是(　　).

A. $y''-y'-2y=3xe^x$

B. $y''-y'-2y=3e^x$

C. $y''+y'-2y=3xe^x$

D. $y''+y'-2y=3e^x$

二、1. 微分方程 $y''-4y'+3y=2e^{2x}$ 的通解为 $y=$________.

2. 微分方程 $y''-4y=e^{2x}$ 的通解为________.

3. 微分方程 $y''-2y'+2y=e^x$ 的通解为________.

4. 若二阶常系数线性齐次微分方程 $y''+ay'+by=0$ 的通解为 $y=(C_1+C_2x)e^x$，则非齐次方程 $y''+ay'+by=x$ 满足条件 $y(0)=2, y'(0)=0$ 的特解 $y=$________.

三、1. 已知 $y_1=xe^x+e^{2x}, y_2=xe^x+e^{-x}, y_3=xe^x+e^{2x}-e^{-x}$ 是某二阶线性非齐次微分方程的三个解，求此微分方程.

2. 设 $f(x)$ 具有二阶连续导数，$z=f(e^x\sin y)$，且满足

$$\frac{\partial^2 z}{\partial x^2}+\frac{\partial^2 z}{\partial y^2}=e^{2x}z,$$

求 $f(u)$.

3. (1) 验证函数 $y=1+\frac{x^3}{3!}+\frac{x^6}{6!}+\frac{x^9}{9!}+\cdots+\frac{x^{3n}}{(3n)!}+\cdots(-\infty<x<+\infty)$ 满足微分方程

$$y''+y'+y=e^x;$$

(2) 利用(1)的结果求幂级数 $\sum\limits_{n=0}^{\infty}\frac{x^{3n}}{(3n)!}$ 的和函数.

第五节　微分方程应用举例

一、人口发展规律的探讨

例 1　人口问题是一个复杂的生物学和社会学问题.下面尝试着建立一个粗糙的数学模型，探讨用数学方法求解的途径.

① 一个简单的数学模型

设 $N(t)$ 为一个国家在时刻 t 的人口总数.客观地说,$N(t)$ 应该是一个不连续的阶梯函数.但是,个别人的增减与总人口相比极其微小.因此,可近似地设 $N(t)$ 为连续可导函数.

设 $r=r(t,N)$ 为人口的相对增长率(即出生率与死亡率之差).这样,在 Δt 时间段内的相对平均增长率为 $\frac{\Delta N}{\Delta t\cdot N}$,其中 ΔN 为 Δt 内人口的改变量,于是有

$$r=\lim_{\Delta t\to 0}\frac{\Delta N}{\Delta t\cdot N}=\frac{1}{N}\frac{\mathrm{d}N}{\mathrm{d}t},$$

即

$$\frac{\mathrm{d}N}{\mathrm{d}t}=rN, \tag{1}$$

这就是当做了某些近似假设后得到的 $N(t)$ 所满足的微分方程.

② 马尔萨斯人口论

设(1)式中的相对人口增长率 r 为常数 k,得到初值问题

$$\begin{cases}\frac{\mathrm{d}N}{\mathrm{d}t}=kN,\\ N(t_0)=N_0,\end{cases} \tag{2}$$

不难得到其解

$$N=N_0\mathrm{e}^{k(t-t_0)}.$$

这表明人口按指数规律爆炸性增长,这就是马尔萨斯人口论的依据,已被实践证明是错误的.

③ 另一个人口发展模型

由生物学和社会学的原理可以发现,人口的增长率应该随人口基数的增大而下降,于是有人提出假设

$$r=a-bN, \tag{3}$$

其中正常数 a 和 b 称为生命系数.一些生态学家测得 a 的自然值为 0.029,而 b 值则依赖于各国的社会经济条件,一般可用统计方法测定.由(3)式得到另一个人口发展模型

$$\begin{cases}\frac{\mathrm{d}N}{\mathrm{d}t}=(a-bN)N,\\ N(t_0)=N_0.\end{cases} \tag{4}$$

求解这个初值问题:

$$\int_{N_0}^{N}\frac{\mathrm{d}N}{N(a-bN)}=\int_{t_0}^{t}\mathrm{d}t,$$

$$\frac{1}{a}\int_{N_0}^{N}\left(\frac{1}{N}+\frac{b}{a-bN}\right)\mathrm{d}N=\int_{t_0}^{t}\mathrm{d}t,$$

$$\frac{1}{a}\ln\frac{N(a-bN_0)}{N_0(a-bN)}=t-t_0,$$

$$e^{a(t-t_0)}=\frac{N(a-bN_0)}{N_0(a-bN)},$$

$$N=\frac{aN_0e^{a(t-t_0)}}{a-bN_0+bN_0e^{a(t-t_0)}}. \tag{5}$$

下面考察人口发展模式(5)的可信性.

④ 关于(5)的可靠性

据文献记载,部分欧美国家(如美国、法国等)曾用(5)式预报过人口变化,其结果与(5)式的计算很贴近.而有些国家则不太符合.

下面列举的是我国人口调查统计的部分数据,并与(5)式的估算值做了对比.

1987 年全国 1%人口抽样调查结果显示 1987 年 7 月 1 日 0 时,我国大陆 29 个省、自治区、直辖市和现役军人的人口数约为 10.72 亿,而 1987 年年底的估算值为 10.82 亿;

1988 年年底的统计数字为 10.961 4 亿,而 1988 年的估算值为 10.96 亿.

此外,由(5)式估算,2020 年年底我国人口将接近 15 亿,最终趋势是 19.42 亿.事实上,由(5)式可得到

$$\lim_{t\to+\infty}N(t)=\frac{a}{b}\approx 1\ 941\ 840\ 000,$$

其中的 b 值由(3)式确定,而涉及的 r 和 N 值是根据 1979 年的数据推算出来的.对照 2022 年我国人口统计数据可以发现,这里仅仅是一个理论推导,它与实际情况还是有较大偏差,有必要深入探讨.

二、市场上商品价格对供需关系的调节作用

例 2 已知某商品的需求量 D 和供应量 S 都是价格 P 的函数:

$$D(P)=\frac{a}{P^2},$$

$$S(P)=bP,$$

其中的已知常数 a,b 均取正值.价格作为时间变量 t 的函数 $P=P(t)$,其变化率与需求过剩量$D-S$成正比:

$$\frac{dP}{dt}=k(D(P)-S(P)), \tag{6}$$

其中 k 为已知正常数,设 $P(0)=1$.

(1) 求需求量等于供应量时的平衡价格 $\overline{P}$;

(2) 求价格函数 $P=P(t)$;

(3) 计算 $\lim\limits_{t\to+\infty}P(t)$,并解释其经济意义.

解　(1) 令 $D(P)=S(P)$ 得 $\overline{P}=\sqrt[3]{\frac{a}{b}}$.

(2) 将 $D(P)$ 与 $S(P)$ 代入(6)式得到

$$\frac{P^2}{a-bP^3}\mathrm{d}P=k\mathrm{d}t,$$

容易求得其解为

$$a-bP^3=C\mathrm{e}^{-3bkt}$$

并由初值条件得到 $C=a-b$.故所求价格函数为

$$P=\sqrt[3]{\frac{a-(a-b)\mathrm{e}^{-3bkt}}{b}}. \tag{7}$$

(3) 对(7)式取极限

$$\lim_{t\to+\infty}P(t)=\sqrt[3]{\frac{a}{b}}=\overline{P}. \tag{8}$$

当 $P<\overline{P}$,由 S 和 D 的表达式可知 $S(P)<D(P)$,即市场上供应量小于需求量.此时由(6)式可知 $\frac{\mathrm{d}p}{\mathrm{d}t}>0$,价格将上涨.当价格涨到 $P=\overline{P}$ 时实现供需平衡 $D(P)=S(P)$.价格涨到 $P>\overline{P}$ 时,$S(P)>D(P)$,即供应量过剩于需求量,使得 P 下降.当 P 降到 $\overline{P}$ 时实现供需的再度平衡.这样,商品的市场价格在其平衡价格附近上下波动,以此调节商品的供应与需求关系.而极限(8)则表明,随着时间的增加,价格趋于平衡,供需关系也随之趋于平衡.

三、几何应用问题

例 3　设连续曲线 $y=y(x)$ 在区间$[0,x]$上的平均值与 $y(x)$ 值成正比,求$y(x)$,并说明 $y=C$(常数),$y=x^2$,$y=\frac{1}{\sqrt{x}}$都具有这种性质.

解　函数 $y=y(x)$ 在$[0,x]$上的平均值(即积分平均值)为$\frac{1}{x}\int_0^x y\mathrm{d}x$,设题中涉及的比例常数为 k,则由题意

$$\frac{1}{x}\int_0^x y\mathrm{d}x=ky,\quad 即\quad \int_0^x y\mathrm{d}x=xky.$$

两边对 x 求导得

$$y=ky+kxy'.$$

这是一个可分离变量的方程,其解为曲线族

$$y=Cx^{\frac{1-k}{k}}.$$

当比例系数 $k=1$ 时，$y=C$；$k=\frac{1}{3}$时，$y=Cx^2$；$k=2$ 时，$y=\frac{C}{\sqrt{x}}$，这些曲线都具有本题中所描述的性质.

习题 8-5

(A)

一、1. 设生产 x 件产品的总成本为 $C(x)$，固定成本为 $C(0)=20$，边际成本为 $2x+10$.求总成本.

2. 设某商品的需求弹性其绝对值为价格 P 的 2 倍，且 $P=1$ 时需求为 $Q(1)=100$，求需求函数 $Q=Q(P)$.

3. 已知某商品的需求量 D 和供应量 S 都是价格 P 的函数；

$$D(P)=c-dP,$$

$$S(P)=-a+bP,$$

其中的已知常数 a,b,c,d 均取正值.价格 P 作为时间变量 t 的函数，其变化率与需求过剩量成正比：

$$\frac{\mathrm{d}P}{\mathrm{d}t}=\alpha(D(P)-S(P)),$$

$$P\big|_{t=0}=P_0.$$

试计算 $\lim\limits_{t\to+\infty}P(t)$，并解释其经济意义.

第六节 差分方程概述

在经济管理及其他应用领域中，常常会遇到一些与动态时间变量相关的问题.如证券市场的指数分析，产品的产量、价格及供需问题，银行定期存储业务的计息问题以及国民收入的统计，等等.解决这些类型的问题需要以固定的时间步长分析其变化规律，建立并求解离散的数学模型.这里要介绍差分方程，它的概念、原理和方法是研究并解决离散数学问题的常用工具.

与微分方程不同，差分方程描述和处理离散变量的变化过程，但在有些结论及算法方面二者有某些相似之处.注意到这一点，对于学习差分方程无疑是有帮助的.

一、差分方程的基本概念

1. 函数的差分

设自变量 t 取离散的整数值 $t=0,1,2,\cdots$，而 y 是 t 的函数，记为 $y_t=y(t)$.当自变量从 t 变到 $t+1$ 时，相应的函数值的改变量称为函数 $y(t)$ 在 t 处的一阶差分，记为

$$\Delta y_t=y(t+1)-y(t),$$

或

$$\Delta y_t = y_{t+1} - y_t.$$

仿照一阶差分的定义，可以定义函数的高阶差分．$y_t = y(t)$ 在 t 处一阶差分的差分为函数 $y(t)$ 在 t 处的二阶差分，记为

$$\Delta^2 y_t = \Delta(\Delta y_t).$$

由这个定义可知

$$\Delta^2 y_t = \Delta y_{t+1} - \Delta y_t = y_{t+2} - 2y_{t+1} + y_t.$$

三阶差分为

$$\Delta^3 y_t = \Delta(\Delta^2 y_t) = \Delta^2 y_{t+1} - \Delta^2 y_t = y_{t+3} - 3y_{t+2} + 3y_{t+1} - y_t.$$

一般地，n 阶差分为

$$\Delta^n y_t = \Delta(\Delta^{n-1} y_t) = \sum_{i=0}^{n} \mathrm{C}_n^i (-1)^i y_{t+n-i}.$$

例 1　求 $y_t = C$ 的各阶差分．

解　$\Delta y_t = y_{t+1} - y_t = 0$，且其各阶差分都为 0．

例 2　求 $y_t = t^n$ 的差分，其中 n 为正整数．

解

$$\begin{aligned}\Delta y_t &= (t+1)^n - t^n \\ &= nt^{n-1} + \frac{n(n-1)}{2!}t^{n-2} + \frac{n(n-1)(n-2)}{3!}t^{n-3} + \cdots + nt + 1.\end{aligned}$$

这表明 n 次多项式的一阶差分为一个 $n-1$ 次多项式，低了一次．由此，对一个 n 次多项式求高阶差分时，每求一次差分所得结果其次数都降低一次，特别地，

$$\Delta^{n+1}(t^n) = 0.$$

例 3　求 $y_t = \lambda^t$ 的差分，其中 $\lambda \neq 0$ 为常数．

解　$\Delta y_t = \lambda^{t+1} - \lambda^t = (\lambda - 1)\lambda^t$．即 $y_t = \lambda^t$ 与 Δy_t 二者为相同类型的函数，只差一个常数因子．

设 a, b, C 为常数，u_t 和 v_t 为 t 的函数，则容易证明函数的差分具有以下简单性质：

$$\Delta(C) = 0.$$

$$\Delta(Cy_t) = C\Delta y_t.$$

$$\Delta(au_t + bv_t) = a\Delta u_t + b\Delta v_t.$$

$$\Delta(u_t v_t) = u_t \Delta v_t + v_{t+1}\Delta u_t.$$

$$\Delta\left(\frac{u_t}{v_t}\right) = \frac{v_t \Delta u_t - u_t \Delta v_t}{v_{t+1} v_t}.$$

2．差分方程

先考察一个例题．

在银行的存储业务中，设初始本金为 C，年利率为 $r(0<r<1)$，如以复利计息，试确定第 t 年末的本利和．设自变量为 t（以年为单位），则未知函数本利和可看成 t 的函数：$A_t = f(t)$．容易看到，A_t 满足

$$A_{t+1}=A_t+rA_t \quad (r=0,1,2,\cdots) \tag{1}$$

或

$$\Delta A_t=rA_t \quad (r=0,1,2,\cdots), \tag{2}$$

上述(1)式中含有未知函数值 A_t, A_{t+1}，而(2)式中含有未知函数及其差分.它们都是关于未知函数 A_t 的差分方程.求解差分方程可以得到欲求解的未知函数.一般地，含有未知函数和未知函数差分的方程称为**差分方程**.

差分方程的一般形式为

$$F(t,y_t,y_{t+1},\cdots,y_{t+n})=0 \tag{3}$$

或

$$G(t,y_t,\Delta y_t,\cdots,\Delta^n y_t)=0, \tag{4}$$

其中 F,G 为表达式，t 是自变量.差分方程的上述两种形式之间可以互相转换.如前面的(1)式和(2)式是等价的.又如差分方程

$$\Delta^2 y_t-a\Delta y_t=\mathrm{e}^t \tag{5}$$

与

$$y_{t+2}-(2+a)y_{t+1}+(1+a)y_t=\mathrm{e}^t \tag{6}$$

也是等价的.由于以函数 $y(t)$ 相继值的形式表示的差分方程(3)在求解时比较方便，因此，以下所谈到的差分方程多指形式(3).当然，有时分析差分方程的某些性质也往往需要借助与其等价的(4)式.

差分方程中所含差分的最高阶数称为**差分方程的阶**.或者等价地说，差分方程的阶数等于差分方程中未知函数下标的最大差数.(1)式和(2)式是一阶差分方程，而(5)式和(6)式是二阶差分方程.

差分方程中含有未知函数及其差分，满足差分方程的函数称为差分方程的解.例如，容易看出差分方程(1)(或(2))的解为 $A_t=C(1+r)^t$，此即第 t 年末的本利和，其中 C 为任意常数.若设 $t=0$ 时初始本金为确定值 A_0 并在 $A_t=C(1+r)^t$ 中取 $C=A_0$ 则 $A_t=A_0(1+r)^t$ 也是差分方程(1)(或(2))的解. n 阶差分方程的含有 n 个彼此独立的任意常数的解称为差分方程的通解.为确定通解中的任意常数而附加的定解条件称为初值条件.如一阶差分方程的初值条件可以形如 $y\big|_{t=0}=y_0$，将其代入通解可以求得一个任意常数的值而得到特解.又如二阶差分方程的初值条件可以形如 $y_t\big|_{t=t_0}=y_0, \Delta y_t\big|_{t=t_0}=\Delta y_0$，将其代入通解可以求得两个任意常数的值而得到特解，等等.

求解带有初值条件的差分方程，这样的问题称为初值问题.

*二、线性差分方程解的结构特征

n 阶非齐次线性差分方程形如

$$a_0(t)y_{t+n}+a_1(t)y_{t+n-1}+\cdots+a_n(t)y_t=f(t),$$

其中右端项 $f(t)$ 和各项系数 $a_0(t),a_1(t),\cdots,a_n(t)$ 为已知函数.相应的齐次线性差分方程为

$$a_0(t)y_{t+n}+a_1(t)y_{t+n-1}+\cdots+a_n(t)y_t=0.$$

从形式上看,线性差分方程的特征是其中未知函数的次数是一次的.以下以二阶线性差分方程为例考察其解的基本特征.所述结果可类似地推广到 n 阶情形.

设有二阶非齐次线性差分方程

$$y_{t+2}+a(t)y_{t+1}+b(t)y_t=f(t), \tag{7}$$

相应的齐次线性差分方程为

$$y_{t+2}+a(t)y_{t+1}+b(t)y_t=0, \tag{8}$$

其中系数 $b(t)\neq 0$.

定理 1　若 $y_t^{(1)}$ 和 $y_t^{(2)}$ 都是方程(8)的解,则对任意常数 $C_1,C_2,C_1y_t^{(1)}+C_2y_t^{(2)}$ 也是方程(8)的解.

将 $C_1y_t^{(1)}+C_2y_t^{(2)}$ 代入方程(8)可证.

由定理 1,特别地,当 $C_2=0$ 时,$C_1y_t^{(1)}$ 也是方程(8)的解.

定理 2　若 $y_t^{(1)}$ 和 $y_t^{(2)}$ 是方程(8)的线性无关的特解,则对任意常数 $C_1,C_2,C_1y_t^{(1)}+C_2y_t^{(2)}$ 是它的通解.

因为 $y_t^{(1)}$ 和 $y_t^{(2)}$ 线性无关,所以

$$y_t^{(C)}=y_t^{(2)}\left(C_1\frac{y_t^{(1)}}{y_t^{(2)}}+C_2\right)$$

中的两个任意常数是彼此独立的.这样 $C_1y_t^{(1)}+C_2y_t^{(2)}$ 为含有两个彼此独立任意常数的解,当然就是通解了.

定理 3　设 $y_t^{(1)}$ 和 $y_t^{(2)}$ 都是非齐次方程(7)的解,则 $y_t^{(1)}-y_t^{(2)}$ 是齐次方程(8)的解.

只需将 $y_t^{(1)}-y_t^{(2)}$ 代入方程(8)即可证.

定理 4　若 $y^{(C)}$ 是齐次方程(8)的通解,$\overline{y}$ 是非齐次方程(7)特解,则 $y=y^{(C)}+\overline{y}$ 是非齐次方程(7)的通解.

证　将 $y^{(C)}$ 代入方程(8)得到

$$y_{t+2}^{(C)}-a(t)y_{t+1}^{(C)}+b(t)y_t^{(C)}=0,$$

将 $\overline{y}$ 代入方程(7)得到

$$\overline{y}_{t+2}+a(t)\overline{y}_{t+1}+b(t)\overline{y}_t=f(t).$$

上述两式相加得到

$$(y_{t+2}^{(C)}+\overline{y}_{t+2})+a(t)(y_{t+1}^{(C)}+\overline{y}_{t+1})+b(t)(y_t^{(C)}+\overline{y}_t)=f(t).$$

这表明 $y=y^{(C)}+\overline{y}$ 为方程(7)的解.又因为通解 $y^{(C)}$ 中含有两个彼此独立的任意常数,故 $y=y^{(C)}+\overline{y}$ 是非齐次方程(7)的通解.

由上述定理,如果得到了方程(8)的两个线性无关的解和方程(7)的一个特解,即可由此生成方程(7)的通解.

下两节简单介绍一阶和二阶常系数线性差分方程的解法.

习题 8-6

(A)

一、1. 下列方程中,

属于一阶差分方程的是( );

属于二阶差分方程的是( );

不属于差分方程的是( ).

A. $\Delta^2 y_t - y_{t+2} + 2y_{t+1} - y_t = 0$

B. $y_{t+3} - 3y_{t+2} + y_{t+1} = 2t$

C. $y_{t+1} - 2y_t = 8$

D. $\Delta^2 y_t + \Delta y_t = 0$

2. 函数 $y_t = C2^t$ 是方程( )的通解.

A. $y_{t+1} - 2y_t = 8$

B. $y_{t+1} - 2y_t = -8$

C. $y_{t+1} - 2y_t = 0$

D. $y_{t+2} - 3y_{t+1} + 2y_t = 0$

二、求下列各函数的差分:

1. $y_t = \mathrm{e}^t$,求 Δy_t.

2. $y_t = C$(常数),求 Δy_t.

3. $y_t = t^2 + t$,求 Δy_t.

(B)

一、求下列各函数的差分:

1. $y_t = \dfrac{1}{t^2}$,求 $\Delta y_t, \Delta^2 y_t$.

2. $y_t = \mathrm{e}^{2t}$,求 $\Delta^2 y_t$.

第七节 一阶常系数线性差分方程

一阶常系数非齐次线性差分方程的一般形式为

$$y_{t+1} - py_t = f(t), \tag{1}$$

其中常数系数 $p \neq 0$,未知函数项 y_{t+1} 和 y_t 为一次的,右端项 $f(t)$ 为已知函数.与其相应的齐次方程为

$$y_{t+1} - py_t = 0. \tag{2}$$

如果求得了方程(2)的通解和方程(1)的一个特解,由上节讨论的原理便可以求得方程(1)的通解.以下介绍求解一阶常系数线性差分方程的迭代法和待定系数法.

一、迭代法

1. 求齐次差分方程的通解

由(2)式,$y_{t+1}=py_t$,设 $t=0$ 时 $y_t=y_0$,于是可以迭代地得到

$$y_1=py_0,\quad y_2=py_1=y_0p^2,\quad y_3=py_2=y_0p^3.$$

可见(2)式的解为

$$y_t=y_0p^t,\quad t=0,1,2,\cdots.$$

这样,作为齐次方程的(2)式有通解

$$y_t=Cp^t,\quad t=0,1,2,\cdots. \tag{3}$$

特别地,当 $p=1$ 时,(2)式有通解

$$y_t=C,\quad t=0,1,2,\cdots.$$

2. 设 $f(t)=b$ 为常数,求非齐次差分方程(1)的通解

由(1)式得到 $y_{t+1}=py_t+b$,于是有

$$\begin{aligned}&y_1=py_0+b,\\&y_2=py_1+b=p^2y_0+(1+p)b,\\&y_3=py_2+b=p^3y_0+(1+p+p^2)b.\end{aligned}$$

可见(1)式的一个特解为

$$y_t=p^ty_0+(1+p+p^2+\cdots+p^{t-1})b.$$

当 $p\neq1$ 时,有

$$y_t=p^ty_0+b\,\frac{1-p^t}{1-p}=\left(y_0-\frac{b}{1-p}\right)p^t+\frac{b}{1-p},$$

所以当 $p\neq1$ 时,(1)式的通解为

$$y_t=Cp^t+\left(y_0-\frac{b}{1-p}\right)p^t+\frac{b}{1-p}.$$

将其中的任意常数 $C+y_0-\dfrac{b}{1-p}$ 仍记为 C,最后得到

$$y_t=Cp^t+\frac{b}{1-p}.$$

而当 $p=1$ 时,(1)式的通解为 $y_t=C+bt$.

上述,当(1)式的右端项 $f(t)=b$ 时,用迭代法得到了(1)式的通解

$$y_t=\begin{cases}Cp^t+\dfrac{b}{1-p}, & p\neq1,\\ C+bt, & p=1.\end{cases} \tag{4}$$

例 1 求 $y_{t+1}-5y_t=3$ 的通解和满足 $y\big|_{t=0}=\frac{7}{3}$ 的特解.

解 该差分方程中 $p=5,b=3$,由(4)式得到方程的通解

$$y_t=C\cdot 5^t+\frac{3}{1-5}=C\cdot 5^t-\frac{3}{4}.$$

将 $y_0=\frac{7}{3}$ 代入上式得到 $C=\frac{37}{12}$,所求特解为

$$y_t=\frac{37}{12}5^t-\frac{3}{4}.$$

二、待定系数法

1. 求齐次差分方程(2)的通解

由(2)式,$y_{t+1}=py_t$ 可知,y_{t+1} 是 y_t 的常数倍.因此,有理由假设 y_t 为指数函数 $y_t=\lambda^t$.以下令其满足(2)式而确定待定参数 λ 的值.将 $y_t=\lambda^t$ 代入(2)式得

$$\lambda^{t+1}=p\lambda^t,$$

由此又得到 $\lambda=p$,这样便得到了(2)式的通解

$$y_t=Cp^t, \tag{5}$$

其中 C 为任意常数.

2. 求非齐次差分方程(1)的特解

此时,只讨论 $f(t)$ 为下面两种特例时的情形.

① 设非齐次差分方程(1)的右端为已知的 n 次多项式 $f(t)=P_n(t)$.

此时(1)式成为 $y_{t+1}-py_t=P_n(t)$,由此可以认为 y_t 是 t 的多项式.以下分别就 $p=1$ 及 $p\neq 1$ 的情况介绍待定系数法.

当 $p=1$ 时,由(1)式得 $\Delta y_t=P_n(t)$,即 y_t 的一阶差分是 n 次多项式,可见 y_t 应该是某个 $n+1$ 次多项式,设其为

$$y_t=t(b_0+b_1t+b_2t^2+\cdots+b_nt^n).$$

将其代入方程并比较同类项的系数,得到 $n+1$ 个代数方程可以确定诸系数 $b_0,b_1,b_2,\cdots,b_n$ 的值,从而得到特解.

当 $p\neq 1$ 时,观察 $y_{t+1}-py_t=P_n(t)$ 可以发现 y_t 应该是一个 n 次多项式,可设

$$y_t=b_0+b_1t+b_2t^2+\cdots+b_nt^n,$$

代入方程后可确定诸系数 $b_0,b_1,b_2,\cdots,b_n$ 的值,从而得到特解.

② 设非齐次差分方程(1)的右端为已知的 n 次多项式 $P_n(t)$ 与指数函数 λ^t 之积:$f(t)=\lambda^tP_n(t)$,其中 λ 为已知常数.

此时(1)式成为 $y_{t+1}-py_t=\lambda^t P_n(t)$.引入新的未知函数 $z_t=z(t)$,并设 $y_t=\lambda^t z_t$,将其代入(1)式可得

$$\lambda^{t+1}z_{t+1}-p\lambda^t z_t=\lambda^t P_n(t),$$

即

$$z_{t+1}-\frac{p}{\lambda}z_t=\frac{1}{\lambda}P_n(t).$$

这是一个右端项为 n 次多项式的差分方程,由上段①的讨论,用待定系数法可求得其特解 $z_t=z(t)$,从而进一步得到(1)式的特解 $y_t=\lambda^t z_t$.不过,此时可直接设所求特解为

$$y_t=t^k\lambda^t(b_0+b_1t+b_2t^2+\cdots+b_nt^n),$$

其中当 $p=\lambda$ 时,$k=1$;当 $p\neq\lambda$ 时,$k=0$.将这个 y_t 代入方程可求出待定系数 $b_0,b_1,\cdots,b_n$ 并得到特解.

例 2　求 $y_{t+1}-3y_t=7\cdot 2^t$ 的通解.

解　由(5)式知齐次方程的通解为 $y_t=C\cdot 3^t$(C 为任意常数).此例中右端项属于$f(t)=\lambda^t P_n(t)$型,其中 $n=0,\lambda=2$,且 $p=3,p\neq\lambda$.可设特解为 $y_t^*=b\cdot 2^t$,b 为待定系数,代入方程得

$$b\cdot 2^{t+1}-3b\cdot 2^t=7\cdot 2^t,\quad b=-7.$$

所求方程特解为 $\overline{y}_t=-7\cdot 2^t$,通解为 $y_t=C\cdot 3^t-7\cdot 2^t$.

例 3　求 $y_{t+1}-y_t=3+2t$ 的通解.

解　由(5)式知齐次方程的通解为 $y_t=C$,设所求方程的特解为 $\overline{y}_t=t(b_0+b_1t)$,代入方程得

$$b_0+b_1=3,\quad 2b_1=2,$$

解出 $b_1=1,b_0=2$,所求通解为 $y_t=C+2t-t^2$.

习题 8-7

(A)

一、求下列差分方程的通解:

1. $y_{t+1}-3y_t=-2$.

2. $y_{t+1}-y_t=-2t$.

3. $y_{t+1}-\frac{1}{2}y_t=\left(\frac{5}{2}\right)^t$.

4. $y_{t+1}-2y_t=3t^2$.

5. $y_{t+1}-y_t=2t^2$.

6. $y_{t+1}+y_t=2^t$.

(B)

一、1. 差分方程 $2y_{t+1}+10y_t-5t=0$ 的通解为________.

2. 差分方程 $y_{t+1}-y_t=t2^t$ 的通解为________.

二、1. 设银行存款的年利率 $r=0.05$,并依年复利计算.某基金会希望通过存款 A 万元实现第一年提取 19 万

元，第二年提取 28 万元……第 n 年提取 $(10+9n)$ 万元，并能按此规律一直提取下去.

(1) 设第 t 年提款后余额为 y_t，建立 y_t 满足的差分方程；

(2) 解(1)确定的差分方程，问 A 至少为多少万元？

* 第八节　二阶常系数线性差分方程

二阶常系数非齐次线性差分方程的一般形式为

$$y_{t+2}+py_{t+1}+qy_t=f(t), \tag{1}$$

其中 p,q 为常数系数 $(q\neq 0)$，未知函数项 y_{t+2},y_{t+1} 和 y_t 为一次的，右端项 $f(t)$ 为已知函数. 与其相应的齐次方程为

$$y_{t+2}+py_{t+1}+qy_t=0. \tag{2}$$

如果求得了方程(2)的通解和方程(1)的一个特解，便可以求得方程(1)的通解.

一、求二阶常系数齐次线性差分方程(2)的通解

容易看出 y_{t+2},y_{t+1} 和 y_t 彼此间只差一个常数倍数，因此方程(2)应该有形如 $y_t=\lambda^t$ 的解. 为了求得方程(2)的两个线性无关的特解，将 $y_t=\lambda^t$ 代入方程(2)得到

$$\lambda^2+p\lambda+q=0. \tag{3}$$

容易证明，$y_t=\lambda^t$ 为方程(2)的解，当且仅当 λ 为方程(3)的解. 因此称二次代数方程(3)为方程(1)和方程(2)的特征方程，其根为特征根. 特征根有两个：

$$\lambda_{1,2}=\frac{1}{2}(-p\pm\sqrt{p^2-4q}).$$

由特征根的三种情形规定了线性无关解的三种状态.

1. 当 $p^2>4q$ 时，特征方程有一对互异实根

$$\lambda_1=\frac{1}{2}(-p+\sqrt{p^2-4q}),$$

$$\lambda_2=\frac{1}{2}(-p-\sqrt{p^2-4q}).$$

此时方程(2)有两个线性无关的解

$$y_t^{(1)}=\lambda_1^t,\quad y_t^{(2)}=\lambda_2^t,$$

于是得到方程(2)的通解

$$y_t=C_1\lambda_1^t+C_2\lambda_2^t,$$

其中 C_1,C_2 为任意常数.

2. 当 $p^2=4q$ 时,特征方程有二重实根 $\lambda_1=\lambda_2=-\frac{p}{2}$,此时(2)有特解

$$y_t^{(1)}=\left(-\frac{p}{2}\right)^t,$$

容易验证 $y_t^{(2)}=t\left(-\frac{p}{2}\right)^t$ 也是方程(2)的解,而且 $y_t^{(1)}$ 与 $y_t^{(2)}$ 线性无关,于是方程(2)的通解为 $y_t=(C_1+C_2t)\left(-\frac{p}{2}\right)^t$,其中 C_1,C_2 为任意常数.

3. 当 $p^2<4q$ 时,特征方程有共轭复根 $\lambda_{1,2}=\alpha\pm\mathrm{i}\beta$

特征根的实部 $\alpha=-\frac{p}{2}$,虚部 $\beta=\frac{1}{2}\sqrt{4q-p^2}$.记 $r=\sqrt{\alpha^2+\beta^2}$,又记 $\alpha\pm\mathrm{i}\beta=r(\cos\theta\pm\mathrm{i}\sin\theta)$,其中

$$\cos\theta=\frac{\alpha}{r},\quad \sin\theta=\frac{\beta}{r},\quad \theta=\left[-\frac{\pi}{2},\frac{\pi}{2}\right].$$

容易验证,

$$y_t^{(1)}=r^t\cos\theta t,\quad y_t^{(2)}=r^t\sin\theta t$$

为方程(2)的两个线性无关的解,从而方程(2)有通解

$$y_t=r^t(C_1\cos\theta t+C_2\sin\theta t),$$

其中 C_1,C_2 为任意常数.

例 1　求 $y_{t+2}+5y_{t+1}+4y_t=0$ 的通解.

解　特征方程为

$$\lambda^2+5\lambda+4=0,$$

有特征根 $\lambda_1=-1,\lambda_2=-4$,所求通解为

$$y_t=C_1(-1)^t+C_2(-4)^t.$$

例 2　求 $y_{t+2}-6y_{t+1}+9y_t=0$ 的通解.

解　其特征方程为 $\lambda^2-6\lambda+9=0$,特征根为 $\lambda_1=\lambda_2=3$,所求通解为

$$y_t=(C_1+C_2t)3^t\quad(其中 C_1,C_2 为任意常数).$$

例 3　求 $y_{t+2}+4y_t=0$ 的通解.

解　其特征方程 $\lambda^2+4=0$,特征根为 $\lambda=\pm2\mathrm{i}$,实部

$$\alpha=-\frac{p}{2}=0,$$

虚部

$$\beta=\frac{1}{2}\sqrt{4q-p^2}=2,$$

所以

$$r=\sqrt{\alpha^2+\beta^2}=2,\quad \sin\theta=\frac{\beta}{r}=1,$$

原方程有通解

$$y_t=2^t\left(C_1\cos\frac{\pi}{2}t+C_2\sin\frac{\pi}{2}t\right)\quad（其中 C_1,C_2 为任意常数）.$$

二、求二阶常系数非齐次线性差分方程（1）的特解

以下介绍求二阶常系数非齐次线性差分方程（1）特解的待定系数法，只讨论右端项为 $f(t)=P_n(t)$ 和 $f(t)=\lambda^t P_n(t)$ 的两种情形.

1. 设 $f(t)=P_n(t)$

（1）式右端为一个已知的 n 次多项式

$$y_{t+2}+py_{t+1}+qy_t=P_n(t),$$

则有理由认为 y_t 为 t 的多项式.该方程又可改写为

$$\Delta^2y_t+(p+2)\Delta y_t+(1+p+q)y_t=P_n(t).$$

容易看出，其中的 y_t,y_{t+1},y_{t+2} 为次数相同的多项式，而 Δy_t 为较之低 1 次的多项式，Δ^2y_t 为较之低 2 次的多项式.由上式可知：

当 $1+p+q\neq 0$ 时，y_t 为 n 次多项式，设为

$$y_t=b_0+b_1t+b_2t^2+\cdots+b_nt^n;$$

当 $1+p+q=0,p+2\neq 0$ 时，Δy_t 为 n 次多项式，从而 y_t 为 $n+1$ 次多项式，设为

$$y_t=t(b_0+b_1t+b_2t^2+\cdots+b_nt^n);$$

当 $1+p+q=0,p+2=0$ 时，Δ^2y_t 为 n 次多项式，从而 y_t 为 $n+2$ 次多项式，设为

$$y_t=t^2(b_0+b_1t+b_2t^2+\cdots+b_nt^n).$$

区分上述三种情形，将相应的 y_t 代入（1）式，比较同类项系数，由 $n+1$ 个代数方程可确定 $n+1$ 个待定系数 $b_0,b_1,b_2,\cdots,b_n$，从而得到（1）式的一个特解.

例 4 求 $y_{t+2}+4y_t=2$ 的通解.

解 前面的例 3 中已求得其齐次方程的通解为

$$y_t=2^t\left(C_1\cos\frac{\pi}{2}t+C_2\sin\frac{\pi}{2}t\right).$$

为求非齐次方程的一个特解，注意到 $1+p+q\neq 0$，可设 $y_t=b_0$ 并将其代入原方程得到 $b_0=\frac{2}{5}$，所求通解为

$$y_t=2^t\left(C_1\cos\frac{\pi}{2}t+C_2\sin\frac{\pi}{2}t\right)+\frac{2}{5}.$$

以上考察了右端项为 n 次多项式时，求解非齐次差分方程特解的方法.这里的 $f(t)=P_n(t)$ 与下面要讨论的类型 $f(t)=\lambda^tP_n(t)$ 有密切关系.当 $\lambda=1$ 时，$f(t)=\lambda^tP_n(t)$ 就退化成了 $f(t)=$

$P_n(t)$,因此可以将右端项为$f(t)=P_n(t)$的方法推广到右端项为$f(t)=\lambda^tP_n(t)$的情形.事实上,本段的方法其特点在于三种情形:

① $1+p+q\neq0$ 等价于 $\lambda=1$ 不是特征根;

② $1+p+q=0,p+2\neq0$ 等价于 $\lambda=1$ 是单特征根;

③ $1+p+q=0,p+2=0$ 等价于 $\lambda=1$ 为二重特征实根.

这样,(1)式的特解可设为 $y_t=t^k\lambda^t(b_0+b_1t+b_2t^2+\cdots+b_nt^n)$,其中的 k 等于 λ(取值 1)作为特征根的重数.

下面考察$f(t)=\lambda^tP_n(t)$的情形.

2. 设$f(t)=\lambda^tP_n(t)$

此时有

$$y_{t+2}+py_{t+1}+qy_t=\lambda^tP_n(t).$$

可直接设(1)式有特解

$$y_t=\lambda^tt^k(b_0+b_1t+b_2t^2+\cdots+b_nt^n),$$

其中 k 等于 λ(作为特征根)的重数.将其代入(1)式可求得待定系数,从而得到特解.

例 5　求 $y_{t+2}-6y_{t+1}+9y_t=3^t$ 的通解.

解　特征方程为

$$\lambda^2-6\lambda+9=0.$$

特征根为 $\lambda_1=\lambda_2=3$,$f(t)=3^tP_0(t)$,因 $\lambda=3$ 为二重根,故设特解为

$$\overline{y}_t=Bt^23^t.$$

将其代入差分方程得

$$B(t+2)^23^{t-2}-6B(t+1)^23^{t+1}+9Bt^23^t=3^t,$$

解得 $B=\dfrac{1}{18}$,特解为 $\overline{y}_t=\dfrac{1}{18}t^23^t$.通解为

$$y_t=(C_1+C_2t)3^t+\frac{1}{18}t^23^t.$$

习题 8-8

(A)

一、求下列差分方程的通解:

1. $y_{t+2}-3y_{t+1}+2y_t=0$.
2. $y_{t+2}+4y_{t+1}+3y_t=0$.
3. $y_{t+2}-4y_{t+1}+16y_t=0$.
4. $y_{t+2}+5y_{t+1}+4y_t=t$.
5. $y_{t+2}+y_{t+1}-2y_t=12$.
6. $y_{t+2}-3y_{t+1}+3y_t=5$.
7. $y_{t+2}-y_{t+1}-6y_t=3^t(2t+1)$.
8. $y_{t+2}+4y_t=2^t$.

第九节 差分方程应用举例

一、教育投资问题

某家庭从现在开始开设投资账户，将每月收入的一部分存入银行，作为子女的教育投资.其设想是：计划从 20 年后开始每月从投资账户中支取 1 000 元，直到 10 年后子女大学毕业用完全部资金.为此，20 年内应该共要筹措多少资金？每月需要存入账户多少钱？设投资的月利率为 0.5%.

设 20 年内每月存入资金 y 元，20 年需要筹措资金 x 元.以下分两步求解投资问题.

① 求 20 年后的 10 年中投资账户的收支状态.设 20 年后第 n 个月投资账户资金为 S_n 元，则 S_n 的差分方程为

$$S_{n+1}=1.005S_n-1\,000. \tag{1}$$

此外，S_n 还应该满足定解条件 $S_0=x$，$S_{120}=0$.容易求得(1)式的通解为

$$S_n=1.005^nC-\frac{1\,000}{1-1.005}=1.005^nC+200\,000.$$

又由定解条件得

$$S_{120}=C1.005^{120}+200\,000=0,$$
$$S_0=C+200\,000=x,$$

从中解出 x 得

$$x=200\,000-\frac{200\,000}{1.005^{120}}\approx 90\,073.7.$$

② 求前 20 年内的投资状态.设 S_n 为 20 年内第 n 个月的投资账户资金，则 S_n 满足差分方程

$$S_{n+1}=1.005S_n+y. \tag{2}$$

S_n 还应该满足定解条件 $S_0=0$，$S_{240}\approx 90\,073.7$.容易求得(2)式的通解为

$$S_n=1.005^nC+\frac{y}{1-1.005}=1.005^nC-200y.$$

又由定解条件得

$$S_{240}=1.005^{240}C-200y\approx 90\,073.7,$$
$$S_0=C-200y=0,$$

从中解出 $y\approx 194.97$.为了达到投资目标，20 年需要筹措资金 90 073.7 元，20 年内每月需要存入账户 194.97 元.

二、市场上商品价格和需求、供应的动态平衡

1. 市场的静态平衡状态

设市场上某商品的价格为 P,需求量 D 和供应量 S 都是价格的函数:

$$D=a-bP,\quad S=c+dP,$$

其中 a,b,c,d 均为已知正参数.设市场价格不随时间改变,商品的需求量和供应量也不随时间改变,而且二者相等:

$$D=S,$$

由此得到

$$P=\frac{a-c}{b+d}. \tag{3}$$

在此价格下

$$D=S=\frac{ad+bc}{b+d}.$$

在这种静态平衡系统中,$P=\dfrac{a-c}{b+d}$为静态平衡价格.这种绝对地平衡在现实中是难以实现的.实际上,商品的价格、需求和供应构成一个动态系统:当供大于求时,适当降低价格能促进消费,使过剩商品尽量卖出;当求大于供时,适当提高价格会抑制消费,使相对短缺的商品能满足部分消费者的需求.

2. 市场的动态平衡状态

设 $t=0,1,2,\cdots$为离散的自变量,P_t 为第 t 个周期中商品的价格,记为$P_t=P(t)$,需求量为

$$D_t=a-bP_t,$$

供应量为

$$S_t=c+d\,\overline{P}_t,$$

其中 $\overline{P}_t$ 为厂家对本期价格的期望.若取 $\overline{P}_t=P_{t-1}$,表示用上一期的实际价格决策本期的供应量;若取

$$\overline{P}_t=P_{t-1}+\gamma(P_{t-1}-P_{t-2}),$$

则表示本期价格的期望为上一期价格的修正值,修正因式$(P_{t-1}-P_{t-2})$代表上一期价格的趋势,即上一期价格相对其前期的增值.以下不妨设参数 $\gamma<0$.这表明:当上一期价格相对其前一期上升时,则本期价格将比上一期下跌;上一期价格相对其前一期下跌时,则本期价格将会比上一期上升.

由供需平衡 $D_t=S_t$ 得到

$$a-bP_t=c+d[P_{t-1}+\gamma(P_{t-1}-P_{t-2})].$$

由此得到价格动态系统的差分方程

$$P_t+\frac{d}{b}(1+\gamma)P_{t-1}-\frac{d\gamma}{b}P_{t-2}=\frac{a-c}{b}. \tag{4}$$

这个二阶常系数非齐次线性差分方程的特征方程为

$$\lambda^2+\frac{d}{b}(1+\gamma)\lambda-\frac{d\gamma}{b}=0. \tag{5}$$

为简化分析,设

$$\frac{d^2}{b^2}(1+\gamma)^2+\frac{4d\gamma}{b}=0, \tag{6}$$

由此得到

$$\frac{d}{b}=-\frac{4\gamma}{(1+\gamma)^2}. \tag{7}$$

又因(6)式可知,(5)式有二重根

$$\lambda=-\frac{d(1+\gamma)}{2b}. \tag{8}$$

将(7)式代入(8)式,得到

$$\lambda=\frac{4\gamma(1+\gamma)}{2(1+\gamma)^2}=\frac{2\gamma}{1+\gamma}.$$

于是,可选择 γ 使得

$$|\lambda|<1.$$

现在与方程(4)相应的齐次方程有通解

$$P_t=(C_1+C_2t)\lambda^t.$$

设方程(4)的一个特解为

$$\overline{P}=k,$$

将其代入方程(4)可得

$$k=\frac{a-c}{b+d}.$$

从而得到方程(4)的通解

$$P_t=(C_1+C_2t)\lambda^t+\frac{a-c}{b+d}. \tag{9}$$

上面基于供需平衡 $D_n=S_n$ 建立了价格函数 P_t 的差分方程(4),又针对有二重特征根的情形获得了方程(4)的通解(9).容易看到,随着时间的增加,动态系统的价格趋于其静态平衡价格.

第八章典型选择题及分析

第八章典型例题讲解 1

第八章典型例题讲解 2

第八章典型例题讲解 3

第八章自测题

附录1 习题答案

第一章

习题 1-1

(A)

一、1. $[-\sqrt{2},-1]\cup[1,\sqrt{2}]$.　　2. $[-2,0)\cup(0,1)$.

二、1. 有界函数,周期函数,奇函数.

2. 有界函数,周期函数,偶函数.

3. 无界函数,周期函数,奇函数.

4. 有界函数,周期函数,偶函数.

三、1. $\frac{1-x}{1+x}$.　　2. $\ln(x+\sqrt{x^2+1})$.　　3. $\begin{cases} x, & x<-1, \\ -\sqrt{-x}, & -1\leqslant x\leqslant 0, \\ e^x-1, & 0<x\leqslant \ln(1+e). \end{cases}$

(B)

一、1. B.　　二、1. 1.　　三、1. $kx(x+2)(x+4)$.

习题 1-2

(A)

一、1. $y=\tan u, u=x^2+1$.　　2. $y=e^u, u=\sin v, v=\frac{1}{x}$.

3. $y=\ln u, u=1+\sqrt{v}, v=x+1$.　　4. $y=\frac{\arctan u}{\ln 2}, u=1-2x^2$.

二、1. $f[\varphi(x)]=x,\varphi[f(x)]=x(x>-1),f[f(x)]=\ln[1+\ln(1+x)]$.

2. e^x-1.

3. $\begin{cases}\dfrac{1}{x}, & x\geqslant 1,\\ e^{x-1}, & x<1.\end{cases}$

4. $2(1-x^2)$.

5. $\dfrac{1+\sqrt{x^2+1}}{x}$.

三、1. $4x^2-x+C$.

2. $e^x(1-\sqrt{1-x})$.

(B)

一、1. $\varphi(x)=\sqrt{\ln(1-x)}$,定义域为$\{x\mid x\leqslant 0\}$.

习题 1-3

(A)

一、1. $\dfrac{n+1}{n}$.

2. $\dfrac{1}{2^n}$.

3. n^2.

4. $(-1)^n\cdot\dfrac{1}{2^n}$.

5. k.

6. $\dfrac{2n-1}{2n+1}$.

二、1. 收敛于 0.

2. 收敛于 0.

3. 不收敛.

4. 收敛于 2.

(B)

略.

习题 1-4

(A)

一、1. 当 $x\to 0$ 时,x^2 为无穷小量;当 $x\to\infty$ 时,x^2 为无穷大量.

2. 当 $x\to 0$ 时,x^3 为无穷小量;当 $x\to\infty$ 时,x^3 为无穷大量.

3. 当 $x\to 0^+$ 时,$\sqrt{x}$ 为无穷小量;当 $x\to+\infty$ 时,$\sqrt{x}$ 为无穷大量.

4. 当 $x\to 0$ 时,$|x|$ 为无穷小量,当 $x\to\infty$ 时,$|x|$ 为无穷大量.

5. 当 $x\to-\infty$ 时,e^x 为无穷小量;当 $x\to+\infty$ 时,e^x 为无穷大量.

6. 当 $x\to 0^+$ 时,$\ln x$ 为负无穷大量;当 $x\to 1$ 时,$\ln x$ 为无穷小量;当 $x\to+\infty$ 时,$\ln x$ 为正无穷大量.

二、证明略.

(B)

略.

习题 1-5

(A)

一、1. 当 $x\to+\infty$ 时,e^{-x}为无穷小量;当 $x\to-\infty$ 时,e^{-x}为无穷大量.

2. 当 $x\to0^+$时,$e^{\frac{1}{x}}$为无穷大量.当 $x\to0^-$时,$e^{\frac{1}{x}}$为无穷小量.

3. 当 $x\to0^-$时,$e^{-\frac{1}{x}}$为无穷大量;当 $x\to0^-$时,$e^{-\frac{1}{x}}$为无穷小量.

二、1. 1. 2. ∞. 3. $\frac{2}{3}$. 4. $\frac{1}{2}$. 5. $\frac{1}{2}$.

6. 0. 7. ∞. 8. -2. 9. $\frac{2}{3}$. 10. 1.

三、1. $\frac{1}{2}$. 2. 2. 3. 1.

四、1. $\lim\limits_{x\to0}f(x)=0$,$\lim\limits_{x\to1}f(x)$不存在.

2. $a=1,b=-1$.

3. $\begin{cases}0, & 0<a<1,\\ \frac{1}{2}, & a=1,\\ 1, & a>1.\end{cases}$

(B)

一、1. D.

二、1. 2. 2. $\frac{\ln a}{2}$. 3. 1.

三、1. 1.

习题 1-6

(A)

一、1. $\frac{3}{2}$. 2. 1. 3. 2. 4. $\frac{1}{2}$. 5. e^{-6}.

6. e^{-2}. 7. e^{-3}. 8. e^{2}. 9. 2. 10. $-\frac{1}{4}$.

(B)

一、1. B.

二、1. 2. 2. $-\frac{\sqrt{2}}{6}$. 3. $\ln 2$.

三、1. 1.　　2. 证明略,3.　　3. 证明略,$\frac{3}{2}$.

习题 1-7

(A)

一、1. $\begin{cases} 0, & m<n, \\ 1, & m=n, \\ \infty, & m>n. \end{cases}$

2. 2.　3. 8.　4. 2.　5. 1.　6. $\frac{1}{2}$.　7. $\frac{a^2}{b^2}$.　8. $-\frac{3}{2}$.

(B)

一、1. B.　2. B.

二、1. 2.　2. $\frac{1}{2}$.　3. $\frac{3}{2}$.　4. $a=1,b=-4$.

习题 1-8

(A)

一、1. 1.　2. 0.　3. e.　4. 不存在.

二、1. $x_1=0,x_2=1$ 为间断点. $\lim\limits_{x\to-\infty}f(x)=1$. $\lim\limits_{x\to+\infty}f(x)=\mathrm{e}^{-1}$.

2. $x=1$ 为可去间断点,$x=\mathrm{e}$ 为无穷间断点.

3. $x=1$ 为可去间断点;$x=2$ 为无穷间断点. $g(x)=\begin{cases} f(x), & x\neq 1, \\ -2, & x=1. \end{cases}$

(B)

一、1. D.　2. B.　3. B.　4. A.　5. D.

二、1. 1.　2. $\frac{1}{1-2a}$.　3. -2.　4. 0.

三、1. $x_1=\frac{3}{4}\pi,x_2=\frac{7}{4}\pi$ 为第一类间断点;

$x_3=\frac{\pi}{4},x_4=\frac{5}{4}\pi$ 为第二类间断点.

第　二　章

习题 2-1

(A)

一、1. -2.　　2. $\frac{1}{3}$.　　3. -4.　　4. 6.

二、1. D.　　2. C.

三、1. 正确.

2. 不正确.例如曲线 $y=x^{\frac{1}{3}}$ 在点$(0,0)$处有铅直切线,但是 $y=x^{\frac{1}{3}}$ 在点 $x=0$ 处不可导.

3. 正确.

4. 不正确.如 $y=|x|$.

四、1. 0.

五、1. 0.　　2. $\frac{1}{3}x^{-\frac{2}{3}}$.　　3. $3x^2$.　　4. $\frac{1}{x\ln 3}$.

5. $\frac{1}{x}$.　　6. 0.　　7. $y=x^{\frac{3}{4}}$,　$y'=\frac{3}{4}x^{-\frac{1}{4}}$.

六、1. 0.　　2. 4.　　3. $\frac{1}{2\sqrt{3}}$.

七、1. 切线方程　$y-1=2(x-1)$;

法线方程　$y-1=-\frac{1}{2}(x-1)$.

2. 切线方程　$y=\mathrm{e}(x-1)$;

法线方程　$y=-\frac{1}{\mathrm{e}}(x-1)$.

3. 切线方程　$y-f(2)=3(x-2)$;

法线方程　$y-f(2)=-\frac{1}{3}(x-2)$.

(B)

一、1. D.　　2. D.　　3. C.　　4. B.　　5. A.

6. D.　　7. A.　　8. B.　　9. D.

二、1. 1.

习题 2-2

(A)

一、1. $6x-2^x\ln 2$.　2. $\frac{1}{2\sqrt{x}}-\frac{1}{2}x^{-\frac{3}{2}}$.　3. $2-3e^x+\frac{1}{x}$.

4. $3\cos x+2\sin x$.　5. $\frac{3}{\cos^2 x}-\frac{2}{1+x^2}$.

二、1. $(x^2+2x)e^x$.　2. $\sin x+x\cos x$.

3. $(\cos x-\sin x)e^x$.　4. $x+2x\ln x$.

5. $\frac{1-2x-x^2}{(1+x^2)^2}$.　6. $\frac{x\cos x-\sin x}{x^2}$.

7. $\frac{e^x(2-x)}{(1-x)^2}$.　8. $1+2x\arctan x$.

9. $\arcsin x+\frac{x}{\sqrt{1-x^2}}$.　10. $e^x\left(\arccos x-\frac{1}{\sqrt{1-x^2}}\right)$.

三、1. $-6(2-3x)$.　2. $6x(x^2+3)^2$.　3. $2x\cos(x^2+1)$.

4. $\sin(2-x)$.　5. $2\sin(x+1)\cos(x+1)$.　6. $-3e^{1-3x}$.

7. $2x3^{x^2}\ln 3$.　8. $\frac{2x}{1+x^2}$.　9. $\frac{-3}{\sqrt{1-9x^2}}$.

10. $\frac{2x}{1+x^4}$.

(B)

一、1. C.　2. D.　3. B.　4. D.

习题 2-3

(A)

一、1. $\frac{-e^y}{1+xe^y}$.　2. $-\frac{2y+3x^2}{2(x+y)}$.　3. $\frac{e^{x-y}+\cos x}{e^{x-y}-2y}$.

4. $\frac{2x+e^{x+y}}{1-e^{x+y}}$.　5. $\frac{e^{y-x}-2xy}{x^2+e^{y-x}}$.

二、1. $-\frac{1}{2t\sin^2 t}$.　2. $\frac{2t+2}{3t^2+2}$.

3. $\frac{2}{3t\cos 3t}$.　4. $-\frac{\sin 2t}{t\cos t^2}$.

三、1. $x^{\sin x}\left(\cos x\ln x+\frac{\sin x}{x}\right)$.　2. $(x+2)^x\left[\frac{x}{x+2}+\ln(x+2)\right]$.

3. $x^{x^2}(x+2x\ln x)$.　　4. $(1+x^2)^x\left[\frac{2x^2}{1+x^2}+\ln(1+x^2)\right]$.

5. $\frac{(x+1)^2\sqrt{x+2}}{x-3}\left[\frac{2}{x+1}+\frac{1}{2(x+2)}-\frac{1}{x-3}\right]$.

6. $\frac{e^x\sin x}{x^2}\left(1-\frac{\cos x}{\sin x}-\frac{2}{x}\right)$.

7. $\frac{1}{2}\sqrt{\frac{(x-1)(x+2)^3}{x-3}}\left(\frac{1}{x-1}+\frac{3}{x+2}-\frac{1}{x-3}\right)$.

(B)

一、1. $-e$.　2. $\ln 2-1$.　3. 1.

二、1. $\frac{(y^2-e^t)(1+t^2)}{2(1-ty)}$.

习题 2-4

(A)

一、1. $(x+2)e^x$,　$(x+n)e^x$.　2. $\frac{1}{x}$,　$(-1)^{n-2}(n-2)!\,x^{-(n-1)}$.　3. $\frac{2(1-x^2)}{(1+x^2)^2}$.

4. $(-1)^n e^{-x}$.　5. $(-1)^n n!(x+3)^{-(n+1)}$.

6. $y=\frac{1}{(x+2)(x-1)}=\frac{1}{3}\left(\frac{1}{x-1}-\frac{1}{x+2}\right)=\frac{1}{3}[(x-1)^{-1}-(x+2)^{-1}]$,

$y^{(n)}=\frac{(-1)^n}{3}n![(x-1)^{-(n+1)}-(x+2)^{-(n+1)}]$.

7. $y=\ln[(x-2)(x+1)]=\ln(x-2)+\ln(x+1)$,

$y^{(n)}=(-1)^{n-1}(n-1)![(x-2)^{-n}+(x+1)^{-n}]$.

8. $\frac{-3}{4\sin^3 t}$.　9. $\frac{-1}{a(1-\cos t)^2}$.　10. $\frac{e^{2y}(3-y)}{(2-y)^2}$.

11. $\frac{1}{x^2}(f''-f')$.

(B)

一、1. A.

二、1. $(-1)^n 2\cdot n!\ (1+x)^{-(n+1)}$.　2. $\frac{(-1)^n n!\ 2^n}{3^{n+1}}$.　3. $\frac{5}{32}$.　4. 0.

5. $2e^3$.　6. $-\frac{t\cos t-\sin t}{4t^3}$.　7. -3.

习题 2-5

(A)

一、1. $(2-3\cos 3x)\mathrm{d}x$.

2. $-2x\sin x^2\mathrm{d}x$.

3. $3e^{2-3x}\mathrm{d}x$.

4. $\dfrac{x}{\sqrt{1+x^2}}\mathrm{d}x$.

5. $(3x^2-3^x\ln 3)\mathrm{d}x$.

6. $\dfrac{(1+x)\cos x-\sin x}{(1+x)^2}\mathrm{d}x$.

7. $(\sin x+x\cos x)\mathrm{d}x$.

8. $2x2^{x^2}\ln 2\mathrm{d}x$.

9. $\dfrac{2}{1+4x^2}\mathrm{d}x$.

10. $(x^2+2x)e^x\mathrm{d}x$.

二、1. $\dfrac{1}{4}e^2\mathrm{d}x$. 2. $2\mathrm{d}x$. 3. $2\mathrm{d}x$. 4. $2e\,\mathrm{d}x$.

(B)

一、1. D.

二、1. $\left[e^{f(x)}f'(\ln x)\dfrac{1}{x}+f(\ln x)e^{f(x)}f'(x)\right]\mathrm{d}x$.

2. $\dfrac{\mathrm{d}x}{x(1+\ln y)}$.

3. $-\pi\mathrm{d}x$.

4. $\dfrac{e^{x+y}-y\sin(xy)}{x\sin(xy)-e^{x+y}}\mathrm{d}x$.

第三章

习题 3-1

(A)

一、1. C. 2. C.

(B)

一、1. C.

习题 3-2

(A)

一、1. ∞. 2. 2. 3. $-\dfrac{2}{5}$. 4. $\dfrac{1}{2}$. 5. 2. 6. 0. 7. 0. 8. ∞.

9. $\dfrac{1}{2}$. 10. 0. 11. $\dfrac{1}{2}$. 12. 1. 13. e^{-1}. 14. 1.

(B)

一、1. C. 2. A.

二、1. $b+a$.

三、1. $-\dfrac{1}{6}$. 2. 3. 3. $\dfrac{1}{2}$. 4. $\dfrac{1}{3}$

5. $-\dfrac{4}{\pi^2}$. 6. ∞. 7. $\dfrac{4}{3}$ 8. e^2.

四、1. $a=-1$ 时，$f(x)$ 在点 $x=0$ 处连续；$a=-2$ 时，$x=0$ 为 $f(x)$ 的可去间断点.

习题 3-3

(A)

一、1. y 的单调增加区间为 $(0,+\infty)$；单调减少区间为 $(-\infty,0)$.

2. y 的单调增加区间为 $(0,e)$；单调减少区间为 $(e,+\infty)$.

3. y 的单调增加区间为 $(-\infty,-2)$，$(1,+\infty)$；单调减少区间为 $(-2,1)$.

4. y 的单调增加区间为 $(-\infty,-1)$，$(1,+\infty)$；单调减少区间为 $(-1,1)$.

5. y 的单调增加区间为 $(0,1)$；单调减少区间为 $(1,2)$.

6. y 的单调增加区间为 $(1,+\infty)$；单调减少区间为 $(-\infty,1)$.

(B)

一、1. A. 2. B.

习题 3-4

(A)

一、1. $y=f(x_0)$. 2. 0.

二、1. 极大值点为 $x=-1$，极大值为 7；

极小值点为 $x=2$，极小值为 -20.

2. 极大值点为 $x=0$,极大值为 0;

极小值点为 $x_1=-1$,极小值为 $y|_{x=-1}=-\frac{7}{3}$;

极小值点为 $x_2=3$,极小值为 $y|_{x=3}=-45$.

3. 极小值点为 $x=1$,极小值为 1;没有极大值点.

4. 极大值点为 $x=-\sqrt{2}$,极大值为 $-4\sqrt{2}$;

极小值点为 $x=\sqrt{2}$,极小值为 $4\sqrt{2}$.

5. 极小值点为 $x=\frac{1}{e}$,极小值为 $-\frac{1}{e}$.

6. 极小值点为 $x=0$,极小值为 0;极大值点为 $x=1$,极大值为 $f(1)=\frac{1}{2}$.

三、1. 最大值点为 $x=4$,最大值为 16;

最小值点为 $x=-1$,$x=2$;最小值为 -4.

2. 最大值点为 $x=2$,最大值为 $\ln 5$;

最小值点为 $x=0$,最小值为 0.

3. 最大值点为 $x=-1$,最大值为 5;

最小值点为 $x=-2$,最小值为 1.

四、1. 底边 $x=10$ m,高 $y=5$ m 时所用材料最省.

2. 矩形长为 $\sqrt{2}a$,宽为 $\sqrt{2}b$ 时,矩形面积最大,面积为 $2ab$.

(B)

一、1. C. 2. D.

二、1. $a=-4$,$x=1$ 为极小值点.

2. (1) $x=\frac{5}{2}(4-t)$ 为利润最大时销售量;

(2) $t=2$ 时,税收总额最大.

3. (1) 当 $0<p<\sqrt{\frac{b}{c}}(\sqrt{a}-\sqrt{bc})$ 时,随单价 p 增加,相应的销售额也增加;

当 $\frac{a}{c}-b>p>\sqrt{\frac{b}{c}}(\sqrt{a}-\sqrt{bc})$ 时,随单价 p 增加,相应的销售额减少.

(2) 当 $p=\sqrt{\frac{b}{c}}(\sqrt{a}-\sqrt{bc})$ 时,销售额最大,最大销售额为 $(\sqrt{a}-\sqrt{bc})^2$.

习题 3-5

(A)

一、1. 在区间 $(-\infty,+\infty)$ 内曲线为凹的,曲线没有拐点.

2. 在区间$(-1,+\infty)$内曲线为凹的,曲线没有拐点.

3. 在区间$(-\infty,-1)$,$(1,+\infty)$内曲线为凸的,在$(-1,1)$内曲线为凹的.点$(-1,\ln 2)$与$(1,\ln 2)$为曲线的拐点.

4. 在区间$(-\infty,2)$内曲线为凸的,在$(2,+\infty)$内曲线为凹的.点$(2,2e^{-2})$为曲线的拐点.

5. 在区间$\left(\sqrt{\frac{1}{2}},+\infty\right)$内曲线为凹的.在$\left(0,\sqrt{\frac{1}{2}}\right)$内曲线为凸的,点$\left(\sqrt{\frac{1}{2}},\frac{1}{2}-\frac{1}{2}\ln 2\right)$为曲线的拐点.

6. 在区间$(-\infty,1)$内曲线为凸的,在$(1,+\infty)$内曲线为凹的.点$(1,2)$为曲线的拐点.

7. 在区间$(-\infty,0)$,$(1,+\infty)$内曲线为凹的,在$(0,1)$内曲线为凸的.点$(0,1)$,$(1,0)$为曲线的拐点.

(B)

一、1. A.　2. D.　3. C.　4. C.　5. B.

二、1. $(-1,-6)$.

习题 3-6

(A)

一、1. 直线$y=0$为曲线的水平渐近线;直线$x=-2$为铅直渐近线.

2. 直线$y=0$为曲线的水平渐近线.曲线没有铅直渐近线.

(B)

一、1. D.　2. D.

二、1. $y=\frac{1}{5}$.　2. $y=x+\frac{3}{2}$.　3. $y=2x+1$.

三、1. (1) 单调增加区间为$(-\infty,1)$,$(3,+\infty)$;单调减少区间为$(1,3)$;极小值点为$x=3$,极小值为$\frac{27}{4}$.

(2) 凸区间为$(-\infty,0)$;凹区间为$(0,1)$,$(1,+\infty)$;拐点为$(0,0)$.

(3) 斜渐近线$y=x+2$.

第四章

习题 4-1

(A)

一、1. $\frac{2}{7}x^{\frac{7}{2}}+C$.　2. $-\frac{2}{3}x^{-\frac{3}{2}}+C$.

3. $\frac{3}{4}x^{\frac{4}{3}}-2x^{\frac{1}{2}}+C.$ 4. $x-x^2+C.$

5. $-5x^{-1}+C.$ 6. $\frac{1}{\ln 2}2^x+C.$

7. $\frac{1}{2}x^2+\frac{2}{3}x^3-3x^{\frac{1}{3}}+C.$ 8. $-\cos x-\sin x+C.$

9. $x-\arctan x+C.$ 10. $\mathrm{e}^x+\frac{1}{2}\arctan x+C.$

11. $2\arcsin x+3\ln x+C.$ 12. $3\tan x+2x+C.$

13. $\frac{1}{\ln 2\mathrm{e}}2^x\mathrm{e}^x+C.$ 14. $2\sin x+C.$

15. $\frac{2}{3}x^{\frac{3}{2}}+4x^{\frac{1}{2}}-2x^{-\frac{1}{2}}+C.$ 16. $\frac{1}{\ln 3}3^x-\frac{1}{3}x^3+C.$

二、1. $y=\ln x.$ 2. $s=\frac{3}{2}t^2-2t+5.$

3. $-\frac{\sin x}{x}.$ 4. $f(x)=-\tan x,\quad \lim\limits_{x\to 0}\frac{f(x)}{x^2+3x}=\frac{-1}{3}.$

习题 4-2

(A)

一、1. $-3\cos\frac{1}{3}x+C.$ 2. $2\sin\sqrt{x}+C.$ 3. $\frac{1}{10}(x+3)^{10}+C.$

4. $\frac{1}{5}\mathrm{e}^{5x-1}+C.$ 5. $-\frac{1}{2}\ln|1-2x|+C.$ 6. $\frac{1}{3}\ln|x^3+1|+C.$

7. $\ln x+\frac{1}{2}\ln^2 x+C.$ 8. $\mathrm{e}^{\sin x}+C.$ 9. $-\frac{1}{2\ln 10}10^{-2x+5}+C.$

10. $\ln(2+\mathrm{e}^x)+C.$ 11. $\frac{1}{4}(x^2-3x+2)^4+C.$ 12. $-\frac{2}{5}(2-5x)^{\frac{1}{2}}+C.$

13. $\frac{2}{3}\mathrm{e}^{3\sqrt{x}}+C.$ 14. $\frac{1}{3}\mathrm{e}^{x^3}+C.$ 15. $-\frac{1}{3}(1-x^2)^{\frac{3}{2}}+C.$

16. $-\frac{1}{4}\ln|3-2x^2|+C.$ 17. $\cos\frac{1}{x}+C.$ 18. $\frac{1}{3}\sin^3 x+C.$

19. $-2\cos(\sqrt{x}+1)+C.$ 20. $\ln|\sin x|+C.$ 21. $\frac{1}{2}(\arctan x)^2+C.$

22. $-2[\sqrt{x}-\ln|1-\sqrt{x}|]+C.$ 23. $\frac{1}{3}\arctan\frac{x}{3}+C.$ 24. $\ln|x^2-3x+2|+C.$

二、1. $\frac{1}{\ln 3}3^x-\frac{1}{4}x^4+3x+C.$ 2. $\arcsin \mathrm{e}^x+C.$

3. $\frac{2}{3}(1+\ln x)^{\frac{3}{2}}+C.$ 4. $\frac{1}{2}\sin x^2+C.$

5. $-\frac{1}{4}\ln\left|1-x^4\right|+C$.　　6. $-2\cos\sqrt{x}+C$.

7. $\frac{1}{3}(\arcsin x)^3+C$.　　8. $\frac{1}{3}\ln^3 x+C$.

9. $\frac{1}{2}\sqrt{\frac{2}{3}}\arctan\sqrt{\frac{3}{2}}x+C$.　　10. $\ln|x|-\frac{1}{2}\ln(1+x^2)+C$.

11. $\frac{1}{2}\arcsin x+\frac{x}{2}\sqrt{1-x^2}+C$.　　12. $\frac{1}{3}\ln\left|\frac{x-4}{x-1}\right|+C$.

三、1. $\frac{1}{3}(e^{3x}+\cos 3x)$.

2. $f'(\sin^2 x)=1-\sin^2 x$, $f'(t)=1-t$, $f(x)=x-\frac{x^2}{2}+C$.

(B)

一、1. $\frac{1}{2}\ln(x^2-6x+13)+4\arctan\frac{x-3}{2}+C$.

2. $\arcsin\frac{x-2}{2}+C$.　　3. $-\frac{1}{3}(1-x^2)^{\frac{3}{2}}+C$.

二、1. $\arctan\frac{x}{\sqrt{1+x^2}}+C$.

习题 4-3

(A)

一、1. $-(x+1)e^{-x}+C$.　　2. $-x\cos x+\sin x+C$.

3. $\frac{1}{3}x^3\ln x-\frac{1}{9}x^3+C$.　　4. $x\arctan x-\frac{1}{2}\ln(1+x^2)+C$.

5. $\frac{1}{2}e^x(\sin x+\cos x)+C$.　　6. $2\sqrt{x}(\ln x-2)+C$.

7. $x\ln(1+x)-x+\ln(1+x)+C$.

8. $2[\sqrt{x}\ln(1+\sqrt{x})-\sqrt{x}+\ln(1+\sqrt{x})]+C$.

9. $2\sqrt{x}\arctan\sqrt{x}-\ln(1+x)+C$.

10. $\frac{1}{4}e^{2x}(2x-1)+C$.

11. $2(\sqrt{x}\sin\sqrt{x}+\cos\sqrt{x})+C$.

二、1. $x^2\cos x+C$.

(B)

一、1. $-\frac{1}{x}\ln x+C$.　　2. $2\sqrt{x}\arcsin\sqrt{x}+2\sqrt{1-x}+C$.

二、1. $x\arctan x-\frac{1}{2}\ln(1+x^2)-\frac{1}{2}\arctan^2 x+C.$

2. $-\frac{1}{2}(e^{-2x}\arctan e^x+e^{-x}+\arctan e^x)+C.$

3. $\frac{-\arcsin e^x}{e^x}-\frac{1}{2}\ln\frac{1+\sqrt{1-e^{2x}}}{1-\sqrt{1-e^{2x}}}+C.$

4. $2(x\sqrt{e^x-1}-2\sqrt{e^x-1}+2\arctan\sqrt{e^x-1})+C.$

5. $e^{2x}\tan x+C.$

6. $\frac{(x-1)e^{\arctan x}}{2\sqrt{1+x^2}}+C.$

7. $-e^{-x}\ln(1+e^x)-\ln(1+e^{-x})+C.$

8. $-2\sqrt{1-x}\arcsin\sqrt{x}+2\sqrt{x}+C.$

9. $x\ln\left(1+\sqrt{\frac{1+x}{x}}\right)+\frac{1}{2}\ln(\sqrt{1+x}+x)-\frac{\sqrt{x}}{2(\sqrt{1+x}+\sqrt{x})}+C.$

第五章

习题 5-1

(A)

一、1. $\frac{1}{4}$.　2. $\frac{3}{2}$.　3. $\frac{\pi}{4}$.　4. $\frac{\pi}{4}$.　5. 0.　6. 1.

(B)

二、1. B.

习题 5-2

(A)

一、1. 错.　2. 对.　3. 对.　4. 对.

二、1. $\pi\leqslant I\leqslant 2\pi$.　2. $-2\leqslant I_2\leqslant 6$.　3. $e^{-4}<I<e^{-1}$.

三、1. $\int_3^4 \ln x\mathrm{d}x<\int_3^4(\ln x)^2\mathrm{d}x$.　2. $\int_0^2 e^x\mathrm{d}x>\int_0^2(1+x)\mathrm{d}x$.

3. $\int_0^1 x\mathrm{d}x>\int_0^1 x^2\mathrm{d}x>\int_0^1 x^3\mathrm{d}x$.　　4. $\int_0^1 x\mathrm{d}x=\int_0^1 t\mathrm{d}t$.

5. $J>K>I$.

四、1. +.　2. −.　3. −.　4. 0.

(B)

一、1. D.　2. D.

二、1. $\frac{\pi}{4}$.

习题 5-3

(A)

一、1. $\tan x$.　2. $-xe^{-x^2}$.　3. $2x\sqrt{1+x^4}$.

4. $\frac{3(3x-1)}{3x+1}-\frac{2(2x-1)}{2x+1}$.　5. $2x\sin x^4+\frac{1}{2\sqrt{x}}\sin x$.　6. 0.

7. $3x^2e^{-x^6}$.　8. e^{2x}.　9. $2x\int_0^x f(t)\mathrm{d}t-2\int_0^x tf(t)\mathrm{d}t$.

二、1. 1.　2. $\frac{\pi^2}{4}$.　3. 1.　4. $\frac{1}{5}$.　5. $\frac{1}{2}$.

6. 2e.　7. $\frac{1}{2e}$.　8. $\frac{1}{3}$.　9. 2.　10. $a^2f(a)$.

三、1. 20.　2. $\frac{\pi}{2}$.　3. $\frac{\pi}{3}$.　4. $\frac{3}{2}$.　5. $\frac{\pi}{2}-\frac{2}{3}$.

6. e^2-3.　7. $\frac{\pi}{6}$.　8. 2.　9. 1.　10. 13.

11. $\frac{5}{6}$.　12. $\frac{4\sqrt{2}}{3}+\frac{\pi}{12}$.

四、1. $\int_0^1 f(x)\mathrm{d}x=-2$，$f(x)=-2x-1$.

(B)

一、1. A.　2. D.　3. B.　4. A.　5. B.　6. D.　7. A.　8. B

9. B.　10. C.　11. C.　12. B.　13. B.　14. A.　15. C.

16. D.

二、1. $\int_{x^2}^0 \cos t^2\mathrm{d}t-2x^2\cos^4 x$.　2. $2x\int_0^{x^2} f(t)\mathrm{d}t$.

3. $\frac{1}{3}$.　4. $0<x<\frac{1}{4}$.

5. $\dfrac{1}{1+x^2}+\dfrac{\pi}{4}\sqrt{1-x^2}$.

三、1. $y=x$，$\lim\limits_{n\to\infty} nf\left(\dfrac{2}{n}\right)=2$.　　2. $x=\ln y+\dfrac{1}{2y}-\dfrac{1}{2}$.

3. $\dfrac{\pi}{6}$.　　4. $\dfrac{5}{2}(1+\ln x)$.

5. $f(x)=\dfrac{1}{3}x^3-\dfrac{1}{2}x+\dfrac{1}{3}$;

$x=\dfrac{\sqrt{2}}{2}$为极小值点，极小值为$\dfrac{1}{3}\left(1-\dfrac{\sqrt{2}}{2}\right)$；

曲线的凹区间为$(0,1)$；单调减少区间为$\left(0,\dfrac{\sqrt{2}}{2}\right)$；单调增加区间为$\left(\dfrac{\sqrt{2}}{2},1\right)$.

6. $\dfrac{1}{2n}f'(0)$.

习题 5-4

(A)

一、1. $\dfrac{1}{2}-\dfrac{\sqrt{2}}{4}$.　　2. $4-2\arctan 2$.　　3. $\dfrac{1}{2}$.　　4. $\dfrac{1}{4}$.

5. $\dfrac{1}{4}$.　　6. $\dfrac{\pi}{6}-\dfrac{\sqrt{3}}{8}$.　　7. $1-\dfrac{\pi}{4}$.　　8. $\dfrac{1}{6}$.

9. $2\left(1+\ln\dfrac{2}{3}\right)$.　　10. $1+2\ln\dfrac{1}{2}$.　　11. $1-\mathrm{e}^{-\frac{1}{2}}$.　　12. $2(\sqrt{3}-1)$.

13. $\dfrac{\pi}{2}$.　　14. $\dfrac{4}{3}$.　　15. $2(2-\sqrt{2})-\ln 3-\ln\dfrac{\sqrt{2}-1}{\sqrt{2}+1}$.

16. $2(\sqrt{2}-1)$.　　17. $\dfrac{4}{3}$.　　18. $\dfrac{1}{2}(1-\mathrm{e}^{-4})+\tan\dfrac{1}{2}$.

二、1. 0.　　2. $\dfrac{\pi}{2}$.　　3. $\dfrac{2}{3}\cdot\left(\dfrac{\pi}{6}\right)^3$.　　4. 0.　　5. $1-\mathrm{e}^{-1}$.

三、1. 1.　　2. π.　　3. $\dfrac{1}{4}(\mathrm{e}^2+1)$.　　4. $\dfrac{1}{2}(1-\ln 2)$.　　5. $\dfrac{1}{5}(\mathrm{e}^{\pi}-2)$.

(B)

一、1. C.

二、1. $xf(x^2)$.　　2. $-\dfrac{1}{2}$.　　3. $\dfrac{\sqrt{3}+1}{12}\pi$.　　4. $2\mathrm{e}^2-2$.　　5. 0.　　6. $\dfrac{\sqrt{\mathrm{e}}}{2}$.

三、1. $\dfrac{1}{2}$.　　2. 1.　　3. $\dfrac{3}{4}$.

4. $\begin{cases} \dfrac{1}{6}x^3, & 0\leqslant x\leqslant 1, \\ -\dfrac{x^3}{6}+x^2-x+\dfrac{1}{3}, & 1<x\leqslant 2, \\ x-1, & x>2. \end{cases}$

6. 20. 7. $\dfrac{1}{3}\ln 2$.

习题 5-5

(A)

一、1. $\dfrac{10}{3}$. 2. $\dfrac{1}{2}(1-e^{-1})$. 3. $\dfrac{32}{3}$. 4. 2. 5. $e+e^{-1}-2$.

二、1. $\dfrac{3}{10}\pi$. 2. $\dfrac{\pi^2}{2}$. 3. $V_x=\dfrac{4}{21}\pi$, $V_y=\dfrac{4\pi}{15}$.

4. $\dfrac{\pi}{2}(e^2+1)$. 5. $\dfrac{15}{2}\pi$.

三、1. $\dfrac{9}{4}$. 2. $\dfrac{a}{2}\pi$.

3. (1) $-10+72x+15x^2-x^3$; (2) 12.

(B)

一、1. $\dfrac{37}{12}$.

二、1. 3.

2. (1) $t=\dfrac{\pi}{4}$时,S最小,最小值为$\sqrt{2}-1$; (2) $t=0$时,S最大,最大值为1.

3. (1) $S=1, S(t)=1-2te^{-2t}, t\in(0,+\infty)$; (2) $t=\dfrac{1}{2}$为最小值点,最小值$S\left(\dfrac{1}{2}\right)=1-\dfrac{1}{e}$.

4. $S=2, V=9\pi$.

5. (1) $V_1=\dfrac{4}{5}\pi(32-a^5), V_2=\pi a^4$; (2) V_1+V_2的最大值点为$a=1$,最大值为$\dfrac{129\pi}{5}$.

6. 切线方程 $y=\dfrac{1}{2}(x-1), V=\dfrac{\pi}{6}$.

7. (1) $k=\dfrac{A}{T}$,剩余量 $y(t)=A-\dfrac{A}{T}t$; (2) $\dfrac{A}{2}$.

习题 5-6

(A)

一、1. 收敛于 1. 2. 发散. 3. 发散. 4. 收敛于$\frac{\pi}{2}$.

5. 收敛于-1. 6. 收敛于$\frac{\pi}{4}$. 7. 收敛于 $\ln 2$. 8. 收敛于 1.

9. 发散. 10. 收敛于$\frac{8}{3}$.

二、1. 收敛于 1. 2. $p\leqslant 1$ 时发散，$p>1$ 时收敛于$\frac{1}{p-1}$.

3. 收敛于-4. 4. 收敛于 6.

5. 收敛于 π. 6. 发散.

7. 收敛于$\frac{\pi}{2}$. 8. 收敛于$\frac{8}{3}$.

9. 收敛于 π. 10. 发散.

三、1. $\frac{105}{16}\sqrt{\pi}$. 2. $\frac{e}{2}$.

(B)

一、1. A. 2. D.

二、1. -2. 2. $\ln 2$. 3. 2. 4. $\frac{\pi}{8}$.

5. $\frac{\pi}{3}$. 6. $\frac{\pi}{2}$. 7. $\frac{\pi}{4}$. 8. $\frac{1}{2}$.

三、1. $\frac{\pi}{4}+\frac{1}{2}\ln 2$. 2. $a=0,-1$.

3. $\frac{\pi^2}{16}+\frac{1}{4}$. 4. $\frac{\pi}{2}+\ln(2+\sqrt{3})$.

第 六 章

习题 6-1

(A)

一、1.（1）球面；（2）曲面；（3）曲线；

(4) 曲线； (5) 平面； (6) 平面.

习题 6-2

(A)

一、1. $f(1,3)=5, f(t,1)=\frac{t-2}{2t-1}$.

2. $f(0,1)=1, f(1,1)=1$.

3. $f(1,-2)=\frac{3}{4}, f\left(\frac{1}{x},\frac{1}{y}\right)=\frac{y^2-x^2}{2xy}$.

4. $D=\{(x,y)\mid 0\leqslant x\leqslant 1, x^2\leqslant y\leqslant x\}$ 或 $D=\{(x,y)\mid y\leqslant x\leqslant\sqrt{y}, 0\leqslant y\leqslant 1\}$.

5. $f(x,y)=\frac{x^2(1-y)}{1+y}$.

二、1. $\{(x,y)\mid x-y\neq 0\}$. 2. $\{(x,y,z)\mid x>0,y>0,z>0\}$. 3. $\{(x,y)\mid y^2\leqslant 4x, 0<x^2+y^2<1\}$.

4. $\{(x,y)\mid -y^2\leqslant x\leqslant y^2, 0<y<1\}$.

三、1. 1. 2. $-\frac{1}{4}$. 3. 2. 4. 0.

(B)

一、1. (1) $\frac{1}{2}$； (2) e^k.

习题 6-3

(A)

一、1. (1) $\frac{\partial z}{\partial x}=2xy^2, \frac{\partial z}{\partial y}=2x^2y$； (2) $\frac{\partial z}{\partial x}=3x^2y-y^3, \frac{\partial z}{\partial y}=x^3-3xy^2$；

(3) $\frac{\partial z}{\partial x}=-\frac{1}{x}, \frac{\partial z}{\partial y}=\frac{1}{y}$； (4) $\frac{\partial z}{\partial x}=ye^{xy}+2xy, \frac{\partial z}{\partial y}=xe^{xy}+x^2$.

2. (1) $\frac{\partial z}{\partial x}=y+\frac{1}{y}, \frac{\partial z}{\partial y}=x-\frac{x}{y^2}$；

(2) $\frac{\partial z}{\partial x}=2x\ln(x^2+y^2)+\frac{2x^3}{x^2+y^2}, \frac{\partial z}{\partial y}=\frac{2x^2y}{x^2+y^2}$；

(3) $\frac{\partial z}{\partial x}=\frac{y^2}{(x^2+y^2)^{\frac{3}{2}}}, \frac{\partial z}{\partial y}=-\frac{xy}{(x^2+y^2)^{\frac{3}{2}}}$；

(4) $\frac{\partial z}{\partial x}=-\frac{y}{x^2}\cos(xy)-\frac{y^2}{x}\sin(xy), \frac{\partial z}{\partial y}=\frac{1}{x}\cos(xy)-y\sin(xy)$.

3. (1) $\frac{\partial u}{\partial x}=\frac{x}{\sqrt{x^2+y^2+z^2}}, \frac{\partial u}{\partial y}=\frac{y}{\sqrt{x^2+y^2+z^2}}, \frac{\partial u}{\partial z}=\frac{z}{\sqrt{x^2+y^2+z^2}}$；

(2) $\frac{\partial u}{\partial x}=yze^{xyz},\frac{\partial u}{\partial y}=xze^{xyz},\frac{\partial u}{\partial z}=xye^{xyz}$.

4. 2.

二、1. (1) $\frac{\partial u}{\partial x}=yz\cdot x^{yz-1},\frac{\partial u}{\partial y}=x^{yz}\cdot z\ln x,\frac{\partial u}{\partial z}=x^{yz}\cdot y\ln x$;

(2) $\frac{\partial u}{\partial x}=yz\cdot(xy)^{z-1},\frac{\partial u}{\partial y}=xz\cdot(xy)^{z-1},\frac{\partial u}{\partial z}=(xy)^{z}\ln(xy)$.

2. $\frac{\partial^2 z}{\partial x^2}=\frac{2y-2x^2}{(x^2+y)^2},\frac{\partial^2 z}{\partial x\partial y}=-\frac{2x}{(x^2+y)^2},\frac{\partial^2 z}{\partial y^2}=-\frac{1}{(x^2+y)^2}$.

(B)

一、1. D. 2. C. 3. B.

习题 6-4

(A)

一、1. (1) $dz=3(x^2-y)dx+3(y^2-x)dy$; (2) $dz=2xy^3dx+3x^2y^2dy$;

(3) $dz=\frac{4xy^2}{(x^2+y^2)^2}dx-\frac{4x^2y}{(x^2+y^2)^2}dy$; (4) $dz=\sin 2xdx-\sin 2ydy$;

(5) $dz=y^2x^{y-1}dx+(x^y+yx^y\ln x)dy$; (6) $\frac{2x}{x^2+y^2}dx+\frac{2y}{x^2+y^2}dy$.

2. $\Delta z=-0.119,dz=-0.125$.

3. $dz=\frac{4}{7}dx+\frac{2}{7}dy$.

4. (1) $du=\frac{x}{\sqrt{x^2+y^2+z^2}}dx+\frac{y}{\sqrt{x^2+y^2+z^2}}dy+\frac{z}{\sqrt{x^2+y^2+z^2}}dz$;

(2) $du=e^{x+yz}dx+ze^{x+yz}dy+ye^{x+yz}dz$.

二、1. $dz\big|_{(1,1)}=\frac{2}{5}dx-\frac{2}{5}dy$.

2. $du\big|_{(3,4,5)}=-\frac{3}{25}dx-\frac{4}{25}dy+\frac{1}{5}dz$.

(B)

一、1. A. 2. C.

二、1. $2e\,dx+(e+2)dy$.

习题 6-5

(A)

一、1. $\frac{\partial z}{\partial x}=\frac{2x}{y^2}\ln(3x-2y)+\frac{3x^2}{y^2(3x-2y)}, \frac{\partial z}{\partial y}=-\frac{2x^2}{y^3}\ln(3x-2y)-\frac{2x^2}{y^2(3x-2y)}$.

2. $\frac{dz}{dx}=(1-2\cos x)e^{x-2\sin x}$.

3. (1) $\frac{\partial z}{\partial x}=f'_u+f'_v, \frac{\partial z}{\partial y}=f'_u-f'_v$.

(2) $\frac{\partial z}{\partial x}=2xf'_u+ye^{xy}f'_v, \frac{\partial z}{\partial y}=-yf'_u+xe^{xy}f'_v$.

(3) $\frac{\partial z}{\partial x}=\cos yf'_u+\sin yf'_v, \frac{\partial z}{\partial y}=-x\sin yf'_u+x\cos yf'_v$.

(4) $\frac{\partial z}{\partial x}=f'_u-\frac{y}{x^2}f'_v, \frac{\partial z}{\partial y}=f'_u+\frac{1}{x}f'_v$.

4. $\frac{\partial u}{\partial x}=2xf', \frac{\partial u}{\partial y}=2yf', \frac{\partial u}{\partial z}=2zf'$.

5. $\frac{dy}{dx}=-\frac{y+1}{x+1}$.

6. $\frac{dy}{dx}=\frac{y^x\ln y}{1-xy^{x-1}}$.

7. $\frac{dy}{dx}=\frac{x+y}{x-y}$.

8. $\frac{\partial z}{\partial x}=\frac{ayz-x^2}{z^2-axy}, \frac{\partial z}{\partial y}=\frac{axz-y^2}{z^2-axy}$.

9. $\frac{\partial z}{\partial x}=\frac{yz-\sqrt{xyz}}{\sqrt{xyz}-xy}, \frac{\partial z}{\partial y}=\frac{xz-2\sqrt{xyz}}{\sqrt{xyz}-xy}$.

二、1. $\frac{\partial^2 z}{\partial x^2}=f''_{xx}+2yf''_{xv}+y^2f''_{vv}$.

2. $\frac{\partial^2 z}{\partial x^2}=f''_{uu}+2yf''_{uv}+y^2f''_{vv}, \frac{\partial^2 z}{\partial x\partial y}=f''_{uu}+(x+y)f''_{uv}+xyf''_{vv}+f'_v$.

(B)

一、1. B.　　2. D.

二、1. $2xyf\left(\frac{y}{x}\right)$.

2. $-2\left(\frac{y}{x}f'_1-\frac{x}{y}f'_2\right)$.

3. $e^{2y-x}-e^{-x}+2(x-2y)$.

4. $\frac{\sqrt{2}}{2}(\ln 2-1)$.

5. $yx^{y-1}f'_1+y^x\ln y\cdot f'_2$.

6. $xf''_{12}+f'_2+xyf''_{22}$.

7. $1+2\ln 2$.

8. $4dx-2dy$.

9. $dx-\sqrt{2}dy$.

10. 1.

三、1. $\frac{u^{v-1}}{x^2+y^2}[(vx-uy\ln u)dx+(vy+xu\ln u)dy]$.

2. 0.

3. $-2f''_{11}+f''_{22}y\sin x\cos x+f''_{12}(2\sin x-y\cos x)+f'_2\cos x$.

4. $f'_1-\dfrac{1}{y^2}f'_2+xyf''_{11}-\dfrac{x}{y^3}f''_{22}-\dfrac{1}{x^2}g'-\dfrac{y}{x^3}g''$.

5. $\cos(xy)-xy\sin(xy)-\dfrac{x}{y^2}\dfrac{\partial^2\varphi}{\partial u\partial v}-\dfrac{1}{y^2}\dfrac{\partial\varphi}{\partial v}-\dfrac{x}{y^3}\dfrac{\partial^2\varphi}{\partial v^2}$.

6. $dz=e^{-\arctan\frac{y}{x}}[(2x+y)dx+(2y-x)dy]$.

$\dfrac{\partial^2 z}{\partial x\partial y}=\dfrac{y^2-xy-x^2}{x^2+y^2}e^{-\arctan\frac{y}{x}}$.

7. $\left.\dfrac{dz}{dx}\right|_{x=0}=0$；$\left.\dfrac{d^2z}{dx^2}\right|_{x=0}=1$.

8. x^2+y^2.

9. 3.

10. $a=-2,b=-\dfrac{2}{5}$ 或 $a=-\dfrac{2}{5},b=-2$.

11. $dz=(f'_1+f'_2+yf'_3)dx+(f'_1-f'_2+xf'_3)dy$,

$\dfrac{\partial^2 z}{\partial x\partial y}=f'_3+f''_{11}-f''_{22}+xyf''_{33}+(x+y)f''_{13}+(x-y)f''_{23}$.

12. (1) $\dfrac{1}{1+\varphi'}[(2x-\varphi')dx+(2y-\varphi')dy]$；

(2) $-\dfrac{2(2x+1)\varphi''}{(1+\varphi')^3}$.

13. $\dfrac{\partial f}{\partial x}-\dfrac{y}{x}\dfrac{\partial f}{\partial y}+\left[1-\dfrac{e^x(x-z)}{\sin(x-z)}\right]\dfrac{\partial f}{\partial z}$.

14. $f'_1+f'_2\cos x-\dfrac{f'_3}{\varphi'_3}(2x\varphi'_1+\varphi'_2e^y\cos x)$.

15. $\dfrac{(f+xf')F'_y-xf'F'_x}{F'_y+xf'F'_x}(F'_y+xf'F'_x\neq 0)$.

习题 6-6

(A)

一、1. (1) 极大值 $z|_{(2,-2)}=8$； (2) 极小值 $z|_{(1,0)}=-1$.

2. $a=-5$. 3. $\dfrac{1}{4}$. 4. $\dfrac{7\sqrt{2}}{8}$.

5. 宽为 $2\sqrt{10}$ m,长为 $3\sqrt{10}$ m 时,所用材料最省.

二、1. 生产 120 件产品 A,80 件产品 B 时,所得利润最大.

2. 当长、宽、高都是$\dfrac{2a}{\sqrt{3}}$时,体积最大.

(B)

一、1. A.　2. D.　3. A.　4. D.

二、1. 极小值点$\left(0,\frac{1}{\mathrm{e}}\right)$；极小值$-\frac{1}{\mathrm{e}}$.

2. 最大值 8；最小值 0.

3. 最大值 3；最小值-2.

4. 最大值 72；最小值 6.

三、1. (1) 点$(x_1,x_2)=(0.75,1.25)$处达到最大值；

(2) 点$(x_1,x_2)=(0,1.5)$处达到最大值.

2. (1) $Q_1=4,Q_2=5,P_1=10$(万元/t)，$P_2=7$(万元/t)，最大利润$L=50$(万元)；

(2) $Q_1=5,Q_2=4,P_1=P_2=8$(万元/t)，最大利润$L=49$(万元).企业实行差别定价所得总利润大于统一价格的总利润.

3. $x_1=6\left(\frac{P_2\alpha}{P_1\beta}\right)^{\beta}$，　$x_2=6\left(\frac{P_1\beta}{P_2\alpha}\right)^{\alpha}$.

习题 6-7

(A)

一、1. $I_1\geqslant I_2$.　2. $I_1\leqslant I_2$.　3. $I_1\geqslant I_2$.

三、1. $\int_0^1\mathrm{d}x\int_{x-1}^{1-x}f(x,y)\mathrm{d}y$，$\int_{-1}^0\mathrm{d}y\int_0^{1+y}f(x,y)\mathrm{d}x+\int_0^1\mathrm{d}y\int_0^{1-y}f(x,y)\mathrm{d}x$.

2. $\int_{-1}^1\mathrm{d}x\int_{x^2}^1f(x,y)\mathrm{d}y$，$\int_0^1\mathrm{d}y\int_{-\sqrt{y}}^{\sqrt{y}}f(x,y)\mathrm{d}x$.

3. $\int_{-\sqrt{2}}^{\sqrt{2}}\mathrm{d}x\int_{x^2}^{4-x^2}f(x,y)\mathrm{d}y$，$\int_0^2\mathrm{d}y\int_{-\sqrt{y}}^{\sqrt{y}}f(x,y)\mathrm{d}x+\int_2^4\mathrm{d}y\int_{-\sqrt{4-y}}^{\sqrt{4-y}}f(x,y)\mathrm{d}x$.

4. $\int_{-\frac{1}{2}}^{\frac{1}{2}}\mathrm{d}x\int_{\frac{1}{2}-\sqrt{\frac{1}{4}-x^2}}^{\frac{1}{2}+\sqrt{\frac{1}{4}-x^2}}f(x,y)\mathrm{d}y$，$\int_0^1\mathrm{d}y\int_{-\sqrt{y-y^2}}^{\sqrt{y-y^2}}f(x,y)\mathrm{d}x$.

四、1. $\int_0^1\mathrm{d}y\int_y^1f(x,y)\mathrm{d}x$.

2. $\int_0^1\mathrm{d}y\int_{\sqrt{y}}^3f(x,y)\mathrm{d}x+\int_1^2\mathrm{d}y\int_{2y-1}^3f(x,y)\mathrm{d}x$.

3. $\int_1^2\mathrm{d}y\int_1^yf(x,y)\mathrm{d}x+\int_2^4\mathrm{d}y\int_{\frac{y}{2}}^2f(x,y)\mathrm{d}x$.

五、1. $(\mathrm{e}-1)^2$.　2. -2.　3. $\sqrt{2}$.　4. $\frac{8}{3}a^3$.

六、1. $\frac{1}{2}(\mathrm{e}^{a^2}-1)$.　2. $1-\sin 1$.

七、1. $-6\pi^2$.　2. $\frac{32}{9}$.　3. a.　4. $\frac{\pi}{6}$.　5. $\frac{15}{4}\pi$.

(B)

一、1. B.　2. D.　3. D.　4. C.　5. A.

6. C.　7. A.　8. A.　9. A.　10. D.

二、1. $\frac{\pi}{4}$.　2. $\frac{1}{2}$.

3. a^2.　4. $\int_1^2 \mathrm{d}x \int_0^{1-x} f(x,y)\mathrm{d}y$.

5. $\int_0^{\frac{1}{2}} \mathrm{d}x \int_{x^2}^{x} f(x,y)\mathrm{d}y$.

三、1. $-\frac{2}{3}$.　2. $\frac{2}{9}$.　3. $\frac{3}{2}$.　4. $\frac{8}{15}$.

5. $\frac{16}{9}(3\pi-2)$.　6. $\frac{\pi}{2}(1+e^{\pi})$.　7. $4-\frac{\pi}{2}$.　8. $a^2\left(\frac{\pi^2}{16}-\frac{1}{2}\right)$.

9. $\frac{\pi}{4}-\frac{1}{3}$.　10. $\frac{19}{4}+\ln 2$.　11. $\frac{1}{3}+4\sqrt{2}\ln(\sqrt{2}+1)$.

12. $\frac{1}{3}-\frac{\pi}{16}$.　13. $\frac{3}{8}$.　14. $-\frac{8}{3}$.

第七章

习题 7-1

(A)

一、1. $a_1=1, a_2=\frac{4}{3}, a_3=\frac{3}{2}, a_4=\frac{8}{5}$.　2. $a_1=\frac{1}{3}, a_2=\frac{1}{3}, a_3=\frac{5}{27}, a_4=\frac{7}{81}$.

3. $a_1=\frac{1}{2}, a_2=\frac{2}{5}, a_3=\frac{3}{10}, a_4=\frac{4}{17}$.

4. $a_1=1, a_2=-\frac{1}{2}, a_3=\frac{1}{3}, a_4=-\frac{1}{4}$.

二、1. $a_n=\frac{1}{n(n+3)}\quad(n=1,2,\cdots)$.　2. $a_n=\frac{2n-1}{n^2+1}\quad(n=1,2,\cdots)$.

3. $a_n=\frac{(-1)^{n+1}}{2n+1}\quad(n=1,2,\cdots)$.　4. $a_n=\frac{(-1)^{n-1}}{n^2}\quad(n=1,2,\cdots)$.

三、1. 收敛.　2. 发散.　3. 收敛.　4. 发散.　5. 收敛.

(B)

一、1. C.

二、1. (1) $\frac{1}{\sqrt{n(n+1)}}$；　(2) $\frac{4}{3}$.

　　2. (1) $\frac{1}{2^{n-1}}$；　(2) $\frac{4}{3}$.

习题 7-2

(A)

一、1. 收敛.　　2. 收敛.　　3. 收敛.

二、1. 收敛.　　2. 收敛.　　3. 发散　　4. 收敛.

三、1. 收敛.　　2. 收敛.　　3. 发散.　　4. 收敛.　　5. 发散.　　6. 收敛.

(B)

一、1. $\frac{2}{2-\ln 3}$.

二、1. (1) 1.

习题 7-3

(A)

一、1. 条件收敛.　　2. 发散.　　3. 绝对收敛.　　4. 绝对收敛.

　　5. 绝对收敛.　　6. 绝对收敛.　　7. 发散.　　8. 条件收敛.

(B)

一、1. C.　2. A.　3. A.　4. A.　5. D.　6. D.　7. D.　8. C.

二、1. 收敛.

习题 7-4

(A)

一、1. $(-1,1)$.　　2. $(-1,1)$.　　3. $\left(-\frac{1}{2},\frac{1}{2}\right)$.　　4. $(-3,3)$.　　5. $(-\infty,+\infty)$.

　　6. $(-1,1)$.　　7. $(-\infty,+\infty)$. 8. $(-\sqrt{2},\sqrt{2})$.　　9. $\left(-\frac{4}{3},\frac{4}{3}\right)$. 10. $(-2,0)$.

(B)

一、1. $(-2,4)$. 2. $(1,5]$. 3. $(0,4)$. 4. $\sqrt{3}$.

习题 7-5

(A)

一、1. $\frac{1}{2}+\frac{1}{2}\sum_{n=0}^{\infty}\frac{(-1)^n 2^{2n}}{(2n)!}x^{2n}, x\in(-\infty,+\infty)$.

2. $\sum_{n=0}^{\infty}\frac{(-1)^n}{2n+1}x^{2n+2}, x\in[-1,1]$.

3. $x+\sum_{n=1}^{\infty}\frac{(-1)^{n-1}}{n(n+1)}x^{n+1}, x\in[-1,1]$.

二、1. $\sum_{n=0}^{\infty}(-1)^n(x-1)^n, x\in(0,2)$.

2. $\sum_{n=0}^{\infty}\frac{(-1)^n}{3^{n+1}}\cdot(x-3)^n, x\in(0,6)$.

3. $\ln 2+\sum_{n=1}^{\infty}\frac{(-1)^{n-1}}{n\cdot 2^n}(x-2)^n, x\in(0,4)$.

三、1. $\sum_{n=0}^{\infty}(n+1)x^{2n}, x\in(-1,1)$.

2. $\ln 3+\sum_{n=1}^{\infty}\frac{(-1)^{n-1}}{n\cdot 3^n}x^n, x\in(-3,3)$.

四、1. $\frac{2}{(1-x)^3}, x\in(-1,1)$. 2. $(1+2x^2)e^{x^2}-1, x\in(-\infty,+\infty)$.

3. $(1+3x+x^2)e^x, x\in(-\infty,+\infty)$. 4. $\frac{1}{2}\ln\left|\frac{1+x}{1-x}\right|, x\in(-1,1)$.

(B)

一、1. 4.

二、1. $f(x)=1-\frac{1}{2}\ln(1+x^2)$. $x=0$ 为极大值点;极大值为 1.

2. $\begin{cases}\frac{1}{2x}\ln\frac{1+x}{1-x}-\frac{1}{1-x^2}, & |x|\in(0,1),\\ 0, & x=0.\end{cases}$

3. $(-1,1)$; $s(x)=2x^2\arctan x-x\ln(1+x^2)$.

4. $(-1,1)$; $s(x)=\frac{3x-x^2}{(1-x)^2}$.

5. $\frac{22}{27}$.

6. $\frac{5}{8}-\frac{3}{4}\ln 2$.

7. $(-1,1)$, $f(x)=2x\arctan x-\ln(1+x^2)+\frac{x^2}{1-x^2}$.

8. $S_1=\frac{1}{2}$, $S_2=1-2\ln 2$.

三、1. $\sum\limits_{n=1}^{\infty}[(-1)+(-1)^{n-1}2^n]\frac{x^n}{n}$, $-\frac{1}{2}<x\leqslant\frac{1}{2}$.

2. $-\frac{1}{5}\sum\limits_{n=0}^{\infty}\left[\frac{1}{3^{n+1}}+(-1)^n\frac{1}{2^{n+1}}\right](x-1)^n$, $-1<x<3$.

3. $\frac{1}{3}\sum\limits_{n=0}^{\infty}\left[(-1)^n+\frac{1}{2^{n+1}}\right]x^n$, $-1<x<1$.

4. $\sum\limits_{n=1}^{\infty}\frac{1}{4n+1}x^{4n+1}$, $-1<x<1$.

5. $f(x)=\frac{\pi}{4}-2\sum\limits_{n=0}^{\infty}\frac{(-1)^n4^n}{2n+1}x^{2n+1}$, $x\in\left(-\frac{1}{2},\frac{1}{2}\right)$; $\sum\limits_{n=1}^{\infty}\frac{(-1)^n}{2n+1}=\frac{\pi}{4}$.

第 八 章

习题 8-1

(A)

一、1. B.　　2. D.　　3. D.

二、1. 2.　　2. $y=Y+y_1$.　　3. 2.

习题 8-2

(A)

一、1. $y=e^{Cx}$.　　2. $1+e^y=C(1+x^2)$.

3. $y=Ce^{x^2}-3$.　　4. $(1+y^2)(1+x^2)=Cx^2$.

5. $x-y+\ln xy=C$.　　6. $e^y=e^x+C$.

7. $y^2=1+\frac{C}{x^2-1}$.　　8. $y=\tan\left(\frac{1}{3}x^3+x+C\right)$.

9. $y=e^{x^2}$.　　10. $y=1+x^2$.

二、1. $\sin\frac{y}{x}=Cx$.

2. $y=x(\ln y+C)$.

3. $y=-x\ln(1-\ln x)$.

4. $y=x^2(\sin x+C)$.

5. $y=\frac{1}{3}x^2+\frac{3}{2}x+2+\frac{C}{x}$.

6. $y=\frac{C}{x}+\frac{1}{4}x^3$.

7. $y=2+Ce^{-x^2}$.

8. $y=\frac{3}{2}e^x-\frac{1}{2}(\sin x+\cos x)$.

9. $y=\sin x$.

10. $\frac{e^x+1}{\cos y}=2\sqrt{2}$.

三、1. $\tan\frac{y}{x}=\ln x+C$.

2. $y=\ln x(x^3+C)$.

四、1. $f(x)=\frac{1}{x^3}e^{1-\frac{1}{x}}$.

2. $f(x)=x-\frac{1}{2}+\frac{1}{2}e^{-2x}$.

3. $y(x)=(x+1)e^x$.

(B)

一、1. A. 2. B. 3. D. 4. A.

二、1. $\ln y=\ln x-x+C$.

2. $y=\frac{2x}{1+x^2}$.

3. $y=\frac{x}{\sqrt{1+\ln x}}$.

4. $y+\sqrt{x^2+y^2}=x^2$.

5. $y=\frac{1}{2}\left(\ln x+\frac{1}{\ln x}\right)$.

6. $y=\frac{1}{3}x\left(\ln x-\frac{1}{3}\right)$.

7. $y=x(-e^{-x}+C)$.

三、1. $f(t)=(4\pi t^2+1)e^{4\pi t^2}$.

2. (1) 设 $y=s(x)$，则 $y'=xy+\frac{x^3}{2}, y(0)=0$；

(2) $s(x)=-\frac{x^2}{2}+e^{\frac{x^2}{2}}-1$.

习题 8-3

(A)

一、1. $y=\cos x-\sin x+2x+1$.

2. $y=\frac{1}{8}e^{2x}+\sin x+\frac{1}{2}C_1x^2+C_2x+C_3$.

3. $y=C_2e^{C_1x}$.

4. $y=-\ln(1-x)$.

5. $y=\frac{1}{2}x^2+\frac{3}{2}$.

6. $y=\frac{1}{4}x^4-\frac{1}{2}x^2+C_1x^3+C_2$.

7. $y=C_1e^x-\frac{1}{2}x^2-x+C_2$.

8. $y^2=C_1x+C_2$.

9. $y=\tan\left(x+\frac{\pi}{4}\right)$.

(B)

一、1. $y=C_1+\frac{C_2}{x^2}$.

2. $y^2=x+1$ 或 $y=\sqrt{x+1}$.

3. $y=\frac{2}{3}x^{\frac{3}{2}}+\frac{1}{3}$.

二、1. $f(x)=C_1\ln x+C_2$.

习题 8-4

(A)

一、1. $y=C_1e^x+C_2e^{-2x}$.

2. $y=C_1\cos 2x+C_2\sin 2x$.

3. $y=(C_1+C_2x)e^{-2x}$.

4. $y=C_1e^x+C_2e^{-3x}$.

5. $y=C_1e^{-2x}+C_2e^{5x}$.

6. $y=(C_1+C_2x)e^{2x}$.

7. $y=e^{2x}(C_1\cos 3x+C_2\sin 3x)$.

二、1. $y=C_1e^{6x}+C_2e^{2x}+\frac{1}{6}\left(\frac{1}{2}x+\frac{1}{3}\right)$.

2. $y=(C_1+C_2x)e^{4x}+\frac{1}{16}\left(x+\frac{1}{2}\right)$.

3. $y=C_1+C_2e^{-\frac{5}{2}x}+\frac{1}{3}x^3-\frac{3}{5}x^2+\frac{7}{25}x$.

4. $y=C_1e^{-2x}+C_2e^{-3x}+e^{-x}$.

5. $y=C_1e^x+C_2e^{-3x}-\frac{1}{4}xe^{-3x}$.

6. $y=e^x(C_1\cos x+C_2\sin x)+e^x$.

三、1. $y=3e^{-2x}\sin 5x$.

(B)

一、1. D.

二、1. $C_1e^{3x}+C_2e^x-2e^{2x}$.

2. $y=C_1e^{-2x}+C_2e^{2x}+\frac{1}{4}xe^{2x}$.

3. $y=e^x(C_1\cos x+C_2\sin x)+e^x$.

4. $x(1-e^x)+2$.

三、1. $y''-y'-2y=(1-2x)e^x$.

2. $f(u)=C_1e^u+C_2e^{-u}$.

3. (2) $\frac{2}{3}e^{-\frac{x}{2}}\cos\frac{\sqrt{3}}{2}x+\frac{1}{3}e^x(-\infty<x<+\infty)$.

习题 8-5

(A)

一、1. $C(x)=x^2+10x+20$.　　2. $Q(P)=100e^{2(1-P)}$.

3. $P(t)=\left(P_0-\frac{a+c}{b+d}\right)e^{-a(b+d)t}+\frac{a+c}{b+d},\lim\limits_{t\to+\infty}P(t)=\frac{a+c}{b+d}$.

习题 8-6

(A)

一、1. C,D 属于一阶差分方程;B 属于二阶差分方程;A 不属于差分方程.

2. C.

二、1. $e^t(e-1)$.　　2. $\Delta y_t=0$.　　3. $\Delta y_t=2(t+1)$.

(B)

一、1. $\Delta y_t=\frac{-2t-1}{t^2(t+1)^2},\Delta^2 y_t=\frac{6t^2+12t+4}{t^2(t+1)^2(t+2)^2}$.

2. $\Delta^2 y_t=e^{2t}(e^2-1)^2$.

习题 8-7

(A)

一、1. $y_t=C\cdot 3^t+1$.　　2. $y_t=C-t^2+t$.

3. $y_t=C\left(\frac{1}{2}\right)^t+\frac{1}{2}\left(\frac{5}{2}\right)^t$.　　4. $y_t=-9-6t-3t^2+C\cdot 2^t$.

5. $y_t=\frac{2}{3}t^3-t^2+\frac{1}{3}t+C$.　　6. $y_t=C(-1)^t+\frac{1}{3}\cdot 2^t$.

(B)

一、1. $y_t=A(-5)^t+\frac{5}{12}\left(t-\frac{1}{6}\right)$.

2. $y_t=A+2^t(t-2)$.

二、1. (1) $y_t=(1+0.05)y_{t-1}-(10+9t)$.

(2) $A=3\ 980$(万元).

习题 8-8

(A)

一、1. $y_t=C_1+C_2\cdot 2^t$.

2. $y_t=C_1(-1)^t+C_2(-3)^t$.

3. $y_t=4^t\left(C_1\cos\frac{\pi}{3}t+C_2\sin\frac{\pi}{3}t\right)$.

4. $y_t=C_1(-1)^t+C_2(-4)^t-\frac{7}{100}+\frac{1}{10}t$.

5. $y_t=C_1+C_2(-2)^t+4t$.

6. $y_t=(\sqrt{3})^t\left(C_1\cos\frac{\pi}{6}t+C_2\sin\frac{\pi}{6}t\right)+5$.

7. $y_t=C_1(-2)^t+C_2 3^t+3^t t\left(\frac{1}{15}t-\frac{2}{25}\right)$.

8. $y_t=2^t\left(C_1\cos\frac{\pi}{2}t+C_2\sin\frac{\pi}{2}t\right)+\frac{2^t}{8}$.

附录2 简单不定积分表

1. 有理函数积分表

(1) $\int (ax+b)^n \mathrm{d}x = \dfrac{(ax+b)^{n+1}}{a(n+1)} + C \quad (n \neq -1).$

(2) $\int \dfrac{\mathrm{d}x}{ax+b} = \dfrac{1}{a}\ln|ax+b| + C.$

(3) $\int x(ax+b)^n \mathrm{d}x = \dfrac{(ax+b)^{n+2}}{a^2(n+2)} - \dfrac{b(ax+b)^{n+1}}{a^2(n+1)} + C \quad (n \neq -1,-2).$

(4) $\int \dfrac{x\mathrm{d}x}{ax+b} = \dfrac{x}{a} - \dfrac{b}{a^2}\ln|ax+b| + C.$

(5) $\int \dfrac{x\mathrm{d}x}{(ax+b)^2} = \dfrac{b}{a^2(ax+b)} + \dfrac{1}{a^2}\ln|ax+b| + C.$

(6) $\int \dfrac{x^2\mathrm{d}x}{ax+b} = \dfrac{1}{a^3}\left[\dfrac{1}{2}(ax+b)^2 - 2b(ax+b) + b^2\ln|ax+b|\right] + C.$

(7) $\int \dfrac{\mathrm{d}x}{x(ax+b)} = -\dfrac{1}{b}\ln\left|\dfrac{ax+b}{x}\right| + C.$

(8) $\int \dfrac{\mathrm{d}x}{x^2(ax+b)} = -\dfrac{1}{bx} + \dfrac{a}{b^2}\ln\left|\dfrac{ax+b}{x}\right| + C.$

(9) $\int \dfrac{\mathrm{d}x}{(x^2+a^2)^n} = \dfrac{x}{2(n-1)a^2(x^2+a^2)^{n-1}} + \dfrac{2n-3}{2(n-1)a^2}\int \dfrac{\mathrm{d}x}{(x^2+a^2)^{n-1}}.$

(10) $\int \dfrac{\mathrm{d}x}{x^2-a^2} = \dfrac{1}{2a}\ln\left|\dfrac{x-a}{x+a}\right| + C.$

2. 无理函数积分表

(11) $\int \sqrt{a^2-x^2}\,\mathrm{d}x = \dfrac{1}{2}\left(x\sqrt{a^2-x^2} + a^2\arcsin\dfrac{x}{a}\right) + C \quad (|x| \leqslant a).$

(12) $\int x^2\sqrt{a^2-x^2}\,\mathrm{d}x = \dfrac{x}{8}(2x^2-a^2)\sqrt{a^2-x^2} + \dfrac{a^4}{8}\arcsin\dfrac{x}{a} + C \quad (|x| \leqslant a).$

(13) $\int \dfrac{\mathrm{d}x}{\sqrt{a^2-x^2}} = \arcsin\dfrac{x}{a} + C \quad (|x| \leqslant a).$

(14) $\int \frac{x^2 dx}{\sqrt{a^2-x^2}} = -\frac{x}{2}\sqrt{a^2-x^2}+\frac{a^2}{2}\arcsin\frac{x}{a}+C \quad (|x| \leqslant a)$.

(15) $\int \sqrt{a^2+x^2}\,dx = \frac{1}{2}[x\sqrt{a^2+x^2}+a^2\ln(x+\sqrt{a^2+x^2})]+C$.

(16) $\int x\sqrt{a^2+x^2}\,dx = \frac{1}{3}(a^2+x^2)^{3/2}+C$.

(17) $\int \frac{\sqrt{a^2+x^2}}{x}dx = \sqrt{a^2+x^2}-a\ln\left|\frac{a+\sqrt{a^2+x^2}}{x}\right|+C$.

(18) $\int \frac{dx}{\sqrt{x^2+a^2}} = \ln(x+\sqrt{x^2+a^2})+C$.

(19) $\int \frac{x\,dx}{\sqrt{x^2+a^2}} = \sqrt{x^2+a^2}+C$.

(20) $\int \frac{x^2 dx}{\sqrt{x^2+a^2}} = \frac{x}{2}\sqrt{x^2+a^2}-\frac{a^2}{2}\ln(x+\sqrt{x^2+a^2})+C$.

(21) $\int \frac{dx}{x\sqrt{x^2+a^2}} = -\frac{1}{a}\ln\left|\frac{a+\sqrt{x^2+a^2}}{x}\right|+C$.

(22) $\int \frac{dx}{x^2\sqrt{x^2+a^2}} = -\frac{\sqrt{x^2+a^2}}{a^2x}+C$.

(23) $\int \sqrt{x^2-a^2}\,dx = \frac{1}{2}(x\sqrt{x^2-a^2}-a^2\ln|x+\sqrt{x^2-a^2}|)+C$.

(24) $\int x\sqrt{x^2-a^2}\,dx = \frac{1}{3}(x^2-a^2)^{3/2}+C \quad (|x| \geqslant a)$.

(25) $\int \frac{\sqrt{x^2-a^2}}{x}dx = \sqrt{x^2-a^2}-a\arccos\frac{a}{x}+C \quad (|x| \geqslant a)$.

(26) $\int \frac{dx}{\sqrt{x^2-a^2}} = \ln|x+\sqrt{x^2-a^2}|+C \quad (|x|>a)$.

(27) $\int \frac{x\,dx}{\sqrt{x^2-a^2}} = \sqrt{x^2-a^2}+C \quad (|x|>a)$.

(28) $\int \frac{x^2 dx}{\sqrt{x^2-a^2}} = \frac{1}{2}(x\sqrt{x^2-a^2}+a^2\ln|x+\sqrt{x^2-a^2}|)+C \quad (|x|>a)$.

3. 三角函数积分表

(29) $\int \sin ax\,dx = -\frac{1}{a}\cos ax+C$.

(30) $\int \sin^n ax\,dx = -\frac{\sin^{n-1} ax \cdot \cos ax}{na}+\frac{n-1}{n}\int \sin^{n-2} ax\,dx \quad (n>0)$.

(31) $\int x\sin ax\mathrm{d}x=\frac{\sin ax}{a^2}-\frac{x\cos ax}{a}+C.$

(32) $\int x^n\sin ax\mathrm{d}x=-\frac{x^n}{a}\cos ax+\frac{n}{a}\int x^{n-1}\cos ax\mathrm{d}x\quad(n>0).$

(33) $\int \frac{\mathrm{d}x}{\sin ax}=\frac{1}{a}\ln\left|\tan\frac{ax}{2}\right|+C.$

(34) $\int \frac{\mathrm{d}x}{1+\sin ax}=\frac{1}{a}\tan\left(\frac{ax}{2}-\frac{\pi}{4}\right)+C.$

(35) $\int \frac{\mathrm{d}x}{1-\sin ax}=\frac{1}{a}\tan\left(\frac{ax}{2}+\frac{\pi}{4}\right)+C.$

(36) $\int \cos ax\mathrm{d}x=\frac{1}{a}\sin ax+C.$

(37) $\int \cos^n ax\mathrm{d}x=\frac{\cos^{n-1}ax\cdot\sin ax}{na}+\frac{n-1}{n}\int\cos^{n-2}ax\mathrm{d}x\quad(n>0).$

(38) $\int x\cos ax\mathrm{d}x=\frac{\cos ax}{a^2}+\frac{x\sin ax}{a}+C.$

(39) $\int x^n\cos ax\mathrm{d}x=\frac{x^n\sin ax}{a}-\frac{n}{a}\int x^{n-1}\sin ax\mathrm{d}x\quad(n>0).$

(40) $\int \frac{\mathrm{d}x}{\cos ax}=\frac{1}{a}\ln\left|\tan\left(\frac{ax}{2}+\frac{\pi}{4}\right)\right|+C.$

(41) $\int \frac{\mathrm{d}x}{1+\cos ax}=\frac{1}{a}\tan\frac{ax}{2}+C.$

(42) $\int \frac{\mathrm{d}x}{1-\cos ax}=-\frac{1}{a}\cot\frac{ax}{2}+C.$

(43) $\int \sin ax\cdot\cos ax\mathrm{d}x=\frac{1}{2a}\sin^2 ax+C.$

(44) $\int \sin^n ax\cdot\cos ax\mathrm{d}x=\frac{1}{a(n+1)}\sin^{n+1}ax+C.$

(45) $\int \sin ax\cdot\cos^n ax\mathrm{d}x=\frac{-1}{a(n+1)}\cos^{n+1}ax+C.$

(46) $\int \frac{\mathrm{d}x}{\sin ax\cdot\cos ax}=\frac{1}{a}\ln|\tan ax|+C.$

(47) $\int \frac{\sin ax}{\cos^n ax}\mathrm{d}x=\frac{1}{a(n-1)\cos^{n-1}ax}+C\quad(n\neq1).$

(48) $\int \frac{\mathrm{d}x}{\tan ax+1}=\frac{x}{2}+\frac{1}{2a}\ln|\sin ax+\cos ax|+C.$

(49) $\int \frac{\mathrm{d}x}{\tan ax-1}=-\frac{x}{2}-\frac{1}{2a}\ln|\sin ax-\cos ax|+C.$

4. 指数函数积分数

(50) $\int \mathrm{e}^{ax}\mathrm{d}x=\frac{1}{a}\mathrm{e}^{ax}+C.$

(51) $\int x^n\mathrm{e}^{ax}\mathrm{d}x=\frac{1}{a}x^n\mathrm{e}^{ax}-\frac{n}{a}\int x^{n-1}\mathrm{e}^{ax}\mathrm{d}x.$

(52) $\int \mathrm{e}^{ax}\sin bx\mathrm{d}x=\frac{\mathrm{e}^{ax}}{a^2+b^2}(a\sin bx-b\cos bx)+C.$

(53) $\int \mathrm{e}^{ax}\cos bx\mathrm{d}x=\frac{\mathrm{e}^{ax}}{a^2+b^2}(a\cos bx+b\sin bx)+C.$

(54) $\int \mathrm{e}^{ax}\sin^n x\mathrm{d}x=\frac{\mathrm{e}^{ax}\sin^{n-1}x}{a^2+n^2}(a\sin x-n\cos x)+\frac{n(n-1)}{a^2+n^2}\int \mathrm{e}^{ax}\sin^{n-2}x\mathrm{d}x.$

(55) $\int \mathrm{e}^{ax}\cos^n x\mathrm{d}x=\frac{\mathrm{e}^{ax}\cos^{n-1}x}{a^2+n^2}(a\cos x+n\sin x)+\frac{n(n-1)}{a^2+n^2}\int \mathrm{e}^{ax}\cos^{n-2}x\mathrm{d}x.$

5. 对数函数积分表

(56) $\int \ln^n x\mathrm{d}x=x\ln^n x-n\int \ln^{n-1}x\mathrm{d}x \quad (n\in\mathbf{N}_+).$

(57) $\int x^m\ln^n x\mathrm{d}x=\frac{x^{m+1}\ln^n x}{m+1}-\frac{n}{m+1}\int x^m\ln^{n-1}x\mathrm{d}x \quad (m\neq-1,n\in\mathbf{N}_+).$

(58) $\int \frac{\ln^n x}{x}\mathrm{d}x=\frac{1}{n+1}\ln^{n+1}x+C \quad (n\neq-1).$

(59) $\int \frac{\ln^n x}{x^m}\mathrm{d}x=-\frac{\ln^n x}{(m-1)x^{m-1}}+\frac{n}{m-1}\int \frac{\ln^{n-1}x}{x^m}\mathrm{d}x \quad (m\neq1,n\in\mathbf{N}_+).$

(60) $\int \frac{1}{x\ln x}\mathrm{d}x=\ln|\ln x|+C \quad (x\neq1).$

(61) $\int \frac{\mathrm{d}x}{x\ln^n x}=-\frac{1}{(n-1)\ln^{n-1}x}+C \quad (n\neq1,x\neq1).$

(62) $\int \sin(\ln x)\mathrm{d}x=\frac{x}{2}[\sin(\ln x)-\cos(\ln x)]+C.$

(63) $\int \cos(\ln x)\mathrm{d}x=\frac{x}{2}[\sin(\ln x)+\cos(\ln x)]+C.$

6. 反三角函数积分表

(64) $\int \arcsin\frac{x}{a}\mathrm{d}x=x\arcsin\frac{x}{a}+\sqrt{a^2-x^2}+C.$

(65) $\int x\arcsin\frac{x}{a}\mathrm{d}x=\left(\frac{x^2}{2}-\frac{a^2}{4}\right)\arcsin\frac{x}{a}+\frac{x}{4}\sqrt{a^2-x^2}+C.$

(66) $\int \arccos \frac{x}{a} \mathrm{d}x = x\arccos \frac{x}{a} - \sqrt{a^2 - x^2} + C.$

(67) $\int x\arccos \frac{x}{a} \mathrm{d}x = \left(\frac{x^2}{2} - \frac{a^2}{4}\right) \arccos \frac{x}{a} - \frac{x}{4}\sqrt{a^2 - x^2} + C.$

(68) $\int \arctan \frac{x}{a} \mathrm{d}x = x\arctan \frac{x}{a} - \frac{a}{2}\ln(a^2 + x^2) + C.$

(69) $\int x\arctan \frac{x}{a} \mathrm{d}x = \frac{1}{2}(a^2 + x^2)\arctan \frac{x}{a} - \frac{ax}{2} + C.$

(70) $\int x^n \arctan \frac{x}{a} \mathrm{d}x = \frac{x^{n+1}}{n+1}\arctan \frac{x}{a} - \frac{a}{n+1}\int \frac{x^{n+1}}{a^2 + x^2}\mathrm{d}x \quad (n \neq 1).$

(71) $\int \operatorname{arccot} \frac{x}{a} \mathrm{d}x = x\operatorname{arccot} \frac{x}{a} + \frac{a}{2}\ln(a^2 + x^2) + C.$

(72) $\int x\operatorname{arccot} \frac{x}{a} \mathrm{d}x = \frac{1}{2}(a^2 + x^2)\operatorname{arccot} \frac{x}{a} + \frac{ax}{2} + C.$

(73) $\int x^n \operatorname{arccot} \frac{x}{a} \mathrm{d}x = \frac{x^{n+1}}{n+1}\operatorname{arccot} \frac{x}{a} + \frac{a}{n+1}\int \frac{x^{n+1}}{a^2 + x^2}\mathrm{d}x \quad (n \neq -1).$

附录3 极坐标系

平面直角坐标系是指：给定平面上一点 O，过该点引出两条互相垂直的数轴 Ox，Oy（通常它们具有相同的长度单位）. 常称 O 为坐标原点，两个轴分别称为 x 轴（或横轴），y 轴（或纵轴）. 如图附 3.1 所示. 给定平面上一点 M，过点 M 分别作垂直于 x 轴和 y 轴的直线，垂足分别记为 x，y，则点 M 与数组 (x,y) 一一对应.

极坐标系是指：给定平面上一点 O，从 O 引出一条射线 Ox，并在射线上确定长度单位. 给出平面上一点 M，记 OM 长度为 r. 如图附 3.2 所示. 常称 O 为极点，Ox 为极轴，OM 为极径；常称以 Ox 为始边、OM 为终边的角为极角，记为 θ. 若限定

$$0\leqslant r<+\infty,\quad 0\leqslant\theta\leqslant 2\pi, \tag{1}$$

则平面上的点 M（除极点外）与数组 (r,θ) 一一对应.

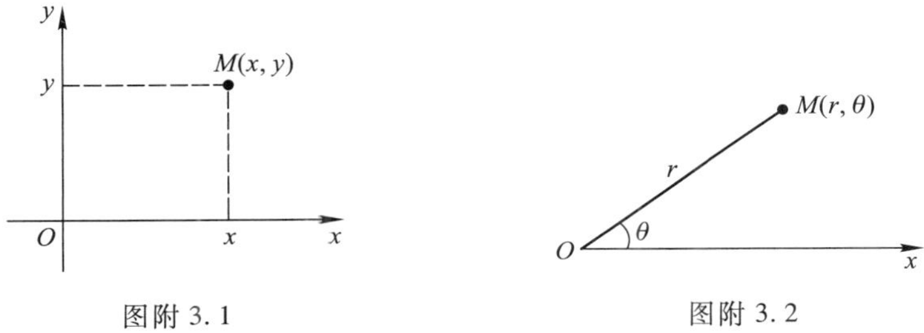

图附 3.1　　图附 3.2

为了计算方便，常将直角坐标系 xOy 的原点与极坐标系的极点重合，将 x 轴与极轴 Ox 重合. 若点 M 在直角坐标系中坐标为 (x,y)，极坐标系中坐标为 (r,θ)，则

$$\begin{cases} x=r\cos\theta, \\ y=r\sin\theta. \end{cases}$$

有必要指出，上述 θ 的限定方法并不唯一，也可以限定为

$$0\leqslant r<+\infty,\quad -\pi\leqslant\theta\leqslant\pi,$$

等等.

例如，直角坐标系下直线 $y=x$，$y=0$，$x=0$ 在极坐标系（1）式限定下分别表示为 $\theta=\dfrac{\pi}{4}$，$\theta=0$，$\theta=\dfrac{\pi}{2}$；在直角坐标系下圆周 $x^2+y^2=1$ 在极坐标系（1）式限定下表示为 $r=1$.

附录4 自测试卷

自测试卷(一)

自测试卷(一)
参考答案

自测试卷(二)

自测试卷(二)
参考答案

自测试卷(三)

自测试卷(三)
参考答案

郑重声明

读者意见反馈

为收集对教材的意见建议，进一步完善教材编写并做好服务工作，读者可将对本教材的意见建议通过如下渠道反馈至我社。

咨询电话　400-810-0598

反馈邮箱　hepsci@pub.hep.cn

通信地址　北京市朝阳区惠新东街4号富盛大厦1座

高等教育出版社理科事业部

邮政编码　100029

防伪查询说明

用户购书后刮开封底防伪涂层，使用手机微信等软件扫描二维码，会跳转至防伪查询网页，获得所购图书详细信息。

防伪客服电话　(010)58582300